Text trifft Theorie
De Gruyter Studium

Text trifft Theorie

Literaturwissenschaftliche Methodenkompetenz
in der Praxis

Herausgegeben von
Andrea Albrecht, Franziska Bomski und Yongqiang Liu

DE GRUYTER

ISBN 978-3-11-132361-9
e-ISBN (PDF) 978-3-11-132501-9
e-ISBN (EPUB) 978-3-11-132514-9

Library of Congress Control Number: 2024947507

Bibliografische Information der Deutschen Nationalbibliothek
Die Deutsche Nationalbibliothek verzeichnet diese Publikation in der Deutschen Nationalbibliografie;
detaillierte bibliografische Daten sind im Internet über http://dnb.dnb.de abrufbar.

© 2025 Walter de Gruyter GmbH, Berlin/Boston
Einbandabbildung: Natalya Bosyak/iStock/Getty Images Plus
Satz: Integra Software Services Pvt. Ltd.

www.degruyter.com
Fragen zur allgemeinen Produktsicherheit:
productsafety@degruyterbrill.com

Inhalt

Andrea Albrecht, Franziska Bomski und Yongqiang Liu
Text trifft Theorie – Literaturwissenschaftliche Methodenkompetenz in der Praxis —— 1

Andrea Albrecht
Demenz aus der Perspektive der *Literature and Science Studies*
Am Beispiel von Arno Geiger, *Der alte König in seinem Exil* (2011) —— 19

Katrin Hudey, Sandra Schell und Yan Zhu
Interkulturelle Literaturwissenschaft, *Cultural Brokers* und *Global Literary Studies*
Am Beispiel von Pearl S. Buck, *A House Divided* (1935) und Sharon Dodua Otoo, *Adas Raum* (2021) —— 45

Franziska Bomski und Qunyang Lou
Comics über die Fremde
Am Beispiel von Sascha Hommer, *In China* (2016) —— 79

Jens Krumeich
Komik im Kontext
Am Beispiel von Gerhard Polt, *man spricht deutsh* (1988) —— 107

Yongqiang Liu und Weijie Ring
Tanz und Literatur in den *Interart Studies*
Am Beispiel von Heinrich Heine, *Pomare* (1847) und *Der Doktor Faust* (1851) —— 135

Yvonne Zimmermann
Diskriminierung und Klassismus erzählen
Am Beispiel von Deniz Ohde, *Streulicht* (2020) —— 157

Franziska Bomski
Politik und Poetik der Autofiktion
Am Beispiel von Christa Wolf, *Stadt der Engel oder The Overcoat of Dr. Freud* (2010) —— 183

Carl Junginger und Louisa Semmler
Verschwörungsfiktionen
Am Beispiel von Clemens J. Setz, *Monde vor der Landung* (2023) —— **213**

Kristina Mateescu
Dystopien aus kulturwissenschaftlicher Perspektive
Am Beispiel von Theresia Enzensberger, *Auf See* (2022) —— **243**

Malte Strunk
***Ecocriticism* in der germanistischen Literaturwissenschaft**
Am Beispiel von Silke Scheuermann, *Dodo* (2014) —— **267**

Benjamin Krautter
Dramenanalyse mit Methoden der *Digital Humanities*
Am Beispiel von Karl Kraus, *Die letzten Tage der Menschheit* (1918/19; 1922) —— **295**

Über die Autorinnen und Autoren —— **335**

Andrea Albrecht, Franziska Bomski und Yongqiang Liu
Text trifft Theorie – Literaturwissenschaftliche Methodenkompetenz in der Praxis

Abb. 1: Sidney Harris, Cartoon: Then a miracle occurs (Harris 1986, 544).

1 Ziel des Bandes

In dem berühmten Cartoon von Sidney Harris (Abb. 1) verdunkelt ein Mathematiker den entscheidenden Erkenntnisschritt zwischen einem Ausgangsproblem und seinem Ergebnis mit dem Satz: „Then a miracle occurs", was seinen Kollegen zu dem ironisch-trockenen Kommentar veranlasst: „I think you should be more explicit here in step two."

Nicht nur Mathematiker:innen und andere kalkulierende Wissenschaftler:innen, sondern auch Literaturwissenschaftler:innen neigen in der Darstellung ihrer Erkenntnisse (*writing science*) dazu, die entscheidenden Schritte ihrer Erkenntnisgenese (*doing science*) nicht als komplexe Verknüpfungsleistung auszuweisen (Schickore 2008) und als solche genauer zu erläutern. Stattdessen scheinen auch in vielen literaturwissenschaftlichen Interpretationstexten an den entscheidenden Stellen, an denen theoretische Fragestellungen mit literarischen Texten verknüpft werden, ‚Wunder' zu geschehen.

Text trifft Theorie – in literaturwissenschaftlichen Qualifikationsschriften wie Bachelor- und Masterarbeiten sowie Dissertationen/PhD-Theses wird in der Regel ein harmonisches Zusammenspiel zwischen theoretisch motiviertem Erkenntnisinteresse und literarischem Textkorpus erwartet. Doch wie findet man eine passende Theorie zu einem oder auch mehreren interessanten Texten? Wie findet man geeignete Texte zu einer attraktiven Theorie? Was bedeutet es überhaupt, einen literarischen Text nicht einfach nur zu lesen und zu verstehen, sondern eine theoretisch fundierte und methodisch angeleitete Textanalyse und Textinterpretation zu entwickeln, die idealerweise innovative Erkenntnisse hervorbringt?

Der vorliegende Band gibt auf diese Fragen keine theoretischen, sondern mehrere praktische, an Beispielen orientierte Antworten. Ausgangspunkt ist die Beobachtung, dass die konkrete Verbindung von theoretischen Interessen, methodischen Verfahrensweisen und literarischem Gegenstand sowohl in literaturwissenschaftlichen Einführungen als auch in fortgeschrittenen Forschungsbeiträgen oftmals undurchsichtig und dadurch ‚wunderbar' bleibt. In unserem Band bemühen wir uns deshalb in allen Beiträgen um eine transparente Darstellung und versuchen, die literaturwissenschaftliche Praxis durch einen Blick in die Forschungswerkstatt, und das heißt explizite Erläuterungen des Vorgehens, ein Stück weit zu entzaubern.

Explizite Erläuterungen zu Textinterpretationen können sich entweder darauf beziehen, wie sich Theoreme – im Sinne eines *top down*-Ansatzes – für die Arbeit am Text operationalisieren und literarisch illustrieren lassen. Oder Erläuterungen zeigen auf, wie sich Details der analytischen Textarbeit – im Sinne eines *bottom up*-Ansatzes – zu einer umfassenderen Deutungshypothese zusammenfügen und zur Bestätigung oder Kritik der theoretischen Vorgaben nutzen lassen. Wir verknüpfen beide Ansätze und veranschaulichen anhand konkreter Textbeispiele, mit welch unterschiedlichen Erkenntniszielen, theoretischen Rahmungen und methodischen Verfahrensweisen Literaturwissenschaftler:innen Texte analysieren und interpretieren können. Dabei legen wir besonderen Wert darauf, möglichst nachvollziehbar, ja sogar imitier- und übertragbar zu zeigen, wie aus der Konfrontation von Text und Theorie literaturwissenschaftliche Einsichten hervorgehen.

2 Aktualität und Relevanz theoretischer und methodischer Aspekte

Die Zeit des Theorie- und Methodenstreits in der Germanistik/Literaturwissenschaft ist heute weitgehend vorbei. Seit den 1970er Jahren und bis in die 1990er Jahre hinein wurde mit viel Energie darüber diskutiert, *was* die Literaturwissenschaft *wie* leisten soll. Damals gab es fast kein literaturwissenschaftliches Seminar, das sich nicht mit Emphase zu einer bestimmten theoretisch-methodischen Richtung bekannte. Es war sozusagen selbstverständlich, dass man sein theoretisches ‚Parteibuch' offen sichtbar bei sich trug und mit Leidenschaft über den Vorrang beispielsweise von Roland Barthes oder Michel Foucault stritt, hitzige Debatten über den Sinn oder Unsinn dekonstruktivistischer Lektürepraktiken führte, *linguistic, cultural* oder auch *spatial turns* feierte, sich über die Frage echauffierte, ob sich die kulturell, sozial (oder biologisch?) bedingte Differenz zwischen den Geschlechtern in einer spezifischen *écriture féminine* abbilde, und über vieles mehr.

Heute hingegen scheinen diese Kontroversen abgeklungen, es wird mit einer gewissen Nostalgie der ‚Herbst' der Theorie oder sogar deren ‚Tod' proklamiert. Doch dieser Eindruck täuscht! Zwar entzünden sich die heutigen Kontroversen eher an weltanschaulichen und identitätspolitischen Fragen, etwa im Streit zwischen postkolonialen oder universalistischen Ansätzen oder in Debatten um die Berechtigung der *Gender Studies*. Diese in den Wissenschaften ausgetragenen Kämpfe um Anerkennung führen jedoch selten zu neuen Entwicklungen in Theorie und Methode, sondern greifen meist mehr oder weniger eklektisch auf das etablierte theoretische und methodische Arsenal zurück. Dennoch erwartet man von Forscher:innen weiterhin selbstverständlich, dass sie sich kompetent und souverän in der kaum mehr überschaubaren Vielfalt von Theorie- und Methodenangeboten bewegen. Diese Vielfalt (vgl. Winko/Köppe 2013) speist sich zum einen aus dem internationalen, zum anderen aus dem interdisziplinären Charakter der aktuellen Theorie- und Methodendiskurse.

Vor allem junge Literaturwissenschaftler:innen stellt dies vor große Herausforderungen. Um einen innovativen Beitrag zur Forschung zu leisten, müssen sie immer wieder aufs Neue strategische Theorie-, Methoden- und Begriffsentscheidungen treffen. Sie stehen damit vor der komplexen Aufgabe, aus dem unübersichtlichen Repertoire an Bezugstheorien, Literaturtheorien, Methoden und deren Beschreibungssprachen sowie aus der schier endlosen Menge literarischer Texte das jeweils ‚Richtige' und ‚Passende' auszuwählen.

Doch selbst wenn die Entscheidungen über Theorieapparat und Textkorpus gefallen sind, bleibt oftmals unklar, wie sich die theoretischen Prämissen und methodischen Register operationalisieren, also in handhabbarer Weise an die Texte herantragen lassen oder umgekehrt, wie mikrologische Textbeobachtungen und detaillierte analytische Befunde in theoretisch ergiebige Thesen transformiert werden können. Diese Verknüpfungsproblematik treibt Theoriearbeit und literaturwissenschaftliche Textdeutung in der Disziplin weiter auseinander und führt in studentischen Hausarbeiten und Qualifikationsschriften notorisch zur weitgehenden Separierung von ‚Theorie-‘ und ‚Anwendungskapiteln‘, ja einer studentischen Desorientierung hinsichtlich der Frage, was überhaupt das Wissenschaftliche an der Literaturwissenschaft sein mag.

3 Adressatenschaft

Unser Band richtet sich sowohl an Studierende der germanistischen Literaturwissenschaft oder German Studies im fortgeschrittenen Bachelor- und frühen Masterstudium als auch an Lehrende, die in ihren Lehrveranstaltungen theoretische und methodische Aspekte und Fragen nicht isoliert betrachten, sondern im Zusammenhang mit der Interpretation literarischer Texte vermitteln und kritisch diskutieren wollen.

Besonders herausfordernd gestaltet sich die Verknüpfung von Theorie und Text, so unsere Beobachtung, wenn man germanistische Literaturwissenschaft nicht an einer deutschsprachigen Universität, sondern an einer der zahllosen internationalen Deutschabteilungen studiert. Neben dem Spracherwerb, landeskundlichen Grundlagen und einem literaturhistorischen Überblick bleibt oft wenig Zeit für eine eingehende Auseinandersetzung mit den teils schnelllebigen Konjunkturen von Theorien, Methoden und Begriffen. Dies ist jedoch auch in den Studiengängen in Deutschland, Österreich und der Schweiz zunehmend zu beobachten. Die Modularisierung hat das Studium zwar effizienter, aber auch kurzatmiger gemacht und insbesondere für die Lehramtsausbildung das Curriculum um fachwissenschaftliche Anteile reduziert.

Zudem besteht trotz aller Globalisierung ein enger Konnex zwischen Theoriebildung und Literaturproduktion. In der Germanistik wie in der deutschsprachigen Literatur haben sich standortgebundene Schwerpunkte von Theorie und Methode herausgebildet, die nicht unbedingt mit dem angelsächsischen und zeitweise auch französisch dominierten Literatur- und Theoriemarkt kongruieren. Anders als für die Anglistik und Amerikanistik (Nünning/Nünning 2010; Nünning/Nünning 2008, chinesisch 2018) gibt es hochschuldidaktische Vermittlungsangebote, die germanistische Spezifika reflektieren, bislang nicht in ausreichender Breite und Varianz.

Unser Band will diesem Desiderat durch eine sowohl literatur- als auch theorie- und methodenbezogene Sammlung von Interpretationen entgegenarbeiten.

Jedes der Kapitel kann einzeln oder im Verbund im Selbststudium oder im Rahmen eines Semesters im fortgeschrittenen Bachelor- oder frühen Masterstudium als Ausgangspunkt einer Reflexion und Diskussion literaturwissenschaftlicher Theorien und Methoden dienen.

4 Aufbau und Themenspektrum des Bandes

Um *erstens* die Orientierung in der germanistischen Theorie- und Methodenwerkstatt für Studierende und Lehrende zu erleichtern, *zweitens* Theorie und Praxis für die Lehre wieder enger zu verknüpfen und *drittens* sowohl das Potenzial literaturwissenschaftlicher Methodologie als auch die gesellschaftliche Aktualität und Relevanz der deutschsprachigen Literatur unter Beweis zu stellen, haben wir für unseren Band einige zeitgenössisch intensiv bearbeitete literaturwissenschaftliche Ansätze ausgewählt, die wir jeweils praxisorientiert – und das heißt: in Verbindung mit aktuellen oder aktuell diskutierten literarischen Textbeispielen – vorstellen und erläutern.

Zur Sprache kommen dabei unter anderem Fragestellungen der Interdisziplinarität, Interkulturalität und Intermedialität, des Klassismus und der Intersektionalität, der Fiktionstheorien, der Wissenspoetologie, der Lach- und Populärkulturen, des *Ecocriticism* und der *Digital Humanities* – Fragestellungen, die wir unter anderem am Beispiel gegenwärtig boomender Genres wie Autofiktionen, Autosoziobiografien und Dystopien, aber auch an Texten mit mehrkultureller Genese, an Texten ökologischer Literatur sowie an Texten diskutieren, in denen Verschwörungsnarrative aktualisiert und wissenschaftliche Wissensbestände vermittelt werden.

Unser Band ist weder ein Kompendium literaturwissenschaftlicher Theorien und Methoden (vgl. etwa Winko/Köppe 2013; Schmid 2010) noch eine Reihe von Modellinterpretationen zu einem ausgewählten, meist kanonischen Textbeispiel (vgl. in der Tradition von Wellbery 1985 zuletzt Jahraus 2016; auch Klawitter/Ostheimer 2008/2014). Modellinterpretationen haben generell didaktische Nachteile (vgl. Sittig 2015a; 2015b): Sie vermitteln den Eindruck, ein theoretischer Ansatz ließe sich beliebig wie ein Werkzeug neben anderen wählen und mechanisch auf einen Text ‚anwenden'. Theoriepräferenzen aber sind in historisch variable weltanschauliche Kontexte eingebettet, aus denen sich auch die Literaturen der Zeit speisen. Das Zusammentreffen von Theorie, Methode und Text ist daher nicht als Einbahnstraße zu konstruieren, sondern in seiner Wechselwirkung begreifbar zu machen. Nur so lässt sich das Interesse an einer Renovierung und Weiterentwicklung der Theorien und Methoden lebendig halten. Zudem bieten Modellinterpretationen aufgrund ihrer stark begrenzten Textauswahl einen nur sehr eingeschränkten Einblick in die deutsche Literatur(geschichte) und vermitteln mitunter das Gefühl eines ‚Auf der Stelle-Tretens'.

Unser Band nimmt sich diesen Desiderata durch die Aktualität der behandelten theoretisch-methodischen Ansätze, durch ihre problemorientierte Kontextualisierung und durch einen Fokus auf die Vielfalt deutschsprachiger Gegenwartsliteratur an.

An **Texten aus unserer unmittelbaren Gegenwart** haben Studierende der Germanistik im Inland wie Ausland in der Regel großes Interesse, ja sie bringen zumeist bereits eigene Lektüreerfahrungen mit. Durch die Zeitgenossenschaft zu den Autor:innen sind sie zudem mit weniger Verständnisschwierigkeiten konfrontiert als bei historischen Textkorpora. Allerdings verschärft der Mangel an bestehenden Forschungsarbeiten die Unsicherheiten bei der Verknüpfung von Theorie und Text, so dass insbesondere für diese leichter zugängliche, rezente Literatur die ‚Kunst der Interpretation' erlernt und der praktische Zugriff auf Bezugs- und Literaturtheorien routinisiert werden muss. In unserem Band exemplifizieren wir die Theorien, Methoden und Begrifflichkeiten deshalb mehrheitlich an literarischen Beispieltexten aus dem 21. Jahrhundert. Auf diesem Weg möchten wir für eine textsensible, analytisch und methodisch reflektierte und zugleich gesellschaftlich engagierte und theoretisch avancierte Literaturwissenschaft werben.

5 Struktur der Kapitel

Alle hier versammelten Beiträge sind in ihrer Makrostruktur weitgehend analog aufgebaut: Einer Kurzdarstellung des jeweiligen Ansatzes, seiner Relevanz und Aktualität (1) folgt die Erläuterung der jeweiligen Grundbegriffe, Vorannahmen und zentralen Fragestellungen (2). Breiteren Raum nehmen die detaillierte Analyse und Interpretation eines oder einer Auswahl literarischer Beispieltexte ein, mitunter verbunden mit einer Übersicht über ein Korpus weiterer thematisch einschlägiger Texte (3). An den Beispieltexten zeigen und erläutern wir (*showing and telling*), wie einerseits Textbeobachtungen und das spezifische Erkenntnisinteresse die Wahl der Theorien/Methoden/Begriffe konditionieren und wie andererseits die theoretischen Vorgaben und methodischen Verfahrensweisen den Umgang mit den Texten steuern. Um nicht nur die Möglichkeiten, sondern auch die Grenzen der gewählten Ansätze zu erläutern, schließt sich (4) eine kurze Kritik und ein Ausblick auf angrenzende oder auch konkurrierende Theoriekomplexe an, bevor die Beiträge mit einer Merkbox (5) und einer Auswahlbibliografie zum Weiterlesen (6) enden.

5.1 Grundbegriffe und Voraussetzungen

Textanalyse

Wenn man sich nicht auf eine Theorie oder eine Methode festlegt und die Vielfalt und Heterogenität aktueller literaturwissenschaftlicher Denkansätze auch nicht künstlich beschneiden will, ist es sinnvoll, sich zunächst auf einige vorgelagerte Grundbegriffe der (allgemeinen hermeneutischen) Verstehenslehre zu einigen. Innerhalb dieses Rahmens können sich die Perspektiven literaturwissenschaftlicher Interpretationen, darunter selbst nominell ‚antihermeneutische' Verfahren, dann umso freier entfalten und voneinander unterscheiden lassen. Wir sind im Zuge unserer Erfahrungen in der Lehre zu der festen Überzeugung gelangt, dass diese hermeneutische Grundlegung zur Orientierung literaturwissenschaftlicher Arbeit unverzichtbar ist.

Wir verstehen im Folgenden unter einem **Interpretandum** den Text oder das Textkorpus, auf den/das sich eine literaturwissenschaftliche Analyse und Interpretation richten soll. Eine **Textanalyse** ist eine fachsprachliche, das heißt terminologische Beschreibung dieses Interpretandums. Wichtige Begriffe für die Analyse lyrischer, dramatischer oder epischer Texte finden sich beispielsweise im *Reallexikon der deutschen Literaturwissenschaft* definiert. In allgemeinen Einführungen in die Literaturwissenschaft (Klausnitzer 2024), in die Erzähltextanalyse (Lahn/Meister 2016), Lyrikanalyse (Burdorf 2015; Frank 2003) und Dramenanalyse (Asmuth 2016; Weiershausen 2024) werden diese Begriffe für die Praxis aufbereitet und erläutert (in maximaler Kürze als Glossar bei Lauer/Ruhrberg 2011). Unsere Beiträge setzen diese analytischen und gattungspoetischen Grundkenntnisse voraus.

Im Unterschied zu Interpretationen, die unterschiedlich bewertet werden und umstritten sein können, sind die Ergebnisse einer Textanalyse entweder falsch oder richtig, zutreffend oder unzutreffend (vgl. Strube 1993, insb. Kapitel 5 bis 7). Beispielsweise sind die Aussagen: „Goethes Buch *Die Leiden des jungen Werthers* ist ein Briefroman", „Goethes Gedicht *Wanders Nachtlied/Ein Gleiches* ist in freien Rhythmen verfasst" und „Christa Wolf wählt für ihren Roman eine autodiegetische Erzählhaltung" zutreffende textanalytische Aussagen, über die sich, sofern man sich auf die fachsprachlichen Definitionen der Begriffe Briefroman, freie Rhythmen und autodiegetische Erzählhaltung einigen kann, kaum zu streiten lohnt. Textanalysen sollten in diesem Sinne weitgehend interpretationsneutral sein, also keinen Anlass zu Interpretationskontroversen geben (Kindt/Müller 2003; 2015), sondern diese Kontroversen höchstens vorbereiten, austragen und schlichten helfen. Sie können dabei das Interpretandum als Ganzes oder nur selektiv erfassen, sich beispielsweise für eine motiv- oder diskursgeschichtliche

Fragestellung nur auf ausgewählte Passagen des Textes konzentrieren und andere außer Acht lassen. Dies ist bei Textinterpretationen anders.

Interpretation

In der Regel erwarten wir von einer Textinterpretation eine Deutungshypothese, die den gesamten Text umfasst (Spree 2000), genauer gesagt: eine Deutungshypothese, die möglichst viele der beobachteten Textmerkmale und analytischen Befunde des Textganzen integriert. Gelingt einer Interpretation dies nicht, riskiert man Einsprüche der Art: ‚Aber im hinteren Teil des angeblich realistischen Romans tauchen fliegende Elefanten auf, es handelt sich also um fantastische Literatur.'

Da der Schwerpunkt unseres Bandes auf der Explikation analytischer und interpretatorischer Textumgangsformen liegt, folgt auch die Auswahl unserer Beispieltexte und der Textauszüge diesem didaktischen Interesse. Wir beanspruchen daher nicht, ‚das Wesentliche' eines Werks zu erschließen, geschweige denn eine befriedigende Deutung des Textganzen zu liefern. Diese didaktisch begründete Einschränkung vorausgeschickt, erheben unsere Interpretationen allerdings den Anspruch, plausible und am literarischen Text evident belegte Befunde zu präsentieren. Für die Evaluation von Interpretationen verfügt die Literaturwissenschaft über eine weitaus differenziertere Bewertungssprache als für die Evaluation von Textanalysen. Anstatt richtig/falsch oder zutreffend/unzutreffend zu sein, können Interpretationen plausibel oder unplausibel, innovativ oder traditionell, interessant oder uninteressant, relevant oder irrelevant, fruchtbar oder unfruchtbar etc. sein.

Dies liegt daran, dass wir unter einer **Interpretation** eine **sinnstiftende Bedeutungszuweisung** verstehen: In einer Interpretation wird das Interpretandum mit einem oder mehreren **Kontexten** verknüpft, über den/die dem Interpretandum eine Bedeutung zuweisbar wird, die nicht direkt im Text selbst als Wortsinn (*sensus literalis*) zu finden ist. Dies ist auch, was oft übersehen wird, bei der sogenannten textimmanenten Interpretation der Fall (Danneberg 1996) und wird sogar von dekonstruktivistischen Interpretationen, die auf unintendierte Bedeutungen und eine *dissémination* des Sinns zielen, vorausgesetzt (Derrida/Gadamer 2004, 29f.). Während eine Textanalyse also nur den Text selbst und die literaturwissenschaftliche Fachsprache einbezieht, stellt eine Interpretation eine **Verbindung zwischen Text und Kontext(en)** her. Die Menge möglicher Kontexte, die für eine Interpretation herangezogen werden können, ist nahezu unüberschaubar, und ihre Gewichtung und Hierarchisierung sind stets begründungsbedürftig oder sogar strittig. Ob beispielsweise ein Text aus der biografischen Situation seiner Autorin, aus der ästhetischen Debatte seiner Zeit, aus einer sozialpsychologischen Disposition oder als Ausdruck eines politischen Emanzipationswillens erklärt und interpretiert werden soll, ist eine Frage, die es immer zu diskutieren lohnt.

Kontextualisierung

Literaturwissenschaftliche Kontexte können, müssen aber nicht ausschließlich Texte sein (Danneberg 1990; 2000). Wir verstehen darunter die Menge der infratextuellen, intertextuellen und extratextuellen Bezüge, die im Rahmen einer Interpretation als relevant für das Verstehen des Interpretandums erachtet werden. Solche Kontexte können beispielsweise die Biografien der Autor:innen, das Gesamtwerk, das Publikationsumfeld eines Texts (etwa die Zeitschrift, in der ein Gedicht erscheint, oder der Verlag, in dem ein Roman publiziert wird), Rezeptionszeugnisse sowie Ereignisse und Prozesse aus der Literaturgeschichte, Kunstgeschichte, Diskursgeschichte, Kulturgeschichte, Sozialgeschichte oder Wissenschafts- und Wissensgeschichte aus der Entstehungszeit des Interpretandums sein. Kontexte können aber auch zeitenübergreifende anthropologische, psychologische, philosophische oder kulturtheoretische Wissensbereiche darstellen oder politische Aspekte und Interessen involvieren, wie die Geschlechterforschung, die Ethnologie oder die Ökologie, die mitunter nicht aus der Entstehungszeit der Texte, sondern aus der Gegenwart der Interpret:innen stammen.

Die Vielfalt an potenziell deutungsrelevanten Kontexten hat Hans Georg Gadamer veranlasst zu konstatieren, dass die Bedeutung eines Textes mit der Zeit immer reicher werde und man den Text und seine:n Autor:in im Laufe der Wirkungsgeschichte immer besser verstehe. Diese Redeweise verdeckt durch ihre Undifferenziertheit allerdings einen hermeneutisch fragwürdigen Anachronismus: Denn erst das hermeneutische Prinzip des *sensus auctoris et primorum lectorum*, also die Regel, zunächst den Sinn zu rekonstruieren, der der:m Autor:in und den zeitgenössischen Leser:innen mutmaßlich zugänglich war, und dabei auf anachronistische, aus unserer Gegenwart in die Vergangenheit projizierte Bedeutungszuschreibungen zu verzichten, erlaubt es, das *Verstehen* eines Texts von seiner *Wirkungsgeschichte*, die auch Missverständnisse und Instrumentalisierungen umfasst, zu unterscheiden. Auch die verbreitete Rede von der unerschöpflichen Viel- und Mehrdeutigkeit literarischer Texte sollte nicht darüber hinwegtäuschen, dass literaturwissenschaftliche Interpretationen keineswegs beliebig sind. Als Bedeutungszuschreibungen unterliegen sie vielmehr einem Rechtfertigungsanspruch, müssen also auf Nachfrage intersubjektiv nachvollziehbar begründet werden können (vgl. Albrecht et al. 2015). Wir haben jedenfalls nicht nur in der Zeit des Nationalsozialismus und der Zeit des ‚real existierenden' Sozialismus gesehen, sondern erfahren auch gegenwärtig im Kontext neurechter Literaturpolitik wieder, wie literarische Texte fehlgedeutet und ideologisch vereinnahmt werden können (Hoffmann 2021). Die Literaturwissenschaft muss daher auch jenseits dieser Extreme Standards, Regeln und Normen ihres deutenden Umgangs mit Texten verteidigen können (Winko 2015). Zwar kann jede:r Leser:in einem Text jede beliebige Bedeutung zuschreiben, die sie:er mit diesem Text verbinden möchte. Im wissenschaftlichen Rahmen aber sind wir interessiert an Interpretationen, für die wir argumentieren können, die also literaturwissenschaftlich Bestand haben und nicht nur fluktuierende subjektive Lektüreeindrücke wiedergeben (Winko 2002).

Theoretisch und methodisch angeleitetes Interpretieren

Das Interpretieren literarischer Texte in diesem wissenschaftlichen Sinne ist stets *erstens* durch explizite oder implizite **literaturtheoretische Annahmen** über die Instanzen literarischer Kommunikation geleitet. Diese Annahmen betreffen grundlegende Fragen wie die folgenden: Was ist Literatur? Was unterscheidet literarische Sprachverwendung von nicht-literarischer Sprachverwendung (Culler 2002; Klausnitzer 2024)? Was ist ein Autor (Spoerhase 2007)? Was ist ein Werk (Danneberg et al. 2019)? Was ist ein Leser (Willand 2014)? Was ist Bedeutung (Jannidis et al. 2003)? Was ist eine Gattung? Was ist ein Erzähler? Was ist Fiktion?

Diese literaturtheoretischen Annahmen im engeren Sinne sind – *zweitens* – nicht mit den theoretischen Annahmen zu verwechseln, die Literaturwissenschaftler:innen in der Regel aus der Linguistik, der Psychologie, der Philosophie, der Soziologie, der Anthropologie, der Geschichtswissenschaft oder anderen benachbarten Disziplinen in die Literaturwissenschaft importieren und die wir im Folgenden als **Bezugstheorien** bezeichnen. Im Allgemeinen erfolgt der Import einer Bezugstheorie (etwa des Marxismus, der Psychoanalyse, des Strukturalismus, des Dekonstruktivismus, der Raumtheorie, der Erkenntnistheorie, der soziologischen Theorie des literarischen Feldes, der Wissenschafts- oder Wissensgeschichte, der Diskursanalyse, der *Gender Studies* oder Ähnlichem) unter der Präsumption, dass die übernommenen Theoreme valide sind. Die Literaturwissenschaften streben also nicht an, die übernommenen Theoreme zu widerlegen, sondern nutzen sie als *Interpretament* für die Generierung eigener, literaturwissenschaftlicher Erkenntnis über das literarische Textkorpus (Kablitz 2013, 229–247). Allerdings erfordern solche Übernahmen oftmals eine Anpassung an den literarischen Gegenstand, ja hin und wieder eignen sich literaturwissenschaftliche Befunde wenn nicht gleich zur Widerlegung, so doch immerhin zur Differenzierung oder Verallgemeinerung der entliehenen Bezugstheorien.

Unabhängig von der literaturwissenschaftlichen Absicht, Bezugstheorien zu bestätigen oder zu kritisieren, helfen sie den Interpret:innen zu entscheiden, welche Kontexte für die Interpretation zu priorisieren sind. Beispielsweise wird eine psychoanalytische Deutung eines Texts biografische und sozialpsychologische Kontexte gegenüber literaturgeschichtlichen und ästhetischen Kontexten bevorzugen. Eine dekonstruktivistische Interpretation hingegen wird den ästhetischen Eigensinn der Sprache höher gewichten als die deklarierte Aussageintention der:des Autor:in oder ihre:seine sozialgeschichtliche Lage.

Entscheidungen über die Hierarchisierung von Kontexten werden oftmals *drittens* durch allgemeine, **atheoretische Annahmen moralischer, politischer oder weltanschaulicher Art** beeinflusst. Diese Überzeugungen, Werte und Normen der Interpret:innen wirken bewusst oder unbewusst sowohl auf die Wahl der Bezugstheorie als auch auf literaturtheoretische Präferenzen und die Auswahl des Textkorpus ein. Ein um den Klimawandel besorgter Literaturwissenschaftler wird beispielsweise eher zu einer ökokritischen Theorie greifen und eine Textauswahl ökologisch informierter Texte präferieren, während eine am epistemischen Gehalt literarischer Texte interessierte Literaturwissenschaftlerin der Wissens- und Wissenschaftsgeschichte den Vorzug geben würde.

Die Tätigkeit des Interpretierens ist schließlich *viertens* durch ein Bündel von Methoden charakterisiert. Die Verwendung des Begriffs ‚Methode' ist in der Literaturwissenschaft umstritten. Wir verstehen unter einer **Methode** im Folgenden eine Kombination von terminologischen Festlegungen, zugelassenen Fragestellungen, priorisierten Kontexten und Argumentationsweisen, die eine Bedeutungszuschreibung zum Interpretandum regelhaft anleiten. Eine Methode weist uns somit einen Weg (griechisch *méthodos* = Weg oder Gang einer Untersuchung), ja bestimmt bestenfalls eine Schrittfolge, mit der wir von konkreten, analytisch gesammelten Textbeobachtungen zu einer abstrakteren Bedeutungszuschreibung gelangen oder mit denen sich abstrakte Theoreme in heuristische Schemata und konkrete Muster für die Arbeit mit dem literarischen Text transformieren lassen.

Praktiken

Methodisches Wissen ist im Idealfall als Regelwissen formulierbar und kann mithin expliziert und gelehrt werden. Methodisch versierte Literaturwissenschaftler:innen können ihr Vorgehen begründen und auch alternative, nicht eingeschlagene Wege erläutern. Doch der literaturwissenschaftliche Umgang mit Texten ist – wie der wissenschaftliche Umgang mit ‚epistemischen Objekten' generell – ausgesprochen komplex. Er umfasst neben explizierbarem Wissen zahlreiche verkettete praktische und implizite Routinen sowie Routinen des *tacit knowledge*, die sich einer Explikation teilweise oder sogar grundsätzlich entziehen (Albrecht et al. 2015). Dazu gehören ein Bewusstsein von Stil, Angemessenheitskriterien, Taktgefühl, Beispielwissen und viele andere Facetten des *knowing how*. Nicht zuletzt spielen auch Aspekte der literaturwissenschaftlichen Darstellung und Vermittlung, also des literaturwissenschaftlichen Schreibens, eine bedeutende Rolle (Albrecht/Danneberg 2021). In den letzten Jahren ist die methodologische Diskussion in den Literaturwissenschaften deshalb im Anschluss an die Soziologie durch **praxeologische Reflexionen** erweitert worden (Martus/Spoerhase 2022). Sie zeigen, dass Formen praktischen Wissens im Allgemeinen vor allem durch Nachahmung guter Analyse- und Interpretationsbeispiele und durch wiederholtes eigenes Üben ausgebildet und professionalisiert werden können.

In unserem Band führen wir das theoretisch und methodisch angeleitete Interpretieren zwar ebenfalls *in praxi* vor. Doch die folgenden Kapitel sollen primär als Beispiele hochschuldidaktischer Interpretationen gelten, nicht aber als wissenschaftliche Forschungsbeiträge, selbst wenn sie mitunter durchaus originelle und innovative Einsichten enthalten.

5.2 Überblick zu den im Band versammelten Beiträgen

Die germanistische Literaturwissenschaft, im 19. Jahrhundert als ein nationalphilologisches Projekt zur Pflege des deutschen Kulturerbes entstanden (Fohrmann/Voßkamp 1994), hat sich inzwischen zu einer **interdisziplinär, international und intermedial geweiteten Disziplin** entwickelt. Einerseits nimmt sie theoretische und methodische Anleihen in den Nachbardisziplinen, andererseits wird sie durch den **sprachliche, mediale, soziale, kulturelle und disziplinäre Grenzen** überschreitenden Charakter ihres Gegenstands, der Literatur, selbst zu vielseitigen Transgressionen angeregt.

In unserem Band tragen wir den **interdisziplinären Ansprüchen** gleich eingangs durch ein Kapitel zu den *Literature and Science Studies* Rechnung. Ob fiktionale Texte Wissen enthalten und, wenn ja, wie die literarisch präsentierten Wissensformen sich zu wissenschaftlichen Wissensformen verhalten, ist eine kontrovers diskutierte Frage, deren Antwort nicht zuletzt über die Relevanz von Literatur und von Literaturwissenschaft in unserer postindustriellen Wissensgesellschaft Auskunft geben kann. Am Beispiel von literarischen Texten, die sich erzählerisch den Phänomenen Demenz und Alzheimer widmen, zeigt das Kapitel, wie belletristische Schriftsteller:innen in Vergangenheit und Gegenwart, das heißt von Max Frisch über Ulrike Draesner bis hin zu Arno Geiger und insbesondere seiner autobiografisch grundierten Erzählung *Der alte König in seinem Exil* **(2011)**, den Prozess individuellen Vergessens und den Verlust gemeinsamen

Erinnerns zu verstehen und zu gestalten versuchen. Dazu stützen sie sich zum einen auf eigene Erfahrungen und moralische Überzeugungen, zum anderen auf medizinisches Wissen und sozialethische Normen. Gerade weil in einer zunehmend überalterten Gesellschaft dieses Thema große Aufmerksamkeit erhält, hat die Literaturwissenschaft die Aufgabe, nicht nur die Möglichkeiten literarischer Darstellung, sondern auch die Grenzen von Ästhetik, Ethik und Logik (Wissenschaft) bestimmen zu helfen.

Unter dem Titel **Interkulturelle Literaturwissenschaft, *Cultural Brokers* und *Global Literary Studies*** widmet sich das zweite Kapitel methodischen Ansätzen, die die Literaturwissenschaften internationalisieren und zunehmend global werden lassen. Aus der kaum systematisierbaren Vielzahl an Methoden mit inter-, trans- und multikultureller Ausrichtungen stellen wir überblicksartig einige der relevanten disziplinären Entwicklungen vor, angefangen bei der Interkulturellen Literaturwissenschaft, den zunächst im anglophonen Raum viel bemühten Postkolonialen Studien und der Kulturtransferforschung mit ihren vielgestaltigen Modifikationen und Weiterentwicklungen (etwa in Form der *histoire croisée*/Verflechtungsgeschichte) bis hin zu den gegenwärtig viel diskutierten *Global Literary Studies*. Am Beispiel von **Pearl S. Bucks** Roman *A House Divided* **(1935)** und **Sharon Dodua Otoos** Roman *Adas Raum* **(2021)** zeigen wir, wie sich die Modellannahmen der *histoire croisée* und der *Cultural Brokers* gewinnbringend für die Analyse interkultureller Literatur nutzen lassen.

Spätestens seit den 1970er Jahren hat sich die Hierarchisierung von Hoch- und Populärkultur weitgehend aufgelöst, sodass heute Populärkulturen ein virulentes, disziplinenübergreifendes Forschungsfeld sind, das neben soziologischen, medienwissenschaftlichen, philosophischen, historischen und wirtschaftswissenschaftlichen auch eine Vielzahl literaturwissenschaftlicher Fragestellungen involviert. Dass populäre Medien auch zur Vermittlung anspruchsvoller kultureller, ja interkultureller Wechselwahrnehmungsmuster dienen können, ist Gegenstand des dritten Kapitels zu **Comics über die Fremde** am Beispiel von **Sascha Hommers *In China* (2016)**. Die ästhetisch avancierte Darstellungsweise von Hommers gezeichnetem Reisetagebuch wird mit Hilfe eines speziell für den Comic entwickelten intermedial-narratologischen Begriffsinstrumentariums analysiert. Darauf aufbauend zeigt der Beitrag, wie intermediale Bezugnahmen auf ganz verschiedene Prätexte zu einer innovativen Darstellung authentischer Alteritätserfahrungen in der Graphic Novel beitragen.

Nicht nur im Comic, sondern auch in anderen medialen Formaten sind Erfahrungen von Differenz, Andersartigkeit und Fremdheit oftmals – im Guten wie im Schlechten – Basis von Komik. Im Zentrum des vierten Kapitels **Komik im Kontext** steht die Vermittlung von Grundlagen der literaturwissenschaftlichen Komikanalyse. Ausgehend von etablierten komiktheoretischen Ansätzen wird eine kontextualistische Komiktheorie erläutert, die dem Umstand Rechnung trägt, dass komische Wirkungen auf eine fundamentale Weise von den jeweiligen Rezipient:innen, ihren Standorten, individuellen Erfahrungen und Hintergründen abhängen. Am Beispiel von **Gerhard Polts Urlaubskomödie *man spricht deutsh* (1988)** wird gezeigt, wieso eine Komikanalyse kontextsensibel sein und erläutern muss, warum bestimmte Rezipient:innen auf Inkongruenzen mit Lachen reagieren, während andere diese weniger oder gar nicht komisch finden.

Text, Zeichnungen, bewegte und vertonte filmische Bilder – plurimediale Formate der Literatur sind keine Erfindung der modernen Mediengesellschaft, sondern haben eine Vorläuferschaft in der seit der Antike beobachteten Kooperation und Konkurrenz der Künste. Die **Interart Studies**, auch *Comparative Arts Studies* genannt, fokussieren die vielfältigen Interaktionen künstlerischer Ausdruckssprachen in kulturvergleichender Absicht. Das fünfte Kapitel stellt die daraus resultierenden theoretischen und methodischen Herausforderungen am Beispiel des Verhältnisses von Literatur und Tanz dar und untersucht in exemplarischer Absicht die Rolle, die das Tanzen in **Heinrich Heines Gedicht *Pomare* (1847)** und in seinem **Tanzpoem *Der Doktor Faust* (1851)** spielt. Dabei kommen Perspektiven der *Interart Studies*, der Literatur- und der Theaterwissenschaften zur Sprache.

Nicht nur die Literatur der Vergangenheit, auch die Literatur unserer Gegenwart hat auf ästhetische, ethische, wissenschaftliche, soziale und politische Herausforderungen mit der **Ausgestaltung neuer Gattungen** reagiert und damit die germanistische Literaturwissenschaft vor die Aufgabe gestellt, Zusammenhänge von Gattungs- und Gesellschaftsgeschichte, Gattungs- und Diskursgeschichte vor dem Hintergrund der erwähnten interdisziplinären, internationalen und intermedialen Impulse zu profilieren. Unser Band geht vier aktuellen generisch-diskursiven Spannungsfeldern nach, in denen das Verhältnis von Fakt und Fiktion neu konstelliert wird: Autosoziobiografie, Autofiktion, Verschwörungserzählung und Dystopie.

Das sechste Kapitel zu **Diskriminierung und Klassismus** in der deutschen Gegenwartsliteratur wendet sich den in den letzten Jahren intensiv diskutierten sozialen Diskriminierungs- und Privilegierungsstrukturen zu. Die im englischsprachigen Raum übliche Trias von *race – class – gender* ist auch in der deutschsprachigen Diskussion wieder um die Kategorie der sozialen Herkunft / Klasse ergänzt worden. In der Literatur spiegelt sich dieser Trend in **Autosoziobiografien** wider – einer neuen Gattung, die sich zwischen Faktualität und Fiktion, zwischen Soziologie und Literatur bewegt und als eine aktuelle Form engagierter Literatur gelten kann. **Deniz Ohdes Roman *Streulicht* (2020)** dient als fiktionales Textbeispiel, an dem eine an Pierre Bourdieu orientierte literatursoziologische Interpretation eines klassismuskritischen Texts erläutert wird.

Wie im Kontext autosoziobiografischen Schreibens sind auch im Kontext spätmodernen autobiografischen Schreibens die Grenzen zwischen Fakten und

Fiktionen durchlässig geworden und haben zur Etablierung einer neuen Gattung, der **Autofiktion**, beigetragen, die derzeit in der Science Fiction, dem Reise- und dem Künstlerroman und insbesondere auch in der Post-DDR-Literatur prosperiert. Ausgehend von dieser aktuellen Konjunktur fragen wir in unserem siebten Kapitel nach Formen und Funktionen autofiktionalen Schreibens in der deutschsprachigen Gegenwartsliteratur. Der gattungstheoretischen Bestimmung autofiktionaler Formate wird die Analyse und Deutung von **Christa Wolfs Text *Stadt der Engel oder The Overcoat of Dr. Freud* (2010)** an die Seite gestellt, um auch hier den Zusammenhang von Politik und Poetik als Ferment der neueren Literaturgeschichte zu veranschaulichen.

Während Autofiktionen den Autor:innen einen erwünschten Freiraum für Erfindung und Politisierung zu eröffnen scheinen, stehen Verschwörungstheorien und Verschwörungserzählungen wegen ihrer die Wirklichkeit verzerrenden Funktionen weltweit in der Kritik. Die besondere Nähe konspirationistischer Erzählungen zur fiktionalen Literatur macht sie für die Literaturwissenschaft interessant, umso mehr, wenn sich die Literatur selbst dem Sujet einer Verschwörung oder Verschwörungstheorie widmet. Das achte Kapitel zu **Verschwörungsfiktionen** skizziert ein Textkorpus, das die vielschichtigen Beziehungen zwischen Verschwörung(stheorie) und Literatur exemplifiziert. Beispielhaft analysiert wird ein Auszug aus dem **historischen Roman *Monde vor der Landung* (2023) von Clemens J. Setz**, in dem sich der Autor eines pseudowissenschaftlichen und konspirationistisch argumentierenden Welterklärungsmodells und dessen Narrativierung annimmt und dabei Fragen über konkurrierende Wissensansprüche aufwirft. Wie in einem verschwörungstheoretischen Konstrukt verschränken sich dabei Fantasie und Wirklichkeit; zugleich zeigt der Text aber auch die Mechanismen und den gesellschaftlichen Resonanzraum konspirationistischen Denkens.

Zu diesem Resonanzraum zählen auch Romane, die düstere Zukunftsszenarien und Weltuntergänge imaginieren und sich auf den aktuellen Buchmärkten ebenfalls einer außerordentlichen Beliebtheit erfreuen. Aus kulturwissenschaftlicher Perspektive drücken die genreübergreifenden dystopischen Fiktionen ein spezifisch gegenwärtiges Zeitgefühl aus, in dem Zukunft weder als Fortschritt noch als Großvision, sondern als Katastrophe und Apokalypse vorgestellt wird. Am Beispiel von **Theresia Enzensbergers Roman *Auf See* (2022)** fragen wir im neunten Kapitel nach Themen, Formen und Funktionen **dystopischer Romane der deutschsprachigen Gegenwartsliteratur** und nach dem Ertrag, den eine **kulturwissenschaftlich operierende Literaturwissenschaft** bei der Analyse dieser Texte erzielen kann.

Kulturwissenschaftlich inspiriert und durch dystopisches Denken informiert ist auch der **literaturwissenschaftliche *Ecocriticism*.** Unter diesem Begriff firmieren seit den 1990er Jahren die Themenfelder ‚Natur', ‚Umwelt', ‚Ökologie' und

‚Anthropozän'. In methodischer Hinsicht versammeln sich darunter allerdings höchst heterogene Ansätze, die oftmals nicht explizit reflektiert werden. Das zehnte Kapitel ordnet diese Methodenvielfalt, isoliert zentrale Stränge ökologisch informierter literaturwissenschaftlicher Praxis, darunter auch ideologiekritische und aktualisierende Lektürepraktiken, die Texte auf ein ökologisches Potenzial hin umdeuten und so für den politischen Aktivismus nutzbar machen. Am Beispiel von **Silke Scheuermanns Gedicht** *Dodo* **(2014)** wird eine ökokritische Interpretation vorgeführt.

Den Abschluss unseres Bandes bildet mit den **Ansätzen der digitalen Dramenanalyse** ein Kapitel zur allerjüngsten methodischen Innovation der Geisteswissenschaften/Humanities. Im elften Kapitel widmen wir uns der Fragestellung, wie quantitative Methoden der *Digital Humanities* für literaturwissenschaftliche Interessen fruchtbar gemacht werden können. Dabei werden zwei Schwerpunkte fokussiert: Einerseits soll erörtert werden, welche theoretischen Implikationen Methodenimporte wie die Netzwerkanalyse (empirische Sozialwissenschaft) oder das Topic Modeling (Computerlinguistik) für den Umgang mit literarischen Texten haben. Wie also lassen sich quantitative und etablierte qualitative Methoden sinnvollerweise verschränken? Andererseits sollen Potenziale, aber auch Herausforderungen dieser Methoden am Beispiel von Einzeltextanalysen – hier anhand von **Karl Kraus' Weltkriegsdrama** *Die letzten Tage der Menschheit* **(1918/19; 1922)** – und größeren Korpusanalysen veranschaulicht werden. Für Letztere wird ein Korpus von rund 650 deutschsprachigen Dramen (circa 1730 bis 1930) betrachtet und auf literaturgeschichtliche Zusammenhänge hin untersucht.

Erwähnte Literatur

Albrecht et al. 2015: Albrecht, Andrea, Lutz Danneberg, Olav Krämer und Carlos Spoerhase: „Einleitung", in: *Theorien, Methoden und Praktiken des Interpretierens*, hg. v. Andrea Albrecht, Lutz Danneberg, Olav Krämer und Carlos Spoerhase. Berlin et al. 2015, S. 1–20.

Albrecht/Danneberg 2021: Albrecht, Andrea und Lutz Danneberg: „Verstehen, Auslegen, Darstellen, Vermitteln. Literaturwissenschaftliche Interpretationstexte in praxeologischer Perspektive", in: *Doing Interpretation. Perspektiven praxeologischer Hermeneutik*, hg. v. Johannes Corrodi Katzenstein, Andreas Mauz und Christiane Tietz. Paderborn 2021, S. 23–50.

Asmuth 2016: Asmuth, Bernd: *Einführung in die Dramenanalyse*. 8., aktual. und erw. Aufl. Stuttgart 2016.

Burdorf 2015: Burdorf, Dieter: *Einführung in die Gedichtanalyse*. 3., aktual. und erw. Aufl. Stuttgart 2015.

Culler 2002: Culler, Jonathan: *Literaturtheorie. Eine kurze Einführung*. Stuttgart 2002.

Danneberg 1990: Danneberg, Lutz: „Interpretation: Kontextbildung und Kontextverwendung", in: *Spiel* 9 (1990), S. 89–130.

Danneberg 1996: Danneberg, Lutz: „Zur Theorie der werkimmanenten Interpretation", in: *Zeitenwechsel – Germanistische Literaturwissenschaft vor und nach 1945*, hg. v. Wilfried Barner und Christoph König. Frankfurt am Main 1996, S. 313–342.

Danneberg 2000: Danneberg, Lutz: „Kontext", in: *Reallexikon der deutschen Literaturwissenschaft*. Bd. 2, hg. v. Klaus Weimar et al. Berlin und New York 2000, S. 333–336.

Danneberg et al. 2019: Danneberg, Lutz, Annette Gilbert und Carlos Spoerhase (Hg.): *Das Werk: Zum Verschwinden und Fortwirken eines Grundbegriffs*. Berlin und Boston 2019.

Derrida/Gadamer 2004: Derrida, Jacques und Hans-Georg Gadamer: *Der ununterbrochene Dialog*, hg. v. Martin Gessmann. Frankfurt am Main 2004.

Fohrmann/Voßkamp 1994: Fohrmann, Jürgen und Wilhelm Voßkamp: *Wissenschaftsgeschichte der Germanistik im 19. Jahrhundert*. Stuttgart 1994.

Frank 2003: Frank, Horst Joachim: *Wie interpretiere ich ein Gedicht? Eine methodische Anleitung*. Tübingen und Basel ^{6}2003.

Harris 1986: Harris, Sidney: „Then a Miracle Occurs: S. Harris Tells All", in: *American Scientist* 74.5, Sigma Xi 100: A Century of Scientific Research (September-October 1986), S. 542–545.

Hoffmann 2021: Hoffmann, Torsten: „Ästhetischer Dünger. Strategien neurechter Literaturpolitik", in: *Deutsche Vierteljahrsschrift für Literaturwissenschaft und Geistesgeschichte* (DVjs) 95 (2021), S. 219–254.

Jahraus 2002: Jahraus, Oliver und Stefan Neuhaus (Hg.): *Kafkas Urteil und die Literaturtheorie. Zehn Modellanalysen*. Stuttgart 2002.

Jahraus 2016: Jahraus, Oliver (Hg.): *Zugänge zur Literaturtheorie. 17 Modellanalysen zu E.T.A. Hoffmanns Der Sandmann*. Stuttgart 2016.

Jannidis et al. 2003: Jannidis, Fotis, Gerhard Lauer, Matías Martínez und Simone Winko (Hg.): *Regeln der Bedeutung. Zur Theorie der Bedeutung literarischer Texte*. Berlin und New York 2003.

Kablitz 2013: Kablitz, Andreas: *Kunst des Möglichen. Theorie der Literatur*. Freiburg i.Br. et al. 2013.

Kindt/Müller 2003: Kindt, Tom und Hans-Harald Müller: „Wieviel Interpretation enthalten Beschreibungen? Überlegungen zu einer umstrittenen Unterscheidung am Beispiel der Narratologie", in: *Regeln der Bedeutung. Zur Theorie der Bedeutung literarischer Texte*, hg. v. Fotis Jannidis et al. Berlin und New York 2003, S. 287–303.

Kindt/Müller 2015: Kindt, Tom und Hans-Harald Müller: „Zum Verhältnis von Deskription und Interpretation. Ein Bestimmungsvorschlag und ein Beispiel", in: *Literatur interpretieren. Interdisziplinäre Beiträge zur Theorie und Praxis*, hg. v. Jan Borkowski et al. Münster 2015, S. 71–90.

Klausnitzer 2024: Klausnitzer, Ralf: *Literaturwissenschaft. Begriffe – Verfahren – Arbeitstechniken*. 3., aktualisierte und erweiterte Auflage. Berlin 2024.

Klawitter/Ostheimer 2008: Klawitter, Arne und Michael Ostheimer: *Einführung in die Literaturtheorie. 11 Methoden und ihre Anwendung auf Edgar Allan Poe, Lu Xun und Heiner Müller*. Peking 2008, 2. Aufl. 2014.

Köppe/Winko 2013: Köppe, Tilmann und Simone Winko: *Neuere Literaturtheorien. Eine Einführung*. 2. aktualisierte und erweiterte Auflage. Stuttgart 2013.

Lahn/Meister 2016: Lahn, Silke und Jan Christoph Meister: *Einführung in die Erzähltextanalyse*. 3., aktualisierte und erweiterte Auflage. Stuttgart und Weimar 2016.

Lauer/Ruhrberg 2011: Lauer, Gerhard und Christine Ruhrberg: *Lexikon Literaturwissenschaft. Hundert Grundbegriffe*. Stuttgart 2011.

Martus/Spoerhase 2022: Martus, Steffen und Carlos Spoerhase: *Geistesarbeit. Eine Praxeologie der Geisteswissenschaften*. Berlin 2022.

Nünning/Nünning 2008: Nünning, Vera und Ansgar Nünning (Hg.): *Einführung in die Kulturwissenschaft: Theoretische Grundlage – Ansätze – Perspektiven.* Stuttgart und Weimar 2008 (ins Chinesisch übersetzt: Nanjing University Press 2018).

Nünning/Nünning 2010: Nünning, Vera und Ansgar Nünning (Hg.): *Methoden der literatur- und kulturwissenschaftlichen Textanalyse. Ansätze – Grundlagen – Modellanalysen.* Stuttgart und Weimar 2010.

Schickore 2008: Schickore, Jutta: „Doing Science, Writing Science", in: *Philosophy of Science* 75 (2008), S. 323–343.

Schmid 2010: Schmid, Ulrich (Hg.): *Literaturtheorien des 20. Jahrhunderts.* Stuttgart 2010.

Sittig 2015a: Sittig, Claudius: „Interpretationen, wie sie im Lehrbuch stehen. Zum Stellenwert von literaturwissenschaftlichen Modellinterpretationen in der Lehr- und Fachkultur der Germanistik", in: *Interpretationskulturen. Literaturdidaktik und Literaturwissenschaft im Dialog über Theorie und Praxis des Interpretierens,* hg. v. Marie Lessing-Sattari et al. Frankfurt am Main 2015, S. 137–150.

Sittig 2015b: Sittig, Claudius: „Zur Praxis von literaturwissenschaftlichen Modellinterpretationen", in: *Theorien, Methoden und Praktiken des Interpretierens,* hg. v. Andrea Albrecht et al. Berlin und Boston 2015, S. 367–383.

Spoerhase 2007: Spoerhase, Carlos: *Autorschaft und Interpretation: Methodische Grundlagen einer philologischen Hermeneutik.* Berlin und Boston 2007.

Spree 2000: Spree, Axel: „Interpretation", in: *Reallexikon der deutschen Literaturwissenschaft,* Bd. 2, hg. v. Harald Fricke. Berlin und New York 2000, S. 168–172.

Strube 1993: Strube, Werner: *Analytische Philosophie der Literaturwissenschaft. Untersuchungen zur literaturwissenschaftlichen Definition, Klassifikation, Interpretation und Textbewertung.* Paderborn et al. 1993.

Weiershausen 2024: Weiershausen, Romana: *Dramenanalyse. Eine Einführung.* Stuttgart 2024.

Wellbery 1985/2008: Wellbery, David E. (Hg.): *Positionen der Literaturwissenschaft. Acht Modellanalysen am Beispiel von Kleists* Das Erdbeben in Chili. München [1985] ^{5}2008.

Willand 2014: Willand, Marcus: *Lesermodelle und Lesertheorien. Historische und systematische Perspektiven.* Berlin und Boston 2014.

Winko 2002: Winko, Simone: „Lektüre oder Interpretation?", in: *Mitteilungen des Deutschen Germanistenverbandes* 49.2 (2002), S. 128–141.

Winko 2015: Winko, Simone: „Standards literaturwissenschaftlichen Argumentierens. Grundlagen und Forschungsfragen", in: *Germanisch-Romanische Monatsschrift* 65.1 (2015), S. 14–29.

Andrea Albrecht
Demenz aus der Perspektive der *Literature and Science Studies*
Am Beispiel von Arno Geiger, *Der alte König in seinem Exil* (2011)

1 Kurzdarstellung, Relevanz und Aktualität des Forschungsfelds

Die Frage, ob literarische Texte Wissen enthalten und, wenn ja, wie diese literarisch präsentierten Wissensformen im Vergleich zu anderen Wissensformen, insbesondere zu *wissenschaftlichen* Wissensformen stehen, wird in den sogenannten *Literature and Science Studies* kontrovers diskutiert. Dass in der ‚schönen' Literatur Wissen verhandelt wird, ist hingegen weitgehend unstrittig. Welche Wissensbereiche dabei zum Thema werden, geht mit einem gesellschaftlich und wissenschaftlich motivierten Wandel einher: Im 19. Jahrhundert war die Evolutionsbiologie literarisch attraktiv, in der ersten Hälfte des 20. Jahrhunderts die Psychologie, dann auch die Physik (Relativitätstheorie und Quantenphysik), und so fort. Ein aktuelles Beispiel für einen Wissensbereich, auf den sich zahlreiche literarische und nicht-literarische Texte der Gegenwart beziehen, ist das Krankheitsbild Demenz. Unter dem medizinischen Terminus, abgeleitet aus der Negation des lateinischen Begriffs für Verstand (*mens*), fasst man heute ein Bündel von Symptomen, die ursächlich auf verschiedene Erkrankungen des Gehirns zurückgeführt werden, darunter am häufigsten die Erkrankung an Alzheimer. Zum klinischen Symptombild zählen Gedächtnis-, Denk- und Verhaltensstörungen sowie emotionale Kontrollprobleme, die sukzessive zum Verlust persönlicher Autonomie führen. Da bis heute trotz globaler wissenschaftlicher Anstrengungen noch keine erfolgreichen Therapien für die meisten degenerativen Formen der Demenz entwickelt wurden und man lediglich das Auftreten einiger Symptome verzögern kann, gilt die progredierende Hirnatrophie weiterhin als irreversibel und letztlich tödlich. Allein in Deutschland leiden gegenwärtig mehr als 1,8 Millionen Menschen an einer Demenzerkrankung. Weltweit geht die Organisation *Alzheimer's Disease International* von 46,8 Millionen Menschen mit Demenzsymptomen aus, mit stark steigender Tendenz.

Aufgrund der Verbreitung und der Bedrohlichkeit von Demenzerkrankungen ist es wenig überraschend, dass sich auch Schriftsteller:innen an den Versuchen beteiligen, das Leiden demenzerkrankter Menschen zu beschreiben, zu erzählen und zu verstehen. In ihren literarischen Texten stützen sie sich erstens auf eigene Erfahrungen (als selbst Betroffene oder als Angehörige einer erkrankten Person), zweitens auf verbreitetes kulturelles Wissen (etwa Alltagswissen im Umgang mit Demenzerkrankten, moralische Überzeugungen, sozialethische Normen oder religiöse Vorstellungen) und drittens auf wissenschaftliches, vor allem medizinisches Wissen, das als Fachwissen in Form wissenschaftlicher Speziallitertur, in popularisierten Formaten oder über Expert:innen (Ärzt:innen, Psycholog:innen, Pflegekräfte) zugänglich ist. Demenz ist daher ein geeignetes, vielschichtiges und aktuelles Beispiel, um die Frage zu beantworten, was es bedeutet, einen literarischen, womöglich sogar einen fiktionalen Text, der an einem spezifischen Wissensdiskurs partizipiert, nach den theoretischen und methodischen Vorgaben der *Literature and Science Studies* zu untersuchen.

2 Grundbegriffe, Methoden und zentrale Fragestellungen

Seit den 1980er Jahren wird in den Literatur- und Kulturwissenschaften intensiv über das Verhältnis von Literatur und Wissen, Literatur und Wissenschaften diskutiert. Angestoßen wurden diese Diskussionen durch Charles Percy Snows in Deutschland verspätet rezipierte These von den gegensätzlich angelegten ‚Zwei Kulturen' (Snow 1967): der humanistisch-literarischen und der naturwissenschaftlichen Wissenskultur. Der Begriff **Wissenskultur** bezeichnet dabei ein Ensemble von Akteur:innen, Praktiken und Diskursen, die für die disziplinäre Produktion, Evaluation und Weitergabe von Wissen zusammenwirken (Fried/Stolleis 2009). Ein literarischer Text, der sich einem Thema aus dem Bereich der medizinischen Wissenskultur annimmt und etwa über eine demenzkranke Person in wissenschaftlich informierter Form schreibt, scheint die behauptete Kluft zu überbrücken. Will man als Literaturwissenschaftler:in diese im Gegenstandsbereich beobachtete Grenzüberschreitung nachvollziehen, muss man sich auf die Wissensbestände der anderen, hier der medizinischen Wissenskultur, auch medikale Kultur genannt, einlassen. Die Literaturwissenschaft wird durch Grenzüberschreitungen dieser Art jedoch nicht inter- oder transdisziplinär, denn Literaturwissenschaftler:innen leisten mit ihren Textuntersuchungen in der Regel ebenso wenig einen disziplinären Beitrag zur Medizin wie Schriftsteller:innen mit ihren literarischen Demenznarrativen. Gleichwohl haben literarische Texte zur Demenz ebenso wie deren literaturwissenschaftliche Interpretationen gemeinsam Anteil an dem, was man den **Wissensdiskurs** zur Demenz nennt. Als epistemischer, das heißt als ein Wissen/Wissenschaft betreffender Diskurs wird der Demenzdiskurs von Medizin, Psychiatrie, Geriatrie etc. dominiert. Dennoch partizipieren an ihm auch andere wissenschaftliche wie nichtwissenschaftliche Stimmen, etwa der Pflegewissenschaften, der

Soziologie, der Philosophie, der Theologie, des Journalismus, der Literatur und der anderen Künste, aber auch der Angehörigen und der Demenzerkrankten selbst. Zusammengenommen konstituiert sich hier, was ein bestimmtes Kollektiv an diskursivem Wissen (Konzepte, Vorstellungen, Bilder etc.) über Demenz vorhält und wie diese wissenskulturellen Elemente bewertet werden.

2.1 Der Begriff des Wissens

In wissenschaftlichen Texten, etwa medizinischen Studien zur Demenz, wird ‚Wissen' als propositionales Wissen im Sinne der von Platon übernommenen Definition ‚gerechtfertigter wahrer Überzeugung' verstanden: Der Wissende glaubt demnach daran, dass seine Aussagen zutreffen, und er kann gute Gründe dafür angeben. Nicht-wissenschaftliche, auch literarische Beiträge zum Wissensdiskurs setzen hingegen einen ‚weicheren' Begriff von Wissen voraus: Wissen ist demnach eine Menge an Aussagen, die von den epistemischen Akteur:innen ‚für wahr gehalten' werden (Richter et al. 1997, 12), aber nicht unbedingt gut begründet oder wahr sind. Auf diese Weise von einem normativen Wahrheitsanspruch entkoppelt, droht der Wissensbegriff zwar vage zu werden, insofern Meinung und Glauben gegenüber wissenschaftlich (empirisch und logisch) validiertem Wissen aufgewertet werden. Zugleich aber öffnet sich mit dem weiteren Wissensbegriff ein wissenshistorischer, wissenschaftshistorischer und wissenssoziologischer Zugang zu einem Untersuchungsfeld (Füssel 2021), das offen ist für nicht-wissenschaftliche Wissensansprüche und Wissensformen. Dies schließt auch nicht-propositionales Wissen ein, wie praktisches Wissen und Fertigkeiten (*know how*), Erfahrungswissen (*knowledge by acquaintance*) und implizites Wissen.

An der Auslotung, aber auch Grenzbestimmung dieses Feldes haben sich in den letzten Jahrzehnten zahlreiche Literatur- und Kulturwissenschaftler:innen beteiligt. Man hat dabei verschiedene Fragen erörtert, zum Beispiel, ob (fiktionale) Literatur Wissen beinhaltet oder womöglich selbst Wissen ist; was literarische Wissensansprüche von anderen Wissensansprüchen unterscheidet; und ob nicht nur die Wissenschaften die Literaturen, sondern auch die Literaturen die Wissenschaften beeinflussen. Dabei wird diskutiert, ob man mit guten Gründen von Wechselseitigkeit und Zirkulation ausgehen könne, ja womöglich Literatur und Wissen gar nicht sinnvoll voneinander zu unterscheiden seien, man vielmehr von einer komplexen Gemengelage epistemischer *poiesis* (Wissensproduktion) ausgehen müsse. Die teilweise erhitzt geführten Debatten zum Thema Literatur und Wissen (Vogl 1997; Pethes 2003; Stiening 2007; Köppe 2007; Krämer 2011) können wir an dieser Stelle nicht referieren. Stattdessen skizzieren wir nur deren Implikationen für moderne medizinisch-psychiatrische Wissensansprüche in Wissenschaft und Literatur. Die Beschränkung auf die Moderne rechtfertigt sich dabei durch den Umstand, dass sich die Wissenschaften wie die Künste erst in der Neuzeit als solche ausdifferenziert haben und damit die Frage nach einer ein- oder wechselseitigen Beeinflussung sinnvoll wurde.

Was kann es also theoretisch und methodisch heißen, einen literarischen Text (oder eine Gruppe von Texten), der an einem spezifischen Wissensdiskurs partizipiert, zu analysieren und zu deuten? Es lassen sich grob drei Ansätze unterscheiden: ein hermeneutischer, ein kulturwissenschaftlicher und ein wissenspoetologischer.

2.2 Hermeneutischer Ansatz

Dem hermeneutischen Textverstehen liegt eine Text-Kontext-Unterscheidung zugrunde. Der literarische Text, das Interpretandum, stellt thematisch Beziehungen zu wissenschaftlichen, hier medizinischen Kontexten her, indem beispielsweise eine an Demenz erkrankte Figur auftritt, ein Arzt Demenz behandelt oder der Erzähler über das Vergessen räsoniert. Als Interpret:in hat man zwei Aufgaben: Erstens rekonstruiert man die für den Text relevanten Wissenskontexte, wie das zeitgenössische Wissen über die Ursachen und den Verlauf von Demenzerkrankungen. Handelt es sich um einen älteren Text, ist für seine historisch adäquate Kontextualisierung die Medizingeschichtsschreibung von größter Bedeutung. Für die Kontextualisierung von gegenwartsliterarischen Texten ist die:der Literaturwissenschaftler:in (wie zumeist auch die Schriftsteller:innen) auf populärwissenschaftliche und wissenschaftsjournalistische Darstellungen angewiesen, es sei denn, sie:er findet einen versierten Zugang zu aktueller medizinischer Fachliteratur. In einem *zweiten* Schritt bestimmt man dann die Formen und (textinternen wie -externen) Funktionen der literarischen Wissensrepräsentation und schreibt dem Interpretandum auf diesem Weg eine Bedeutung zu. Dabei ist die Frage nach der Wahrheit des präsentierten medizinischen Wissens zwar nicht unwesentlich, aber nachgeordnet. Denn die Literatur nimmt in einer spezialisierten Wissensgesellschaft überwiegend Einfluss auf die Geltungs- und Akzeptanzdimensionen von Wissensansprüchen und ist weniger an ihrer Validierung beteiligt. Mittels eines literarischen Texts kann mithin (intendiert oder nicht) medizinisches Wissen ignoriert, antizipiert, strukturiert, ergänzt, vermittelt, popularisiert, veranschaulicht, exemplifiziert, problematisiert, kritisiert und subvertiert werden. Wie und warum ein:e Autor:in welche dieser Funktionen auf literarischem Wege zu erfüllen sucht, lässt sich nach dem Modell literarischer Kommunikation (Autor – Text – Leser) über den Wissensstand der Autor:innen, über explizite und implizite Wissensbezüge des Texts und über die Wissensbestände der intendierten Rezipient:innen ermitteln (Köppe 2011).

Konkret stellen sich bei einer hermeneutisch ausgerichteten Interpretation folgende **typische Fragen**: Über welches wissenschaftliche und welches nichtwissenschaftliche Wissen verfügt die:der Autor:in eines Demenznarrativs? Wie hat dieses Wissen die Textgestaltung beeinflusst? Ist die Darstellung (Semantik, Syntax, Vertextungsmuster, Wissensinserate, Textsorte) womöglich an der medizinischen Formensprachen orientiert – imitiert oder konterkariert also der literarische Text wissenschaftliche Texte? Wie positioniert sich die:der Autor:in mit dem Text zum wissenschaftlichen Wissen der Zeit? Welche Wissensgehalte transportiert der Text und wie ist dieses Wissen zu bewerten: Ist es alt oder neu? Ist es bekannt oder eher unbekannt? Beansprucht die:der Autor:in dafür Geltung? Ist das Wissen an bestimmte Figuren gekoppelt (etwa die Figur einer Ärztin, eines Demenzkranken) und wie verhält sich das Figurenwissen zum Wissen der Erzählfigur? Wird es konfirmiert, ironisiert oder kritisiert? Mit Blick auf die Leser:innen stellt sich die Frage, was diese wissen müssen, um den Text angemessen zu verstehen: Adressiert der literarische Text Mediziner:innen, Laien, Angehörige von Demenzerkrankten oder sogar Demenzerkrankte selbst? Oder geht es darum, ein allgemeineres Publikum für dieses Thema zu sensibilisieren? Spielt der Wissenserwerb überhaupt eine zentrale Rolle für das Textverstehen oder hat das medizinische Wissen vornehmlich akzidentielle Funktionen?

2.3 Kulturwissenschaftlicher Ansatz

Die kulturwissenschaftliche Perspektive weitet den literaturwissenschaftlichen Blick auf andere, nicht-literarische Texte und darüber hinaus auf Akteur:innen, Institutionen und kulturelle Praktiken, um so die materiellen und symbolischen Dimensionen von Kulturen im Zusammenhang deuten zu können. Die für den hermeneutischen Ansatz entscheidende Text-Kontext-Opposition wird auf diese Weise zugunsten eines *wide reading* aufgeweicht, bei dem der literarische Text als Strang eines umfassenderen kulturellen Geflechts betrachtet wird. Für den Bereich Literatur und Medizin tragen Literatur und kulturwissenschaftliche Lektüre so zu einer „Wissenschafts- und Medizingeschichte der Literatur" bei, in der medizinische und literarische Sphären als koexistente und koevolutionäre Entwicklungen so miteinander verknüpft sind, dass „Textualität und Semiotik der gemeinsamen Wissensbestände" sichtbar werden (Erhart 2004, 126). Dabei rücken die „unterschiedlichen literarischen und medizinischen Darstellungsweisen und Gattungen" in den Fokus. Man prüft die „Prägung medizinischen Wissens durch seine textuellen oder bildlichen Darbietungsformen sowie die komplementäre Hypothese, dass medizinisches Wissen die Darstellungsweisen und Gattungen mitgestaltet, in denen es aufbereitet wird" (Pethes/Richter 2008, 5). **Typische Fragen** der kulturwissenschaftlichen Perspektive zielen darauf, nicht nur literarische, sondern auch medizinische Darstellungsformen in rhetorischer, narratologischer, semiotischer oder metaphorologischer Hinsicht zu erfassen. Gefragt wird erstens nach Leitmetaphoriken der Demenzbeschreibung: Im topischen Arsenal von Medizin und Literatur finden sich etwa Vorstellungen von der ‚Versandung' des Gehirns, von der ‚Auflösung', dem ‚Zerfall' oder dem ‚Verschwinden' des dementen Ichs und seiner Identität sowie Bilder von einem sich im kranken Hirn ausbreitenden Nebel oder einem Schneegestöber. Verbreitet ist schließlich auch die Vorstellung, dass sich ein dementer Mensch quasi in ein Kleinkind zurückverwandele. Welche Prämissen und welche Implikationen haben diese Umschreibungen für unseren Umgang mit Demenz? Zweitens können literaturwissenschaftliche Analysen medizinischer Fallbeschreibungen Muster und Strukturen, Rede- und Denkweisen sichtbar machen, die den Mediziner:innen womöglich unbewusst bleiben (Behrens/Zelle 2012). Drittens lässt sich zeigen, „wie medikale [d. h. medizinische und medizinnahe] Wissensbestände und ihre (Selbst-)Literarisierung auch in andere Wissensbereiche eingehen" (Pethes/Richter 2008, 5f.) und so einen Transfer- und Distributionsprozess in Gang setzen, den man kulturwissenschaftlich kartieren kann. Die Spezialisierung der Wissenschaften erschwert eine Ausweitung dieses ambitionierten kulturwissenschaftlichen Programms für die Gegenwart, da kaum ein:e Kulturwissenschaftler:in mehr in der Lage ist, sich in medizinisches Wissen wissenschaftlich angemessen einzuarbeiten. Umso wichtiger sind daher bidisziplinäre Kollaborationen, in denen Kulturwissenschaftler:innen und Mediziner:innen oder Medizinhistoriker:innen zusammenwirken (Gräßel/Niefanger 2012).

2.4 Wissenspoetologischer Ansatz

In der Wissenspoetologie spielen disziplinäre Grenzen eine geringere Rolle. Wissen gilt hier als ein „variables, umkämpftes und polemogenes [d. h. Streit erregendes] Feld", „dessen historische Dimension sich nicht am Leitfaden spezifischer Erkenntnis- und Rationalitätsformeln beschreiben und ausrichten lässt." (Vogl 2018, 463) Wissenspoetologisch inspirierte Studien setzen ein subversives, rationalitätskritisches bis irrationales Potenzial der Literatur voraus, das uns helfen soll, Konzeptionen von Rationalität, Wahrheit oder Erkenntnis selbst zu problematisieren sowie die Genese, die (auch ästhetischen) Darstellungsformen epistemischer Ansprüche und die Geschichtlichkeit des Wissens als zusammengehöriges Ensemble zu beschreiben. Die Distinktionen zwischen Wissen(schaft) und Poesie, Faktizität und Fiktivität gelten dabei als höchst permeabel und instabil. Daher müssen Wissenspoetolog:innen in methodischer Hinsicht die Wissenschaften nicht als Kontext eines zu interpretierenden literarischen Texts betrachten. Vielmehr können sie –

ungeachtet fachspezifischer Expertisen – Konzepten, Termen und Kategorien sowie deren inneren epistemischen, ästhetischen und ethischen Verweisungszusammenhängen folgen und sich so selbst an der Formatierung von Objekten des Wissens beteiligen. Die Grundlage für diese Vorgehensweise ist die Annahme, dass literarische und wissenschaftliche Texte durch dieselben diskursiven, narrativen, argumentativen Determinanten einer Wissensordnung bestimmt seien (vgl. Vogl 2018, 471).

Medizin und Literatur unterliegen demnach einer gemeinsamen „Wahrnehmungsstruktur"", sodass beide „an einem kulturellen Kode" partizipieren, „den sie kollektiv erstellen und in den sie selbst gestellt sind." (Neumeyer 2000, 78f.) **Typische Fragen** aus wissenspoetologischer Perspektive richten sich demnach auf die von Medizin und Literatur, ja von der gesamten Wissensordnung einer Zeit geteilten Codes, die einen Zugriff auf die Instanzen und Prozesse der epistemischen *poiesis*, d. h. der Produktion und Formatierung von Wissen und Nicht-Wissen gewähren. Man fragt nach den bewussten und unbewussten Faktoren und Hierarchien des Demenzdiskurses, nach den Ausschließungsmechanismen wie auch nach den Subversionspotenzialen der Wissenskultur ‚Demenz'. Dazu kann man – zumindest probeweise – die Leitdifferenzen von gesund und krank, dement und nicht-dement, heilbar und unheilbar aufzuheben versuchen, insofern diese selbst als Effekte der Wissensordnung gelten.

Die programmatische Entdifferenzierung von Wissenschaft und Literatur, die sozialkonstruktivistisch-nominalistische Reduktion der Wissenschaft auf Text und Rede, die metaphorische Vagheit zentraler Termini (Krämer 2011) und das Risiko des „Interdilettantismus" (Albrecht 2022) haben dazu geführt, dass sich die Wissenspoetologie in der praktischen literaturwissenschaftlichen Arbeit als eher schwieriges Unterfangen erwiesen hat. Bis auf Weiteres (vgl. die diskursanalytische, wissenspoetologische und dennoch an hermeneutische Fragen andockende Dissertation von Glasenapp 2023) erscheinen uns daher die philologisch basierten hermeneutischen wie auch die kulturwissenschaftlichen Ansätze, die sich auch bei interdisziplinären Kontextreferaten der disziplinären Grenzen ihrer Kompetenzen bewusst bleiben, solider und fruchtbarer.

Die hier dargestellte Typologisierung der unterschiedlichen Positionen zur Relationierung von Literatur und Wissen/Wissenschaft soll nicht darüber hinwegtäuschen, dass Erkenntnisinteressen, Theorie- und Methodenwahlen wie auch die Konstitution des Textkorpus nicht beliebig sind, sondern jeweils am konkreten Einzelfall begründet werden sollten.

3 Analyse und Interpretation einer Auswahl von Beispieltexten

Der typologischen Zusammenschau der nicht-literarischen (3.1) und literarischen Korpora (3.2), die unter das Thema ‚Literatur und Demenz' fallen, folgt eine hermeneutisch ausgerichtete literaturwissenschaftliche Beispielanalyse (3.3) von Arno Geigers *Der alte König in seinem Exil* (2011). Den Abschluss bildet eine kulturwissenschaftliche Skizze zu einschlägigen Passagen aus nicht-literarischen und literarischen Demenznarrativen, die den disziplinenübergreifenden Topos der ‚zweiten Kindheit' verwenden (3.4).

3.1 Nicht-literarische Textkorpora zum Thema Demenz

Geht man von einem weiten Literaturbegriff aus, der auch medizinische Schriften einbezieht, so ist Demenz erstens Thema in **Texten von Lebenswissenschaftler:innen**. Mediziner:innen, Psychiater:innen, Psycholog:innen und anderen Expert:innen nutzen hier im Rahmen ihrer disziplinären Formate (wissenschaftliche Aufsätze, Diagnosen, Fallberichte, Krankengeschichten, Verlaufsdarstellungen) oder in populärwissenschaftlich gestalteten Schriften nicht nur argumentative, sondern passagenweise auch narrative und dialogische Vertextungsmuster, um ihr Wissen über Demenz, über Ereignisse und Verlaufsformen der Erkrankung darzustellen und es so an Kolleg:innen, Wissenschaftler:innen verwandter Disziplinen beziehungsweise an Laien zu vermitteln (Hunter 1991). Als „narratives about illness" (Hyden 2005) beanspruchen diese Texte, „Wirklichkeitserzählungen" (Klein/Martinez 2009) zu sein, also Leser:innen einen objektiven, faktualen und mithin überprüfbaren und rekurrent verbesserbaren Einblick in das Krankheitsbild, in Symptomatik, Diagnostik und Behandlung von Demenzerkrankungen zu geben.

Zweitens gibt es Texte zum Thema Demenz, die als „illness narratives" (Hyden 2005) aus der Feder von **selbst an Demenz Erkrankten** stammen (Grimm/Boothe 2007). Dies sind Egodokumente, Tagebücher und autobiographische Schriften aus dem Bereich des *life writing* (Jolly 2001), die die Perspektive der Betroffenen authentisch und aus der Innensicht zu repräsentieren beanspruchen. Thomas DeBaggios autobiographischer Bericht *Losing My Mind. An Intimate Look at Life with Alzheimer's* (2003) gehört zu den berühmteren Beispielen.

Während die Krankheitserzählungen Betroffener aufgrund des drastischen Krankheitsverlaufs, der Hirnatrophie und des Sprachverlusts eher selten sind und sich meist auf die frühen Stadien der Krankheit beschränken, finden sich drittens zahlreiche **Darstellungen von Angehörigen** (zumeist Kindern), Freunden oder

Pflegepersonen von Demenzerkrankten. Diese Texte gehören wie die *illness narratives* ebenfalls zum Komplex des *life writing*, sind jedoch extroperspektivisch angelegt. Obwohl Texte des *life writing* in der Regel keinen ästhetisch-literarischen Anspruch erheben, sondern auf Nähe und Authentizität zielen, bedienen sie sich diskursiver Muster und Topoi, ja einer Rhetorik und Poetik der Krankheitsdarstellung (Zimmermann 2017, 75–116; Gräßel/Niefanger 2012, 107–113).

Viertens finden sich **medizingeschichtliche Darstellungen zur Demenz**, in denen Wissenschaftshistoriker:innen oder wissenschaftshistorisch informierte Populärwissenschaftler:innen die Geschichte der Krankheit rekonstruieren. Sie beleuchten die Entdeckung durch Alois Alzheimer, die medizinische Klassifikation durch Emil Kraepelin und nachfolgende Ärzte, die intensive Ursachenforschung, die mehr oder weniger erfolgreiche Entwicklung von Therapien wie auch die soziale und kulturelle Bedeutung der Krankheit. Sie sind entweder Erfolgserzählungen oder folgen einer auch Irrgänge der Wissenschaft registrierenden Darstellung. Die oben genannten medizinischen Texte wie auch die *narratives about illness* und die *illness narratives* fungieren für diese historiographischen Narrative als Quellenkorpus. Ein aktuelles Beispiel aus dem Bereich der Wissenschaftskommunikation ist Han Yus Darstellung *Mind Thief. The Story of Alzheimer's* (2021).

3.2 Literarisches Textkorpus zum Thema Demenz

Neben den nicht-literarischen Texten zum Thema Demenz gibt es **faktuale und fiktionale Darstellungen**, die mit **literarischem Anspruch** auftreten und die genuinen Mittel des Literarischen (Imagination und Erfindung, Introspektion, Emotionsdramaturgie, Narrativität, Metaphorizität und Bildhaftigkeit, Rollenspiel, Perspektivität und Polyperspektivität, Polysemie und Ambiguität, Montage und Collage etc.) bewusst zu wirkungsästhetischen Zwecken nutzen und mithin in den Kernbereich der Literaturwissenschaft gehören. Darstellungen von Demenzphänomenen haben allerdings eine augenfällige Besonderheit gegenüber der Darstellung der Mehrzahl anderer menschlicher Erkrankungen: Demenz-Erkrankungen wohnt „ein nahezu skandalöses (und literarisches) Moment inne [...]: Während die Demenzpatienten in einem frühen Stadium noch dazu fähig sind, ihr Leiden selbst zu schildern, verhindert die Leitsymptomatik – die Gedächtnis- und Sprachstörungen – bei fortschreitender Krankheit, das subjektive Erleben kohärent zu erzählen." (Dieckmann 2021, 15f.) Das innere Erleben schwerer Demenz – wie auch schwere psychische Erkrankungen, geistige Behinderungen, komatöse Zustände und der Tod selbst – ist daher ‚unausdenkbar' (Adorno 1970, 359f.). Ärzt:innen, Angehörige und Freund:innen, ja alle nicht selbst Erkrankten stehen mithin vor der elementaren Frage, was während der fortgeschrittenen Krankheit im Bewusstsein des erkrankten Menschen wohl vorgeht. Dieses „Unwissen über die interne ‚Erfahrungsqualität' der Demenz" (Gunreben 2021, 301) hat literarische Implikationen: Da uns eine authentische Innensicht auf die Demenz als ein „Place Beyond Words" verstellt ist, sind wir auf sehr grundsätzliche Art auf Erfindungen, auf Fiktion angewiesen:

> [W]hen I consider my own future in a family predisposed to Alzheimer's, I'm left with urgent questions that only fiction can answer: What do those late stages feel like? What is it like to lose oneself and still live? Could there be some essential kernel of selfhood that survives until the end? Mid- to late-stage sufferers, lost in their aphasia, can't explain it to us. (Block 2014, n.p.)

Die Rede über Demenz begünstigt und forciert daher einen „projektive[n] Gestus" (Dieckmann 2021, 16), der die radikale Limitierung der Introspektion kompensieren hilft. In der Folge übernehmen Imaginationen, literarische Fiktionen und Metaphern mangels anderer Darstellungen epistemische Funktionen. Selbst Wissenschaftler:innen nutzen deswegen mitunter auch Imagination, Fiktion und Metapher als Medium, um Leser:innen eine Mit- und Innensicht der Demenz zu liefern. Die Neurowissenschaftlerin Lisa Genova etwa erzählt in ihrem Roman *Still Alice* (2007) die kognitive Regression der Harvardprofessorin Alice Howland in der dritten Person und interner Fokalisierung. Gleichwohl schreckt Genova letztlich davor zurück, mehr als die frühen Krankheitsphasen zu schildern.

Belletristische Autor:innen haben die Fiktionslizenz weniger skrupulös genutzt: Der niederländische Autor **J. Bernlef** (alias Hendrik Jan Marsman) stellte bereits Mitte der 1980er Jahre in seinem Roman *Hersenschimmen/Hirngespinste* (1984) die Imagination fortschreitender Demenz aus der individuellen Innensicht und mit der Stimme eines erkrankten Protagonisten dar (dazu Dieckmann 2021, 58–79). Die einsetzenden kognitiven Schwierigkeiten werden zunächst noch kohärent in Form eines inneren Monologs beschrieben. Im Verlauf der Erzählung aber löst sich das Ich mehr und mehr auf, sodass der kognitive Kontrollverlust schließlich nur noch bruchstückhaft und inkohärent in Ellipsen und Anakoluthen als zerstückter Bewusstseinsstrom dokumentiert wird, der mal in der ersten, mal in der zweiten und mal in der dritten Person die Selbstentfremdung des Demenzkranken spiegelt.

Ulrike Draesners zweiteilige Erzählung *Ichs Heimweg macht alles alleine* (2006, dann verändert 2011) kombiniert eine fragmentierte, aber mitunter expressionistisch anmutende Innensicht einer demenzerkrankten Frau mit der kohärenten Außensicht ihres sie begleitenden Ehemanns (dazu Zeisberg 2017; Dieckmann 2021). Die Nähe der Sprache der Demenz zur Sprache der modernen Poesie wird von der Autorin in einer zweiten Fassung der Erzählung dadurch noch verstärkt, dass der Gedankenfluss der erkrankten Protagonistin in Verse gesetzt wird (Gunreben 2021, 304). Doch obwohl der Ehemann im Vergleich zu seiner Frau prosaisch, kohärent und faktenorientiert über sich und die Lage seiner Frau spricht, tauchen auch in seiner Rede Gedächtnisstörungen und Sprachschwierigkeiten auf. Er fürchtet sogar, sich bei seiner Frau angesteckt zu haben, obwohl die „Ärzte sagen, dass Verflusung nicht ansteckend ist." (Draesner 2006, 73f.) Neben dieser sprachlichen Anähnelung fallen diverse Beziehungen und Spiegelungen zwischen den beiden Sphären der Ehepartner ins Auge, wodurch das eigentliche Skandalon der Demenz, das Nichtwissen, in tröstlicher Absicht eskamotiert wird. Draesners Erzählung ist, auch dies belegt die Interdependenzen von Medizin und Literatur, Teil einer Anthologie, die unter dem Titel *Es schneit in meinem Kopf* 2006 erschienen ist und von einer geriatrischen Einrichtung gesponsort wurde. Ähnlich übergänglich sind die „poetry interventions" (Swinnen 2016), die Literatur in der Pflege und im therapeutischen Umgang mit Demenzkranken nutzen, wie etwa das Projekt „Weckworte" des Poetry Slammers Lars Ruppel (2016).

Größere Distanz zwischen Literatur und Medizin baut **Michael Buselmeier** in seiner camoufliert autobiographischen Erzählung *Elisabeth* (2021) auf, in der er die Alzheimer-Erkrankung seiner Frau Karin verarbeitet. Enttäuscht über den ausbleibenden Fortschritt und empört über die Arroganz der Ärzte rechnet er mit der Wissenschaft ab:

> Sie kennen die genauen Ursachen nicht. Sie stehen noch immer mit leeren Händen da in all ihrer Unwissenheit, die sie vertuschen und vernebeln mit wissenschaftlichem Vokabular, diese hochdotierten Verlierer [...]. (Buselmeier 2021, 103f.)

Buselmeier kombiniert eine essayistische Einleitung und tagebuchförmige Notate des Ich-Erzählers mit „mal mehr mal weniger" (Buselmeier 2021, 197) überarbeiteten Notaten „Aus Elisabeths verstreuten Papieren" (Buselmeier 2021, 162–196). Im Unterschied zur harmonisierenden Wirkung von Draesners Text rückt Buselmeiers Konfrontation von Außen- und Innensicht den Erzähler und sein Verhalten gegenüber der Kranken in ein selbstkritisches Licht.

Selbstredend kann über die epistemischen, dokumentarischen, didaktischen, (selbst)kritischen, ratgebenden und konsolatorischen Funktionen hinaus die ‚schöne Literatur' Demenzerscheinungen auch nutzen, um primär ästhetische Effekte zu erzielen. Beispielsweise ist **Max Frischs** *Der Mensch erscheint im Holozän* (1979) zum einen zwar eine ergreifende intern fokalisierte Darstellung eines Vergessensprozesses. Zugleich aber wird in dem Text die Formensprache der Klassischen Moderne, etwa Montage und Collage, erlebte Rede, Fragmentarizität, Typographie etc. auf eine ästhetisch und literarhistorisch höchst innovative Weise eingesetzt. Ähnliches lässt sich für **Saša Stanišićs** *Herkunft* (2019) sagen – ein autofiktionaler Roman (↗ *Autofiktion*), in dem der Erzähler die Erinnerungslücken seiner dementen Großmutter dafür nutzt, sich eine *origin story* zusammenzufabulieren, ja in einer abschließenden Rollenspiel-Passage (*choose-your-own-adventure story, interactive narrative*) des

Buchs sogar die Leser:innen an diesen Imaginationen aktiv teilhaben lässt. Wirkungsästhetisch bemerkenswert ist auch **Wolf Haas'** Roman *Eigentum* (2023), der die Altersdemenz und den Tod der Mutter voller Zuneigung, Trauer und schwarzem Humor schildert.

Bei Sichtung vor allem englisch- und deutschsprachiger literarischer Texte zum Thema Demenz ist die heteronomistische, sei es epistemisch oder sei es ethisch motivierte Ausrichtung auffällig. Texte, die der Vergesslichkeit, der Aphasie, der Opazität des kranken Geistes primär *gestalterisch* etwas abzugewinnen versuchen, sind eindeutig in der Minderheit. Zumeist wird Demenz in narrativen Texten, nur vereinzelt auch in lyrischen (Gomringer 2015, 12; Ruppel 2016, passim), dramatischen Texten (Zeller 2012; Turrini 2020) und als *graphic novel* (Leavitt 2012) verhandelt; darüber hinaus gibt es zahlreiche Filme (Eyre 2001; Glatzer/Westmoreland 2012; Zeller 2020), darunter auch Literaturverfilmungen.

Sofern Demenz in einem Text nicht nur motivisch (Drux 2007) oder randständig auftritt, handelt es sich um ein zentrales *Thema*. Das bedeutet, dass die Krankheit dem literarischen Text als wesentliche „Problem- oder Gedankenkonstellation" zugrunde liegt und dessen Elemente, den Plot und seine Ausgestaltung organisiert (Schulz 2007a, 634). Die Demenz kann darüber hinaus als *Sujet* aufgegriffen werden. Darunter versteht man das „Kompositionsschema" eines Textes bzw. sein „Handlungssubstrat[]" (Schulz 2007b, 544f.), das auf der Ebene der vom Text abstrahierten, erschlossenen *histoire* die dargestellten Ereignisse wie auch die Art ihrer Darstellung, den *discours*, bedingt. Strukturell gesehen ist Demenz – wenn man sich realistisch am Stand der Wissenschaft orientiert und nicht beispielsweise in Form einer *Science Fiction*-Erzählung einen Heilungsprozess imaginieren möchte – ein Sujet, das für die *histoire* eine stufenweise, letztlich tödlich verlaufende Krankheit vorschreibt, die zumeist um zwei Wendepunkt organisiert ist: die Demenzdiagnose und die Resignation oder Akzeptanz der Krankheit (Gräßel/Niefanger 2012, 102f.). Bestimmend für den narrativen Verlauf ist in der Regel ein „Defizitmodell" (Gräßel/Niefanger 2012, 104f.), das die Krankheit als Geschichte des Verlusts mit katastrophischem Ende aufbaut.

Für den *discours* bleibt Autor:innen die Wahl zwischen intro- und extrospektiver Darstellung: Sie können aus der Innensicht der:des Kranken oder aus der Sicht einer:eines Beobachter:in berichten und müssen entscheiden, wie die Erzählung zeitlich geordnet und auf welche Stadien der Krankheit der Schwerpunkt liegen soll. Obwohl teleologisch auf den Tod hin zulaufend, können Autor:innen dem Geschehen womöglich temporär auch gute Seiten abgewinnen, bestenfalls ihren Frieden mit der Krankheit schließen (Gräßel/Niefanger 2012, 111–113). Die notorische Unwissenheit über das Innenleben einer:eines Demenzkranken können Autor:innen durch medizinisches, auch psychologisches Fachwissen zu füllen versuchen oder sich um eine gezielt nicht-wissenschaftliche, sich aus eigenen Erfahrungen oder Wünschen speisende einfühlende Projektion bemühen. Als Autor:in steht man jedenfalls vor einem „doppelte[n] erzähltechnische[n] Problem":

> Zum einen stellt sich die Frage, wer der ‚Held'/die ‚Heldin' einer Demenz-Erzählung sein könnte, wenn sich seine/ihre individuelle Kontur doch gerade mit dem zu beschreibenden Phänomen – der Demenz – zu verlieren scheint. Demenz-Texte der Gegenwart zeugen insofern von dieser Verlegenheit, als sie Demenz in erster Linie als „Beziehungsgeschehen" inszenieren, sprich den Blick von der an Demenz erkrankten Figur auf Angehörige oder Partner umwenden. Zum anderen erscheint die Krankheit selbst als Leerstelle, die sich der Narrativierung und damit dem sympathetischen Nachvollzug und der gesellschaftlichen Integration entzieht. (Gunreben 2021, 301)

3.3 Hermeneutische Beispielinterpretation: Arno Geigers *Der alte König in seinem Exil*

Ein in der Literaturwissenschaft bereits relativ häufig behandelter Text (vgl. etwa Dieckmann 2021; Vedder 2012; Gräßel/Niefanger 2014; Zimmermann 2017; Zeisberg 2017; Rabelhofer 2017) soll im Folgenden als Beispiel dienen. Arno Geigers *Der alte König in seinem Exil* (2011) ist in gattungstheoretischer Hinsicht eine autobiographisch grundierte Erzählung, in der die im Text als Arno Geiger (vgl. zum Autor Nelles 2017) identifizierte, homodiegetische Erzählerfigur in der ersten Person Singular (Ich-Erzähler) den Lebens- und etwa 15 Jahre dauernden Krankheitsverlauf seines Vaters, August Geiger (1926–2014), bis zu seinem Aufenthalt im Altenheim erzählt, den Tod des Vaters aber ausspart (*histoire*): „[I]ch wollte über einen Lebenden schreiben, ich fand, dass der Vater, wie jeder Mensch, ein Schicksal verdient, das offenbleibt." (Geiger 2011, 189)

Textanalyse: Die Erzählung (*discours*) ist auf der Textoberfläche in zwölf Kapitel und elf intermittierende, kursiv gesetzte Gesprächssequenzen unterteilt. In diesen Sequenzen erinnert der Erzähler in wiederkehrenden Analepsen (im Präteritum) das Leben des Vaters und vergegenwärtigt und kommentiert das Beziehungsgeschehen zwischen Sohn und erkranktem Vater (im ersten Kapitel noch im Präsens, dann retrospektiv im Präteritum, zum Ende passagenweise wieder im Präsens). Die Kombination von narrativ, deskriptiv, argumentativ und dialogisch vertexteten Passagen ergibt einen insgesamt essayistisch wirkenden Erzählstil mit eingeschobenen, filmisch wirkenden Gesprächssequenzen, die ganz ohne narrative Vermittlung auskommen.

Nach dieser globalen Bestimmung der Gattung, des Erzählerstandorts, der Struktur von *histoire* und *discours* und des Erzählstils fokussieren wir zur Veranschaulichung von Geigers spezifischem Umgang mit dem Sujet Demenz eine beispielhafte Passage:

1   Und einmal, als ich ihn frage, wie es ihm gehe, antwortet er:
    „Es geschehen keine Wunder, aber Zeichen."
    Und dann ansatzlos Sätze, so unwahrscheinlich und schwebend, wie sie einem manchmal in Träumen kommen:
5   „Das Leben ist ohne Probleme auch nicht leichter."
    Witz und Weisheit des August Geiger. Schade nur, dass die Sprache langsam aus ihm heraussickert, dass auch die Sätze, bei denen einem vor Staunen die Luft wegbleibt, immer seltener werden. Was da alles verlorengeht, das berührt mich. Es ist, als würde ich dem Vater in Zeitlupe beim Verbluten zusehen. Das Leben sickert Tropfen für
10 Tropfen aus ihm heraus. Die Persönlichkeit sickert Tropfen für Tropfen aus der Person heraus. Noch ist das Gefühl, dass dies mein Vater ist, der Mann, der mitgeholfen hat, mich großzuziehen, intakt. Aber die Momente, in denen ich den Vater aus früheren Tagen nicht wiedererkenne, werden häufiger, vor allem abends.
    Die Abende sind es, die einen Vorgeschmack auf das liefern, was bald schon der
15 Morgen zu bieten haben wird. Denn wenn es dunkel wird, kommt die Angst. Da irrt der Vater rat- und rastlos umher wie ein alter König in seinem Exil. Dann ist alles, was er sieht, beängstigend, alles schwankend, instabil, davon bedroht, sich im nächsten Moment aufzulösen. Und nichts fühlt sich an wie zu Hause.
    Ich sitze seit einiger Zeit in der Küche und tippe Notizen in meinen Laptop. Im
20 Wohnzimmer läuft der Fernseher, und der Vater, der von dort Stimmen hört, schleicht auf Zehenspitzen durch die Diele, lauscht und murmelt mehrmals bei sich:
    „Das sagt mir nichts."
    Dann kommt er zu mir in die Küche, tut so, als schaue er mir beim Schreiben zu. Aber ich merke mit einem Seitenblick, dass er Unterstützung braucht.
25 „Willst du nicht ein bisschen fernsehen?", frage ich.
    „Was habe ich davon?"
    „Na ja, Unterhaltung."
    „Ich möchte lieber heimgehen."
    „Du bist zu Hause."
30 „Wo sind wir?"
    Ich nenne Straße und Hausnummer.
    „Na ja, aber viel bin ich hier nie gewesen."
    „Du hast das Haus Ende der fünfziger Jahre gebaut, und seither wohnst du hier."
    Er verzieht das Gesicht. Die Informationen, die er gerade erhalten hat, scheinen ihn
35 nicht zu befriedigen. Er kratzt sich im Nacken:
    „Ich glaube es dir, aber mit Vorbehalt. Und jetzt will ich nach Hause."
    Ich schaue ihn an. Obwohl er seine Verstörung zu verbergen versucht, ist ihm anzumerken, wie sehr ihm der Moment zu schaffen macht. Er ist voller Unruhe, Schweiß steht auf seiner Stirn. Der Anblick dieses kurz vor der Panik stehenden
40 Menschen geht mir durch Mark und Bein.
    Der quälende Eindruck, nicht zu Hause zu sein, gehört zum Krankheitsbild. Ich erkläre es mir so, dass ein an Demenz erkrankter Mensch aufgrund seiner inneren Zerrüttung das Gefühl der Geborgenheit verloren hat und sich an einen Platz sehnt, an dem er diese

Geborgenheit wieder erfährt. Da jedoch das Gefühl der Irritation auch an den
45 vertrautesten Orten nicht vergeht, scheidet selbst das eigene Bett als mögliches Zuhause aus.
Um es mit Marcel Proust zu sagen, die wahren Paradiese sind die, die man verloren hat. Ortswechsel bewirken in so einem Fall keine Besserung, es sei denn durch die bloße Ablenkung, die man genauso gut, wenn nicht besser, durch Singen erreicht. Singen ist
50 lustiger, demente Menschen singen gern. Singen ist etwas Emotionales, ein Zuhause außerhalb der greifbaren Welt.
Apropos Singen: Oft heißt es, an Demenz erkrankte Menschen seien wie kleine Kinder – kaum ein Text zum Thema, der auf diese Metapher verzichtet; und das ist ärgerlich. Denn ein erwachsener Mensch kann sich unmöglich zu einem Kind zurückentwickeln,
55 da es zum Wesen des Kindes gehört, dass es sich nach vorne entwickelt. Kinder erwerben Fähigkeiten, Demenzkranke verlieren Fähigkeiten. Der Umgang mit Kindern schärft den Blick für Fortschritte, der Umgang mit Demenzkranken den Blick für Verlust. Die Wahrheit ist, das Alter gibt nichts zurück, es ist eine Rutschbahn, und eine der größeren Sorgen, die einem das Alter machen kann, ist die, dass es gar zu lange
60 dauert. (Geiger 2011, 11–14)

Es handelt sich um eine der vielen Passagen, in der der Ich-Erzähler erinnerungswerte „Sätze" (Geiger 2011, 12) und kurze anekdotische Episoden aus dem Leben mit seinem Vater erzählt und kommentiert. Wir gehen im Folgenden zunächst abschnittweise und kleinschrittig durch den Text, um Formen und Funktionen der Textkonstruktion immanent zu erfassen (Textanalyse, *close reading*) und dem Auszug dann durch eine Verknüpfung mit Kontexten eine Bedeutung zuzuweisen (Teiltextinterpretation).

Eingangs erinnert und zitiert der Ich-Erzähler in einer narrativen Passage (Z. 1–5) zwei Bonmots des Vaters, die in einer ersten Reflexionspassage (Z. 6–13) als Exemplifikation für „Witz und Weisheit des August Geiger" (Z. 6) bezeichnet werden – Fähigkeiten, die der Demenzkranke allerdings nach Auskunft des Erzählers gemeinsam mit seinem Sprachvermögen zunehmend verliere. Den zunehmenden Verlust veranschaulicht er in einer anschließenden deskriptiven Sequenz (Z. 8–11) mit einem irrealen, bildhaften Vergleich, formelhaft und im Konjunktiv eingeleitet durch „Es ist, als würde" (Z. 8). Die fortschreitende Krankheit sollen sich die Leser:innen demnach wie einen Prozess des Verblutens vorstellen, wobei das Blut für die „Persönlichkeit" des Kranken steht. Dass es dem intern fokalisierten Erzähler hier nicht um eine Innensicht des Vaters geht, wird umgehend klargestellt, denn der Sohn spricht von seinem Staunen über den Vater, über das Berührtsein von dessen Sprachverlust, von seinem noch anhaltenden „Gefühl, dass dies mein Vater ist" (Z. 11), und von seiner dennoch unaufhaltsamen Entfremdungserfahrung (Z. 13).

Empathische, introspektive Sätze bleiben insgesamt die Ausnahme, denn Geiger geht das ‚zweite' erzähltechnische Problem, also die Darstellung der Innenansicht eines Demenzkranken, durch eine vergleichsweise radikale Verweigerung von Introspektion an. Auch das titelgebende Bild vom „alte[n] König in seinem Exil" (Z. 16), das der Erzähler in der folgenden, narrativ eingeleiteten Erzählpassage (Z. 14) zur Veranschaulichung der iterativ geschilderten Angstzustände des Vaters bemüht, scheint ein der Vaterfigur von außen durch den Sohn zugeschriebenes Bild zu sein, obwohl der Erzähler intern fokalisiert, also aus der Perspektive des Vaters formuliert: „Und nichts fühlt sich an wie zu Hause." (Z. 18) Wie in dem sich anschließenden Dialog (Z. 25–36) sind viele der narrativen Sequenzen, die den Vater als Akteur involvieren, im dramatischen Modus erzählt. Der Erzähler kann sich als diegetische Instanz temporär zurückziehen und – wie in einem dramatischen Text oder einem Konversationsroman – vor allem die Dialogbeiträge von Vater und Sohn notieren, ohne dabei Einblicke in das Innere der beiden Figuren zu geben. Durchbrochen wird diese extern fokalisierte Passage nur durch eine Inquitformel (Z. 25), einer berichtenden Redewiedergabe (Z. 31) und einer Schilderung von Gestik und Mimik des Vaters, die der Sohn nur vermutungsweise deuten kann: „Die Informationen, die er gerade erhalten hat, scheinen ihn nicht zu befriedigen." (Z. 34f.) Die dialogische Textsequenz mündet in einer Pointe des Vaters, die in ihrer Redundanz zwar seine kognitiven Defizite illustriert, zugleich aber durch die unkonventionelle Wortwahl („unter Vorbehalt") wiederum „Witz und Weisheit" spiegelt und den Vater mit eigener Stimme in Szene setzt: „Ich glaube es dir, aber mit Vorbehalt. Und jetzt will ich nach Hause." (Z. 36) Den diegetischen Rahmen wieder aufgreifend, endet der Dialog mit einer von außen erfolgenden Beschreibung der väterlichen Unruhe (Z. 37–39) und – wie zuvor – mit der Schilderung der Gefühle des Sohns, der trotz des dokumentierten Sprachwitzes des Vaters die Lage nicht beschönigt: „Der Anblick dieses kurz vor der Panik stehenden Menschen geht mir durch Mark und Bein." (Z. 39f.)

Die starke Emotionalisierung und Subjektivierung des Geschehens aus der Perspektive des Sohns wird in der folgenden argumentativen Sequenz (Z. 41–60) zunächst durch ein Wissensinserat gekontert, das die Unbehaustheitserfahrung des Vaters medizinisch normalisiert (vgl. Z. 41) und dem Erzähler die nötige Distanz verschafft, um sich die Erfahrungen des Vaters erneut bildlich zu ‚erklären': „Ich erkläre es mir so, dass ein an Demenz erkrankter Mensch aufgrund seiner inneren Zerrüttung das Gefühl der Geborgenheit verloren hat" (Z. 41–46). Anstatt diese Erklärung medizinisch abzusichern, was eine denkbare alternative Konstruktion gewesen wäre, kommentiert der Erzähler die aufgerufene Vorstellung mit einer intertextuellen Referenz auf Marcel Prousts *Auf der Suche nach der verlorenen Zeit* (Z. 46). Folgt man (etwa durch eine kluge Internet-Recherche) dem Zitat, findet man es in einem komplexen poetologischen Kontext, in dem Proust über die Stillstellung von gegenwärtigen Angstgefühlen durch eine unwillkürliche, sinnliche Erinnerung an paradiesische Vorzeiten räsoniert, die sich nicht zuletzt durch Kunst erzeugen lasse (Proust 2002, 634). Dieser poetologisch-intertextuellen Dimension könnte man in einer Interpretation weiter nachgehen und letztlich den gesamten Text Geigers als Versuch einer künstlerischen Evokation von Erinnerungen an den entschwindenden Vater deuten. Wir bleiben aber bei unserem Textauszug, in dem Geigers Erzählfigur Prousts Sentenz für seine aktuelle Lage adaptiert und mit dem Singen eine gegen die Angst gerichtete alltägliche Kunstform aufgreift (vgl. Z. 50f.) Bevor das Kapitel mit einer hier nicht zitierten *sing-along*-Episode von Vater und Sohn und dem Übergang zur Nachtruhe abschließt, nimmt der Erzähler das Singen zum Anlass einer Digression, in der er sich kritisch von dem verbreiteten Demenz-Topos der Reinfantilisierung abgrenzt und die Vorstellung einer ‚zweiten Kindheit im Alter' richtigstellt (Z. 52–60).

Deutungshypothesen: Bevor wir diesem Argument aus dem Text Geigers hinaus in den kritisierten Demenzdiskurs folgen, ist es sinnvoll, unsere Textanalyse und Deutung vorläufig abzuschließen und nach den Funktionen der zuvor analysierten Darstellungsformen zu fragen. Auf welche wirkungsästhetischen Effekte mag der Autor mit seiner Textgestaltung abzielen? Wie lassen sich die lokalen Textbeobachtungen auf einer mittleren Abstraktionsebene thetisch bündeln? Wir formulieren drei bisher nur lokal im Text verankerte Deutungshypothesen, für die man im Text, in Epitexten (Interviews, Selbstkommentaren etc.) oder anderen Texten aus Geigers Œuvre weitere Belege finden kann, für die man angesichts von gegenläufigen Indizien aber auch zu Differenzierungen oder einer Falsifikation bereit sein muss.

Erstens zielt Geigers Demenznarrativ darauf, den Erkrankten weder zum Objekt des Erzählers zu degradieren noch sich anzumaßen, über das Innenleben eines Demenzkranken autoritativ aus einer Position erzählerischer ‚Allwissenheit' (Nullfokalisierung) Auskunft geben zu können. Stattdessen berichtet die homodiegetische Erzählerfigur Arno Geiger aus der Perspektive des Sohnes. Zum einen kann er so August Geiger in den dialogischen Partien als Subjekt seiner Krankengeschichte inszenieren und die introspektiven Sequenzen der narrativen und argumentativen Partien als Vermutungen, Imaginationen und Analogieschlüsse mit stark limitiertem Geltungsanspruch kennzeichnen. Ungeschützt Einblick kann der Erzähler zum anderen in seine eigenen Gefühle gewähren, inklusive in die Zustände von Stress und Überforderung gegenüber einer unheimlichen Krankheit, der man als „Neuling[]" ohne das nötige „Wissen" und die nötige „Kompetenz" begegnet (Geiger 2011, 49). August Geiger sei wie seine Familie einem „Katz-und-Maus-Spiel" ausgeliefert, „mit dem Vater als Maus, mit uns als Mäusen und mit der Krankheit als Katze." (Geiger 2011, 8)

Zweitens verschafft die gewählte essayistische Schreibweise Geiger eine Flexibilität, mit der er nicht nur ein Porträt seines Vaters, dessen Lebensgeschichte und die Facetten einer Vater-Sohn-Beziehung schildern, sondern auch Erörterungen, zeitdiagnostische Thesen und explizite Plädoyers formulieren kann. Immer wieder nutzt er diese Möglichkeit zu Interventionen und Appellen. So führt er zum Beispiel, möglicherweise in Anspielung auf die öffentliche Diskussion um die Sterbehilfe im Kontext der Demenzerkrankung von Walter Jens, Erwägungen zur Sterbehilfe auf die Unfähigkeit von Angehörigen zurück, „mit der veränderten Situation umzugehen. Die Frage ist: Will man den Kranken von der Krankheit befreien oder sich selbst von der Hilflosigkeit?" (Geiger 2011, 183). Auch die zeitdiagnostischen Reflexionen (Geiger 2011, 58) und die Überlegungen zur *conditio humana* sind essayistisch geprägt. Der Erzähler verknüpft sie mit persönlichen Erfahrungen, die er mit seinem Vater durchlebte. Dies wird besonders an der im zitierten Textauszug eingeführten Exil-Metapher deutlich, die hier zunächst nur das Gefühl des väterlichen ‚Unbehaustseins' illustriert, sich später im Text jedoch zu einer Leitmetapher für das Leben des Vaters (Geiger 2011, 45) entfaltet und noch darüber hinaus zu einem Bild für das wird, was Georg Lukács auf die Formel der ‚transzendentalen Obdachlosigkeit' der Moderne gebracht hat:

> Und erst Jahre später begriff ich, dass der Wunsch, nach Hause zu gehen, etwas zutiefst Menschliches enthält. Spontan vollzog der Vater, was die Menschheit vollzogen hatte: Als Heilmittel gegen ein erschreckendes, nicht zu enträtselndes Leben hatte er einen Ort bezeichnet, an dem Geborgenheit möglich sein würde, wenn er ihn erreichte. Diesen Ort des Trostes nannte der Vater *Zuhause*, der Gläubige nennt ihn *Himmelreich*. (Geiger 2011, 56f.)

Für Geiger impliziert diese Einsicht keine die Wissensordnung sprengende Aufhebung der Unterscheidung von krank und gesund, aber eine Solidarisierung:

> Für uns alle ist die Welt verwirrend, und wenn man es nüchtern betrachtet, besteht der Unterschied zwischen einem Gesunden und einem Kranken vor allem im Ausmaß der Fähigkeit, das Verwirrende an der Oberfläche zu kaschieren. Darunter tobt das Chaos. Auch für einen einigermaßen Gesunden ist die Ordnung im Kopf nur eine Fiktion des Verstandes. [...] Angesichts dieser mir während der Jahre heraufdämmernden Erkenntnis lag es nahe, dass ich mich mit dem Vater mehr und mehr solidarisch fühlte. (Geiger 2011, 57f.)

Die essayistische Form ermöglicht es Geiger drittens, mit seiner Erzählung Skepsis gegenüber vorschnellen Verallgemeinerungen und diskursiv verfestigten Allgemeinplätzen zu streuen und die Individualität von Krankheitsgeschichten herauszustellen. Das dem Buch vorangestellte Motto des japanischen Malers Katsushika Hokusai: „Man muss auch das Allgemeinste persönlich darstellen" (Geiger 2011, 5) könnte zwar ein Gegenargument zu dieser These liefern und den Interpret:innen auf die Suche nach allgemeineren Aussagegehalten schicken. Und in der Tat finden sich im Text immer wieder generalisierende Aussagen, wie „demente Menschen singen gern." (Z. 50) Im Text aber heißt es auch programmatisch:

> Kein Demenzkranker ist wie der andere, oft sind Verallgemeinerungen heikel, in ihrem Wesen bleiben die Betroffenen unergründlich, jeder ein Einzelfall mit eigenen Kompetenzen, Empfindungen und eigenem Krankheitsverlauf. (Geiger 2011, 96)

Womöglich zielt Geiger mit seiner individuellen Einzelfallschilderung also darauf, *generell* für eine individualisierende Sicht auf Krankheitsgeschichten zu plädieren? Für sich selbst, aber auch für alle anderen Familienmitglieder und für die zahlreichen Pflegekräfte, die für seinen Vater engagiert werden, ist seine Darstellung jedenfalls ebenso stark individualisiert (vgl. Geiger 2011, 132, 152 u. ö.) wie für den Vater. Mitunter entsteht der Eindruck, dass Geiger die literarische Darstellung, die sich auf Besonderheiten, Details und Differenzen vertiefend einlassen kann und – anders als wissenschaftliche Texte – nicht zum Verallgemeinern, Typisieren und Abstrahieren gezwungen ist, vor allem zur Unterminierung pauschaler Urteile und etablierter Topoi nutzt. Dazu zählt unter anderem die Vorstellung von der ‚zweiten Kindheit', von der sich Geiger in der zitierten argumentativen, sprach- und metaphernkritischen Passage seines Buchs entschieden absetzt.

Diese literarische Zurückweisung gibt uns Anlass, dem verbreiteten Topos über die Grenzen unseres Beispieltextes und auch über die Grenzen der Literatur hinaus in die Medizin zu folgen und in kulturwissenschaftlicher Perspektive nach seiner Herkunft und seinem wissenschaftlichen Status zu fragen.

3.4 Kulturwissenschaftliche Perspektive: ‚Zweite Kindheit' in Medizin und Literatur

Die Analogie zwischen Alter und Kindheit – formelhaft oft als ‚zweite Kindheit' bezeichnet – ist in der medikalen Wissenskultur mit dem US-amerikanischen Psychiater Barry Reisberg verbunden. Diese Analogie diente ihm in einem wissenschaftlichen Aufsatz aus dem Jahr 1999 als Heuristikum, d. h. als Suchhilfe: Ausgehend von der Annahme, dass der Krankheitsfortschritt auf inverse Weise der weitgehend vertrauten Entwicklung eines gesunden Kleinkindes ähneln könne, fand Reisberg für Kognition, sprachliche Fähigkeiten und Gehirnaktivitäten Parallelen zwischen Kleinkindern und Demenzpatient:innen und nannte sein daraus abgeleitetes Modell für das Fortschreiten der Demenz Retrogenese. Als belesenem Mediziner war Reisberg die kulturhistorische Herkunft der Vorstellung bewusst und eine Erwähnung wert (Reisberg et al. 1999, 8). Daher könnte man aus literatur- und kulturwissenschaftlicher Perspektive versucht sein zu schließen, dass die von Reisberg zitierten Autoren (Aristophanes und Shakespeare) Einsichten der Psychiatrie vorweggenommen hätten, ja, Lebenswissenschaftler:innen auf literarische Antizipationen der besagten Art vielleicht sogar angewiesen seien. Bei anachronistischen Schlüssen wie diesen ist allerdings Vorsicht geboten. Denn in Aristophanes' klassischer griechischer Satire *Die Wolken* (423 v. Chr.) nutzt der Sohn Pheidippides die Analogie von Alter und Kindheit zur Rechtfertigung physischer Gewalt, die er seinem alten Vater Strepsiades angedeihen lassen will. Die Analogie zwischen Kindheit und Alter hat nichts mit Gedächtnisverlust zu tun, sondern mit einem ethischen Normbruch der nachwachsenden Generation.

> PHEIDIPPIDES. [...] Gut, sag' ich dann, die Alten sind bekanntlich zweimal Kinder, // Und zweimal mehr verdienen sie drum Prügel als die Jungen, // Da ihre Schuld auch größer ist, wenn sie sich doch vergehen.// STREPSIADES. Nein, das verbeut in aller Welt doch das Gesetz den Kindern! (Aristophanes 1952, 185)

Auch die von Reisberg zitierte Welttheatermetapher Shakespeares, nach der das letzte Stadium menschlichen Lebens in „second childishness and mere oblivion" münde, „Sans teeth, sans eyes, sans taste, sans everything" (*As you like it*, Akt II, Szene 7), erweist sich bei genauerer Betrachtung als eine rein phänomenologische, äußere Beobachtung des an infantile Unselbständigkeit erinnernden altersbedingten Verlusts an Autonomie und Vitalität. Medizinisch-psychiatrische Einsichten finden sich hier nicht, wie eine literaturwissenschaftliche Lektüre schnell zeigen kann. Reisberg nutzt diese Referenzen lediglich zur kulturhistorischen Rahmung seines wissenschaftlichen Berichts, ohne ihnen im weiteren Verlauf eine bedeutende Rolle zuzuerkennen. Er bemerkt dabei selbst, dass es sich bei der Rede von der ‚second infancy' um ein in unsere Sprache eingegangenes, auf Alltagswahrnehmungen basierendes Konzept handele und somit keinen Beleg für das wissenshistorische Potential literarischer Texte bietet (Reisberg et al. 1999, 8).

Ließe sich aber behaupten, dass die Literatur(wissenschaft) die medizinische Analogie Reisbergs kritisch hinterfragt? Für Geiger ist dies, wie gesehen, der Fall. Allerdings weist bereits Reisberg auf „clear limitations" (Reisberg et al. 1999, 18) der Analogisierung von Kindheit und Alter hin (Reisberg et al. 1999, 7), sodass man nicht vorschnell auf eine Überlegenheit des literarischen gegenüber dem medizinischen Diskurs schließen sollte. Im Gegenteil scheint in der Gegenwartsliteratur die Vorstellung der vermeintlichen Rückentwicklung des Demenzkranken zum Kind ein weit verbreitetes Klischee zu sein, gegen das Reisberg wie Geiger gleichermaßen anschreiben. In Tilman Jens' *Demenz. Abschied von meinem Vater* (2009) beispielsweise regrediert Walter Jens (1923–2013) zu einem Kaninchen fütternden und mit Puppen spielenden Kleinkind; bei Bernlef fühlt sich der Erkrankte am Ende säuglingsgleich zurück in die Arme der fürsorglichen Mutter (Bernlef 1989, 174; vgl. Dieckmann 2021, 219). Es gibt allerdings auch literarische Gegenbeispiele, in denen die Analogie im kritischen Dialog mit der Medizin erörtert wird. So erinnert sich Stefan Merrill Block an seinen kindlichen Blick auf die Retrogenese seiner Großmutter Nana und fokussiert neben der zeitweiligen Annäherung von Kinder- und Demenzsphäre auch das folgende Auseinanderdriften:

> I didn't know the lingo then, but my grandmother was already deep into a process scientists call retrogenesis, a cognitive return to birth. Shameful to admit: in my naïve and selfish twelve-year-old eyes, this could sometimes feel like a positive development. Nana cackled

gleefully at my juvenile jokes, spent hours watching me play video games, and joined me in Kriss Kross dance parties and sing-alongs to the „Lion King" soundtrack. I was neurologically developing as she was neurologically regressing, and that winter we were at a moment of equipoise. [...] Months passed, and I continued to grow as Nana continued to deteriorate. (Block 2014, n.p.)

Auch Jonathan Franzen rekurriert in *My Father's Brain* (2001), einer essayistisch-autobiographischen Auseinandersetzung mit der Alzheimer-Erkrankung seines Vaters, auf das in der Medizin diskutierte Bild der Reinfantilisierung demenzkranker Menschen. Im Anschluss an ein kurzes Wissensinserat zu Reisbergs These referiert Franzen den Wissenschaftsjournalisten David Shenk, der in seinem Buch *The Forgetting. Alzheimer's: Portrait of an Epidemic* (2001) die Vorteile der Infantilisierung herausstellt, wie etwa die kindliche Entlastung des Alzheimer-Patient:innen von Verantwortung und die kindliche Konzentration auf das Hier und Jetzt. Franzen überprüft mit Blick auf seinen kranken Vater beide Positionen und gelangt zu der Überzeugung, dass sein Vater aufgrund seines ausgeprägten Wunschs nach Privatheit nichts weniger wollte, als sich in einen Säugling zurück zu verwandeln:

> My father was an intensely private person, and privacy for him had the connotation of keeping the shameful content of one's interior life out of public sight. Could there have been a worse disease for him than Alzheimer's? In its early stages, it worked to dissolve the social connections that had saved him from the worst of his depressive isolation. In its later stages, it robbed him of the sheathing of adulthood, the means to hide the child inside him. I wish he'd had a heart attack instead. (Franzen 2001, 87)

Die „brighter side of Alzheimer's" (Franzen 2001, 87) kann Franzen somit nur für seine Mutter und sich selbst registrieren, nicht für den demenzkranken Vater.

Diese motivisch vorgehende kulturhistorische und kulturwissenschaftliche Sichtung des Demenzdiskurses ließe sich über weitere Korpora fortsetzen. Eine einfache Frontstellung von konformem Wissenschafts- und subversivem Literaturdiskurs wird sich dabei nicht zeigen, aber eine Vielfalt von Formen, mit denen sich die Literatur im Dialog mit dem medizinischen und mitunter auch die Medizin im Dialog mit dem literarischen Demenzwissen positioniert.

4 Kritik und Ausblick

Demenz ist für Literatur und Wissenschaften ein aktuelles Thema, das sich leicht historisch vertiefen, kulturvergleichend erweitern und medienkomparativ auf Filme und andere Medien, etwa auch Computerspiele zum Thema Demenz (z. B. *Before I Forget*), ausweiten ließe, um etwa zu eruieren, welche diskursiven Topoi und Muster variabel, welche konstant sind. Auch die Frage nach Genderdifferenzen in Demenznarrativen ließe sich verfolgen (vgl. Sontag 1979). Es fehlen jedoch empirische Rezeptionsstudien zur Frage, welche Rolle literarische Texte für Ärzt:innen, Pflegekräfte, die noch lesefähigen Demenzerkrankten und für die Angehörigen tatsächlich haben können. In einer postindustriellen Wissensgesellschaft (Bell/Steinbicker 2010), in der Wissen und Wissenschaften eine zentrale Rolle spielen, aber Wissensansprüche auch immer wieder politisch attackiert werden (↗ *Verschwörungsfiktionen*, ↗ *Ecocriticism*), kann eine Auseinandersetzung mit dem Forschungsfeld Literatur und Wissen konkrete Auskunft über die gesellschaftliche Relevanz von Literatur, Künsten und den zugehörigen Literatur- und Kunstwissenschaften geben.

5 Merkbox

Forschungsbereich: Literatur und Wissen, Literatur und Wissenschaft, Literatur und Medizin

Wichtige Begriffe: Zwei Kulturen-Debatte, Wissen, Wissensgesellschaft, Wissensordnung, epistemischer Diskurs, Wissensdiskurs, Wissenspoetologie

Ansätze und Methoden: Hermeneutische Kontextualisierung, Vergleichende kulturwissenschaftliche Untersuchung literarischer und wissenschaftlicher Texte, Analyse der Wissensordnung

Leitfragen/Typische Fragen: In welchem Verhältnis stehen literarische Texte, Textkorpora oder auch der literarische Diskurs insgesamt zu wissenschaftlichen Textkorpora, etwa medizinischen Diskursen? Affirmieren oder kritisieren Schriftsteller:innen wissenschaftliche Akteure oder deren Wissensansprüche? Welche ethischen Kontexte werden durch die Texte aufgerufen und in welchem Verhältnis stehen ethische, wissenschaftliche und ästhetisch-literarische Normen? Was erfahren wir durch einen literaturwissenschaftlich geschulten Blick auf nicht-literarische Texte, etwa auf psychiatrische Texte über Demenz, über die Rhetorik der Wissenschaft?

6 Lektüreempfehlungen

Für einen Einstieg in die disziplinenübergreifende Wissensgeschichte empfehlen wir Füssel 2021; für einen Überblick über das Forschungsfeld Literatur und Wissenschaft erhält man einen kondensierten Überblick durch Borgards et al. 2013. Ein Handbuch zum Thema Literatur und Medizin liegt vor (von Jagow/Steger 2005, darin Helbig zu Alzheimer), ein weiteres ist in Vorbereitung durch King (de Gruyter vorauss. 2025), bis dahin leistet Zelle 2013 gute Dienste. Will man sich mit weiteren literarischen Texten zum Thema Demenz vertraut machen, bietet sich als Einstieg die von Klara Obermüller herausgegebene Anthologie (2006) an. Analytisch wertvolle Hinweise zum literarischen Umgang mit Demenz liefern Gräßel/Niefanger 2012 und Gunreben 2021.

7 Zitierte Literatur

7.1 Literarische Quellen

Bernlef 1989: Bernlef, J.: *Hirngespinste*. Übersetzt von Maria Csollány. München/Zürich 1989
Buselmeier 2021: Buselmeier, Michael: *Elisabeth. Ein Abschied*. Heidelberg 2021.
DeBaggio 2003: DeBaggio, Thomas: *Losing My Mind. An Intimate Look at Life with Alzheimer's*. New York u.a. 2003.
Draesner 2001: Draesner, Ulrike: „Ichs Heimweg macht alles allein", in: Ulrike Draesner: *Richtig liegen. Geschichten in Paaren*. München 2011, S. 175–184.
Draesner 2006: Draesner, Ulrike: „Ichs Heimweg macht alles alleine", in: *Es schneit in meinem Kopf. Erzählungen über Alzheimer und Demenz*, hg. v. Klara Obermüller. München/Wien 2006, S. 59–81.
Franzen 2001: Franzen, Jonathan: „My Father's Brain. What Alzheimer's Takes Away", in: *The New Yorker*, 2. September 2001, S. 81–91 (dt. „Das Gehirn meines Vaters", in: *Anleitung zum Alleinsein. Essays*. Reinbek 2002, S. 13–46).
Frisch 1979: Frisch, Max: *Der Mensch erscheint im Holozän*. Frankfurt a. M. 1979.
Geiger 2011: Geiger, Arno: *Der alte König in seinem Exil*. München 2011.
Geiger 2009: Geiger, Arno: „Der alte König nimmt den Hut", in: *Frankfurter Allgemeine Sonntagszeitung*, 31. Mai 2009, Nr. 22, S. 2 (mit Fotos).
Genova 2009: Genova, Lisa: *Still Alice. A Novel*. New York 2009.
Gomringer 2015: Gomringer, Nora: *Morbus*. Mit Illustrationen von Reimar Limmer. Dresden 2015.
Haas 2023: Haas, Wolf: *Eigentum. Roman*. München 2023.
Leavitt 2012: Leavitt, Tangles: *A Story About Alzheimer's, My Mother, and Me*. New York 2012.
Obermüller 2006: Obermüller, Klara (Hg.): *Es schneit in meinem Kopf. Erzählungen über Alzheimer und Demenz*. Zürich 2006.
Ruppel 2016: Ruppel, Lars (Hg.): *Geblitzdingst. Slam Poetry über Demenz*. Berlin 2016.
Turrini 2020: Turrini, Peter: *Gemeinsam ist Alzheimer schöner*. Innsbruck 2020.
Zeller 2012: Zeller, Florian: *Le Père, Theaterstück* 2012.

7.2 Filme

Eyre 1999: Eyre, Richard (Reg.): *Iris*. GB / USA 2001, basierend auf John Bayley: *Elegie für Iris*. New York 1999.
Glatzer/Wash 2012: Glatzer, Richard und Wash Westmoreland (Reg.): *Still Alice*. USA 2012, basiert auf Lisa Genovas gleichnamiger Erzählung.
Zeller 2020: Zeller, Florian (Reg.): *The Father*. GB 2020, basiert auf Zellers Theaterstück gleichen Titels.

7.3 Darstellungen

Adorno 1970: Adorno, Theodor W.: *Negative Dialektik*. Frankfurt a. M. 1970.

Albrecht 2022: Albrecht, Andrea: „Interdilettantismus: Zum Ethos wissenschaftlicher Grenzgänge und zur Geltungskultur interdisziplinärer Arbeit", in: *Scientia Poetica* 26.1 (2022), S. 281–306.

Aristophanes 1952: Aristophanes: „Die Wolken", in: *Sämtliche Komödien*, Bd. 1, übers. v. Ludwig Seeger. Zürich 1952, S. 185.

Behrens/Zelle 2012: Behrens, Rudolf und Carsten Zelle (Hg.): *Der ärztliche Fallbericht. Epistemische Grundlagen und textuelle Strukturen dargestellter Beobachtung*. Wiesbaden 2012.

Bell/Steinbicker 2010: Bell, Daniel und Jochen Steinbicker: „Die post-industrielle Gesellschaft als Wissensgesellschaft", in: *Handbuch Wissensgesellschaft: Theorien, Themen und Probleme*, hg. v. Anina Engelhardt und Laura Kajetzke. Bielefeld 2010, S. 27–34.

Block 2014: Block, Stefan Merrill: „A Place Beyond Words: The Literature of Alzheimer's", in: *The New Yorker*, 20. August 2014. Online verfügbar unter https://www.newyorker.com/books/page-turner/place-beyond-words-literature-alzheimers (01.06.2024).

Borgards et al. 2013: Borgards, Roland, Harald Neumeyer, Nicolas Pethes und Yvonne Wübben (Hg.): *Literatur und Wissen. Ein interdisziplinäres Handbuch*. Stuttgart 2013.

Dieckmann 2021: Dieckmann, Letizia: *Vergessen erzählen. Demenzdarstellungen der deutschsprachigen Gegenwartsliteratur*. Bielefeld 2021.

Drux 2007: Drux, Rudolf: „Motivgeschichte", in: *Reallexikon der deutschen Literaturwissenschaft*, Bd. 2, hg. v. Klaus Weimar et al. Berlin 2007, S. 641–643.

Erhart 2004: Erhart, Walter: „Medizin – Sozialgeschichte – Literatur", in: *Internationales Archiv für Sozialgeschichte der deutschen Literatur* 29.1 (2004), S. 118–128.

Fried/Stolleis 2009: Fried, Johannes und Michael Stolleis (Hg.): *Wissenskulturen. Über die Erzeugung und Weitergabe von Wissen*. Frankfurt am Main 2009.

Füssel 2021: Füssel, Marian: *Wissen: Konzepte – Praktiken – Prozesse*. Frankfurt a. M. /New York 2021.

Glasenapp 2023: Glasenapp, Nicolai: *Normativität der Demenz? Ein Krankheitsdiskurs und seine Darstellung in der deutschsprachigen Gegenwartsliteratur*. Paderborn 2023.

Gräßel/Niefanger 2012: Gräßel, Elmar und Dirk Niefanger: „Angehörige erzählen vom Umgang mit Demenz: Einige sozialmedizinische narratologische Beobachtungen", in: *Alter(n) in Literatur und Kultur der Gegenwart*, hg. v. Dirk Kretschmar und Rudolf Freiburg. Würzburg 2012, S. 99–117.

Grimm/Boothe 2007: Grimm, Genevieve und Brigitte Boothe: „Narratives of Life: Storytelling in the Perspective of Happiness and Disaster", in: *Journal of Aging, Humanities and the Arts* 1.3/4 (2007), S. 137–146.

Gunreben 2021: Gunreben, Marie: „Am Rand der Erzählbarkeit. Demenz als narratives Krisenphänomen", in: *Krisen erzählen*, hg. v. Iuditha Balint und Thomas Wortmann. Paderborn 2021, S. 299–320.

Helbig 2005: Helbig, Holger: „Alzheimer-Krankheit", in: *Literatur und Medizin: Ein Lexikon*, hg. v. Bettina v. Jagow und Florian Steger. Göttingen 2005, S. 46–50.

Hunter 1991: Hunter, Kathryn: *Doctor's Stories. The Narrative Structure of Medical Knowledge*. Princeton 1991.

Hyden 2005: Hyden, Lars-Christer: „Medicine and Narrative", in: *Routledge Encyclopedia of Narrative Theory*, hg. v. David Herman, Manfred Jahn und MarieLaure Ryan. London/New York 2005, S. 293–297.

Jolly 2001: Jolly, Margaretta (Hg.): *The Encyclopedia of Life Writing. Autobiographical and Biographical Forms*. Routledge et al. 2001.

King (vorauss. 2025): King, Martina (Hg.): *Handbuch Literatur und Medizin.* Berlin (vorauss. 2025).
Klein/Martinez 2009: Klein, Christian und Matías Martínez: „Wirklichkeitserzählungen. Felder, Formen und Funktionen nicht-literarischen Erzählens", in: *Wirklichkeitserzählungen. Felder, Formen und Funktionen nicht-literarischen Erzählens,* hg. v. Christian Klein und Matias Martinez. Stuttgart 2009, S. 1–13.
Köppe 2007: Köppe, Tilmann: „Vom Wissen in Literatur", in: *Zeitschrift für Germanistik* N. F. 17 (2007), S. 398–410.
Köppe 2011: Köppe, Tilmann: „Literatur und Wissen: Zur Strukturierung des Forschungsfeldes und seiner Kontroversen", in: *Literatur und Wissen. Theoretisch-methodische Zugänge,* hg. v. Tilmann Köppe. Berlin/New York 2011, S. 1–28.
Krämer 2011: Krämer, Olav: „Intention, Korrelation, Zirkulation. Zu verschiedenen Konzeptionen der Beziehung zwischen Literatur, Wissenschaft und Wissen", in: *Literatur und Wissen. Theoretisch-methodische Zugänge,* hg. v. Tilmann Köppe. Berlin/New York 2011, S. 77–115.
Kretzschmar 2012: Kretzschmar, Dirk: „Alzheimertexte der deutschen Gegenwartsliteratur", in: *Alter(n) in Literatur und Kultur der Gegenwart,* hg. v. Dirk Kretzschmar und Rudolf Freiburg. Würzburg, 2012, S. 117–145.
Nelles 2017: Nelles, Jürgen: „Arno Geiger", in: *Kritisches Lexikon zur deutschsprachigen Gegenwartsliteratur (KLG), Nachlieferung* (Fortsetzungswerk 1978ff.). München 2017, Online-Ausgabe Munzinger Online/KLG, URL: https://online.munzinger.de/document/16000000766 (25.08.2023).
Neumeyer 2000: Neumeyer, Harald: „‚Wir nennen aber jetzt Melancholie' (Adolph Henke). Chateaubriand, Goethe, Tieck und die Medizin um 1800", in: *Kunst und Wissenschaft um 1800,* hg. v. Thomas Lange und Harald Neumeyer. Würzburg 2000, S. 63–88.
Pethes 2003: Pethes, Nicolas: „Literatur- und Wissenschaftsgeschichte. Ein Forschungsbericht", in: *Internationales Archiv für Sozialgeschichte der deutschen Literatur* 28.1 (2003), S. 181–231.
Pethes/Richter 2008: Pethes, Nicolas und Sandra Richter: „Einleitung", in: *Medizinische Schreibweisen. Ausdifferenzierung und Transfer zwischen Medizin und Literatur (1600–1900),* hg. v. Nicolas Pethes und Sandra Richter. Tübingen 2008, S. 1–11.
Proust 2002: Proust, Marcel: *Die wiedergefundene Zeit, …,* Bd. 7, übersetzt v. Eva Rechel-Mertens. Frankfurt am Main 2002.
Rabelhofer 2017: Rabelhofer, Bettina: „Ich – das sind die Anderen. Erzählen von Demenz, Alter und Tod", in: *Demenz und Subjektivität. Ästhetische, literarische und philosophische Perspektiven,* hg. v. Daniela Ringkamp, Sara Strauß und Leonie Süwolto. Frankfurt a. M. et al. 2017, S. 57–70.
Reisberg et al. 1999: Reisberg, Barry, Sunnie Kenowsky, Emile H. Franssen, Stefanie R. Auer und Liduïn E. M. Souren: „Towards a Science of Alzheimer's Disease Management: A Model Based Upon Current Knowledge of Retrogenesis Barry Reisberg, Sunnie Kenowsky, Emile H. Franssen, Stefanie R. Auer, Liduïn E. M. Souren", in: *International Psychogeriatrics* 11.1 (1999), S. 7–23.
Richter et al. 1997: Richter, Karl, Jörg Schönert und Michael Titzmann: „Literatur – Wissen – Wissenschaft. Überlegungen zu einer komplexen Relation", in: *Die Literatur und die Wissenschaften 1770–1930. [Walter Müller-Seidel zum 75. Geburtstag],* hg. v. Karl Richter, Jörg Schönert und Michael Titzmann. Stuttgart 1997, S. 9–36.
Schulz 2007a: Schulz, Armin: „Thema", in: *Reallexikon der deutschen Literaturwissenschaft,* Bd. 3, hg. v. Klaus Weimar et al. Berlin 2007, S. 634–635.
Schulz 2007b: Schulz, Armin: „Sujet", in: *Reallexikon der deutschen Literaturwissenschaft,* Bd. 3, hg. v. Klaus Weimar et al. Berlin 2007, S. 544–546.
Snow 1967: Snow, Charles Percy: *Die zwei Kulturen. Literarische und naturwissenschaftliche Intelligenz,* übers. v. Grete und Karl-Eberhard Felten. Stuttgart 1967 (engl. 1959).

Sontag 1979: Sontag, Susan: „The Double Standard of Aging [1972]", in: *Psychology of Women. Selected Readings*, hg. v. Junita H. Williams. New York 1979, S. 462–478.

Stiening 2007: Stiening, Gideon: „Am ‚Ungrund' oder: Was sind und zu welchem Ende studiert man Poetologien des Wissens", in: *KulturPoetik* 7.2 (2007), S. 234–248.

Swinnen 2016: Swinnen, Aagje M.C.: „Healing Words: A Study of Poetry Interventions in Dementia Care", in: *Dementia* 15 (2016), S. 1377–1404.

Vedder 2012: Vedder, Ulrike: „Erzählen vom Zerfall. Demenz und Alzheimer in der Gegenwartsliteratur", in: *Zeitschrift für Germanistik* N.F. 22.2 (2012), S. 274–289.

Vogl 1997: Vogl, Joseph: „Für eine Poetologie des Wissens", in: *Die Literatur und die Wissenschaften*, hg. v. Karl Richter, Jörg Schönert und Michael Titzmann. Stuttgart 1997, S. 107–127.

Vogl 2018: Vogl, Joseph: „Poetologie des Wissens", in: *Grundthemen der Literaturwissenschaft. Poetik und Poetizität*, hg. v. Ralf Simon. Berlin 2018, S. 460–474.

Yu 2021: Yu, Han: *Mind Thief. The Story of Alzheimer's*. Columbia University Press 2021.

Zeisberg 2017: Zeisberg, Johanna: „Verortung des Selbst in Demenznarrationen der Gegenwart", in: *Demenz und Subjektivität. Ästhetische, literarische und philosophische Perspektiven*, hg. v. Daniela Ringkamp, Sara Strauß und Leonie Süwolto. Frankfurt a. M. et al. 2017, S. 41–55.

Zelle 2013: Zelle, Carsten: „Medizin", in: *Literatur und Wissen. Ein interdisziplinäres Handbuch*, hg. v. Roland Borgards, Harald Neumeyer, Nicolas Pethes und Yvonne Wübben. Stuttgart/Weimar 2013, S. 85–95.

Zimmermann 2017: Zimmermann, Martina: *The Poetics and Politics of Alzheimer's Disease Life-Writing*. London 2017.

Katrin Hudey, Sandra Schell und Yan Zhu
Interkulturelle Literaturwissenschaft, *Cultural Brokers* und *Global Literary Studies*
Am Beispiel von Pearl S. Buck, *A House Divided* (1935) und Sharon Dodua Otoo, *Adas Raum* (2021)

1 Kurzdarstellung, Relevanz und Aktualität des theoretischen Ansatzes und des Themas

Kulturelle Vielfalt, interkulturelle Erfahrungen und damit einhergehende Konflikte gehören zum Alltag in unserer durch Mobilität, Globalisierung und Migrationsphänomene geprägten Gesellschaft. An dieser spannungsreichen und konfliktanfälligen Situation partizipieren auch Schriftsteller:innen und ihre literarischen Texte. Insbesondere Autor:innen mit bi- oder sogar mehrkulturellem biografischem Hintergrund können aus ihrer persönlichen Erfahrung und Expertise heraus zwischen den Kulturen vermitteln und zur interkulturellen Sensibilisierung beitragen, sofern sie (positive wie negative) interkulturelle Erfahrungen literarisch thematisieren. Sie setzen sich beispielsweise mit (eigenen) kulturellen Selbstentwürfen auseinander oder beschäftigen sich mit dem, was als unbekannte, andere oder fremde Kultur wahrgenommen, bewundert, exotisiert, angeeignet, ausgegrenzt oder abgelehnt wird. Zwar kann Literatur immer auch an xenophober, nationalistischer oder ethnopluralistischer Propaganda beteiligt sein. Literarische Texte bieten jedoch aufgrund ihrer differenzierten Formensprache vielfältige Möglichkeiten, interkulturelle Begegnungen, globale Vernetzungen und internationale Spannungen darzustellen und kultureller Vielfalt beispielsweise durch Mehrsprachigkeit, Sprachvarietät, Mehrstimmigkeit, Perspektivenvielfalt oder Gattungsmischungen Ausdruck zu verleihen. Wie lässt sich die Teilhabe von Autor:innen und ihren literarischen Texten an den identitäts-, deutungs- und machtpolitischen Aushandlungsprozessen von Interkulturalität und Globalisierung wissenschaftlich beschreiben?

Die international und interdisziplinär ausgerichtete Interkulturelle Literaturwissenschaft hat für diese Fragen eine Vielzahl fruchtbarer Perspektiven entwickelt (Barmeyer/Busch 2023). Im deutschsprachigen Raum hat sich der Dialog über gemeinsame Erkenntnisinteressen und Methoden zwischen Interkulturellen Studien und der germanistischen Literaturwissenschaft seit den 1970er Jahren entwickelt; seit der Jahrtausendwende lässt sich eine zunehmende methodische Diversifizierung und multidisziplinäre Entfaltung der Interkulturellen Literaturwissenschaft ausmachen. Dazu beigetragen hat auch eine verstärkte Öffnung hin zu den *Global Studies*, aus denen die *Global Literary Studies* hervorgegangen sind. Anstatt einen bikulturellen, aber monodirektionalen ‚Einfluss' zu fokussieren, werden heute verstärkt wechselseitige Abhängigkeiten und globale Verflechtungen ins Zentrum gerückt. Oftmals entlehnt die Interkulturelle Literaturwissenschaft dazu Modellannahmen aus anderen disziplinären Zusammenhängen: Konzepte der Postkolonialen Studien (bspw. *Third Space*), der *Global Studies* (bspw. Kulturtransferforschung), der Anthropologie, Ethnologie und Soziologie (bspw. *Cultural Brokers*) sowie die Sensibilisierung für Fragen der *Gender Studies, Memory Studies* oder der *Area Studies* ergänzen und erweitern mittlerweile nicht nur das Methodenarsenal, sondern auch den Untersuchungsbereich einer kulturwissenschaftlich (↗ *Dystopien*) und intersektional (↗ *Klassismus*) informierten Interkulturellen Literaturwissenschaft.

Die interdisziplinäre Ausrichtung führt dazu, dass es sich bei den meisten Konzepten der Interkulturellen Literaturwissenschaft und der *Global Literary Studies* um sogenannte Begriffs- und Methodenimporte handelt, die den Literaturwissenschaften eine Beschreibungssprache und eine spezifische Suchoptik liefern, mit der bislang vernachlässigte oder übersehene literatur- und kulturgeschichtliche Akteur:innen und Konstellationen identifiziert und erfasst werden können. Um solche Begriffs-, Ideen- und Theorieimporte an literaturwissenschaftliche Fragestellungen anzupassen, müssen die entlehnten Phänomene aus ihren Bezugstheorien heraus verstanden und die Übersetzungs- und Anpassungsleistungen methodologisch reflektiert werden.

In diesem Kapitel stellen wir einige zentrale Konzepte, Ansätze und Methoden der mittlerweile sehr breiten und heterogenen Interkulturellen Literaturwissenschaft vor und gehen dabei kursorisch auf deren Herkunft ein, um ihre Integration in literaturwissenschaftliche Untersuchungsbereiche jeweils anhand von Leitfragen zu verdeutlichen. Wir konzentrieren uns auf die Anfänge der Interkulturellen Literaturwissenschaft, auf die Postkolonialen Studien, die Kulturtransferforschung (Verflechtungsgeschichte/*histoire croisée*) sowie auf das Konzept von *Cultural Brokerage*, das das Feld hin zu den *Global (Literary) Studies* öffnet.

2 Grundbegriffe, Vorannahmen, Methoden und zentrale Fragestellungen

Die **Interkulturelle Literaturwissenschaft** – verstanden als eine literaturwissenschaftliche Forschungsperspektive mit einem spezifischen theoretischen und methodischen Profil (Wierlacher/Bogner 2003) – hat sich in der Bundesrepublik in den 1970er und 1980er Jahren etabliert. Durch verstärkte Migrationsprozesse (staatlich gefördert durch die verschiedenen Anwerbeabkommen der Bundesrepublik Deutschland mit der Türkei, Italien, Griechenland, Spanien, Marokko etc.) rückte die Auseinandersetzung mit ‚Fremdheit', Alterität und Differenz immer mehr ins Zentrum der deutschsprachigen Literatur – nicht wenige der sogenannten Gastarbeiter:innen reflektierten ihre Erfahrungen literarisch (u. a. Franco Biondi, Jusuf Naoum, aber auch Rafik Schami und Suleman Taufiq). Die Literaturwissenschaft reagierte mit dem Versuch, diese Entwicklung mit Zuschreibungen wie ‚Gastarbeiterliteratur', ‚Ausländerliteratur', ‚Migranten-/Migrationsliteratur' etc. (Holdenried 2022, 56) zu sortieren – Etikettierungen, die seither kontrovers diskutiert und sowohl von Literaturwissenschaftler:innen als auch von den Autor:innen selbst (z. B. *Literatur der Betroffenheit*; Biondi/Schami 1981) problematisiert und größtenteils verworfen wurden. Zudem beförderte diese literarische Entwicklung eine interkulturelle Innovation literaturwissenschaftlicher Methoden. Diese basieren auf drei Kernbegriffen: dem Kulturbegriff, den Konzeptionen von Multi-, Trans- und Interkulturalität sowie dem Begriff des Globalen.

Es ist kaum möglich, den vieldeutigen und vieldimensionalen **Kulturbegriff** allgemeingültig und verbindlich festzulegen. In arbeitspraktischer Konkretisierung verstehen wir Kultur als ein Spektrum von Wissens-, Deutungs- und Handlungssystemen, in denen verschiedene Personen, Personengruppen und Institutionen agieren. Versteht man Kultur als offenes System und dynamischen Prozess, lassen sich kontinentale, nationale und regionale, Klassen- und Gruppen-, Sub- und Gegen-, residuale, hegemoniale und emergente Kulturen unterscheiden. Jede:r Akteur:in ist zugleich in mehrere Systeme eingebunden und durch mehrere (Teil-)Kulturen geprägt, die zudem durch Überlagerungs- und Abgrenzungsprozesse zwischen den beteiligten Akteur:innen und Kulturen beständig weiterentwickelt werden. Die Systeme weisen Unterschiede auf, die jedoch immer relational, d. h. in Beziehung zueinander zu denken sind (Knapp 2003, 57).

Zur Bezeichnung dieser Relationalität hat sich der Begriff **Interkulturalität** eingebürgert, den das *Reallexikon der Literaturwissenschaft* als „Beziehungen zwischen Kulturen" (Hess-Lüttich 2007, 163) definiert. Die Kurzdefinition ignoriert einen nicht nur in der (Interkulturellen) Literaturwissenschaft über Jahrzehnte ausgetragenen Disput über die angemessene Beschreibung kulturellen Austauschs. Auch die Begriffe der Trans- und Multikulturalität werden zum Teil diffus verwendet. Möchte man von einer unscharfen oder synonymen Verwendung der Begriffe absehen, ist es in der Interkulturellen Literaturwissenschaft üblich, analytisch drei Konzepte zu unterscheiden: **Multikulturalität** bezeichnet ein isoliertes Nebeneinanderstehen verschiedener Kulturen, die nicht in einen intensiveren wechselseitigen Austausch miteinander treten, oft veranschaulicht im Bild der *Salad Bowl*. In der germanistischen Literaturwissenschaft wird dieser Ausdruck eher selten genutzt (programmatisch: Kessler/Wertheimer 1995). Die

Transkulturalität hingegen versteht Kulturen nicht mehr als abgrenzbare Entitäten. Man geht von einer sich entwickelnden Globalkultur aus, in der Kulturunterschiede zunehmend nivelliert werden. Im Kontakt der zunächst unterschiedlichen Kulturen entsteht etwas Neues, Vermischtes; versinnbildlichen lässt sich dies im Bild des *Melting Pots* (programmatisch: Welsch 2000). **Interkulturalität** konzipiert Kontakte zwischen zwei oder mehreren Kulturen als Prozess gegenseitiger Beeinflussungen, bei denen kulturelle Differenzen erst erfahrbar und in eine produktive Beziehung gebracht werden können. Das ‚Fremde' kann durch den Kontakt vertrauter werden und sich schließlich reziprok und partiell in die eigene kulturelle Erfahrung integrieren. Trotz Hybrid- und Mischbildungen in den Kontaktzonen der Kulturen wird dabei weder das Eigene noch das Andere aufgehoben. Es findet vielmehr (bestenfalls) ein wechselseitiger Verstehensprozess statt, der das kulturelle Miteinander in der Verschiedenheit ermöglicht. Als ‚Begründer' dieser Ausrichtung der Interkulturellen Literaturwissenschaft gilt Alois Wierlacher (2003).

Globalisierung schließlich nennen wir den unabgeschlossenen, fortschreitenden Prozess der ökonomisch und technisch getriebenen Ausbreitung von (positiv wie negativ gewerteten) Gütern und Sachverhalten über den gesamten menschlichen Lebensraum ‚Erde'. Der daraus entstehende Effekt einer allgemeinen Abhängigkeit und Verbundenheit, im Guten wie im Schlechten, heißt Globalität. Berücksichtigung findet die globale Dimension für die deutsche Literaturwissenschaft (Reichardt 2019) etwa bei Manfred Schmeling (Schmeling et al. 2000) und Christoph Schaub (2019 et passim).

Diese Begriffsbestimmungen sind umstritten, daher ist es wichtig, im Einzelfall zu prüfen, wie die Begriffe im jeweiligen Kontext verstanden und genutzt werden.

Literarische Texte können kulturellen Austausch darstellen, anregen und reflektieren. In diesem Sinn geht die **Interkulturelle Literaturwissenschaft** von zwei Grundannahmen aus (insbes. Wierlacher/Bogner 2003): Für das Verfassen wie für die Lektüre, Erforschung und Vermittlung von Literaturen sind (1.) Kultur*unterschiede* relevant. Da diese Unterschiede nicht absolut, sondern relativ und variabel sind, sind (2.) Literatur und Literaturrezeption nicht kulturell fixiert, sondern können Differenzen überbrücken und kulturelle Grenzen überschreiten. Interkulturelle Aspekte der Literatur sind aus diesem Grund von besonderem Forschungsinteresse. Sie können sich *thematisch* im Text zeigen, wenn Kulturbegegnungen und die potenziell damit einhergehenden Konflikte dargestellt werden. Sie können sich auch *formal* im Text ausprägen, etwa durch Gattungsadaptionen, sprachliche Vielstimmigkeit oder Kultur- und Sprachgrenzen überschreitende Intertextualität. Darauf abzielende **Leitfragen** versuchen etwa zu beantworten, was über den Kulturkontakt berichtet und wie kultureller Kontakt dargestellt wird. Lassen sich Elemente

‚fremder' Kulturen in der formalen Gestaltung des literarischen Texts finden? Interkulturelle Aspekte können darüber hinaus interpretationsrelevante *Kontexte* betreffen, zum Beispiel die Lebens- und Produktionsbedingungen von Autor:innen, anderskulturelle historisch-soziale Diskurse oder die Rezeption der Texte. Zu fragen ist hier nach der literarischen Reflexion und Transformation kulturspezifischer Wissensbestände: Lässt sich eine „Poetik interkulturellen Schreibens" (Wierlacher/Bogner 2003, 435) bestimmen? Inwiefern trägt das kulturelle Wissen der Leser:innen zu einer spezifischen Interpretation des Texts bei? Insgesamt liefern die etablierten Verfahren der Rezeptionsästhetik und Rezeptionsgeschichte, interkulturell gewendet, ein wichtiges Begriffs- und Methodenarsenal für die Analyse von interkulturellen Austauschprozessen.

Postkoloniale Studien, wie sie sich seit Ende der 1970er Jahre zunächst in den anglophonen *Humanities* entwickelten, gelten mitunter als derjenige Teilbereich der Interkulturellen Literaturwissenschaft, „in dem sich interkulturelle Aspekte sinnvoll als koloniale bzw. postkoloniale thematisieren lassen" (Uerlings 2017, 101). Diese disziplinäre Fusion ist umstritten (Honold 2016), weil der Kulturkontakt unter kolonialen Bedingungen auf starken Machtasymmetrien basiert: Anstatt an einem tendenziell gleichberechtigten Austausch teilzuhaben, erzwingt eine dominante Kultur Anpassungen der beherrschten Fremdkultur. Die gängigen Ansätze der Interkulturellen Literaturwissenschaft geraten hier an ihre Grenzen und können, unreflektiert übertragen, einer Verharmlosung der kolonialen Situation Vorschub leisten. In der germanistischen Literaturwissenschaft (Göttsche et al. 2017, 240–332; Dunker et al. 2023; Medeiros/Ponzanesi 2024) zielen postkoloniale Ansätze unter anderem auf (1.) die kritische Untersuchung deutscher ‚Kolonialliteratur' (bspw. Gustav Frenssens Roman *Peter Moors Fahrt nach Südwest* [1906] oder Hans Grimms *Südafrikanische Novellen* [1913]), (2.) die für Fragen des Kolonialismus und Postkolonialismus sensible Relektüre von kanonisierten Texten (bspw. von Heinrich von Kleists Novelle *Die Verlobung in St. Domingo* [1811]), (3.) eine Neubewertung der Literaturgeschichte (bspw. durch Visibilisierung von Autor:innen der afrikanischen Diaspora, etwa die seit Ende der 1960er Jahre entstandenen Theaterstücke von Alexandre Kum'a Ndumbe III.), (4.) die Analyse postkolonialer Texte (bspw. Ilija Trojanows *Der Weltensammler* [2006], Hans Christoph Buchs *Sansibar Blues, oder: Wie ich Livingstone fand* [2008]) und (5.) die Analyse von Texten afrodiasporischer, afrodeutscher und afrikanisch-deutscher Autor:innen der Gegenwart (bspw. die Lyrik von May Ayim oder die Werke von Sharon Dodua Otoo, Olivia Wenzel und Jackie Thomae). Mögliche **Leitfragen** einer postkolonial informierten Analyse zielen auf die retrospektive Bewertung des erzwungenen Kulturkontakts. Wie wird die asymmetrische Begegnung literarisch (re-)inszeniert? Haben sich womöglich bestimmte (koloniale/postkoloniale) Schreibweisen ausgebildet? Finden Gattungsadaptionen statt? Wie verhalten sich diese Darstellungen zu Formen interkulturellen Kontakts, die *nicht* auf Zwang und Herrschaft beruhen? Welche Resilienzen und welche eigenkulturellen Resistenzen haben sich unter kolonialer Herrschaft entwickelt und werden womöglich fortgeschrieben?

Die **Kulturtransferforschung**, in ihren unterschiedlichen Weiterentwicklungen (u. a. Bosse 2013) auch Verflechtungsgeschichte/*histoire croisée* und *Global History* genannt, nutzt methodische Importe aus der Geschichtswissenschaft und Soziologie und ist heute wohl eine der verbreitetsten Ausprägungen Interkultureller Literaturwissenschaft. Die Kulturtransferforschung, bereits Mitte der 1980er Jahre als interdisziplinäres Programm eingeführt, definiert sich zumeist in Abgrenzung zur Komparatistik (Espagne/Werner 1985; Kaelble 2003) und der traditionellen ‚Einflussforschung', die oft eine einseitige und hierarchische Relation im Sinne eines Senders und eines Empfängers voraussetzt. In der Verflechtungsgeschichte und der *Global History* wird der Fokus hingegen auf wechselseitige Aneignungen und Anpassungen von Transfergütern und auf eine aktive Rolle der Vermittler:innen gerichtet. Der Kulturtransferansatz wurde in den Folgejahren multilateral ausgebaut (Middell 2000 et passim). Man begann aber auch, kulturelle Abwehr- und Verweigerungsprozesse zu beschreiben (Lüsebrink 2001 et passim) und – insbesondere in verflechtungsgeschichtlichen Untersuchungen – stärkeres Gewicht auf die Funktion der:des Beobachter:in zu legen (u. a. Werner/Zimmermann 2002). Denn es ist ein Unterschied, ob beispielsweise eine deutsche, hermeneutisch vorgehende Literaturwissenschaftlerin, eine chinesische Kulturwissenschaftlerin oder eine amerikanische Vertreterin der Postkolonialen Studien über einen literarischen Text spricht. Mögliche **Leitfragen** zielen hier also nicht mehr nur auf Text, Autor:in und Rezipient:in, vielmehr gilt es, den gesellschaftlichen Kontext und die:den Beobachter:in mit in die Untersuchung einzubeziehen: Wer transferiert was und warum? Wer nimmt was auf und warum? Wie wandeln sich Transfergüter (Texte, Ideen, Praktiken) im neuen gesamtgesellschaftlichen Gefüge und wie wandelt sich das Gefüge selbst durch die Transfers? Wer stellt aus welcher Position und mit welchem Erkenntnisinteresse heraus diese Fragen?

Um Kulturkontakte und -transferprozesse sowie die damit verbundenen Konstellationen in ihrer weltumspannenden Komplexität zu reflektieren, hat sich in den letzten Jahren die **Global History** der Zusammenschau von regionalen, nationalen, internationalen und globalen kulturellen Produktions-, Distributions- und Rezeptionsprozessen angenommen, die zudem die außereuropäischen Kulturen und den ‚globalen Süden' angemessener mit einbezieht (Middell/Naumann 2010; Conrad 2017). In den Philologien hat sich das international und interdisziplinär aufgestellte Forschungsfeld der **Global Literary Studies** etabliert, das die nationalphilologische und eurozentrische Ausrichtung zugunsten eines transnationalen und globalen Verständnisses von Literatur und Literaturgeschichte verabschiedet

(Bischoff/Komfort-Hein 2019; Roig-Sanz/Rotger 2022). Aus literatursoziologischer Perspektive werden hier beispielsweise die Produktion, Distribution und Rezeption literarischer Texte (und ihrer Übersetzungen) unter mehrkulturellen Bedingungen in den Blick genommen, oder man fragt nach globalen Gattungen (bspw. Science Fiction-Literatur) und literarischen Strömungen (bspw. *Global Romanticism, Global Modernism*). Zunehmende Bedeutung kommt in globalliteraturwissenschaftlichen Ansätzen computergestützten Verfahren der *Digital Humanities* zu, mit denen qualitative und quantitative Perspektiven sinnvoll verschränkt werden sollen (↗ *Digital Humanities*).

Auch das umstrittene Schlagwort **Weltliteratur** gewinnt wieder an Relevanz (Moretti 2013; Damrosch 2003; Sapiro 2016 et passim; Richter 2017; überblickshaft Klausnitzer 2024, 409–417). Einst von Christoph Martin Wieland und Johann Wolfgang von Goethe (Weitz 1987) als literaturgeschichtlicher Begriff ein- und von Autor:innen wie Hermann Hesse weitergeführt, ist Weltliteratur zu einem ökonomischen und politischen Faktor geworden, etwa wenn Autor:innen durch Übersetzungen (Sapiro 2008; Helgesson/Vermeulen 2016) und über Nobelpreise einen internationalen Markt erschließen (Sneis/Spoerhase 2023; 2024) oder die ‚Arbeiter der Welt' literarisch zu adressieren versuchen (Schaub 2019).

Als fruchtbar für die Analyse interkultureller oder globaler literarischer Akteur:innen und ihrer materiellen und immateriellen Transferhandlungen hat sich jüngst das Konzept des **Cultural Broker** (auch: *Cross-Cultural Mediator, Intermediary, Go-Between, Passeur* oder dt. Kulturvermittler, Kulturmakler) erwiesen. Es wird seit den 1950er Jahren in der Anthropologie und Ethnologie genutzt, um die Dynamiken in kolonial verwalteten Gebieten zwischen indigener Gesellschaft und den neuen Machthabern zu beschreiben und beispielsweise analysieren zu können, wie trotz Sprach- und Kulturbarrieren Handel ermöglicht und die konfliktanfällige Verwaltung der fremden Kolonialmächte stabilisiert wurde. Mit dem *Cultural Turn* in den 1980er Jahren wurden *Cultural Brokers* in Ansätzen der (relationalen) Soziologie, den Postkolonialen Studien und der *Global History* übernommen, weiterentwickelt und auch für nicht-koloniale Kontexte adaptiert (u. a. Hinderker 2002; Jobs/Mackenthun 2013; Dietze 2019).

Als *Cultural Brokers* gelten beispielsweise (historisch zumeist männliche) indigene Boten, Missionare, Diplomaten, Übersetzer und reisende Schriftsteller, die wesentlich an der Aushandlung einer gemeinsamen Verständigungsebene zwischen von Anerkennungskämpfen und Machtasymmetrien geprägten (Teil-)Kulturen beteiligt sind. Anders als bei der Verflechtungsgeschichte/*histoire croisée*, die von zwei gleichberechtigten Austauschpartnern ausgeht, beruht die Theorie des *Cultural Brokerage* auf der Prämisse, dass auch die eigenen (Teil-)Kulturen schon in sich selbst asymmetrische Machtgefüge sind (Raj 2016, 40). *Cultural Brokers* überschreiten also in mehrfacher Hinsicht Grenzen: Sprachgrenzen, Landesgrenzen, kulturelle Grenzen, soziale Grenzen; sie moderieren kulturelle, religiöse, moralische, politische, ideologische, ökonomische Spannungen und Konflikte und bieten vielschichtige und vor allem potenziell wechselseitige ‚kulturelle Übersetzungsleistungen' zwischen „unterschiedlichen Sprachwelten, Sinnsystemen, Deutungsmustern und Ordnungsvorstellungen" an (Burschel 2021, 360). Ihre Vermittlung eröffnet Austausch- und Transferräume, die auch Kontaktzonen genannt werden (Holdenried 2017).

In einem bi- bzw. mehrkulturellen oder auch globalen Setting arbeiten die *Cultural Brokers* an der kontinuierlichen Konstruktion, Interpretation und Aushandlung kultureller Grenzen und interkultureller Identitäten mit (Meylaerts et al. 2017; Roig-Sanz/Meylaerts 2018). Ihr Agieren ist somit (1.) als komplexe Verflechtung von unterschiedlichen Praktiken des Konfliktmanagements und der kulturellen Übersetzung zu beschreiben. Zum Gelingen oder Scheitern der Vermittlungsleistung tragen aber auch (2.) die mit der Einzelperson verbundenen individuellen Eigenschaften (wie interkulturelle Kompetenz, soziale und kulturelle Herkunft, Empathie, Motivation und Intention) bei, ebenso (3.) die Art und Qualität der Beziehungen (Burt 2005), die die *Cultural Brokers* zu den beteiligten Kulturen unterhalten.

Es ergeben sich vier literaturwissenschaftliche Untersuchungsfelder: Im Rahmen einer deutenden, philologisch-hermeneutischen Textanalyse lassen sich (1.) **literarische Texte** identifizieren, die Anteil an kulturellen Vermittlungsprozessen eines *Cultural Broker* haben: Welche Begriffe, Bilder, Ideen und Diskurse einer (Teil-)Kultur werden von wem, für wen und wie, d. h. mittels welcher Textsorten, rhetorischen Strategien etc., vermittelt? Man kann (2.) die:den **Autor:in** selbst ins Zentrum rücken und in ihrer:seiner Funktion als *Cultural Broker* befragen: Warum agiert er:sie als *Cultural Broker*? Welche kollektiven oder persönlichen Interessen werden verfolgt? Lässt sich die Intention bzw. Vermittlungsleistung als inter-, multi- oder transkulturell beschreiben? Welche sprachlichen, institutionellen und kulturellen Eigenschaften zeichnen den *Cultural Broker* aus? Man kann (3.) die soziale **Eingebundenheit** des *Cultural Broker* in die beteiligten kulturellen Netzwerke rekonstruieren: Zwischen welchen heterogenen Gruppen wird vermittelt? Wie ist die Art und Qualität der Beziehung, die der *Cultural Broker* zu ihnen hält? Wie werden Austausch und Kooperation zwischen den unterschiedlichen und daher potenziell konfliktanfälligen (Teil-)Kulturen durch den *Cultural Broker* und seine Vermittlung ermöglicht? Weitet man diese **literatursoziologische Positionsbestimmung** des *Cultural Broker* aus, geraten (4.) auch die Infrastrukturen des Literaturbetriebs (↗ *Klassismus*), der Grad an Professionalisierung und Institutionalisierung der Vermittlungsleistung sowie die Fremd- und Eigenwahrnehmung von *Cultural Brokers* in den Blick.

3 Analyse und Interpretation von Textbeispielen

Im Folgenden werden wir für zwei der hier vorgestellten Ansätze zeigen, wie sich die oben aufgeworfenen Fragestellungen der Interkulturellen Literaturwissenschaft konkret in der Analyse von (literarischen) Texten verfolgen lassen. Unter verflechtungsgeschichtlicher Perspektive werden wir diese Fragen am Beispiel der US-amerikanischen Autorin Pearl S. Buck und ihren in den 1930er Jahren zahlreich übersetzten China-Romanen aufgreifen (3.1). Am 2021 erschienenen Erfolgsroman *Adas Raum* der Schwarzen, britisch-deutschen Autorin Sharon Dodua Otoo veranschaulichen wir dann das analytische Konzept der *Cultural Brokers* (3.2).

3.1 Pearl S. Buck: *A House Divided* (1935)

Die Missionarstochter Pearl S. Buck (1892–1973) verbrachte ihre Kindheit in China, bevor sie Ende der 1920er Jahre aus familiären Gründen zurück in die USA zog. Hier startete sie auch ihre literarische Karriere: In fast vier Dekaden verfasste sie mehr als 90 Romane über China oder west-östliche Kontakte, Biografien von kulturellen Grenzgängern, Theaterstücke, Kinderbücher, Lyrik und vieles mehr. Ihre Werke wurden in insgesamt 145 Sprachen und Dialekte übertragen; in den späten 1960er Jahren war sie die meist-übersetzte Autorin (Stirling 1983, 313). Doch was bedeuten ihre interkulturelle Biografie sowie die globale Distribution ihrer Literatur für ihr Schreiben? Dies wollen wir exemplarisch anhand von Pearl S. Bucks *A House Divided* (1935; dt. *Das geteilte Haus*; 1935) untersuchen, indem wir auf inhaltlicher Ebene die Darstellung des Kulturkontakts analysieren (3.1.1), dann Fragen nach Bucks interkultureller Autorschaft und deren Einfluss auf ihre Literatur stellen (3.1.2) und der globalen und somit interkulturellen Rezeption nachgehen (3.1.3).

3.1.1 Die Darstellung interkulturellen Kontakts: Beispielanalyse einer Textstelle

Pearl S. Bucks international erfolgreiche China-Trilogie *The Good Earth* (1931), *Sons* (1933), *A House Divided* (1935) erzählt die Geschichte einer chinesischen Familie über mehrere Generationen. Das Geschehen spielt in Nordchina in den ersten Jahrzehnten des 20. Jahrhunderts – eine politisch ereignisreiche Zeit: Der Sturz des chinesischen Kaisers (1911), die Ausrufung der chinesischen Republik unter Sun Yatsen (1911), der Kampf um die Vormachtstellung zwischen Nationalisten und Kommunisten nach Suns Tod (1925), Bürgerkriege und vieles mehr bilden den realhistorischen Hintergrund des Erzählten, den Pearl S. Buck selbst in China erlebte.

Im Mittelpunkt des dritten Bandes *A House Divided* steht der junge Chinese Yuan. Da sein Vater ihn auf eine Militärschule schicken will, flieht er nach Shanghai und kommt dort im Untergrund in Kontakt mit der kommunistischen Bewegung. Er wird verhaftet, freigekauft und flieht gemeinsam mit seinem Cousin Sheng in die USA. Die Menschen, die er dort trifft, haben – seinem Empfinden nach – ein gänzlich falsches Bild von China. Überzeugt davon, dass China doch der für ihn geeignetere Lebensort sei, kehrt er nach sechs Jahren zurück und wird im neu ausgerufenen Staat Lehrer.

Die interkulturellen Aspekte der Romanhandlung treten auf der Ebene der Figuren und ihrer Entwicklungen markant hervor: Der Protagonist Yuan ist als Chinese in dem für ihn fremden und ganz anders organisierten Umfeld der US-amerikanischen Gesellschaft täglich interkulturellen Kontakten ‚ausgesetzt'. Während sein Cousin Sheng die Konfrontation mit dem Neuen und Anderen genießt, sich von China immer mehr distanziert und zu einem weltoffenen Kosmopoliten entwickelt, wächst Yuans Nationalstolz in den USA. Seine kulturellen Wurzeln werden Yuan erst hier deutlich und motivieren ihn schließlich zum Rückzug in seine Heimatkultur. Nur vorübergehend lässt er sich auf den kulturenübergreifenden Kontakt ein. Buck inszeniert diese Episoden als Erfahrung von Fremdheit. Dies lässt sich beispielsweise anhand eines Treffens von Yuan mit einer Missionarsfamilie zeigen. Yuan ist von seinem Lehrer zu einem gemeinsamen Abendessen eingeladen. Im Haus des Missionars angekommen, lernt er dessen Frau und dessen Tochter kennen. Sie zeigen großes Interesse an der chinesischen Kultur, so dass sich Yuan willkommen fühlt.

1   Und doch und obwohl er sich so vertraut fühlte in diesem Haus, das er jetzt zum erstenmal betreten hatte, so vertraut mit den Menschen, und darum vergaß, daß sie nicht von seiner Art waren, kam doch ab und zu etwas Fremdartiges, etwas Fremdes, das er nicht verstand. Als sie dann in ein kleineres Zimmer gingen und sich an einen ovalen Tisch setzten, der für
5   die Mahlzeit gedeckt war, griff Yuan zu seinem Löffel, um zu essen. Aber er sah die anderen zögern, und der alte Mann neigte den Kopf, und so taten sie alle, außer Yuan, der das nicht verstand, und während er von dem einen zum anderen blickte, um zu sehen, was geschehen werde, sprach der alte Mann laut, gleichsam zu irgendeinem Gott, der nicht zu sehen war, und er sprach bloß ein paar Worte, aber voll innigen Gefühls, als ob er jemandem
10   für eine Gabe dankte, die er erhalten. Hernach aßen sie ohne weitere Zeremonie, und Yuan fragte diesmal nicht, sondern gab und empfing im Gespräche.
    Doch da er sehr neugierig war, diesen Ritus kennen zu lernen, den er noch nie vorher gesehen hatte, fragte er nachher seinen alten Lehrer, als sie in der Dämmerung auf der breiten Veranda allein saßen, und er fragte, weil er wissen wollte, was ihm in einem solchen
15   Fall die Höflichkeit vorschrieb. Da verstummte der alte Mann für eine Weile und er rauchte

seine Pfeife und blickte friedlich hinaus auf die schattige Straße. Endlich hielt er die Pfeife mit der Hand umschlossen und sagte: „Yuan, ich habe mich oft gefragt, wie ich zu Ihnen über meine Religion sprechen soll. Was Sie gesehen haben, ist ein religiöser Brauch, der bei uns Sitte ist, ein kurzes Dankgebet an Gott für das tägliche Brot. An sich ist es nicht
20   wichtig und doch ist es ein Symbol des Größten, was unser Leben hat – unseres Glaubens an Gott. Erinnern Sie sich, daß Sie von unserem Wohlstand und unserer Macht gesprochen haben? Die halte ich für die Frucht unserer Religion. Ich weiß nicht, was ihre Religion ist, Yuan, aber ich weiß, daß ich weder mir treu wäre noch Ihnen, wenn ich zuließe, daß Sie hier leben und täglich meine Vorlesungen besuchen und, wie ich hoffe, oft in
25   meinem Hause aus und ein gehen, und wenn ich Ihnen nicht von meinem Glauben erzählte." (Buck 1935, 249f.)

Die Episode beschreibt eine interkulturelle Zusammenkunft verschiedener Teilkulturen in einem sich als *Melting Pot* verstehenden kulturellen Kollektiv: Vertreter der dominanten US-amerikanischen Nationalkultur treffen auf einen einzelnen Vertreter der chinesischen Kultur. Hinzu treten soziale Kulturunterschiede im Hinblick auf die Stellung der Akteur:innen im Gesellschaftsgefüge: Yuan begegnet dem Missionar in der Rolle des deutlich jüngeren Schülers und Gastes. Schließlich prallen Religionskulturen aufeinander: Der atheistisch sozialisierte Chinese begegnet in der Person des Missionars einer christlichen Institution mit kolonialer Geschichte.

Durch die Teilnahme an bestimmten kulturellen Prozessen auf der einen, das Gespräch über die Kultur ‚des Anderen' auf der anderen Seite (siehe z. B. Buck 1935, 248) treten die verschiedenen (Teil-)Kulturen in einen auf Wechselseitigkeit angelegten interaktiven Austausch, der aber die Asymmetrien und Unterschiede nicht überdeckt. Die unterschiedliche gesellschaftliche Stellung sowie die nationalkulturellen Gepflogenheiten zeichnen sich bereits bei der Einladung ab: Yuan lehnt die Einladung dreimal ab, bevor er sie unter gegenseitiger Versicherung des „nicht würdig"-Seins (Buck 1935, 246) annimmt. Beim gemeinsamen Abendessen kristallisieren sich dann unterschiedliche kulturelle Routinen und Rituale heraus und führen auf der Handlungsebene zu einer Irritation: Yuan beobachtet eine ihm fremde Situation, versteht jedoch das christliche Ritual des Dankgebetes, das den Ablauf kodiert, nicht (Z. 7). Für die christliche Familie wiederum ist dieses Handeln vor der Mahlzeit ein so selbstverständlicher Teil ihres Alltags, dass sie keinen Bedarf sieht, ihren nicht-christlichen Gast vorab aufzuklären. Die insgesamt nullfokalisierte heterodiegetische Erzählinstanz berichtet hier allein aus der Perspektive der chinesischen Figur, um die (christlichen) Leser:innen an der chinesischen Fremdheitserfahrung teilhaben zu lassen. In chinesischen (Natur-)Religionen, so könnte man diese Erfahrung mit kulturellem Wissen über China kontextualisieren, war es zwar im Unterschied zum ikonoklastischen Judentum und Christentum üblich, Götterfiguren anzubeten, doch Yuan kann bei seinen Gastgebern keine Götterfiguren entdecken (Z. 8f.). Die fehlende Referenz löst bei ihm

Irritation aus, die er durch Interpretation zu kompensieren sucht (Z. 9f.). Die gewählte Erzählhaltung ermöglicht es Buck, eine ihr vertraute christliche Praxis dar- und zugleich ‚fremdzustellen' und so die in der Tat bemerkenswerte Praxis der Anbetung eines unsichtbaren Gottes auch für christliche Leser:innen von ihrer Selbstverständlichkeit zu befreien.

Im Fortgang der Handlung ruft diese Situation unterschiedliche Reaktionen bei den Beteiligten hervor. Yuan bittet bei nächster Gelegenheit die Familie um Aufklärung, um zukünftig zu wissen, was in solch einer Situation „die Höflichkeit vorschrieb" (Z. 15). Er erkundigt sich also nach Handlungsanweisungen, um das Ritual nicht zu stören und sich zumindest oberflächlich, also ohne tiefergehende Assimilationsabsicht, in die fremde Kultur einzufügen. Die Missionarsfamilie wiederum nutzt Yuans Interesse für ihr eigentliches Anliegen: die christliche Mission (Z. 17–26). Die Frau des Missionars setzt im Fortgang der Episode sogar nach: „‚Welch große Sache wäre es für ihr Land, wenn Sie irgendwie für Christus gewonnen werden könnten und zurückkehrten, um Zeugenschaft abzulegen'". Yuan reagiert selbst auf diesen Vorstoß mit der ihm gebotenen chinesischen Höflichkeit, „lächelte [...] bloß und verneigte sich ein wenig" (Buck 1935, 251), wie die Erzählfigur die Leser:innen wissen lässt.

Buck nutzt die Episode also, um mögliche Formen und Funktionen chinesisch-amerikanischen Kontakts in seiner alltäglichen, asymmetrischen Praxis darzustellen und mögliche Handlungsweisen (Interesse, Reflexion, Annäherung, Übergriff) nachzuzeichnen. Um zu prüfen, ob dies nur ein Einzelfall ist oder als Bucks Erzählstrategie gewertet werden kann, fahnden wir nach Parallelstellen wie der folgenden Episode, in der Yuan die Missionarsfamilie zum Gottesdienst begleitet:

> So kamen sie zu einem großen Haus, in das viele Männer und Frauen und sogar Kinder traten, und mit diesen Leuten traten auch sie ein und sie setzten sich, und Yuan saß zwischen dem alten Mann und dem Mädchen. Yuan konnte nicht anders, er mußte neugierig um sich blicken, denn er war erst zum zweitenmal in einem solchen Tempel. Oft hatte er in seiner Heimat Tempel gesehen, aber die waren für das gemeine Volk da und für die Ungebildeten und für die Frauen, und er hatte nie im Leben zu einem Gott gebetet. [...] Jetzt saß er in dem fremden Tempel und beobachtete alles. Es war ein freundlicher Raum; durch lange, schmale Fenster strömte der Sonnenschein des Frühherbstes in großen Lichtstreifen herein und breitete sich über die Blumen auf einem Altar, über die bunten Kleider der Frauen, über die vielen Gesichter verschiedener Art, von denen freilich nur wenige jung waren. Bald drang aus einer verborgenen Quelle Musik durch die Luft, zuerst sehr zarte Musik, die allmählich anschwoll und lauter wurde, bis die ganze Luft erzitterte unter diesen Klängen. (Buck 1935, 257)

In der Episode wechselt die Erzählstimme in einen nun deutlicher intern fokalisierten Erzählmodus. Yuan, dem das religiöse Erleben verschlossen ist, erlebt die

Situation rein ästhetisch. Zugleich versucht er, das Handeln der Christen zu beobachten und, um nicht aufzufallen, oberflächlich zu imitieren. Schwierigkeiten tauchen bei Elementen auf, die er nicht „sehen" kann, wie die Kirchenmusik oder – wie auch schon beim Abendessen – Gott:

> Er hielt die Augen offen und blickte um sich, um zu sehen, ob irgendein Götzenbild von dem Priester herausgetragen werde, denn die Leute waren verneigt, bereit zur Anbetung. Aber der Priester holte kein Götterbild hervor, und kein Gott war irgendwo zu sehen, und nach einer Weile, als der Priester seine Ansprache beendet hatte, warteten die Leute nicht mehr, daß irgendein Gott komme, sondern regten sich und standen auf und gingen nach Hause [...]. (Buck 1935, 259)

Um das fremde Geschehen zu deuten, vergleicht er es mit seinem Wissen über überkommene Tempelrituale in China. Gemäß der von Buck gewählten Figurenkonzeption hofft der Protagonist weiterhin auf ein interkulturelles Miteinander: Yuan ist neugierig, offen und gewillt zu verstehen. Ohne die ‚Anleitung' eines Kulturangehörigen ist ihm ein umfassendes Verstehen des ‚Anderen' jedoch nicht möglich. Darüber hinaus ist es wiederum die Stimme der Erzählfigur, die mit Hilfe des chinesischen Blicks die ‚eigene', amerikanisch-christliche Glaubenspraxis verfremdet und als eine in der Tendenz altertümliche, unmoderne Praxis erscheinen lässt.

Abstrahiert man die bisher nah am Text rekonstruierte interkulturelle Begegnung im Blick auf die gesamte Romanhandlung, lassen sich, zunächst auf der Ebene der Figuren, folgende Aspekte interkulturellen Austauschs festhalten:

(1.) Es gibt miteinander verschränkte kulturelle Gemeinsamkeiten *und* Unterschiede: Die Gemeinsamkeiten werden etwa in der Beschreibung der amerikanisch-christlichen Missionarsfrau als Mutter deutlich, die Yuan stark an seine eigene – chinesische, nicht-christliche – Mutter erinnert (Buck 1935, 247). Die Gastfreundschaft und das gemeinsame Speisen scheinen geteilte anthropologische Universalien zu sein; die dabei jeweils zum Einsatz gebrachten Praktiken und Rituale aber weichen erheblich voneinander ab.

(2.) Die kulturellen Unterschiede können unter bestimmten Umständen ‚überwunden' werden, insofern sich die beiden kulturellen Individuen oder Gruppen entweder durch Praxis, im Sinne von Partizipation, oder Theorie, im Sinne des Verstehenwollens der Hintergründe, etwa durch Nachfragen oder das Lesen über fremde Kulturen (Buck 1935, 248f.), aufeinander einlassen. Hierdurch kann ein Prozess der Anpassung oder der Toleranz, der Duldung, oder sogar der Bereicherung eingeleitet werden. Die Missionierungsversuche der amerikanischen Familie sind aus dieser Perspektive ein Übergriff, den Yuan aber zu entschärfen vermag.

(3.) In der Situation eines Kulturkontakts treten Irritationen, Missverständnisse und Konflikte auf, die Reaktionen auf das ‚Fremde' erforderlich machen, zum

Beispiel indem Wissenslücken durch eigenkulturelles Wissen oder die Hilfe anderer gefüllt werden. Bestenfalls mündet dieser produktive Kulturkontakt in einer Situation, in der das ‚Fremde' „wirklich und faßbar" wird (Buck 1935, 255).

(4.) Auf der Ebene des Erzählens kommt der Erzählfigur eine wichtige Funktion für die interkulturelle Erfahrung der intendierten Leser:innen zu: Die Erzählstimme kann gelungene Austauschkonstellationen hervorheben und sanktionieren, misslingende disqualifizieren; sie kann auf unbefangene Weise eigene und fremde Perspektiven miteinander ins Gespräch bringen, Missverständnisse nachvollziehbar machen und die Bedingungsrahmen des praktischen kulturellen Austauschs reflektieren. In Bucks Fall korrespondiert dies mit einer kulturpolitischen Agenda.

3.1.2 Pearl S. Buck als interkulturelle Autorin

„Interkulturelle Autoren [...] sind solche, deren interkulturelle Herkunft und Lebensgeschichte ihr Schreiben entscheidend prägen", definiert Norbert Mecklenburg (2008, 21). Der biografische Kontext ist daher in der Interkulturellen Literaturwissenschaft von großer Bedeutung. Pearl S. Buck verbrachte über zwanzig Jahre als Tochter eines Missionars in China. Die Spannung zwischen ‚Dazugehören' und ‚Anderssein' war ihr als junger Frau bereits vertraut – und zwar sowohl hinsichtlich ihrer Nationalität als auch hinsichtlich ihrer Religion. Während ihrer Schulzeit lebte sie ein Jahr in den USA und war dort mit der kulturellen Ignoranz der Amerikaner:innen konfrontiert:

> I was appalled and oppressed by the discovery that American people are almost totally ignorant for China, nor have they any great desire to learn more about this ancient and mighty nation who will and must affect our own nation and people in the future more than any other. (zit. nach Melvin 2006, 25)

Buck verfolgt mit ihrem interkulturellen literarischen Schreiben mindestens drei Ziele. Sie möchte (1.) grundsätzlich Interesse an fremden Kulturen, vor allem an China wecken, zeichnet dazu ein möglichst facettenreiches Bild des Landes und seiner Kultur und tritt als Expertin und Kulturvermittlerin (*Cultural Broker*) zwischen China auf der einen, den USA und Europa auf der anderen Seite auf. Sie ist mit der Erfahrung des Fremdseins in China einerseits, der Kenntnis dieser anderen Kultur andererseits eine Person, die Autorität und Authentizität für ihre Darstellung beanspruchen kann. Während viele Autor:innen von Chinaromanen ihr angelesenes Wissen über China ostentativ ausstellen (z. B. Alfred Döblin), bedarf Buck solch einer Legitimierungsstrategie nicht: Die zeitgenössischen Leser:innen wissen um die persönlichen Erfahrungen der Autorin. Buck verfolgt (2.) mit ihren Büchern einen gewissen überkulturellen Universalismus: In ihren Erzählungen finden erfolgreiche grenz- und kulturenübergreifende Kontakte statt, bei denen es trotz politischer und kultureller Differenzen zu Verständigungen kommt (anders bei Otoo, siehe 3.2.2). (3.) zielt Buck auf eine kritische Selbstbespiegelung ihres westlichen Lesepublikums, was ihr vor allem durch die Perspektiven der Erzählung gelingt. Yuan nennt in der oben analysierten Episode die Kirche „Tempel", spricht von „irgendeinem Gott" und beschreibt die Bibel als „große[s] Buch, aus dem [...] vorgelesen" wurde (Buck 1935, 257f.). Durch die für westliche Leser:innen ‚fremde' Perspektivierung vertrauter Objekte erzeugt Buck auf subtile Weise komische Effekte, die mit den Erwartungen christlich sozialisierter Leser:innen brechen. Buck führt so den westlichen Leser:innen die Eingeschränktheit des eigenen kulturellen Standpunkts vor Augen: Vermeintlich selbstverständliche Gegebenheiten erscheinen auf diese Weise aus der inszenierten fremden Perspektive rätselhaft, wenn nicht gar skurril und bereiten so den Boden für interkulturelle Neugier und Offenheit.

Bucks „Poetik interkulturellen Schreibens" (Wierlacher/Bogner 2003), so hat unsere Textanalyse ergeben, konzipiert den interkulturellen Austausch als Praxis zwischenmenschlicher Kommunikation und (angeleiteter) Partizipation. Um die Balance zwischen kultureller Annäherung und kultureller Befremdung, Universalismus und Vielfalt zu wahren und so ein Bewusstsein sowohl für kulturelle Identitäten und Eigenheiten als auch für menschliche Gemeinsamkeiten zu schaffen, setzt Buck wirkungsästhetisch vor allem auf eine das Eigene relativierende Komik. Aufgrund der starken Kontextsensibilität von Komik (↗ *Komik im Kontext*) stellt sich die weiterführende Frage, wie Bucks Bücher in unterschiedlichen (national-)kulturellen und zeitlichen Kontexten tatsächlich rezipiert wurden.

3.1.3 Interkulturelle Rezeption

Die zahlreichen Übersetzungen von Pearl S. Bucks Texten ermöglichten eine breite, internationale Rezeption. Unterstützt wurde dies noch weiter durch internationale Auszeichnungen wie den *Pulitzer-Preis* (1932) und den Literaturnobelpreis im Jahr 1938 „[f]or her rich and truly epic descriptions of peasant life in China and for her biographical masterpieces" (Anonym). Die internationale Rezeption unterlag jedoch großen Schwankungen.

Empirische Rekonstruktionen von Rezeptions- und Wirkungsgeschichte sind zumeist aufwändig. Da uns für Bucks Texte keine Egodokumente von Leser:innen vorliegen (vorstellbar wären etwa Leseberichte, Briefkorrespondenzen oder Tagebucheinträge), konzentrieren wir uns auf Rezensionen in Tageszeitungen und

Zeitschriften. Datenbanken mit digitalisierten Periodika erlauben heute effiziente Recherchen. Hinzutreten muss für jeden einzelnen Fall die Rekonstruktion des Rezeptionskontexts (Publikation, Übersetzung und Rezensionen; beispielhaft Hudey/Zhu 2023). Fokussiert man in exemplarischer Absicht die Konstellation: USA (Ort der Erstpublikation), China (Handlungsort) und Deutschland (sehr spezifischer Rezeptionskontext), kann man der Frage nachgehen, welche Relevanz kulturspezifische bzw. -differente Rezeptionsbedingungen für die Interpretation von Bucks interkulturellen Texten haben (ausführlicher Hudey 2023a; 2023b).

Werfen wir zunächst einen Blick auf die USA: In den frühen 1930er Jahren galt Buck als „most influential Westerner to write about China since 13th-century Marco Polo" (Melvin 2006, 27). Ihr wurde sogar attestiert (und das bis heute), dass sie das Chinabild in den USA positiv verändert habe (Melvin 2006, 27). Tatsächlich erreichte sie mit ihren Büchern Massen: *The Good Earth* (1931) war 1931 und 1932 das meistverkaufte Buch in den USA: „Don't tell me we got people that can read, and they haven't read Pearl Buck's great book on China"; es sei „not only the greatest book about people ever written, but the best book of our generation", so ein Rezensent in der *New York Times* (Anonym 1932). Die Verleihung des Nobelpreises führte jedoch zu einem Verlust von Anerkennung im Literaturbetrieb: Buck galt plötzlich als „too extraordinarily popular to be awarded the Nobel Prize" (Melvin 2006, 27). Kein weiteres Buch von Buck sollte je wieder an ihren Erfolg *vor* der Preisverleihung heranreichen, wie ein Blick in die US-amerikanischen Bestsellerlisten ab 1938 zeigt. Als *Public Intellectual* konnte sie sich zwar weiterhin behaupten – Buck wurde viel zu politischen Chinathemen befragt –, nicht jedoch als belletristische Autorin. In den USA hält diese problematische Rezeptionslage bis heute an: Eine wissenschaftliche Auseinandersetzung mit Bucks Werk findet kaum statt, sie zählt nicht zum US-amerikanischen literarischen Kanon.

Auch in China lässt sich ein Wandel in der Auseinandersetzung mit Bucks Büchern beobachten. Anders als in den USA liegt dies allerdings nicht an ästhetischen Fragen, sondern an politischen: Bereits ein Jahr nach der amerikanischen Erstveröffentlichung wurde Bucks *The Good Earth* ins Chinesische übersetzt. „No other book by any foreigner has ever achieved such popularity in China" (Liu 1994, 58). Zurückzuführen ist dies auch auf Bucks gute Vernetzung innerhalb verschiedener Intellektuellenzirkel der 1920er Jahre in China. Während allein zu Beginn der 1930er Jahre über 50 Artikel über Buck in chinesischen Zeitschriften und Zeitungen publiziert wurden, wurde der Ton der Berichterstattung in den 1940er Jahren kritischer (Liu 1994, 58–61). In den 1950er Jahren waren Bucks Bücher aus den Regalen der Buchläden gänzlich verschwunden. Blickt man auf den politischen Kontext der Zeit, ist dies nicht überraschend: Mit Errichtung der Volksrepublik unter Mao Zedong wollte man sich von Bucks Darstellungen des bäuerlichen Lebens in China distanzieren. Man unterstellte Buck *White Supremacy* und antikommunistische Tendenzen, was sogar zur Ablehnung eines Einreisevisums führte (Melvin 2006, 27). Erst seit der Öffnungspolitik unter Deng Xiaoping in den 1980er Jahren wird Buck wieder gefeiert, man errichtete Gedenkstätten an ihren Wirkungsorten und fertigt neue Übersetzungen ihrer Texte an.

Auch in Deutschland ist die Buck-Rezeption von politischen, jedoch ganz anders gelagerten Kriterien bestimmt. Überraschenderweise erkannten nationalsozialistische Leser:innen in Bucks Büchern eine gelungene Darstellung nationalistischer (oder gar nationalsozialistischer) Werte. So stilisierten Rezensent:innen in nationalsozialistischen Literaturzeitungen die übersetzten Romane kontraintentional zu „echt deutsche[n] Volksbüchern" (Werbeanzeige in Bucks *Die Gute Erde*). Diese Interpretationen fußen oftmals auf einer selektiv-vereindeutigenden Lektüre: So konzentrierte sich beispielsweise Werner Schickert in seiner lobenden Rezension von 1935 ausschließlich auf die Episode, in der Yuan sich durch die Konfrontation mit der ‚Fremde' seiner eigenen chinesischen kulturellen Verwurzelung bewusst wird. Schickert sieht darin eine Wahlverwandtschaft mit der rassistischen Weltanschauung der Nationalsozialisten (Schickert 1935; ausführlicher Hudey 2023a, 331–333).

Die Verleihung des Literaturnobelpreises bildet auch in der deutschen Rezeption eine Zäsur. Denn Buck nutzte die ihr zugedachte Aufmerksamkeit dazu, um sich offen gegen den deutschen Nationalsozialismus auszusprechen (Stuby 1999, 104). Im nationalsozialistischen Deutschland reagierte man darauf mit dem Stopp der Berichterstattung und dem Verbot weiterer Auflagen (Hall 1994, 276). Erst zehn Jahre nach Ende des sog. Dritten Reichs begann in Deutschland die Rekanonisierung der Nobelpreisträgerin. Ihre Erfolgsromane wurden als günstige Taschenbuchversionen wieder aufgelegt, und eine groß angelegte Bewerbung führte dazu, dass man Bucks Bücher über Jahrzehnte in nahezu jedem bürgerlichen Bücherregal finden konnte.

Die Rekonstruktion der Rezeption innerhalb der verschiedenen nationalkulturellen Kontexte zeigt, dass Interpretationen stark vom jeweiligen Rezeptionskontext (vor allem auch dem politischen Kontext) abhängig sind. Zuschreibungen können sich deshalb über die Jahre stark ändern, ja selbst so global wahrgenommene Konsekrationen wie die Verleihung des Nobelpreises können lokal ganz unterschiedliche Auswirkungen haben. Im Fall Bucks liegt dies vermutlich sowohl an ihren Büchern, die vor allem sog. *Low-Brow-Readers* (also eher an populärkultureller, nicht kanonisierter Literatur interessierte Leser:innen) adressierten, als auch an ihrem engagierten, interkulturell ausgerichteten Universalismus.

3.2 Sharon Dodua Otoo: *Adas Raum* (2021)

Sharon Dodua Otoos 2021 erschienener Roman *Adas Raum* ist eine „literarische Form der Globalgeschichte" (Brunke 2021, 34), an der sich zeigen lässt, wie *Cultural Brokerage* als *Sujet* einen interpretatorischen Zugang zu einem narratologisch komplex gestalteten Text eröffnen kann (3.2.1). Wir schließen die philologisch-hermeneutische Interpretation einer exemplarisch gewählten Textstelle an, in der eine *Cultural Broker*-Figur als Motiv auftritt (3.2.2). Zum Abschluss wird Sharon Dodua Otoo als Autorin ins Zentrum der Analyse gerückt und auf ihre Positionierung als *Cultural Broker* befragt (3.2.3).

3.2.1 *Cultural Brokerage* als literarisches *Sujet*

In *Adas Raum* wählt die Schwarze, britisch-deutsche Autorin mit ghanaischen Wurzeln Sharon Dodua Otoo (*1972) Episoden aus der westafrikanischen, der deutschen und britischen Geschichte, die durch unterschiedliche Macht- und Unterdrückungsmechanismen gekennzeichnet sind, und befragt sie auf ihre transhistorischen und globalgeschichtlichen Verflechtungen. Diese bilden sich auch formal in der komplexen Makrostruktur des Romans ab. Es gibt vier Erzählstränge, die nicht linear verfolgt werden und auf unterschiedlichen Zeitebenen an verschiedenen Orten angesiedelt sind: 1459 in Totope, 1848 in Stratfort-le-Bow, 1945 im Konzentrationslager Mittelbau-Dora und 2019 in Berlin. Verknüpft sind die Erzählstränge durch ‚Schleifen' (Otoo 2021a, 11–124; 141–311) – ein Erzählprinzip, in dem die Handlung der einzelnen Erzählstränge unvermittelt einsetzt, abrupt unterbrochen wird und in eine andere Zeitebene springt. Auf allen vier diegetischen Ebenen werden die Themen Mutterschaft, Herkunft/Zugehörigkeit und Machtasymmetrien/Unterdrückungsmechanismen thematisiert, zudem weisen Handlungsverläufe und Figurenkonstellationen Parallelen auf. In allen Erzählsträngen tritt beispielsweise eine Ada genannte Protagonistin auf, jedoch in unterschiedlichen Erscheinungsformen: zweimal ist sie eine Schwarze Frau westafrikanischer Herkunft, zweimal eine weiße Europäerin. Ada ist immer als intersektionale Figur angelegt, anhand derer die diskursiven Überschneidungen von *Race*, sozialer und kultureller Herkunft und *Gender* in unterschiedlichen historischen Konstellationen aus einer spezifisch weiblichen Perspektive diskutiert werden.

Eine palingenetische Erzählstimme navigiert die Leser:innen durch die unterschiedlichen Stränge. Aus einer homodiegetischen, zumeist nullfokalisierten Perspektive berichtet sie das Geschehen als Reisigbesen (Totope/1459), löwenkopfförmiger Türklopfer (Stratford-le-Bow/1848), Zimmer in einer KZ-Bordellbaracke (Mittelbau-Dora/1945) und als britischer EU-Reisepass, der noch kurz vor dem vollzogenen Brexit ausgestellt wurde (Berlin/2019). In den mit „Ada" überschriebenen Kapiteln wird hingegen autodiegetisch aus der Perspektive der Protagonistin erzählt. Während das Wissen der Ada-Figur limitiert ist, bezeugt und kommentiert die Erzählinstanz die Ereignisse von einem transhistorischen, rassismuskritischen, gendersensiblen, sozusagen: postkolonialen Standort. Auf diese Weise wird, wie Jeannette Oholi (2024, 159) betont, die „deutsche und europäische Geschichte in wechselseitiger Verbindung zu Afrika" perspektiviert. Durch die narratologische Komplexität werden die damit verbundenen historisch gewachsenen Kontinuitäten und Brüche von Ausbeutungs- und Unterdrückungssystemen in einem globalen *Setting* thematisiert (Daldrup 2024). Symbolisiert wird diese globalgeschichtliche Erzählperspektive durch das Unendlichzeichen, das dem mittleren Teil „Zwischen den Schleifen" (Otoo 2021a, 125–140) vorangestellt ist. Hier wird transhistorisch und transtemporal das Wissen aus allen Zeitebenen zusammengeführt: Ada trifft in Metalepsen transdiegetisch auf die gestaltwandlerische Erzählstimme und eine göttliche Instanz, die zwar nicht konfessionell gebunden, aber eng mit der spirituellen Vorstellungswelt der ghanaischen Akan-Religion verbunden ist.

Mit dem vorangestellten zweisprachigen Motto wird die transhistorische und interkulturelle Perspektive des Romans appellativ auch den Leser:innen anempfohlen: „*Se wo were fi na wosan kofa a yennkyi.* [...] Kehr' um und hole es dir! Es ist nicht verboten umzukehren, um zu holen, was du vergessen hast. Lerne aus deiner Vergangenheit." (Otoo 2021a, unpaginiert) Das akanische Sprichwort ist die wörtliche Übertragung von Sankofa. Das Sankofa-Symbol aus dem Adinkra-Zeichensystem hat in der Schwarzen und afrodiasporischen Literatur eine identitätsversichernde Funktion. Es steht für den in Ghana weitverbreiteten, aus der Religion der Akan-Bevölkerung stammenden Glauben an Seelenwanderung und die damit verbundene Idee, dass es einen Ort gibt, von dem alle Wesen kommen und an den sie zurückkehren. Im Sinne von *Cultural Brokerage* übersetzt Otoo in *Adas Raum* „die Ghanaische Weisheitsdichtung, die sich traditionell mit der Grenze zwischen Leben und Tod und der Entwicklung des Selbst in der Gemeinschaft beschäftigt, in deutsche Prosa" (Cha 2024, 86).

Die Multiplikation von Erzählstimmen, Haupt- und Nebenfiguren, Motiven (z. B. Reinkarnation) und Symbolen (z. B. das Perlenarmband) erzeugt auf der Darstellungsebene eine Komplexität, auf der Bedeutungsebene hingegen wird das bis in die Gegenwart reichende Ausmaß asymmetrischer Machtstrukturen und der damit verbundenen Traumata repetitiv fortgeschrieben. Dies erzeugt ein ästhetisches Spannungsverhältnis zwischen Vielstimmigkeit (Figuren-/Erzählerrede) und Monologizität (Botschaft). Otoo fokussiert dabei vor allem diejenigen „Stimmen und Positionen, die in öffentlichen Diskursen häufig ungehört bleiben" (Brunke 2021, 32). Die an anthropomorphisierte Objekte gebundene Erzählstimme agiert als kulturvermittelnde Instanz: Sie lässt an den Ausgrenzungs- und Diskriminierungserfahrungen von marginalisierten Figuren teilhaben, ohne dass die Leser:innen sich mit ihnen jedoch „zwangsläufig identifizieren müssen" (Engelmeier 2021). Das auf allen Zeitebenen wiederkehrende Motiv von Adas sozialer Eingebundenheit, sei es durch Freundschaft, (biologische oder kulturelle) Verwandtschaft, Zeugenschaft oder Zugewandtheit verstärkt diese orientierungs- und identitätsstiftende Funktion. Denn auf Figurenebene bilden sich in den entsprechenden Netzwerken Allianzen aus, was auch bei den Leser:innen Involviertheit und Solidarität evozieren kann. In *Adas Raum* ist diese „anteilnehmende[] Selbstreflexion" Teil einer *Cultural Brokerage*-Strategie: „Wer nie als hochschwangere Schwarze versucht hat, in Berlin eine Wohnung zu finden, wird hier nicht aufgefordert, sich diese Erfahrung lesend anzueignen, sondern sie beobachtend zu erleben." (Engelmeier 2021) Otoo positioniert sich mit ihrem Roman damit auch in den aktivistischen Diskursen um ‚Allyship', also der Frage, wie eine aktive Verbündetenschaft von privilegierten Personen mit Menschen aus gesellschaftlich unterdrückten (Teil-)Kulturen erzielt werden könne.

Um unsere Analyseergebnisse von *Cultural Brokerage* als *Sujet* zu fundieren, werfen wir zuletzt einen Blick auf den Zusammenhang von Erzählperspektive und Erzählstil. Otoos eigenwillige Erzählhaltung ist unter anderem vom Afrofuturismus inspiriert (Cho-Polizzi 2024, 152; zum Afrofuturismus erstmals Dery 1994). Der Roman ist zudem insofern interkulturell angelegt, als er vielerlei Sprachen und Dialekte (Arabisch, Englisch, Französisch, Polnisch, Portugiesisch, Schottisch sowie Berlinerisch und Gebärdensprache), darunter insbesondere afrikanische Sprachen (Adinkra Symbolsprache, Ga, ghanaisches Pidgin-Englisch, Igbo, Twi, Yoruba) in Form von Wörtern oder Sätzen mit dem Deutschen verwebt. Hinzukommen entlehnte und ins Deutsche übertragene Sprachspiele und komische, bisweilen irritierende Metaphern, die das Dargestellte ironisieren.

Diese Vielstimmigkeit und Mehrsprachigkeit weist über Adas palingenetische Biografie hinaus auf die Einbindung des Individuums in die im Roman literarisierte Globalgeschichte: Sprachliche Vielfalt wird „zum Mittel der Selbstermächtigung marginalisierter Schreibende[r]" (Aras 2021; ähnlich McMurtry 2024). Die narratologische Komplexität erscheint ferner als ein ironischer Kommentar der diskurssensiblen Autorin: Denn die Texte von postmigrantischen Autor:innen werden von der Literaturkritik und Literaturwissenschaft „häufig nach den Biografien der Autor*innen durchforstet [...]. Über Stil wird seltener gesprochen" (Voigt 2021). In *Adas Raum* sind Form und Inhalt des Romans durch die komplexe Erzählperspektive und den interkulturellen Erzählstil auf so untrennbare Weise miteinander verwoben, dass die biografische Position der Autorin zwar sichtbar ist (s. 3.2.3), aber nicht das einzige bzw. dominante Interpretament sein darf.

Ausgehend von den hier exemplarisch analysierten Aspekten können wir hinsichtlich *Cultural Brokerage* als *Sujet* Folgendes festhalten: In allen vier Handlungssträngen des Romans ist die konfliktanfällige Grundkonstellation zentral gesetzt; die Figuren gehören unterschiedlichen Kulturen an, zwischen denen Machtunterschiede herrschen und die in sich selbst zugleich asymmetrische Machtgefüge sind. Die mit dem Motto des Romans verbundene historische und durch die Rückbindung an unterschiedliche globale *Settings* auch kulturell intendierte Übersetzungsleistung: „Lerne aus deiner Vergangenheit", wird nicht nur in den Diegesen zwischen den Figuren ausgehandelt. Sie richtet sich auch an die Leser:innen selbst.

Wie wir in der folgenden Textanalyse exemplarisch zeigen, wird im historischen *Setting* der ersten drei Erzählstränge das Scheitern kultureller Übersetzungsleistung abgebildet. Zwischen den disparaten (Teil-)Kulturen kann keine Verständigungsebene aufgebaut werden, Vermittlungsleistungen werden abgebrochen oder laufen ins Leere, Missverständnisse werden erzeugt. Kontaktzonen, in denen Austausch und Vermittlungsleistungen erfolgreich stattfinden, bestehen im Roman einzig in den transhistorisch und metaleptisch konstruierten Passagen, die keine realgeschichtliche Referenz haben. Unsere Befunde können wir abschließend interpretatorisch in die Deutungshypothese überführen, dass erfolgreiche *Cultural Brokerage* in Otoos Roman in einen globalgeschichtlichen Reflexionsraum verlegt und im Appell zur Involviertheit (,*Allyship*') den Leser:innen überantwortet wird.

3.2.2 *Cultural Broker* als Motiv: Beispielanalyse einer Textstelle

Der chronologisch erste Erzählstrang spielt Mitte des 15. Jahrhunderts im heutigen Ghana (also noch kurz vor der realgeschichtlichen Kolonialisierung durch Großbritannien) zu Beginn der portugiesischen Kolonialgeschichte. Ada ist eine junge Frau, die, nachdem sie als Kind von einem anderen indigenen Akanvolk verschleppt wurde, in der weiblich dominierten Dorfgemeinschaft von Totope eine neue Heimat gefunden hat. Nicht nur aufgrund der Sprachbarrieren treten im Alltagsleben zwischen der ursprünglich Twi-sprechenden Ada und ihrer Ga-sprechenden neuen Gemeinschaft immer wieder kulturelle Unterschiede (z. B. Frauenehen) und interkulturelle Konflikte hervor. Unvermittelt beginnt der Roman mit dem Tod von Adas Neugeborenem, kurze Zeit später wird sie von demselben portugiesischen Kaufmann, der Jahre zuvor ihren Bruder verschleppt hatte, wegen eines wertvollen Perlenarmbandes ermordet. Im Sinn von *Cultural Brokerage* wird mit diesem Erzählstrang nicht nur die eurozentrische Perspektive auf Globalgeschichte aufgebrochen und auf die nicht immer konfliktfreie Pluralität (nicht nur historisch) koexistierender (hier: westafrikanischer) Ethnien hingewiesen. Kommentiert wird jedoch vor allem die rassistische, gewaltsame und sexualisierte Ausbeutung afrikanischer Länder durch europäische Seefahrer-, Handels- und Kolonialmächte.

Wir fokussieren eine exemplarische Textstelle, in der das Motiv des *Cultural Broker* durch die Nebenfigur Afonso eingeführt wird. Dargestellt wird das erste Aufeinandertreffen zwischen dem portugiesischen Kaufmann Guilherme und der indigenen, weiblichen Dorfgemeinschaft Totopes im Jahr 1459.

1   Guilherme drehte sich auf der Stelle um und marschierte los. Er bewegte sich, als wäre er der rechtmäßige Besitzer des ganzen Landes. Die restlichen Seefahrer, alle das erste Mal auf dem Kontinent, konnten bei seinem achtlosen Lauftempo kaum mithalten, seine Haltung würden sie sich erst aneignen müssen. Bald verlor er sie, und das war ihm auch recht so. [...]

5   Er bewegte sich weiter in Richtung der Siedlung und blieb am Rande des ersten Grundstücks stehen. [...]. Sein Blick schweifte über ein Gelände, das ihm vertraut vorkam.
Drei Häuschen, die um eine rundliche Fläche angeordnet waren. Die kurvenförmigen Lehmwände, die Kleidungsstücke, die auf den Reetdächern trockneten, und die frisch gekehrte Terrasse. Das Licht, friedlich und klar, unbeeindruckt von dem bisschen Rauch, der

10 von den Kochstellen aufstieg; die Klänge, schrill und rhythmisch; entspannte Brisen, die ihn streichelten und umarmten. Und jede Menge Fisch. Geräucherte Heringe, getrocknete Sardellen und frittierte Garnelen, fertig für den Marktstand, schimmerten und dufteten.
Er hatte nur „sehr deutlich" flüstern wollen, aber als er sich umdrehte, um wenigstens nach Afonso zu schauen, gelang es ihm nicht, sich zu beherrschen. [...]

15 „AFOONSOOO!", schrie er. [...]
So wurden die Zahnlosen auf seine Anwesenheit aufmerksam gemacht. Sie schauten Guilherme mit großen Augen und offenen Mündern an. [...]
Guilherme nahm seine provisorische Bedeckung vom Kopf herunter und schaute zu Boden. So erhaschte er einen Blick auf die Perlen des Armbandes, das Ada noch in der Hand hielt.

20 [...] Die goldene Farbe der Perlen strahlte nicht wie gewohnt, prächtig und leicht angeberisch, sondern glich eher derjenigen des bescheidenen Mondscheins. So eine Qualität hatte er noch nie gesehen, nicht einmal in den Minen Obuasis. Er machte einen Schritt nach vorne.
„Eh-eh!"

25 Mehr verstand er nicht.
Mami Ashitey zog ihre Augenbrauen hoch.
Das verstand er sofort.
Guilherme schaute noch einmal, um sicherzugehen, dass seine Jungs ihn nicht mittlerweile eingeholt hatten – natürlich nicht, wo waren sie bloß? –, und fuhr dann fort. Mit einer eher

30 halbherzigen Bewegung deutete er mit dem rechten Zeigefinger auf die eigene Brust: „Guilherme Fernandes Zarco."
Es passierte nichts. Er hustete. Immer noch nichts. Er zeigte noch mal auf sich: „Eu – Guilherme Fernandes Zarco. GIL-JER-ME."
Die Kiefermuskeln der Zahnlosen bewegten sich wieder auf und ab; Naa Odarkor, die neben

35 dem Fisch hockte, nahm ihr Messer fester in die Hand. Guilherme atmete durch gespitzte Lippen aus. Obwohl Männer wie er sich nicht zum ersten Mal an der *Costa do Ouro* aufhielten, konnten jene Frauen immer noch nicht richtig sprechen.
Als Guilherme Luft holte, um neu anzusetzen, platzte eine Klangflut aneinandergereihter Laute aus Mami Ashitey heraus. Sie gestikulierte, rhythmisch und hektisch, als würde sie ihn

> 40 fragen, warum er keine Person mitgebracht habe, die seiner und auch ihrer Mundart mächtig sei – zumindest entschied er sich, ihre diversen Hand- und Fingerbewegungen so zu interpretieren.
> Vergeblich schaute Guilherme ein letztes Mal nach Afonso. (Es war aber auch nicht vorgesehen, dass er bereits auf dieser Seite erscheint.) Das Sich-Umdrehen kam bei Mami
> 45 Ashitey noch schlechter an. Ihr Ton wurde forscher, die einzelnen Silben schossen aus ihrem Mund heraus. Die restlichen Zahnlosen stimmten ein. Guilhermes Blick schweifte von einer Greisin zur nächsten. Er sah, wie ihre dünnen Augenbrauen die Stirn hoch und runter tanzten, wie ihre grauen Köpfe sich hin und her drehten, wie ihre feinen Lippen kaum mit der Geschwindigkeit der furiosen Worte mithalten konnten. Vor allem merkte er, dass es nicht
> 50 wirklich um Ärger ging, sondern eher um eine übertriebene Nervosität. *Irgendetwas drohte.*
> [...] Es wurde kräftig ausgeschüttelt, das Tuch. Und es wurde gründlich gemustert, der Guilherme. Wenige Zoll vor seinen Füßen landete der Rotz, von Mami Ashitey auffällig ausgespuckt. Er schäumte auf dem rötlichen Staubboden frech vor sich hin und verschwand, Bläschen um Bläschen. Guilherme tat so, als hätte er den Vorgang nicht bemerkt.
> (Otoo 2021a, 38–41)

Die in der Episode beschriebene Grundkonstellation referiert auf einen realgeschichtlichen Kontext: Im 15. Jahrhundert waren an der Goldküste bereits europäische Seefahrernationen und christliche Missionäre präsent, erste Handelsstützpunkte, die auch Orte kolonialer Eroberung waren, wurden mit den verschiedenen Akanvölkern eingerichtet. Diese waren noch nicht in größeren politischen Gemeinschaften organisiert, sondern vielfach untereinander verfeindet. In der Textstelle wird das Dorf Totope als friedlich-märchenhafte Idylle exotisiert und zum Ort (prä-)kolonialer Begegnungen.

Das Dorf lässt sich damit als eine typische Kontaktzone begreifen, in der die Leser:innen ein potenziell konflikthaftes Zusammentreffen von europäischem Seefahrer und indigener Bevölkerung erwarten können. Mit Guilherme und den indigenen Frauen werden die am Kulturkontakt beteiligten Parteien erwartungsgemäß als radikal ungleich eingeführt. Der direkte Kulturkontakt entfaltet sich als kontinuierlicher Aushandlungsprozess von Machtrelationen: Guilherme wird durch den Erzählerkommentar stereotypisiert als kolonialer Eroberer charakterisiert, der sich geriert, „als wäre er der rechtmäßige Besitzer des ganzen Landes" (Z. 1f.). Neben Guilherme zählt zu den *in absentia* präsenten Angehörigen der portugiesischen Entdeckungsreisenden auch der Sklave Afonso. Seine Identität wird an späterer Stelle aufgelöst: Es ist Adas Bruder, der als Kind von Guilherme aus Westafrika nach Portugal verschleppt wurde.

Um die in dieser Textstelle angelegte Rolle Afonsos als *Cultural Broker* herauszuarbeiten zu können, müssten wir seine über den gesamten Roman entwickelte Figurencharakterisierung rekonstruieren. Da wir uns auf ein *Close Reading* der hier abgedruckten Textstelle beschränken, referieren wir die Figurencharakterisierung summarisch: Afonsos kulturelle Zugehörigkeit entzieht sich, wie für *Cultural*

Broker-Figuren typisch, einer klaren Zuordnung. Mit der Verschleppung wird er seiner Herkunft und Identität beraubt, symbolisiert im neuen portugiesischen Namen (Damfo wird zu Afonso) und in der Bekehrung zum Christentum. Für die portugiesische Schiffsbesatzung soll er vor allem als „Dolmetscher" tätig werden (Otoo 2021a, 79), um durch Sprachvermittlung den – letztlich auf Raub und Ausbeutung zielenden – Kulturkontakt mit der indigenen Bevölkerung zu initiieren (Otoo 2021a, 36f., 79f., 293f.). An mehreren Stellen zeigt sich jedoch, dass Afonso nicht – wie in seiner Funktion als *Cultural Broker* angelegt – zur Festigung der kolonialen Machtverhältnisse beiträgt. Während dieser Umstand in der abgedruckten Passage auch durch seine Abwesenheit begründet ist, scheitert er an anderer Stelle, da er nicht alle der unter den Akanvölkern verbreiteten westafrikanischen Sprachen versteht (Otoo 2021a, 78f.). Erst beim Klang seiner Muttersprache Twi, die er aufgrund der traumatischen Verschleppungserfahrung verdrängt hatte, wird er sich – in einer Art *anagnorisis* – seiner Identität und Herkunftsgeschichte bewusst (Otoo 2021a, 78f., 82f. 86f.). Nach Adas Tod kann Damfo/Afonso der Sklaverei entfliehen und bleibt in Totope, wo es letztlich doch noch zu einem erfolgreichen Akt von *Cultural Brokerage* kommt: Er berichtet der indigenen Dorfgemeinschaft von seinen Gewalterfahrungen als Sklave in Portugal (Otoo 2021a, 109).

In der vorliegenden Textstelle lässt gerade Afonsos Abwesenheit Guilhermes Abhängigkeit von dessen kulturvermittelnder Rolle sichtbar werden. Guilhermes Gestik (wiederholtes Umdrehen, Z. 13, 28, 43) und der Erzählerkommentar entlarven den Autoritätsverlust: „Er hatte nur ‚sehr deutlich' flüstern wollen, aber als er sich umdrehte, um wenigstens nach Afonso zu schauen, gelang es ihm nicht, sich zu beherrschen." (Z. 13) Dass Guilherme in seinem Rollenverhalten als Kolonisator zunehmend an Souveränität einbüßt, wird durch die Inquit-Formel („schrie") und die in Majuskeln gesetzte Figurenrede verstärkt (Z. 15, 33). Damit steht die Passage in Kontrast zu den eigentlichen Machtrelationen zwischen dem versklavten Afonso und seinem ‚Besitzer'.

Die mit Guilhermes Schrei erzeugte Aufmerksamkeit eröffnet den Kulturkontakt, der letztlich auf ein Scheitern des interkulturellen Dialogs hinausläuft. Guilherme ist offenkundig nicht an einer Verständigung mit der indigenen Gesellschaft interessiert. Denn nach einer flüchtigen Bescheidenheitsgeste (Z. 18) versucht er lediglich „halbherzig[]" (Z. 30) und letztlich erfolglos sich gestisch vorzustellen (Z. 29–33).

Dass das Konfliktpotenzial – der evozierten Erwartungshaltung der Leser:innen entsprechend – auch gewaltsam aufbrechen könnte, wird gestisch angedeutet, etwa wenn eine Dorfbewohnerin „ihr Messer fester in die Hand" nimmt (Z. 35) oder Guilhermes Begierde nach dem wertvollen Perlenarmband in Blicken manifest wird (Z. 19–22). Doch die Macht scheint in der Szene eher auf Seiten der indigenen Frauen zu liegen. Zwar reagieren sie auf den Fremden zunächst mit

Erstaunen (Z. 16f.), Mami Ashitey weist den Eindringling jedoch mit verbalen (Z. 24) und non-verbalen (Z. 26) Gesten zurecht. Auch dass sie ihm ihren „Rotz […] auffällig" vor die Füße spuckt, ist durch den Erzählerkommentar als Machtdemonstration ausgewiesen (Z. 52f.). Ohne Afonso kann Guilherme sich nicht durchsetzen. Guilherme verbalisiert Mami Ashiteys „Hand- und Fingerbewegungen" als Frage: „warum [habe] er keine Person mitgebracht […], die seiner und auch ihrer Mundart mächtig sei" (Z. 40f.).

Im Unterschied zu Parallelstellen, wo nicht deutschsprachige Wörter und Phrasen übersetzt oder paraphrasiert werden, stößt die:der Leser:in in dieser Dialogszene wie Guilherme an die Grenzen des wörtlichen Verstehens. Da die Fokalisierung zwischen externer und intern auf Guilherme fixierter Form wechselt, werden die Gebärden ausschließlich aus seiner Perspektive gedeutet (Z. 25, 27, 46–50) oder von dem Erzähler beschrieben (Z. 29f., 32, 43–45.). Darüber, wie die indigenen Frauen die Kolonialmacht beobachten, erfahren wir hier aufgrund der Erzählperspektive also nur wenig. Erst am Ende der zitierten Textstelle überführt die Erzählinstanz nachträglich zwei ihrer Aussagen in direkte Rede: „Den Übergang von einem zögerlichen ‚War da was?' zu einem hastigen ‚Schnell weg, o!' bekam er [d. i. Guilherme] nicht mit." (Otoo 2021a, 41) Anders verhält es sich mit Guilhermes Perspektive: An der ihm zugeschriebenen Empörung darüber, dass „jene Frauen immer noch nicht richtig sprechen" konnten (Z. 37), zeigt sich zwar sein Überlegenheitsgefühl. Durch die starken Adjektive, mit denen die imposante Körpersprache und „Klangflut" (Z. 38) der zahnlosen Greisinnen beschrieben werden, wird Guilhermes vermeintliche Überlegenheit jedoch irritiert und das prototypische koloniale *Setting* konterkariert. Die Dorfbewohnerinnen regeln den Verlauf wie auch den Abbruch des Gesprächs. Der Erzähler wiederum ridikülisiert die in Guilhermes Gedankenrede gesetzte Normierung sprachlicher Machtasymmetrie durch die im Deutschen grammatisch unzulässige Invertierung von Sätzen (Z. 51f.).

Der sprachliche und kulturelle Austausch scheitert in dieser Dialogszene allerdings nicht nur an der abwesenden *Cultural Broker*-Figur. Indem sie sich (friedlich) dem Austausch verweigern, scheint sich die weibliche Dorfgemeinschaft Totopes den gängigen (prä-)kolonialen Machtasymmetrien und Praxen zu widersetzen, deren Opfer Ada und Damfo/Afonso bereits als Kinder wurden. In *Adas Raum* werden wiederholt „solche Modi des Widerstandes" narrativiert (Daldrup 2024, 143). Insgesamt aber bleiben diese Widersetzungsversuche flüchtig: Guilherme wird Ada schließlich erschießen, um das Perlenarmband zu rauben. Dieser Gewaltakt stellt die in der hier analysierten Passage irritierten kolonialen Machtrelationen zugunsten der realgeschichtlichen Dominanz europäischer Handels-, See- und Kolonialmächte wieder her.

3.2.3 *Cultural Broker* als Positionierung: Die Autorin

Ausgehend von unserer Textanalyse wollen wir fragen, ob Otoo als Autorin selbst eine Rolle als *Cultural Broker* einnimmt. Um nicht in einen einseitigen Biografismus zu verfallen, gilt es dabei auch zu erwägen, welche Implikationen eine solche Einordnung für das im Roman behandelte *Sujet* hat. Die Länder, in denen die vier Zeitebenen von *Adas Raum* angesiedelt sind, sind mit Otoo verbunden: Ghana ist das Herkunftsland ihrer Eltern, Großbritannien ihr Geburtsland, Deutschland ihre aktuelle Heimat. Ihre internationale Vernetzung und interkulturelle Eingebundenheit zeigt sich im Roman paratextuell in der Auflistung internationaler Unterstützer:innen, denen Otoo in dreizehn Sprachen dankt. Durch die Übersetzungen ins Amerikanische, Englische, Italienische, Japanische und Niederländische (Stand: März 2024) sind an der internationalen Strahlkraft des Buchs weitere *Cultural Brokers* beteiligt (zur Selbstpositionierung des Übersetzers: Cho-Polizzi 2024). Von Otoos internationalem Profil als Autorin zeugen zahlreiche *Residencies* und Ehrungen außerhalb Deutschlands (Colvin/Windsor 2024).

Die vielfach an (post-)migrantische Autor:innen herangetragene Setzung, der zufolge „die Identität der Autorin für die Rezeption entscheidend wichtig" sei (Baßler 2022, 207), ist jedoch kein (ästhetisches) Gütekriterium, sondern eine Funktionszuschreibung. So lässt sich auch die Kritik kontern, die „eindeutige moralische Bedeutungsebene" von *Adas Raum* bilde ausschließlich das ab, was Leser:innen „von einer Autorin of Color in Deutschland" erwarteten (Baßler 2022, 223; kritisch dazu Colvin 2023). In unserer Analyse haben wir vielmehr gesehen, dass Otoo auf typisierte (sprich: erwartbare) Darstellungen von Diskriminierungs- und Gewalterfahrungen zurückgreift, um zugleich durch die Komplexität der Erzählperspektive, durch das literarische Spiel mit Identitäten, Sprachen und kulturellen Motiven einer vereindeutigenden stereotypisierten Einhegung entgegenzuarbeiten. In exemplarischer Absicht wird so unter postkolonialer Perspektive die Pluralität marginalisierter Gruppen und die damit verbundene Konstruktion von Macht und Alterität herausgestellt, deren Relationen im Roman „immer wieder neu, immer wieder anders zusammengesetzt sind" (Aras 2021). Im Sinne der Reziprozität von *Cultural Brokerage* muss aber auch die andere an der Vermittlungsleistung beteiligte Kultur Beachtung finden. Denn Otoo geht es bei der Schilderung von Rassismus- und Diskriminierungserfahrungen nicht darum, „ausschließlich andere [d. h. nicht betroffene] Menschen dafür zu sensibilisieren" (Otoo 2021b). Indem sie marginalisierte Figuren positiv entwirft, sie also nicht nur als Opfer der Geschichte, sondern als selbsttätige, aktivistische oder widerständige Subjekte erscheinen lässt, wirkt Otoos *Cultural Brokerage* identitätsversichernd. Von Rassismus und Diskriminierung betroffene Leser:innen können sich in den literarisierten Erfahrungen wiedererkennen, in ihnen bestenfalls Selbstbestätigung finden. Eine besondere Rolle kommt dafür dem Romanende zu: In einem metaleptisch konstruierten Dialog konfrontiert die Ada der Gegenwart nacheinander alle Erscheinungsformen ihres männlichen Antagonisten. Hatte zuvor die männliche Begierde stets den Femizid an den Ada-Figuren katalysiert, werden in der Gegenwart die Machtverhältnisse zumindest temporär umgekehrt und Adas Selbstermächtigung initiiert.

Mit der strukturellen „Gleich- und Nebenordnung" (Baßler 2022, 221) von Kolonialismus und Nationalsozialismus in *Adas Raum* ergreift Otoo in den identitäts- und erinnerungspolitisch geführten postkolonialen Debatten um das Verhältnis von Antisemitismus und Rassismus Partei. Sie versucht zwischen einer nicht-eurozentrischen und einer spezifisch deutschen Erinnerungskultur zu vermitteln und die erinnerungskulturelle Konkurrenzsituation zugunsten einer universalistisch-humanistischen Idee von produktiver Erinnerungsarbeit zu durchbrechen (Emcke/Otoo 2023). Dies würde jedoch auch bedeuten, wie es in *Adas Raum* vorgeführt wird, Perspektiven von bislang marginalisierten Gruppen in die Erinnerungsarbeit „ohne Hierarchisierung von Unrecht" miteinzubeziehen (Otoo/Bauche 2018, 6; Otoo 2016). Wie konfliktreich solche Grenzbereiche sein können, zeigte sich im Umfeld der Ruhrtriennale 2020, als der kamerunische Historiker und Philosoph Achille Mbembe durch seine israelkritischen Äußerungen eine ‚Antisemitismusdebatte' auslöste. Sie muss als ein Intertext von *Adas Raum* gelten (Otoo 2020, 17–20; als Interpretationskontext Colvin 2022; kritisch dazu Baßler 2022, 220–222). Die im deutschen Feuilleton wiederholte Kritik an Otoos Parallelisierung von Kolonialismus und Shoah ist für unsere Analyse als Befund relevant, da hieran exemplarisch deutlich wird, wie spannungsgeladen die Grenzebereiche zwischen Kulturen und wie konfliktanfällig das Agieren eines *Cultural Broker* sein können.

Inwiefern lässt sich Otoos Engagement jedoch als spezifische Positionierung eines *Cultural Broker* im Kulturbetrieb verstehen? Sie ist eine mehrsprachige und mehrkulturell geprägte Autorin. Ihre ersten ab 2012 erschienenen Prosatexte verfasste sie zunächst auf Englisch, von Mirjam Nuenning wurden sie ins Deutsche übersetzt. Im linksorientierten Kleinverlag *edition assemblage* ist Otoo Herausgeberin der englischsprachigen Buchreihe *Witnessed*, die emanzipatorische Texte von Schwarzen, in Deutschland lebenden Autor:innen veröffentlicht. Hiermit arbeitet sie der internationalen Kanonisierung marginalisierter Autor:innen – potenzielle *Cultural Brokers* – zu. Otoo ist unter anderem Mitglied von zahlreichen gender- und diversitätsorientierten Interessensverbünden. Auch in ihrer Rolle als Schriftstellerin, d. h. in ihren Reden, Artikeln, Essays und in den Sozialen Medien, tritt sie gegen Rassismus und für Feminismus und Gleichstellung ein. Uns scheint sie auch aus dem Grund eine *Cultural Broker*-Position innezuhaben, weil sie die vielfältigen Machtasymmetrien zwischen den beteiligten Teilkulturen deutlich deklariert: „Mein Plädoyer ist, dass es radikale Interventionen braucht […]. Das gilt nicht nur für Schwarze Autor*innen, sondern auch für Menschen mit Behinderungen, für queere Personen, für Menschen, die strukturell mehrfach diskriminiert werden" (zit. nach Caldart 2022).

Otoo wurde 2016 als erster Britin und Schwarzer Autorin der Ingeborg Bachmann-Preis verliehen. Im Jahr 2022 war sie Teil der Delegation um die Reise des Bundeskanzlers durch den Senegal, Niger und Südafrika (Colvin/Windsor 2024, 3). Das mit ihrer literaturschaffenden und gesellschaftspolitischen Positionierung verbundene Renommee nutzt sie seither dazu, selbst interkulturelle und intersektionale Austausch- und Transferräume zu schaffen: Seit 2022 kuratiert Otoo beispielsweise in Verbindung mit den Ruhrfestspielen Recklinghausen das mit Bundesmitteln geförderte Schwarze Festival *#Resonanzen*, um die Sichtbarkeit von Schwarzen Autor:innen im deutschen Literaturbetrieb zu fördern (Otoo et al. 2022 et passim). Dass im Zuge solcher öffentlichkeitswirksamer Vermittlungstätigkeiten, die an unterschiedlichen Positionen im Kulturbetrieb vermitteln, „Erfahrungs- und Wissensbestände so transformiert werden, dass sie eine neue Deutungsmacht gewinnen" (Burschel 2021, 360), ist Teil von *Cultural Brokerage*. Denn die wechselseitigen kulturellen Übersetzungsleistungen müssen nicht ausschließlich kulturvermittelnd intendiert sein, ihnen kommt auch – beiläufig oder wie hier: intendiert – kulturstiftende Funktion zu.

4 Kritik und Ausblick

Die Interkulturelle Literaturwissenschaft ist heute methodisch breit gefächert, auch da sich ihre Vertreter:innen in der Vergangenheit stark um den Anschluss an Konzepte der Kulturtransferforschung, der Verflechtungsgeschichte/*histoire croisée*, der Postkolonialen Studien und den *Global Studies* bemüht haben. Mitunter haben diese unterschiedlichen Methodenimporte und Forschungsrichtungen zu Begriffsunschärfen und einer allein schlagwortartigen Verwendung geführt, was Rezipient:innen den Nachvollzug der Interpretationsleistung erschwert. Gleichwohl ist es von großer Bedeutung, die traditionell nationalphilologische Ausrichtung der deutschen Germanistik aufzubrechen und interkulturelle sowie globale Dimensionen des Literarischen einzubeziehen. Die dabei sichtbar werdenden kulturellen Differenzen erschweren zwar die Zusammenführung der Forschungsergebnisse zu einer spezifisch „interkulturelle[n] Literaturgeschichte" (Holdenried 2022, 121–182; ähnlich schon Hofmann/Patrut 2015, 22), doch dieses Problem teilen die Literaturwissenschaften mit der Globalgeschichte.

Wie wir am Beispiel der Postkolonialen Studien und der *Cultural Brokers* diskutiert haben, umschließt der interkulturell ausgeweitete Untersuchungsbereich Akteur:innen des Literaturbetriebs (Verleger:innen, Agent:innen, Übersetzer:innen etc.), nicht-fiktionale Textsorten (u. a. Wirklichkeitserzählungen, Egodokumente, Reiseberichte, Reportagen; ↗ *Autofiktion*) und öffnet den literarhistorischen Blick für asymmetrische Herrschafts-, Macht- und Unterdrückungszusammenhänge, die die Produktion, Distribution und Rezeption von Literatur in kolonialen, postkolonialen, okkupatorischen, migrantischen und postmigrantischen Kontexten prägen. Eine für methodische Überlegungen aus der Verflechtungsgeschichte und den *Global (Literary) Studies* sowie für Konzepte wie die *Cultural Brokers* sensible Interkulturelle Literaturwissenschaft nimmt somit Anteil an den Diskussionen um die Forderung, die bestehenden Kanones – seien sie nationaler, deutschsprachiger oder ‚weltliterarischer' Provenienz – kritisch auf *Race, Gender,* kulturelle und soziale Herkunft (↗ *Klassismus*; #breiterkanon) betreffende Vorurteile zu befragen und sie um bislang marginalisierte, übersehene und vergessene Akteur:innen zu erweitern.

5 Merkbox

Forschungsbereich: Literatur und Interkulturalität, *Global Literary Studies*, *Global Philology*

Wichtige Begriffe: Multi-, Trans- und Interkulturalität, Verflechtung, Transfer, Machtasymmetrien, Globalisierung, Kontaktzonen, Vermittler

Ansätze und Methoden: Kulturtransfer, Verflechtungsgeschichte (*histoire croisée*), *Global Literary Studies*, *Cultural Brokers*, Postkoloniale Studien, Literatursoziologie, Wirkungs- und Rezeptionsgeschichte

Leitfragen/Typische Fragen: Was wird über den Kulturkontakt berichtet? Wie wird kultureller Kontakt dargestellt? Lassen sich Elemente ‚fremder' Kulturen in der formalen Gestaltung des literarischen Texts finden? Wie werden kulturspezifische Wissensbestände literarisch reflektiert und transformiert? Lässt sich eine ‚Poetik interkulturellen Schreibens' ausmachen? Inwiefern trägt das kulturelle Wissen der Leser:innen zu einer spezifischen Interpretation des Texts bei? Welche Begriffe, Bilder, Ideen und Diskurse einer (Teil-)Kultur werden von wem und für wen und wie, d. h. mittels welcher Textsorten, rhetorischen Strategien etc., vermittelt? Welches Rollenverständnis haben die Autor:innen, Übersetzer:innen, Kritiker:innen, Verleger:innen etc.?

6 Lektüreempfehlungen

Aufgrund des breiten und diversen Themenfeldes ist es ratsam, sich anhand des *Handbuchs interkulturelle Germanistik* (Wierlacher/Bogner 2003) einen Überblick über die verschiedenen Ausprägungen ‚früher' Interkultureller Literaturwissenschaft zu verschaffen. Für die praktische Anwendung empfehlen wir in Bezug auf die Verflechtungsgeschichte Bauerkämper 2011, hinsichtlich der *Global Studies* Schaub 2019 und für die Postkolonialen Studien Dunker et al. 2023 sowie Medeiros/Ponzanesi 2024. Einen Einstieg in die disziplinenübergreifende Konzeptualisierung von *Cultural Brokers* liefern Raj 2016 und Dietze 2019. Exemplarische Fallstudien, zumeist an der Schnittstelle von literaturwissenschaftlicher und zeitgeschichtlicher Forschung, finden sich bei Schönhärl 2020 und in den Forschungsbänden Jobs/Mackenthun 2013; Roig-Sanz/Meylaerts 2018.

7 Zitierte Literatur

7.1 Literarische Quellen

Anonym: *All Nobel Prizes*. Online abrufbar unter https://www.nobelprize.org/prizes/lists/all-nobel-prizes/ (03.05.2024).

Biondi/Schami 1981: Biondi, Franco und Rafik Schami: „Literatur der Betroffenheit. Bemerkungen zur Gastarbeiterliteratur", in: *Zu Hause in der Fremde. Ein bundesdeutsches Ausländer-Lesebuch*, hg. v. Christian Schaffernicht et al. Fischerhude 1981, S. 124–136.

Buck 1935: Buck, Pearl S.: *A House Divided*. New York 1935 [dt. Übersetzung: Buck, Pearl S.: *Das geteilte Haus*, übers. v. Richard Hoffmann. Berlin et al. 1935].

Otoo/Bauche 2018: Otoo, Sharon Dodua und Manuela Bauche: „Editorial", in: *Neue Rundschau* 129.2 (2018), S. 5–6.

Otoo 2020: Otoo, Sharon Dodua: *Dürfen Schwarze Blumen malen? Klagenfurter Rede zur Literatur 2020*. Klagenfurt 2020.

Otoo 2021a: Otoo, Sharon Dodua: *Adas Raum*. Frankfurt a. M. ^{4}2021.

Otoo 2021b: Otoo, Sharon Dodua: „Vor der Grenze – Über einen Übersetzungsstreit", in: *54books* (29.03.2021). Online abrufbar unter https://54books.de/vor-der-grenze-ueber-einen-uebersetzungsstreit/ (03.05.2024).

Otoo et al. 2022: Otoo, Sharon Dodua, Jaennette Oholi und die Ruhrfestspiele Recklinghausen (Hg.): *Resonanzen. Schwarzes Literaturfestival. Eine Dokumentation*. Leipzig 2022.

Schickert 1935: Schickert, Werner: [Rez.] „Pearl S. Buck: Das geteilte Haus", in: *Die Literatur* 38 (1935), S. 137.

7.2 Andere Quellen

Emcke/Otoo 2023: Emcke, Carolin und Sharon Dodua Otoo: *Podcast-Folge von „In aller Ruhe"* (21.07.2023). Online abrufbar unter https://www.sueddeutsche.de/meinung/podcast-in-aller-ruhe-carolin-emcke-sharon-dodua-otoo-1.5984347 (03.05.2024).

Otoo 2016: Otoo, Sharon Dodua: *Eröffnungsrede der Ausstellung „Deutscher Kolonialismus" im Deutschen Historischen Museum in Berlin* (13. Oktober 2016). Online abrufbar unter https://www.fischerverlage.de/magazin/extras/eroeffnungsrede-deutscher-kolonialismus (27.02.2024).

7.3 Darstellungen

7.3.1 Zur Theorie

#breiterkanon. https://breiterkanon.hypotheses.org/ (03.05.2024).
Barmeyer/Busch 2023: Barmeyer, Christoph und Dominic Busch (Hg.): *Meilensteine der Interkulturalitätsforschung. Biographien – Konzepte – Positionen*. Wiesbaden 2023.
Bauerkämper 2011: Bauerkämper, Arnd: „Kulturtransfer und Barrieren zwischen China und Deutschland in der Zwischenkriegszeit. Theoretische und methodische Überlegungen aus geschichtswissenschaftlicher Perspektive", in: *Deutsch-Chinesische Annäherungen. Kultureller Austausch und gegenseitige Wahrnehmung in der Zwischenkriegszeit*, hg. v. Almut Hille, Gregor Streim und Pan Lu. Köln et al. 2011, S. 19–33.
Bischoff/Komfort-Hein 2019: Bischoff, Doerte und Susanne Komfort-Hein (Hg.): *Handbuch Literatur & Transnationalität*. Berlin/Boston 2019.
Bosse 2013: Bosse, Anke: „Interkulturalität – von ‚Transfer' zu ‚Vernetzung'", in: *Zwischen Transfer und Vergleich. Theorien und Methoden der Literatur- und Kulturbeziehungen aus deutsch-französischer Perspektive*, hg. v. Christiane Solte-Gresser, Hans-Jürgen Lüsebrink und Manfred Schmeling. Stuttgart 2013, S. 65–78.
Burschel 2021: Burschel, Peter: „Sektionsleitung III: Kulturelle Zugehörigkeiten und Gesellschaft", in: *Übersetzen in der Frühen Neuzeit – Konzepte und Methoden / Concepts and Pracitces of Translation in the Early Modern Period*, hg. v. Regina Toepfer, Peter Burschel und Jörg Wesche. Berlin 2021, S. 357–363.
Burt 2005: Burt, Ronald S.: *Brokerage and Closure*. Oxford 2005.
Conrad 2017: Conrad, Sebastian: *What is Global History*. Princeton 2017.
Damrosch 2003: Damrosch, David: *What is World Literature*. Princeton 2003.
Dunker et al. 2023: Dunker, Axel, Michael Hofmann und Serge Yowa (Hg.): *Postkoloniale Germanistik und Konflikte im globalen Kontext. Herausforderungen, Möglichkeiten und Ausblicke im 21. Jahrhundert*. Berlin/Boston 2023.
Dietze 2019: Dietze, Antje: „Cultural Brokers and Mediators", in: *The Routledge Handbook of Transregional Studies*, hg. v. Matthias Middell. London/New York 2019, S. 494–502.
Espagne/Werner 1985: Espagne, Michel und Michael Werner: „Deutsch-französischer Kulturtransfer im 18. und 19. Jahrhundert. Zu einem neuen interdisziplinären Forschungsprogramm des C.N.R.S", in: *Francia* 13 (1985), S. 502–510.
Göttsche et al. 2017: Göttsche, Dirk, Axel Dunker und Gabriele Dürbeck (Hg.): *Handbuch Postkolonialismus und Literatur*. Stuttgart 2017.
Helgesson/Vermeulen 2016: Helgesson, Stefan und Pieter Vermeulen (Hg.): *Institutions of World Literature: Writing, Translation, Markets*. London/New York 2016.
Hess-Lüttich 2007: Hess-Lüttich, Ernest W. B.: „Interkulturalität", in: *Reallexikon der deutschen Literaturwissenschaft*, Bd. 2, hg. v. Harald Fricke. Berlin/New York 2007, S. 163–164.
Hinderaker 2002: Hinderaker, Eric: „Translation and Cultural Brokerage", in: *A Companion to American Indian History*, hg. v. Philip J. Deloria und Neal Salisbury. Oxford 2002, S. 357–376.
Hofmann/Patrut 2015: Hofmann, Michael und Iulia-Karin Patrut: *Einführung in die interkulturelle Literatur*. Darmstadt 2015.
Holdenried 2017: Holdenried, Michaela: „Kontaktzone", in: *Handbuch Postkolonialismus und Literatur*, hg. v. Dirk Göttsche, Axel Dunker und Gabriele Dürbeck. Stuttgart 2017, S. 175–178.

Holdenried 2022: Holdenried, Michaela: *Interkulturelle Literaturwissenschaft. Eine Einführung.* Berlin 2022.
Honold 2016: Honold, Alexander: „Poetik des Fremden? Zur Verschränkung interkultureller und postkolonialer Literatur-Dynamiken", in: *Postkoloniale Germanistik. Bestandsaufnahme, theoretische Perspektiven, Lektüren*, hg. v. Gabriele Dürbeck und Axel Dunker. Bielefeld 2014, S. 71–104.
Jobs/Mackenthun 2013: Jobs, Sebastian und Gesa Mackenthun (Hg.): *Agents of Transculturation. Border-Crossers, Mediators, Go-Betweens.* Münster et al. 2013.
Kaelble 2003: Kaelble, Hartmut: „Die interdisziplinären Debatten über Vergleich und Transfer", in: *Vergleich und Transfer. Komparatistik in den Sozial-, Geschichts- und Kulturwissenschaften*, hg. v. Hartmut Kaelble und Jürgen Schriewer. Frankfurt a. M./New York 2003, S. 469–493.
Kessler/Wertheimer 1995: Kessler, Michael und Jürgen Wertheimer (Hg.): *Multikulturalität. Tendenzen, Probleme, Perspektiven im europäischen und internationalen Horizont.* Tübingen 1995.
Klausnitzer 2024: Klausnitzer, Ralf: *Literaturwissenschaft. Begriffe – Verfahren – Arbeitstechniken.* Berlin/Boston 2024.
Knapp 2003: Knapp, Karlfried: „Kulturunterschiede", in: *Handbuch interkulturelle Germanistik*, hg. v. Alois Wierlacher und Andrea Bogner. Stuttgart/Weimar 2003, S. 54–60.
Lüsebrink 2001: Lüsebrink, Hans-Jürgen: „Kulturtransfer – methodisches Modell und Anwendungsperspektiven", in: *Europäische Integration als Prozess von Angleichung und Differenzierung*, hg. v. Ingeborg Tömmel. Opladen 2001, S. 211–224.
Lüsebrink 2013: Lüsebrink, Hans-Jürgen: „Der Kulturtransferansatz", in: *Zwischen Transfer und Vergleich. Theorien und Methoden der Literatur- und Kulturbeziehungen aus deutsch-französischer Perspektive*, hg. v. Christiane Sollte-Gresser, Hans-Jürgen Lüsebrink und Manfred Schmeling. Stuttgart 2013, S. 37–50.
Mecklenburg 2008: Mecklenburg, Norbert: *Das Mädchen aus der Fremde. Germanistik als interkulturelle Literaturwissenschaft.* München 2008.
Medeiros/Ponzanesi 2024: Medeiros, Paulo de und Sandra Ponzanesi (Hg.): *Postcolonial Theory and Crisis.* Berlin/Boston 2024.
Meylaerts et al. 2017: Meylaerts, Reine et al.: „Cultural Mediators in Cultural History: What Do We Learn from Studying Mediators' Complex Transfer Activities in Interwar Belgium", in: *The Circulation of Dutch Literature*, hg. v. Elke Brems, Orsolya Réthelyi und Tom van Kalmthout. Leuven 2017, S. 51–75.
Middell 2000: Middell, Matthias: „Kulturtransfer und Historische Komparatistik – Thesen zu ihrem Verhältnis", in: *Comparativ* 10.1 (2000), S. 7–41.
Middell/Naumann 2010: Middell, Matthias und Katja Naumann: „Global History and the Spatial Turn: From the Impact of Area Studies to the Study of Critical Junctures of Globalization", in: *Journal of Global History* 5.1 (2010), S. 149–170.
Moretti 2013: Moretti, Franco: *Distant Reading.* London/New York 2013.
Raj 2016: Raj, Kapil: „Go-Betweens, Travelers, and Cultural Translators", in: *A Companion to the History of Science*, hg. v. Bernard Lightman. Chichester et al. 2016, S. 39–57.
Reichardt 2019: Reichardt, Ulfried: „Globalisierung und der *transnational turn* in der Literaturwissenschaft", in: *Handbuch Literatur & Transnationalität*, hg. v. Doerte Bischoff und Susanne Komfort-Hein. Berlin/Boston 2019, S. 106–123.
Richter 2017: Richter, Sandra: *Eine Weltgeschichte der deutschsprachigen Literatur.* München 2017.
Roig-Sanz/Meylaerts 2018: Roig-Sanz, Diana und Reine Meylaerts (Hg.): *Literary Translation and Cultural Mediators in ‚Peripheral' Cultures: Customs Officers or Smugglers?* London/New York 2018.

Roig-Sanz/Rotger 2022: Roig-Sanz, Diana und Neus Rotger (Hg.): *Global Literary Studies. Key Concepts.* Berlin/Boston 2022.

Sapiro 2008: Sapiro, Gisèle (Hg.): *Translatio: Le marché de la traduction en France à l'heure de la mondialisation.* Paris 2008.

Sapiro 2016: Sapiro, Gisèle: „How Do Literary Works Cross Borders (or Not)? A Sociological Approach to World Literature", in: *Journal of World Literature* 1 (2016), S. 81–96.

Schaub 2019: Schaub, Christoph: *Proletarische Welten: Internationalistische Weltliteratur in der Weimarer Republik.* Berlin/Boston 2019.

Schmeling et al. 2000: Schmeling, Manfred, Monika Schmitz-Emans und Kerst Walstra (Hg.): *Literatur im Zeitalter der Globalisierung.* Würzburg 2000.

Schönhärl 2020: Schönhärl, Korinna: „‚Wie tief der kern dieses Volkes dem antiken wesen verwandt ist'. ‚Cultural Brokers' und ihre Strategien zur Vermittlung des Unbekannten", in: *Historische Zeitschrift* 310 (2020), S. 285–305.

Sneis/Spoerhase 2023: Sneis, Jørgen und Carlos Spoerhase (Hg.): *World Literature in the Nobel Era – Part I.* Leiden 2023.

Sneis/Spoerhase 2024: Sneis, Jørgen und Carlos Spoerhase (Hg.): *World Literature in the Nobel Era – Part II.* Leiden 2024.

Uerlings 2017: Uerlings, Herbert: „Interkulturalität", in: *Handbuch Postkolonialismus und Literatur*, hg. v. Dirk Göttsche, Axel Dunker und Gabriele Dürbeck. Stuttgart 2017, S. 101–108.

Weitz 1987: Weitz, Hans-J.: „‚Weltliteratur' zuerst bei Wieland", in: *Arcadia* 22 (1987), S. 206–208.

Welsch 2000: Welsch, Wolfgang: „Transkulturalität. Zwischen Globalisierung und Partikularisierung", in: *Jahrbuch Deutsch als Fremdsprache* 26 (2000), S. 327–351.

Werner/Zimmermann 2002: Werner, Michael und Bénédicte Zimmermann: „Vergleich, Transfer, Verflechtung. Der Ansatz der Histoire croisée und die Herausforderung des Transnationalen", in: *Geschichte und Gesellschaft* 28.4 (2002), S. 607–636.

Wierlacher 2003: Wierlacher, Alois: „Vermittlung", in: *Handbuch interkulturelle Germanistik*, hg. v. Alois Wierlacher und Andrea Bogner. Stuttgart/Weimar 2003, S. 330–337.

Wierlacher/Bogner 2003: Wierlacher, Alois und Andrea Bogner (Hg.): *Handbuch interkulturelle Germanistik.* Stuttgart/Weimar 2003.

7.3.2 Zur Textanalyse von Pearl S. Buck: *A House Divided*

Hall 1994: Hall, Murray G.: *Der Paul Zsolnay Verlag. Von der Gründung bis zur Rückkehr aus dem Exil.* Tübingen 1994.

Hudey 2023a: Hudey, Katrin: *China in der Literatur der Zwischenkriegszeit. Studien zum deutsch-chinesischen Austausch (1919–1937/39). Mit einer Bibliographie.* Berlin/Boston 2023.

Hudey 2023b: Hudey, Katrin: „Pearl S. Buck, Her Nobel Prize, and the Nazis", in: *World Literature in the Nobel Era – Part I*, hg. v. Jørgen Sneis und Carlos Spoerhase. Leiden 2023, S. 520–534.

Hudey/Zhu 2023: Hudey, Katrin und Yan Zhu: „Die Reportage – eine globale Gattung? Zur Rezeption von Egon Erwin Kischs *China geheim* (1933)", in: *Reportage-Literatur der DDR*, hg. v. Stephan Pabst und Andrea Jäger. Hannover 2023, S. 133–152.

Liu 1994: Liu, Haiping: „Pearl S. Buck's Reception in China Reconsidered", in: *The Several Worlds of Pearl S. Buck. Essays Presented at a Centennial Symposium*, hg. v. Elizabeth Lipscomb, Frances E. Webb und Peter Conn. Westport, Conn. 1994, S. 55–67.

Melvin 2006: Melvin, Sheila: „Pearl's Great Price", in: *The Wilson Quarterly* (2006), S. 24–30.

Stirling 1983: Stirling, Nora: *Pearl Buck. A Woman Conflict.* Piscataway 1983.
Stuby 1999: Stuby, Anna Maria: „,Ich bin nirgendwo ganz zu Hause und überall ein bißchen'", in: *Nicht nur Madame Curie... Frauen, die den Nobelpreis bekamen*, hg. v. Charlotte Kerner. Weinheim 1999, S. 84–110.

7.3.3 Zur Textanalyse von Sharon Dodua Otoo: *Adas Raum*

Aras 2021: Aras, Maryam: „Erzählerischer Universalismus – *Adas Raum* von Sharon Dodua Otoo", in: *54books* (11.03.2021). Online abrufbar unter https://54books.de/erzaehlerischer-universalismus-adas-raum-von-sharon-dodua-otoo/ (03.05.2024).
Baßler 2022: Baßler, Moritz: *Populärer Realismus. Vom International Style gegenwärtigen Erzählens.* München 2022.
Brunke 2021: Brunke, Lisa: *Lektüreschlüssel zu Sharon Dodua Otoo „Adas Raum"*, hg. v. Literaturforum im Brecht-Haus. Berlin 2021. Online abrufbar unter https://d-nb.info/1268573442/34 (03.05.2024).
Cha 2024: Cha, Kyung-Ho: „Ghanaian Folk Thought, Akan Religion and an Ethic of Care in Sharon Dodua Otoo's *Adas Raum*", in: *German Life and Letters* 77.1 (2024), S. 86–101.
Cho-Polizzi 2024: Cho-Polizzi, Jon: „Between the Orbits: Translating Sharon Dodua Otoo's *Adas Raum*", in: *German Life and Letters* 77.1 (2024), S. 146–162.
Caldart 2022: Caldart, Isabella: „Türen öffnen – Interview mit Sharon Dodua Otoo über das Schwarze Literaturfestival ‚Resonanzen'", in: *54books* (12.05.2022). Online abrufbar unter https://54books.de/tueren-oeffnen-interview-mit-sharon-dodua-otoo-ueber-das-schwarze-literaturfestival-resonanzen/ (03.05.2024).
Colvin 2022: Colvin, Sarah: „Freedom Time: Temporal Insurrections in Olivia Wenzel's *1000 Serpentinen Angst* und Sharon Dodua Otoo's *Adas Raum*", in: *German Life and Letters* 75.1 (2022), S. 138–165.
Colvin 2023: Colvin, Sarah: „[Rez.] Moritz Baßler: Populärer Realismus. Vom International Style gegenwärtigen Erzählens", in: *Arbitrium* 41.2 (2023), S. 228–236.
Colvin/Windsor 2024: Colvin, Sarah und Tara Talwar Windsor: „Introduction: Sharon Dodua Otoo – Literature, Politics, Possbility", in: *German Life and Letters* 77.1 (2024), S. 1–9.
Daldrup 2024: Daldrup, Alrik: „Von der ‚Macht, Welt zu machen': Radikale Demokratie in Sharon Dodua Otoos *Adas Raum*", in: *German Life and Letters* 77.1 (2024), S. 125–145.
Dery 1994: Dery, Mark: „Black to the Future. Interviews with Samuel R. Delany, Greg Tate, and Tricia Rose", in: *Flame Wars. The Discourse of Cyberculture*, hg. v. Mark Dery. Durham/London 1994, S. 179–222.
Engelmeier 2021: Engelmeier, Hanna: „[Rez.] Sharon Dodua Otoos: *Adas Raum*. Die alles verbindenden Dinge", in: *Süddeutsche Zeitung online* (28.02.2021). Online abrufbar unter https://www.sueddeutsche.de/kultur/rezension-sharon-dodua-otoo-adas-raum-identitaetspolitik-1.5220018 (03.05.2024).
McMurtry 2024: McMurtry, Áine: „Othertongues: Multilingualism, Natality and Empowerment in Sharon Dodua Otoo's *Adas Raum*", in: *German Life and Letter* 77.1 (2024), S. 102–124.
Oholi 2024: Oholi, Jeannette: *Afropäische Ästhetiken. Plurale Schwarze Identitätsentwürfe in literarischen Texten des 21. Jahrhunderts.* Bielefeld 2024.
Voigt 2021: Voigt, Johann: „Auch Blumen sind politisch", in: *fluter* (30.03.2021). Online abrufbar unter https://www.fluter.de/adas-raum-otoo-rezension (03.05.2024).

Franziska Bomski und Qunyang Lou
Comics über die Fremde
Am Beispiel von Sascha Hommer, *In China* (2016)

1 Kurzdarstellung, Relevanz und Aktualität des Themas

Comics haben sich in den medialen und globalen Kulturen unserer Gegenwart einen festen Platz erobert. Galten diese Text und Bild kombinierenden Artefakte lange Zeit als reines Unterhaltungsmedium und minderwertiges Produkt der Massenpresse, sind Bilderzählungen heute als eigenständige Kunstform etabliert. Da die gegenwärtigen Gesellschaften sich durch eine Vielfalt von Geschmackskollektiven mit zahlreichen (kulturellen, ethnischen, geschlechtlichen etc.) Differenzbildungen auszeichnen, scheint die kategorische Distinktion von Hoch- und Populärkultur überholt zu sein (vgl. Storey 2018, 204–236). Für diesen Wandel steht auch der Comic als ein typisches und aktuelles Beispiel. Ursprünglich als ‚Gegenkultur' (vgl. Becker 2012) zur Herausforderung der Schriftkultur entstanden, gibt es heute ästhetisch und thematisch höchst anspruchsvolle und hochkulturell anerkannte Comics wie Art Spiegelmans *Maus* (1986, 1991) oder Chris Wares *Jimmy Corrigan. The Smartest Kid on Earth* (2000), die beide jeweils mit dem *Pulitzer-Preis* (1992) und dem *Guardian First Book Award* (2001) ausgezeichnet und so kanonisiert wurden.

Im Unterschied zu Großbritannien, den USA und Frankreich galt Deutschland lange Zeit als „Comic-Entwicklungsland" (Stuhlfauth-Trabert/Trabert 2015, 10), obwohl hier mit Wilhelm Buschs *Max und Moritz. Eine Bubengeschichte in sieben Streichen* (1865), Erich Ohsers *Vater und Sohn. 50 lustige Streiche und Abenteuer* (1935) und der von Hannes Hegen begründeten *MOSAIK*-Reihe (1955–1975) Bildergeschichten ebenfalls Tradition haben. 2013 wurde deshalb im Rahmen des Internationalen Literaturfestivals Berlin ein *Comic-Manifest* zur Anerkennung und Förderung der Kunstform verabschiedet. Zu den Erstunterzeichner:innen zählen unter anderem Anke Feuchtenberger, Barbara Yelin, Jens Harder, Sascha Hommer, Simon Schwartz, Mikkel Sommer und Birgit Weyhe, die alle einen signifikanten Platz in der zeitgenössischen deutschen Comic-Szene einnehmen. Der Comicbuchpreis der Berthold Leibinger Stiftung (seit 2014), die Comic-Förderung der Berliner Senatsverwaltung (seit 2017) und Arbeitsstipendien für Comic-Künstler vom Deutschen Literaturfonds (seit

2023) befördern seither eine Aufwertung und haben mit dazu beigetragen, dass der deutsche Comic-Markt floriert: 2022 erzielte er mit 264 Millionen Euro Gesamtumsatz ein Rekordergebnis. Die jährlich stattfindende Frankfurter Buchmesse bietet zudem ein „Comic-Zentrum" als Plattform für Comic-Zeichner:innen und Comic-Leser:innen, und seit 2014 ist die Manga-Comic-Convention ein fester Bestandteil der Leipziger Buchmesse. Dass 2023 mit Birgit Weyhes *Rude Girl* (2022) erstmals eine Graphic Novel „über kulturelle Aneignung, Race und Gender" als „ein unverzichtbarer Beitrag zu den Identitätsdebatten unserer Zeit" (Anon. 2023) für den Leipziger Buchpreis 2023 nominiert wurde, kann als Zeichen für den Erfolg der kulturpolitischen Strategien gewertet werden.

Vor dem Hintergrund dieser Nobilitierung der Comic-Kunst sowie ihres ästhetischen und thematischen Reichtums ist auch die literaturwissenschaftliche Auseinandersetzung mit dem global boomenden Genre und seiner multimedialen Form künstlerischer und gesellschaftlicher Gegenwartsreflexion im Aufschwung. Forciert durch die englischen und US-amerikanischen *Cultural Studies*, gilt dies inzwischen auch für die deutschsprachige Comic-Forschung. Nach „eher vereinzelten und eklektischen Ansätzen früherer Dekaden" (Stein et al. 2009, 7) liegen heute Einführungen und methodische Lehrbücher (Schüwer 2008; Abel/Klein 2016; Packard et al. 2019) vor; seit 2005 gibt es die *Gesellschaft für Comicforschung (ComFor)*. Etabliert und institutionalisiert hat sich damit zwar keine eigene Disziplin (Frahm 2002, 201), aber eine hybride, interdisziplinär und interkulturell ausgerichtete Forschungsrichtung mit zahlreichen für die Literaturwissenschaft interessanten Schnittstellen (vgl. Eder et al. 2011, 11).

2 Grundbegriffe, Vorannahmen, Methoden und zentrale Fragestellungen

Wie bei fast allen geistes- und kulturwissenschaftlichen Begriffen ist auch die Frage, was genau unter einem **Comic** zu verstehen ist, kontrovers und kontextabhängig (vgl. Abel/Klein 2016, 56). In Scott McClouds Metacomic *Understanding Comics* 1993/*Comics richtig lesen* 2001, einem der zentralen Beiträge zur Comic-Theorie, wird der Comic als „zu räumlichen Sequenzen angeordnete, bildliche oder andere Zeichen" definiert, die „Informationen vermitteln und/oder eine ästhetische Wirkung beim Betrachter erzeugen" (McCloud 2001, 28). Die **Sequenzialität** kann unter Umständen auch in einem Einzelbild, einem **Panel**, als Kurzform einer Bildgeschichte umgesetzt sein (Grünewald 2000, 12): Ein Einzelbild wird dann als Comic rubriziert, wenn es narrative Elemente enthält, also ein zeitliches Geschehen abbildet und nicht nur eine einfache Momentaufnahme darstellt (dazu Rosenthal 2011).

Comics kombinieren Bild und Schrift (**Intermedialität**), dennoch gehören auch die sogenannten „Comics ohne Sprache" (Schüwer 2008, 219–322) oder „Stummcomics" (Platthaus 2008, 33) zum Gegenstandsbereich der Comic-Forschung. Obwohl Comics nicht komisch sein müssen, zählt neben der Sequenzialität und der Intermedialität die inhaltliche und stilistische Nähe zur Komik (↗ *Komik im Kontext*) oftmals ebenfalls als definierender Aspekt (Abel/Klein 2016, 61).

Die Formen und Formate von Comics sind äußerst vielfältig, oft sind sie nach ihren herausragenden Merkmalen benannt, wie zum Beispiel die *Webcomics*, die online publiziert sind; die *Funnies* mit einer humoristischen Handlung und einer cartoonesken Darstellungsweise; die mit bestimmten Stoffen verbundenen *Superheldencomics, Abenteuer- und Kriminalcomics, Phantastische Comics* etc. Eine in literaturwissenschaftlicher Perspektive besonders wichtige Kategorie ist die **Graphic Novel**: Als abgeschlossene Einzeltexte haben Graphic Novels Buchformat und behandeln anspruchsvollere, originellere Themen als periodisch erscheinende Comic-Formate der Massenpresse. Graphic Novels, die literarische Texte als Vorlage nutzen, werden als *Literaturcomics* bezeichnet. Steigender Beliebtheit erfreuen sich schließlich auch *Sachcomics*, die durch ihre nichtfiktionale und informative Anlage oft eine edukative, wissensvermittelnde Funktion haben.

Dem vielfältigen Gegenstandsbereich entsprechend, hat sich in der Comic-Forschung ein heterogenes Feld unterschiedlicher Ansätze und Methoden etabliert, von denen wir im Folgenden mit der intermedialen Narratologie, der Interkulturalität und der Intertextualitätstheorie drei literaturwissenschaftlich relevante herausgreifen.

Der **intermediale narratologische Ansatz** geht davon aus, dass die postklassische Narratologie „sowohl medienübergreifende bzw. inter- und transmediale Ansätze als auch kulturelle und historische Kontexte und kognitive Rezeptionsprozesse" miteinbezieht (Abel/Klein 2016, 115) und daher auch für die Analyse und Deutung des Comics als einem erzählenden Medium genutzt werden kann. Die semiotische und narratologische Ansätze miteinander verschmelzende Beschreibungssprache setzt voraus, dass die visuellen Mittel des Comics „ähnliche Funktionen erfüllen wie der Erzählerkommentar schriftlicher Literatur" (Schüwer 2008, 511). Für die Analyse der visuellen und narrativen Medialität des Comics hat sich ein spezifisches Begriffsinstrumentarium entwickelt und ausdifferenziert, das wir im Folgenden voraussetzen (vgl. den Leitfaden zur Formensprache des Comics bei Abel/Klein 2016, 77–106). Dabei stehen neben der Seitenarchitektur, dem Zeichenstil und der Farbgebung die Analyse der Sequenzen, Bewegungsevokationen, Zeit- und Raumdimensionen, Text-Bild-Beziehungen (inklusive Erzählinstanz) und Figurendarstellung im Vordergrund. Die verschiedenen Comic-Arten bedienen sich dieser visuellen und wortsprachlichen Mittel auf sehr unterschiedliche Weise und mit unterschiedlichen Funktionen und Effekten. Die narratologische Analyse kann die linearen Handlungsstrukturen und die von der Gestaltung des Seitenlayouts unabhängigen translinearen Strukturen (dazu Schüwer 2008, 238–241), den Wechsel der Perspektive, die Anordnungen des Layouts u. Ä. erfassen, durch welche die statische Bildhaftigkeit dynamisiert und der Bildergeschichte eine eigene zeitliche und räumliche Struktur verliehen werden kann.

Typische Fragen sind die folgenden: Fällt der Comic unter ein bestimmtes Genre? Was für eine Handlung wird dargestellt? Welche Figuren werden wie in Beziehung zueinander gesetzt? Welche Besonderheiten des Zeichenstils lassen sich erkennen? Wie wird Farbe eingesetzt und mit welchem Effekt? Gibt es Besonderheiten des Layouts, etwa im Hinblick auf Seiten- und Panelrahmen, die Panelgröße und Panelform? Welche Verhältnisse bestehen zwischen den Bildern und den Texten? Wie sind die Figuren und ihre Mimik, ihre Körpersprache und ihr äußeres Erscheinungsbild konzipiert? Was erfahren wir von ihrem Innenleben und auf welchem Wege? Inwiefern spielen Bewegungen (Panelübergänge; dynamische Darstellungen), Raumdarstellungen (Perspektive; Betrachterstandpunkt; Bildausschnitte) sowie die Zeitgestaltung (chronologisch; Rückblende; Vorausdeutungen) eine Rolle?

Für die Analyse und Deutung grenzüberschreitend angelegter Comics bietet sich ein kulturwissenschaftlich geöffneter und **interkulturell ausgerichteter Ansatz** an. Daniel Stein (2016, 6) plädiert in diesem Sinn für eine literaturaffine, aber kulturwissenschaftlich geöffnete Comic-Forschung, die Comics als wichtige Kunstform „mit dem Ziel des systematischen Erkenntnisgewinns über die historischen und gegenwärtigen Bedeutungen zunehmend transnational operierender und global vernetzter Gesellschaften und ihrer Kulturen" untersucht. Im Gegensatz zu rein sprachlichen literarischen Formaten erweckt der Bildcharakter des Comics den Eindruck universeller, transkultureller Verstehbarkeit, da Bilder „allen möglichen Kulturen auf allen Erdteilen vertraut sind" (Schmitz-Emans 2008, 277; vgl. auch Schmitz-Emans 2012). Dennoch sind auch Bildsprachen und -konventionen historisch und kulturell geprägt – so unterscheidet sich beispielsweise ein japanischer Manga schon in seiner Leserichtung von einem europäischen Comic. Diese Kontexte gilt es bei der Deutung von Comics zu berücksichtigen. Dennoch treten Comic-Zeichner:innen häufig als transnational agierende *Cultural Brokers* (↗ *Global Literary Studies*) auf, sodass eine interkulturelle Comic-Analyse (vgl. dazu Packard et al. 2019, 185–222; Aldama 2010; Denson et al. 2014; Ayaka/Hague 2015) sinnvoll erscheint:

> [C]omics and other forms of graphic narrative are predisposed toward crossing national borders and cultural boundaries because their unique visual-verbal interface seems to translate more readily – though not without transformation and distortion – across cultures than do monomedial forms of literature, nonnarrative artworks, or even such visual narrative media as film. (Denson et al. 2014, 5)

Typische Fragen eines kulturwissenschaftlich und interkulturell ausgerichteten Ansatzes richten sich auf den soziokulturellen Status des Comics, der selbst ein „historisches Dokument" (Seeßlen 2002, 75) und „intensiv mit kollektiven Ängsten und Sehnsüchten, Selbst- und Fremdbildern, Werten und Tabus verwoben" (Schüwer 2008, 505) ist. Dabei steht die enge Beziehung zwischen Comics und dem zeitgenössischen gesellschaftlichen Kontext im Fokus. Wie spiegelt ein einzelner Comic das Zusammenleben oder den Konflikt interkultureller Begegnungen wider? Welche spezifischen Bedeutungen und Funktionen lassen sich in der Darstellung der Fremdheit einschließlich Stereotypen etc. im Comic erschließen? Verläuft die Rezeption von Comics kulturenspezifisch? Gibt es kulturenspezifische Missverständnisse? Wirken die verschiedenen kulturellen und sozialen Kontexte auf die Comics zurück, und wenn ja, in welcher Weise? Was macht die multinationalen und interkulturellen Charakteristiken eines Comics aus? Welche Reflexionen können dadurch in einer globalisierten Welt angeregt und womöglich auch politisch engagiert (↗ *Ecocriticism*) befördert werden?

Comics leben von **intertextuellen und interpiktoralen Bezugnahmen** auf andere kulturelle Artefakte, sei es auf Comics, auf literarische Texte oder andere hoch- und popkulturelle Medien. Gerard Genette (1993/1982) und Manfred Pfister (1993) haben gezeigt, dass die sogenannten ‚Texte zweiter Stufe' die Vorgängertexte nicht auslöschen, sondern auf eine Kopräsenz von Text und Prätext zielen und die Differenz der Texte dabei bewusst und lustvoll ausspielen. Schmitz-Emans (2012, 299f.) unterscheidet im Blick auf intermediale Intertextualitäten drei Grundtypen der Beziehung eines Comics zu einer literarischen Vorlage, die sich überschneiden können: Die **Vermittlung** will über „Inhalt, Thematik, Entstehungsbedingungen und Wirkungen literarischer Werke" informieren; die **Verwandlung** nutzt eine literarische Vorlage, „um eigene Themen zur Darstellung zu bringen oder das als Vorlage inhärent verstandene Thema mit eigenen Mitteln zu entwickeln", der **Vergleich** ist ein Wettkampf, ein „Paragone zwischen Literatur und Bildererzählung" und weist oft eine „parodistische Verfahrensweise" auf. **Typische Leitfragen**, um intertextuelle und interpiktorale Bezüge eines Comics auszuwerten, zielen – nach der Identifikation der Prätexte – auf eine Beschreibung und Auswertung der Relationen: Wie wird im Comic die Vorlage aufgerufen und für die Leser:innen präsent gehalten? Geschieht dies über eine Nennung, eine Text- oder Bild-Zitation, eine Anspielung oder über inhaltliche, visuelle oder formale Ähnlichkeiten? Welche Funktion haben diese Referenzialisierungen, dienen sie der Ausstellung von Belesenheit, der Ehrung, der Kommentierung oder der Kritik der Prätexte? Emergiert über diese Bezugnahmen eine eigene comicgeschichtliche Entwicklung?

3 Analyse und Interpretation ausgewählter Beispieltexte

3.1 Literarische Comic-Korpora

Deutschsprachige Comics umspannen heute ein schier unübersichtliches, vielfältiges Themenspektrum. Neben Adaptionen kanonischer Werke der deutschsprachigen Literatur (Flix 2010; Corbeyran/Horne 2010; Weyhe 2012; Mahler 2011; Fior 2012; Ricard/Maël 2012; Kreitz 2012a; Mairowitz/Crumb 2013; Stetter 2015 etc.) und anderen fiktionalen Genres gibt es zahlreiche Comics mit dominierenden faktualen Referenzen, die gesellschaftlich relevante Aspekte aufgreifen wie etwa medizinisch-psychiatrische Fragen (Schreiter 2014; 2015; 2018; ↗ *Literature and Science Studies*), politisches Leben (Schwartz 2019), historische Handlungen (Kreitz 2012b; Weyhe 2016), Konflikte und Krieg (Jysch 2012) oder Reiseerfahrungen (Hommer 2016).

Im Folgenden rücken wir interkulturelle Comics ins Zentrum, die eine Brücke zwischen Asien und Europa, genauer: zwischen China und Deutschland schlagen. Seit 2019 fördert das Goethe-Institut **Graphic Travelogues**, um dieser Subgattung zu einem größeren Publikum zu verhelfen, darunter Sascha Hommers grafischer Reisebericht *In China* (2016), der im Folgenden genauer betrachtet wird. Daneben stehen Comics wie Mathias Gnehms *Die kopierte Stadt* (2014) und Rina Josts *Der Hase auf dem Rücken des Elefanten* (2016), die ebenfalls einen Bezug zu China aufweisen. Gleichwohl bleibt China in den Arbeiten deutschsprachiger Comic-Künstler:innen ein Randthema (vgl. Lehner 2017, 258), insbesondere im Vergleich zur reicheren, vor allem französischsprachigen Tradition. Ein Beispiel dafür ist das Buch *Cités: Lieux vides, rues passantes* (2019) des deutschen Comic-Autors Jens Harder, der zunächst in Frankreich Anerkennung gefunden hat. Die chinesische Hauptstadt wird hier in Parallele zu anderen großen Weltstädten wie Rom, Jerusalem, Kairo, Lima etc. gesetzt und als Ausgangspunkt für die Reflexion moderner Urbanitätserfahrungen genutzt. Bereits 1936 publizierte der belgische Comic-Zeichner Hergé das Buch *Le Lotus bleu* (*Der Blaue Lotos*), das historisch auf die sogenannte Mandschurei-Krise im China der 1930er Jahren rekurriert und durch die Zusammenarbeit mit dem chinesischen Studenten Chang Chong-chen als ein in hohem Maß interkulturell sensibler Comic gelten kann (vgl. Rifkind 2010, 281). Der Dialog zwischen der Hauptfigur Tintin und seinem chinesischen Freund über die Möglichkeiten und Grenzen gegenseitigen Verstehens ist für die damalige Zeit erstaunlich modern. Insgesamt aber gelingt es diesem Klassiker ebenso wie auch vielen anderen europäischen Comics über China nicht, eine Balance „zwischen Skurrilität und dokumentarische[m] Anspruch" zu finden (Lehner 2017, 257). Dennoch hat Hergé zeitgenössische Comic-Künstler:innen angeregt, neben Sascha Hommer auch den kanadischen Zeichner Guy Delisle des längst vorbildlichen Comics *Shenzhen: A Travelogue from China* (2000). In diesem Reisebericht dominieren Fremdheits- und Isolationsgefühle: Einerseits artikuliert sich in der Distanzierung von exotisierenden Darstellungen durch bildlich-narrative Kontemplation eine spielerische Kritik an kolonial-orientalistischen Fantasien (vgl. Rifkind 2010), während andererseits der Differenzierungsdiskurs Gefahr läuft, einem impliziten kulturellen Überlegenheitsgefühl zu verfallen (Mickwitz 2016, 107).

Das Gegenstück zu den Comics *über* China sind die ausgesprochen zahlreichen **Comics *aus* China** (dazu Lent/Xu 2017), die zumeist noch nicht oder nur über andere Sprachen (vor allem über das Französische) ins Deutsche übertragen wurden (dazu Lehner 2017, 258–261) und deswegen hier keine Berücksichtigung finden können. In verflechtungsgeschichtlicher Perspektive (↗ *Global Literary Studies*) aber wären auch diese Texte von großem wissenschaftlichen Interesse.

3.2 Beispielanalyse: Sascha Hommer, *In China*

Sascha Hommers *In China* erzählt in sechs Kapiteln von einem Aufenthalt des aus Deutschland kommenden Sascha in der chinesischen Stadt Chengdu (Abb. 1). Hommer selbst hatte dort 2011 vier Monate gelebt; sein Protagonist und er teilen also ihren Namen und biografische Details. Der Comic lässt sich damit als eine Genremischung aus autofiktionaler Graphic Novel (↗ *Autofiktion*) und Graphic Travelogue beschreiben, einer Comic-Form der Reiseliteratur, die das das Selbstverständnis des Reisenden in Konfrontation mit dem sogenannten Fremden (Youngs 2013, 1) entfaltet. Über seine interkulturelle Schreibintention gibt Hommer in einem Interview Auskunft: Als sich während der 2008 in Peking ausgerichteten olympischen Sommerspiele ein schweres Erdbeben in Sichuan ereignete, habe man in der deutschen Presse seines Erachtens „zu schwarz weiß" über China berichtet. Diesem Bild habe er „ein anderes China" entgegenstellen wollen, welches das Land in seiner vielseitigen, kulturell und historisch interessanten Geschichte würdige. Auch wenn, so konzediert Hommer, sein Aufenthalt in Chengdu letztlich durch eine grundlegende Fremdheitserfahrung geprägt gewesen sei, habe er sich bemüht, die „rein touristische Sicht abzulegen", um vom chinesischen Alltagsleben berichten zu können (Hommer 2018). Dieser Autorintention entsprechend, ist *In China* „neither reportage nor overt sociopolitical commentary, provoding instead brief records of mundane experiences and observations" (Kraenzle 2019, 226).

In Hommers Comic lassen sich in narratologischer Hinsicht zwei Erzählmodi ausmachen: *Zum einen* folgt der Graphic Travelogue dem Alltag des Protagonisten

Abb. 1: Sascha Hommer: *In China* (2016), Cover © REPRODUKT.

in Chengdu: Dargestellt werden seine Suche nach einem Zimmer, die Kommunikationsversuche mit Einheimischen, seine Teilnahme an einem Sprachkurs, seine Erfahrungen mit Nebenjobs etc. Schon diese Episoden sind mit realitätsverfremdenden Elementen etwa bei der Figurendarstellung angereichert. Die wesentlichen Gestaltungsmerkmale – die schwarz-weiße Farbgebung, die dichten Rasterpunkte, die an geometrische Formen angelehnten Zeichnungen – finden sich ähnlich bereits in Hommers *Dri Chinisin*, einer 2011 erschienenen Adaption von Brigitte Kronauers Erzählungen. *In China* ist jedoch optisch düsterer; der verstärkte Einsatz von Kohleschattierungen und schwarzen Schraffuren unterstreicht das für diesen Comic zentrale Gefühl der Fremdheit, das der Protagonist in Chengdu erlebt. *Zum anderen* werden die Alltagsepisoden durch teils fantastisch anmutende, teils in der historischen Vergangenheit angesiedelte Episoden durchbrochen, die aus der Erzählgegenwart herausgelöst sind. Diese entfalten sich nach dem Einschlafen der Hauptfigur und sind damit als Traumdarstellungen markiert.

Der komplexen Anlage von Hommers Graphic Travelogue, insbesondere seinem formalen, piktoralen und textuellen Dialog mit der Comic-, Literatur- und Filmgeschichte, können wir in diesem Beitrag nicht gerecht werden. Wir konzentrieren uns im Folgenden exemplarisch auf die Fremdheitserfahrungen in den Alltagsepisoden, die ihren Ausdruck zum einen in der Darstellung der Figuren (3.2.1), zum anderen in der Darstellung des Stadtraums (3.2.2) finden. In einem dritten Schritt wenden wir uns den ausgewählten Traumepisoden zu, für die explizite intertextuelle bzw. interpiktoriale Referenzen konstitutiv sind (3.2.3).

3.2.1 Figurendarstellung

Der erste Teil des ersten Kapitels „Das rote Becken" erzählt Saschas Ankunft in Chengdu, chronologisch beginnend mit seinem Flug und seiner Ankunft am Flughafen. Dort holen ihn seine Freunde, die Expats Karl und Linda, ab und bringen ihn zu ihrer Wohnung, wo er vorläufig Unterkunft findet. Die **Sequenzen** dieses ersten Teils sind zumeist in **Uniform Grids,** also formal einheitlichen Rastern, gestaltet: Zumeist befinden sich sechs gleichgroße **Panels** auf einer Seite, mitunter sind zwei davon horizontal zu einem größeren Panel über die ganze Seitenbreite verbunden. Die einzelnen Seiten lassen sich grob danach unterscheiden, ob ihre Panels überwiegend die jeweilige Umgebung darstellen oder ob sie Figuren zeigen. Die **Farbgebung** ist, wie in der gesamten Graphic Novel, schwarz-weiß. Der **Gutter,** auch **Rinnstein** genannte Zwischenraum zwischen den einzelnen Panels wechselt nach der ersten Seite von weiß zu schwarz. Dies trifft zusammen mit inhaltlichen Zäsuren: Sascha schläft im Flugzeug ein, das in einem den Himmel verdunkelnden Unwetter sein Ziel Chengdu erreicht. Die Panels sind in einer kleinschrittigen Darstellung in **Moment-to-Moment-Sequenzen** angeordnet. Bis Sascha auf Karl und Linda trifft, gibt es kaum **sprachliche Elemente**. In semiotischer Perspektive wenden wir uns exemplarisch einem der über die gesamte Seitenbreite gezogenen Panels zu (Abb. 2).

Das Panel ist in **Normalsicht** gestaltet, das heißt, der Betrachterstandpunkt befindet sich auf Augenhöhe des Dargestellten; der Bildausschnitt lässt sich als **Halbtotale** beschreiben. Die Personen sind in voller Körpergröße zu sehen, im Bildvordergrund zeigt das Panel von links nach rechts Linda, Karl und Sascha, im Hintergrund chinesische Einheimische. Wir wollen nun ein besonderes Augenmerk darauf richten, wie die Personen in diesem Panel bildlich dargestellt sind und welche Blicke auf das Fremde diese Darstellung spiegelt. Zunächst fällt auf, dass die drei Figuren im Vordergrund sich deutlich von den Einheimischen unterscheiden: Sie sind leicht

Abb. 2: Sascha Hommer: *In China* (2016), Kapitel 1: „Das rote Becken" © REPRODUKT.

größer als die Chines:innen, ihre Köpfe sind im Vergleich zu ihren Körpern ebenfalls vergrößert, zudem sind sie in klaren Schwarz-Weiß-Kontrasten gezeichnet. Im Gegensatz dazu sind die Figuren im Hintergrund in gedeckterem Schwarz-Grau gehalten und fügen sich harmonisch in den nur abstrakt angedeuteten architektonischen Hintergrund der Flughafenhalle ein. Sie sind relativ einheitlich mit skizzenhaft-abstrakt angedeuteten Gesichtern gezeichnet, in einem an den japanischen Manga erinnernden Stil. Der Kontrast in der zeichnerischen Darstellung beider Figurengruppen spiegelt westlich-europäisch/eurozentrisch geprägte Sehgewohnheiten: Die Chinesi:nnen werden als ununterscheidbar ähnlich, die eigenen Landleute aber als physiognomisch individuell wahrgenommen. Jedoch zeichnet Hommer auch Linda, Karl und Sascha nicht in realistischem Stil. Linda trägt mit einem nach vorn langgezogenem Gesicht tierhafte Züge und ruft das chinesische Stereotyp der europäischen ‚Langnasen' auf. Komplementär dazu rekurriert Karls schwarz gezeichnetes kreisrundes Gesicht mit auf Striche reduzierten Augen und Nasenflügeln einmal mehr auf exotistische Wahrnehmungsmuster der Europäer:innen. Die surreale Darstellung dieser beiden Figuren nimmt also stereotype Wahrnehmungen sowohl in der eigenen als auch in der jeweils fremden Kultur auf.

Karls Darstellung problematisiert zudem den schmalen Grat zwischen kultureller Integration und kultureller Aneignung: Er nimmt im Panel die zentrale Position in der Mitte des Vordergrunds ein. Seine auffällige Kleidung setzt ihn sowohl von den chinesischen Figuren im Hintergrund als auch von seinen Freunden ab, sein Gesicht ist als farblich invertierte Cartoon-Version sozusagen chinesischer als die Chines:innen, aus deren homogen gezeichneter Gruppe er jedoch umso mehr hervorsticht. Visuell am eindrücklichsten verkörpert er so die für Hommers Comic zentrale Spannung zwischen kultureller Integration und dem Festhalten an der eigenen kulturellen Identität, zwischen Akzeptanz und Fremdheitserfahrung.

Der rechts im Vordergrund gezeichnete Sascha schließlich steht über die nahezu identische Kleidung und symmetrische Pose optisch mit Linda in Verbindung, anders als sie verbirgt er seine europäische Physiognomie aber hinter einer Katzenmaske. Seine Fremdheit ist also nicht in seine Gesichtszüge einbeschrieben, sondern von ihm selbst bewusst als solche ausgestellt. Die Katzenmaske, so lässt sich vermuten, ist eine Verbildlichung von Saschas Umgang mit der chinesischen Kultur, die er als fremd empfindet und in der gleichzeitig er als Fremder empfunden wird.

Dieser Deutungshypothese gehen wir im folgenden Abschnitt weiter nach. Zuvor seien jedoch die Ergebnisse der semiotischen Analyse des Panels kurz zusammengefasst: Der Zeichner konstruiert seine Hauptfiguren durch eine deutliche Cartoonisierung, die „zugleich kommunikative Grenzen" (Packard et al. 2019, 25) markiert. Bildlich wird die Alterität auf die Expats und den deutschen Besucher verlagert, die trotz aller Akkulturierungsversuche in der chinesischen Gesellschaft „immer noch Fremde" bleiben (Hommer 2018). Das ins Bild gesetzte Wechselspiel zwischen der Wahrnehmung des Eigenen und des Fremden macht deutlich, dass Letzteres kein ‚absolutes Anderes' ist, sondern stets „das ‚aufgefasste' Andere", also „ein Interpretament der Andersheit und Differenz" (Wierlacher/Albrecht 2008, 284), das perspektivisch alle betrifft, aber im interkulturellen Kontakt wenn nicht vollkommen aufgehoben, so doch zumindest aufgeweicht werden kann.

Hommer verdichtet diese Einsicht zeichnerisch in der Maskierung seines Protagonisten: Saschas Gesicht bleibt in der gesamten Graphic Novel hinter wechselnden Masken verborgen. Bei seiner Anreise trägt er eine Katzenmaske; diese tauscht er nach dem Besuch einer Sichuan-Oper gegen eine der dort verwendeten traditionellen Masken ein. Das mit dieser Maske verbundene Interesse an der chinesischen Kultur und ihren Bedeutungen bleibt jedoch ungestillt, denn auf die Frage „Was bedeuten denn die einzelnen Masken?" erhält er von seinem europäischen Freund nur die lapidare Antwort „Keine Ahnung" (Hommer 2016, Kap. 3).

Der zweite Tausch erfolgt am Ende eines Zoo-Besuchs, bei dem er Erinnerungsfotos mit der Maske eines Roten Pandas aufnehmen möchte, der als sogenannter Katzenbär eine Variation des Katzenmotivs darstellt (Abb. 3). Der Übergang von der gewöhnlichen europäischen Hauskatze der ersten Maske zu einer in Asien heimischen, vom Aussterben bedrohten Art, die Sascha und Karl nur im Zoo besichtigen können, setzt die heikle Balance zwischen Faszination und kultureller Annäherung auf der einen, Einhegung und Appropriation des Fremden in einem kommerzialisierten Erlebnis-Tourismus auf der anderen Seite ins Bild: Die Betrachtung und Bewunderung der echten Tiere wird abgelöst durch den Blick auf eine Werbetafel mit einer abgebildeten Panda-Maske, die der Protagonist anlegt, um sich so der Fremde symbolisch anzuverwandeln. Zum Chinesen aber wird er dadurch nicht.

Abb. 3: Sascha Hommer: *In China* (2016), Kapitel 6: „Experten" © REPRODUKT.

Kontextualisiert man diese Beobachtungen zeithistorisch, so mag Hommer auf diesem Wege auf die brüchig werdende Distinktion zwischen Kulturreisenden und Touristen in einer Zeit des sogenannten *Post-Touristen* (Kinsly 2016) anspielen, tritt zugleich aber auch idealisierenden Vorstellungen kulturellen Miteinanders entgegen. Wie die Expats bleibt auch Sascha den Chines:innen letztlich fremd – und vice versa. Die „Maskenwechsel", so Hommer, „versinnbildlichen, dass man sich während einer Reise verändert" (Hommer 2018). Die Maske dient dabei sowohl dem Schutz als auch der Verkleidung. Ähnlich wie Lindas Physiognomie spiegelt sie die Exotisierung durch die Chines:innen. Zugleich markiert sie die Äußerlichkeit des Erscheinungsbildes, die kaum etwas über das Innenleben der Figuren preisgibt, und ist – eingebettet in einen allgemeineren kulturwissenschaftlichen Kontext des Maskentragens – Ausdruck einer nach außen bewusst verfremdeten und experimentell geöffneten Identität:

> Das Tragen von Masken dient als eine Selbstverwandlung auch der spielerischen Modifikation der Wirklichkeit, dem Experiment mit dem, was „gilt" und „nicht gilt", der Erprobung von Alternativ-Rollen und Szenarien, der Aufhebung von Grenzen zwischen Figuren, Gruppen, Ständen, dem Entwurf alternativer und multipler Identitäten, dem Experiment mit dem Selbst und dem anderen. Durch Maskierungen wird es möglich, verschiedene Ebenen der Wirklichkeit einander durchdringen zu lassen. (Schmitz-Emans 2009, 31)

In diesem Sinn lassen sich die Maskenwechsel von Hommers Protagonist als kulturelles Rollenspiel und als Erprobungen von Identitätsentwürfen im fremden Umfeld deuten und von der beschriebenen Figurenebene auf die Ebene der Rezeption übertragen: Saschas wahres Gesicht sehen wir in der gesamten Graphic Novel nicht – ob sich hinter den verschiedenen Masken eine ‚echte' und stabile Identität verbirgt, bleibt damit auch für die Leser:innen eine offene Frage.

3.2.2 Stadt- und Raumdarstellung

Neben der Figuren- ist auch die Raumdarstellung ein konstitutives Element des Comics, das zum „visuellen Weltenbau" beiträgt und „die senso-motorischen Qualitäten von Wahrnehmung, Affekt, Trieb und Aktion, kurz: von Handlung" vermittelt (Schüwer 2008, 207). Entsprechend wenden wir uns im Folgenden einer fortlaufenden, eine ganze Seite einnehmenden Sequenz in Hommers Travelogue zu (Abb. 4) und fragen nach der intermedialen, tendenziell sogar multimodalen, die Akustik einbeziehenden zeichnerischen Einbindung des Protagonisten in den Stadtraum von Chengdu (zur Bauweise einer Comic-Seite vgl. Packard et al. 2019, 28; Packard 2006).

Sascha hilft in dieser Sequenz seinen Freunden dabei, englische Zeitschriften in der Stadt zu verteilen. Die vier kleinen Panels gleicher Größe (zwei mal zwei) und das darunterliegende größere Panel doppelter Länge visualisieren durch die über die gesamte Seite verteilten Kohleschattierungen den Smog in Chengdu. Die **Sound Words** „Huup" und „Trööt" repräsentieren lautmalerisch die akustische Belastung durch den Großstadtverkehr. Die halb verdeckte Figur hinter dem Protagonisten im ersten Panel wirkt, als werde sie gleich in den Panelfokus eintreten. Eine solche an den **Tracking Shot** eines Films erinnernde Sequenz erzeugt einen dokumentarischen Eindruck. Das Panel erscheint so nicht in erster Linie als

Abb. 4: Sascha Hommer: *In China* (2016), Kapitel 3: „Typisch China" © REPRODUKT.

künstlerische Komposition, sondern als zeichnerische Darstellung eines Wirklichkeitsausschnittes.

In den folgenden drei Panels sieht man den Protagonisten von hinten oder von der Seite mit vom Betrachter abgewandtem Gesicht, wie er Zeitschriften in verschiedene Läden trägt. Die dargestellte Umgebung ist jeweils auf den Fassadenbereich eines Geschäfts beschränkt. Die Posen des Protagonisten sind in den Panels nur leicht abgewandelt. Dadurch entsteht einerseits eine Dynamik, andererseits erscheinen die Panels in ihrer Reihenfolge austauschbar.

Solche sequenziellen Panels mit sich wiederholendem Aufbau werden in Comics oft verwendet, um eine monotone Wiederholung von Ereignissen und ein damit verbundenes Ermüdungsgefühl darzustellen. Dies lässt sich beispielsweise auch in Delisles *Shenzhen* beobachten (Abb. 5).

Abb. 5: Guy Deslisle: *Shenzhen* (2000) © REPRODUKT.

Fünf Panels zeigen hier fünf formalisierte, nahezu identische Hotelzimmer und unterscheiden sich lediglich durch den im oberen Bildrand notierten Namen des Hotels. Durch diese Wiederholung illustriert Delisle das deprimierende Leben in modernen Hotels, das sich grundlegend von der älteren Form der abendländischen Gentleman-Reise unterscheidet (vgl. Rifkind 2010, 275).

Anders als bei Delisle bleibt in Hommers Sequenz der Protagonist aber präsent und in Bewegung, zudem wird kein nach außen abgeschlossener Raum dargestellt: Die Geschäftsfassaden führen zu „nichtgezeigten Raumbestandteilen" (Abel/Klein 2016, 96), nämlich in die Innenräume, in die der Protagonist seine Zeitungen trägt.

Die Übergabe der Zeitungen und damit verbundene potenzielle interkulturelle Kommunikationsszenarien bleiben in der Sequenz ausgespart, dargestellt wird lediglich der wiederholte Eintritt des Protagonisten in die chinesischen Restaurants und Geschäfte – ein Bild für seine erschöpfenden Versuche, in China an einem ‚normalen' Arbeitsalltag teilzuhaben.

Das letzte Panel ist nicht nur größer, sondern auch deutlich anders komponiert als die vorangehenden drei, es bricht damit die repetitive Struktur der Sequenz auf und resümiert diese durch intersemiotische Relationen (vgl. zur multimodalen Comic-Analyse Packard et al. 2019, 49–72). Der Blick des Betrachters weitet sich und gibt Hintergrunddetails frei: Moderne Gebäudekomplexe mit Werbetafeln und chinesischen Schriftzeichen sowie Passant:innen und zahlreiche Verkehrsteilnehmer:innen. Ein Ungleichgewicht entsteht durch die im Vergleich zur linken Seite geringere Größe der Gebäude auf der rechten Seite sowie durch den Einsatz einer *Zentralperspektive*, deren Fluchtpunkt über das Panel, ja sogar über die Seite hinaus liegt und damit den Eindruck eines erweiterten dreidimensionalen Raumes hervorruft. Der Protagonist fährt, versehen mit der Maske aus der Sichuan-Oper, allein mit dem Fahrrad durch die in Grau gehaltene Stadt und hebt sich von diesem Hintergrund durch seine weiße Farbgebung und seine Größe im Vergleich zu den anderen Passant:innen ab. Er ist in einer Dreiviertel-Ansicht von schräg vorn, vom Oberkörper aufwärts auf dem Fahrrad zu sehen und fährt gewissermaßen aus dem rechten Drittel des Bildes aus diesem heraus. Zusammen mit den heruntergezogenen Mundwinkeln und den ärgerlichen Stirnfalten seiner Maske entsteht so der Eindruck einer gestressten Fluchtbewegung vor der überfordernd tristen, umweltverschmutzten und lauten Stadt.

Über die gesamte Sequenz hinweg wird der Verkehrslärm durch dem Deutschen entlehnte lautmalerische Sprechblasen illustriert und so als eine dem Protagonisten vertraute, hier aber gesteigerte Geräuschkulisse inszeniert – das „Trööt" lässt in Chengdu wie in Hamburg auf ein Motorrad schließen und das „Huup" des Autos ist hier wie dort eine Warnung oder Unmutsbezeugung. Hinzu treten in den ersten Panels englische, im letzten Panel chinesische Gebäudebeschriftungen. Die chinesischen Schriftzeichen sind dabei (ebenso wie die englischen) präzise wieder gegeben: Während links eine Werbung für das Immobilienunternehmen „Vanke" (万科) zu sehen ist, verweist der Slogan auf der rechten Bildseite auf den Zweck einer Baustelle: „Ein schönes Zuhause bauen" (建设美好家园). Diese Bedeutungen erschließen sich allerdings dem deutschsprachigen, wohl zumeist des Chinesischen nicht mächtigen Zielpublikum des Comics nicht. Sie fungieren damit als Marker für die Alterität, aber auch – bei entsprechenden Sprachkenntnissen – für die prinzipielle Übersetzbarkeit der fremden Kultur und laden zur Dekodierung ein. Schließlich verstärken die chinesischen Schriftzeichen im letzten Panel den bereits im ersten Panel angelegten Darstellungsmodus, der auf eine realistische Darstellung der Wahrnehmung des Protagonisten zielt: Chengdu ist für Sascha eine riesige, von Lärm und Smog erfüllte, nicht besonders angenehme Fremdheitserfahrung, an der die Leser:innen teilhaben sollen. Dabei hat der durch die Maske physiognomisch festgestellte Unmut des Protagonisten auch eine komische Wirkung und setzt ihn von den Figuren im ersten und letzten Panel ab, die sich als Einheimische sicher und selbstverständlich durch die Alltagsnormalität der chinesischen Großstadt bewegen. Die karikatureske Figurenzeichnung (↗ *Komik im Kontext*) ist somit ein Identitätsangebot an die Leser:innen (Schüwer 2008, 379), das zwar die Wirklichkeit des Kulturschocks anerkennt, aber auch zur ironischen Hinterfragung des eigenen, vermeintlich realistischen Blicks auf die fremde Welt aufruft.

3.2.3 Intertextuelle und interpiktoriale Bezüge der Traumepisoden

Die Traumepisoden werden in größeren Panels (hier zumeist nur zwei Panels auf einer Seite) dargestellt und durch eine Einschlafszene vor dunklem Bildhintergrund gerahmt. Ausgehend davon, dass der Traum (nicht nur) in Comics „räumliche und zeitliche Grenzen" überwinden und „als Hilfsmittel zur Überschreitung von Logik und Tabus" (Koch 2017, 242–244) dienen kann, lässt sich nach dem inhaltlichen Zusammenhang von Alltags- und Traumszenen fragen: Komplementieren sie einander oder stehen sie im Kontrast, gibt es Wechselwirkungen zwischen beiden, die sich etwa in der Bildsprache niederschlagen?

Uns soll es in diesem Kontext zudem um die intertextuellen bzw. interpiktorialen Referenzen gehen, mit denen Hommer sowohl die Alltagsszenen als auch die Traumszenen ausstattet. Für die Traumszenen sind intertextuelle Referenzen nicht nur punktuell eingesetzt, sondern insgesamt konstitutiv. Sie verknüpfen Hommers Comic mit einigen für die chinesische Kultur und Geschichte kanonischen Texten, aber auch mit Vorlagen, die den Kulturkontakt mit China aus europäischen Perspektiven dokumentieren.

Die einzelnen Kapitel sind durch zwei schwarze Seiten voneinander getrennt, auf denen rechts unten jeweils die Kapitelüberschrift notiert ist und die Cover der jeweiligen Referenzwerke skizziert sind. Für eine Analyse ist das Verhältnis der Prätexte zum Comic entscheidend, und zwar sowohl inhaltlich wie formal. Welcher Gattung, welchem Genre gehören die Prätexte an und wie werden sie in den Comic integriert? Findet ein Transfer von sprachlicher zu bildlicher Repräsentation statt – oder umgekehrt? Wird ein anderer Comic oder ein Film zitiert, wird die Bildsprache dabei imitiert oder modifiziert? In welchem Verhältnis stehen die in den Prätexten verhandelten Themen zu den Erfahrungen des Protagonisten? Wir greifen im Folgenden exemplarisch zwei zentrale intertextuelle/interpiktoriale Referenzen heraus: Lao Shes Roman *Die Stadt der Katzen* (1932/33) und Hergés Comic-Klassiker *Der Blaue Lotos* (1936).

Auf dem schwarzen Vorsatz zu Kapitel 3 „Typisch China" ist das Cover der 1985 bei Suhrkamp erschienenen zehnten deutschen Übersetzung von Lao Shes *Stadt der Katzen* skizziert. Der Referenztext wird damit auch in seiner durch die Übersetzung vermittelten Rezeption ausgestellt, die deutschsprachigen Leser:innen können die ‚Quellenangabe' als Lektüreangebot verstehen. Der Text ist ein „einmaliges zeitgeschichtliches Dokument aus dem China der dreißiger Jahre" und „ohne Zweifel der bisher bedeutendste satirische Roman Chinas im 20. Jahrhundert (Klöpsch 1985, 199). Er handelt von einem Chinesen, der mit seinem Raumschiff im Land der Katzenmenschen auf dem Mars abstürzt. Dieser erzählt rückblickend aus der Ich-Perspektive von seinen Erlebnissen und Eindrücken im Katzenreich. Dort dienen von Ausländern eingeführte Rauschblätter als narkotisierende Nationalspeise und Währung. Der gesellschaftliche Zusammenhalt des Landes ist erodiert und hat einem gewalttätigen Chaos Platz gemacht. Nachdem zahlreiche soziale Reformprojekte am Egoismus und an der Lethargie der Katzenmenschen gescheitert sind, endet der Roman mit ihrer Auslöschung in einer kriegerischen Auseinandersetzung. In der Forschung wird *Die Stadt der Katzen* als dystopische Satire (↗ *Dystopien*) mit Science Fiction-Elementen charakterisiert (vgl. Ho 1987, 84). Mit dem Motiv der Rauschblätter rekurriert Lao She auf das „Opium, das in der jüngeren chinesischen Geschichte eine so verhängnisvolle Rolle gespielt hat" (Klöpsch 1985, 195).

Sehr grob lässt sich die im Roman allegorisch ausgetragene düstere Diagnose wie folgt zusammenfassen: Die aus den sogenannten Opiumkriegen hervorgehende „fortschreitende Entmachtung und ständige Bedrohung" (Klöpsch 1985, 195) vor allem durch England, später auch durch Japan, wirkt im China der dreißiger Jahre in bürgerkriegsähnlichen Auseinandersetzungen und einer ethisch, wirtschaftlich und außenpolitisch desolaten Lage nach: Das Land ist äußeren Bedrohungen gegenüber wehrlos. Diesen Zuständen sind die Chines:innen aufgrund ihrer intellektuellen Orientierungslosigkeit und der Gefährdung ihrer nationalen Identität (vgl. Klöpsch 185, 196f.) auch selbstverschuldet ausgeliefert.

Die auf *Die Stadt der Katzen* rekurrierende Traumepisode bei Hommer umfasst zwölf Seiten im dritten Kapitel, die Seitenarchitektur bleibt regelmäßig, anders als in den oben beschriebenen Alltagsszenen sind auf jeder Seite – mit einer Ausnahme – nur zwei Panels abgebildet. Die Farbgebung (nicht nur dieser Episode) entspricht der Schilderung des Katzenreichs als „Land des Graus" bei Lao She (Lao She 1985, 9). Inhaltlich konzentriert sich Hommers selektive Adaption auf den Beginn des Romans: Nach seinem Absturz auf dem Mars wird der Protagonist von einem Plantagenbesitzer im Katzenreich rekrutiert, um die Rauschblätter vor einer Plünderung durch die besitzlosen Katzenmenschen zu schützen. In dieser dominanten sozialen Funktion stellt Hommer den Protagonisten im einzigen eine ganze Seite einnehmenden Panel der Episode dar (Abb. 6). Diesem besonders herausgehobenen **Splash Panel** wenden wir uns exemplarisch genauer zu.

Abb. 6: Sascha Hommer: *In China* (2016), Kapitel 3: „Typisch China" © REPRODUKT.

In der Mitte des Panels ist der Protagonist in gespannter Haltung stehend, mit dem Rücken zum Betrachter nach rechts blickend abgebildet. Er ist einfach gekleidet, Cargohosen und Stiefel wecken militärische Assoziationen, über der rechten Schulter trägt er einen großen Knüppel, der als Diagonale das obere Drittel des Panels durchzieht. Die Figur nimmt die gesamte Höhe des Panels ein, ja sprengt den Rahmen sogar leicht. Im Hintergrund ist rechts oben in stark abstrahierter Form sein abgestürztes Raumschiff zu sehen, in der unteren Bildhälfte sitzen und liegen drei nur annähernd halb so große Katzenmenschen mit geschlossenen Augen und niedergedrückter, spannungsloser Haltung. Die Figurendarstellung bildet die asymmetrische und gewalttätige Hierarchie zwischen den Katzenmenschen und dem Protagonisten ab, der durch Bekleidung, menschliche Gesichtszüge und sein Raumschiff als Ausländer markiert ist.

Diese Konstellation entspricht der Vorlage, wesentliche Unterschiede zeigen sich aber im Vergleich der narratologischen Anlage von Referenztext und Comic (zur narratologischen Comic-Analyse: Packard et al. 2019, 73–112). Die interne Fokalisierung auf die Sichtweise des autodiegetischen Erzählers in der Vorlage übernimmt Hommer in der Episode weitgehend als **Voice Over-Kommentare** in erster Person und direkter Rede. Das Splash Panel jedoch weicht in der Perspektivierung deutlich von der Vorlage ab. Es rekurriert auf eine Romanpassage, in welcher der Plantagenbesitzer den Protagonisten über die Geschichte des Katzenreichs informiert, insbesondere über die Auswirkungen der Rauschblätter-Sucht. Der autodiegetische Ich-Erzähler gibt diese Äußerungen in erlebter Rede wieder:

> Es machte ja auch alles so angenehm, es nahm einem so vieles ab! Die Sache hatte nur einen Haken: man mochte sich nach dem Genuß noch so hochgestimmt fühlen – die Hände und Füße versagten den Dienst. Und so blieb der Boden unbestellt und die Arbeit ungetan, jedermann frönte dem Müßiggang. (Lao She 1985, 30)

Im Splash Panel finden sich diese Aussagen in direkter Rede und auf drei Blöcke verteilt. Diese sind jeweils einem Katzenmenschen zugeordnet, dessen Darstellung die Aussage anschaulich macht. Die korrelative Text-Bild-Beziehung verschiebt den zwischen diegetischem und mimetischem Modus changierenden Charakter der Text-Passage in Richtung des Mimetischen. Zudem wird die insgesamt stark (ab-)wertende Außenperspektive von Lao Shes Protagonisten bei Hommer zu einer mitfühlenden Darstellung der Perspektive der Katzenmenschen: Zwar sind die Texte nicht durch Sprechblasen eindeutig als deren Gedanken markiert, aber ihre Positionierung und Wiedergabe in direkter Rede erfüllen eine ähnliche Funktion. Im Unterschied zu Lao Shes kritischer Sicht auf die Katzenmenschen bzw. auf das China der 1930er Jahre stellt Hommer die für die Katzenmenschen leidvolle soziale Ungleichheit ins Zentrum. Wie Lao She nimmt er die verheerenden Folgen des Opiumhandels für die chinesische Gesellschaft in den Blick, seine Kritik gilt aber nicht den Chines:innen, sondern den westlichen Mächten. Sein Protagonist trägt unbestimmt-europäische Gesichtszüge. Ist er in der *Stadt der Katzen* ein moralisch und intellektuell überlegener, resignierter Analytiker, so erscheint er im Splash Panel stattdessen als mitleidloser und gewalttätiger Aggressor. Hommer nutzt seine intertextuelle Referenz also zu einer politischen, postimperialen Korrektur des Prätexts.

Hergés *Der Blaue Lotos* wird (zusammen mit einem angedeuteten Cover von Art Spiegelmanns *Maus*-Comic) auf den das fünfte Kapitel einleitenden schwarzen Seiten als Referenztext abgebildet. Im Mittelpunkt der entsprechenden Traumsequenz steht bei Hommer eine Nebenfigur aus *Der Blaue Lotos:* der Wissenschaftler Fan Se-Jen, der sich der Erforschung von Geisteskrankheiten widmet. Im Prätext kehrt Fan Se-Jen von einer Studienreise aus Amerika zurück, wo er ein Gegenmittel zum Wahnsinn auslösenden Gift der Juwelwespe gesucht hat. Bei Hommer war er stattdessen in Afrika und hat dort herausgefunden, dass die Juwelwespe ein natürlicher Feind der Kakerlaken ist. Diese inhaltliche Adaption steht in direktem Zusammenhang mit vorangehenden Alltagsszenen des Kapitels, in denen der Protagonist verzweifelt versucht, das Ungeziefer in seiner Wohnung zu bekämpfen. Der Erzählmodus dieser interpiktorialen Adaption unterscheidet sich von der intertextuellen Adaption: Im Vergleich zum vorherigen Beispiel liefert die direkt in die Panels notierte Erzählstimme hier eine sachliche, nicht intern auf eine Figur fokalisierte Beschreibung der Ereignisse. Ergänzt wird sie durch einzelnen Figuren zugeordnete Sprechblasen.

Im hier abgebildeten Panel (Abb. 7) hält Fan Se-Jen eine Vorlesung über seine wissenschaftlichen Ergebnisse, die Studenten vor ihm sitzen dabei jedoch nicht in einem Hörsaal, sondern liegen, offensichtlich von Drogen berauscht, auf Matratzen. Dabei handelt es sich um ein Bildzitat aus dem Prätext, in dem der Held Tintin den Professor aus einer Opiumhöhle rettet (Abb. 8).

Hommer hat in seiner vereinfachten, verwandelnden und vergleichenden Darstellung die Szenen im Großen und Ganzen beibehalten. Einzig den hinter dem Vorhang versteckten Tintin ersetzt er durch den vortragenden Professor Fan, dessen Sprechblase stark vergrößert ist und an Opiumrauch erinnert. Hommer kommentiert damit die bei Hergé lediglich als abenteuerliche Kulisse dienende Opium-Szene. Fan Se-Jens Erläuterung, wie die Juwelwespe den Körper der Gast-Kakerlake parasitär zerstört, ist gleichzeitig ein Kommentar zu den nicht nur individuellen, sondern auch gesamtgesellschaftlichen Folgen des Opiummissbrauchs: In ihrem Rausch entgeht den Zuhörern die revolutionäre Entdeckung des Professors zur Beseitigung der Kakerlaken, ja sie zeigen keinerlei Interesse an der Verbesserung der hygienischen und damit auch sozialen Verhältnisse. Im folgenden Panel fragt einer der Studenten seinen Kommilitonen: „Hast Du alles verstanden, was der Professor erzählt hat?" und erhält die lapidare Antwort „Was geht es mich an?". Inhaltlich ist damit die intertextuelle Referenz auf *Der Blaue Lotos* eng mit der Referenz auf die *Die Stadt der Katzen* verbunden, beide Werke entstehen auch zu einer ähnlichen Zeit.

Abb. 7: Sascha Hommer: *In China* (2016), Kapitel 5: „Das größte zusammenhängende Gebäude der Welt" © REPRODUKT.

Zusammenfassend lassen sich die intertextuellen/interpiktoralen Referenzen in Hommers Graphic Novel als dialogische Form charakterisieren, die in polemischer Absicht (Pfister 1993, 127) die Vorgängertexte korrigiert, um so in der Pluralität der Diskurse über das Fremde dessen Vielschichtigkeit einzukreisen. Lässt sich die intertextuelle Referenz auf *Die Stadt der Katzen* als Mischung aus einer vermittelnden und einer verwandelnden Form charakterisieren, so sind die interpiktorialen Bezüge zu Hergés Comic eine Mischung aus Verwandlung und überbietendem Vergleich.

Abb. 8: Hergé: *Les aventures de Tintin: Le Lotus bleu* (1936) © CASTERMAN.

3.2.4 Deutungshypothesen

Wie lassen sich die vorangehenden Analysen von Gestaltung, Narration, Motiven und relevanten (Kon-)Texten zu einer – wenigstens vorläufigen – Interpretation von Hommers *In China* zusammenführen? Einerseits werden in der Graphic Novel Fremdheitserfahrungen dargestellt, die eine exotistische Perspektive vermeiden, gleichwohl aber die (unvermeidlichen) kulturellen Stereotype der handelnden Figuren herausstellen. Hommer zielt damit auf eine differenzierte Darstellung authentischer Alteritätserfahrungen jenseits idealistischer Vorstellungen einer vorurteilsfreien Wahrnehmung des Fremden. Auch aktuell kritisch diskutierte Themen wie die Auswirkungen der Globalisierung, die Umweltverschmutzung und die Spätfolgen des Kolonialismus werden dabei ins Bild gesetzt. (↗ *Gobal Literary Studies*). Die Mischung aus thematisch und motivisch verbundenen Alltags- und Traumsequenzen stellt die zunehmende Durchlässigkeit der Grenzen zwischen Eigenem und Fremden für den Protagonisten heraus und zeigt den imaginären Anteil kultureller (Selbst-)Entwürfe. Hommers Protagonist nimmt insgesamt eher die (im Vergleich zum Touristen positiver konnotierte) Rolle des nach Authentizität strebenden Reisenden ein, löst sich aber letztlich nicht völlig von den massentouristischen Konventionen. In diesem Sinn kreist auch *In China* um eine Kernthematik der Reiseliteratur: die Suche nach dem Selbst.

4 Kritik und Ausblick

Die globale Verbreitung des Comics ging wesentlich von den USA aus, zu nennen sind hier etwa Disney, Marvel und DC Comics. Nach dem Zweiten Weltkrieg entwickelte sich in den japanischen Mangas eine eigene, heute ebenfalls auf Globalität zielende Formensprache. In Europa gibt es vor allem in Frankreich, Belgien und Italien eine ausgeprägte und einflussreiche Comic-Tradition. Und auch in Deutschland hat sich das Genre inzwischen über die Subkulturen hinaus sowohl bei einem größeren Lesepublikum als auch als Forschungsgegenstand etabliert. Angesichts seiner ästhetischen und produktions- wie rezeptionsorientierten Transnationalität schlägt Monika Schmitz-Emans (2008) vor, den Comic als Teil der Weltliteratur zu betrachten. Als eng mit der Literatur verbundenes Medium weist er vielfältige Möglichkeiten zur inhaltlichen und formalen Ausweitung auf. Politische Themen, gesellschaftliche Entwicklungen und Aspekte der Erinnerungskulturen u. v. m. werden kontinuierlich in Comics integriert. Dieser Trend wird in jüngster Zeit durch Forschungsbemühungen ergänzt, den eurozentristischen Fokus zu überwinden und die Comic-Kunst anderer Kontinente wie Asien, Südamerika, Australien und Afrika stärker einzubeziehen (dazu Hodapp 2022). Mit zunehmender transnationaler und interkultureller Sensibilisierung der Comic-Forschung geraten, ähnlich wie bei der Literatur und bildender Kunst, auch die problematischen Aspekte von Produktion und Rezeption in den Blick. Beispielsweise vermitteln viele Comics mit China-Bezug Bilder, „die sich primär aus traditionellen Stereotypen speisen und wenig konkretes Wissen abrufen" (Lehner 2017, 276). Ähnliches gilt für Comics über und aus anderen Regionen. Wenn man bedenkt, dass *Shenzhen* und *In China* jeweils vor etwa 20 beziehungsweise 10 Jahren verlegt wurden, mangelt es derzeit noch an einschlägigen Forschungen, die solche Comics historisch kontextualisieren und Veränderungen des Genres erforschen. Aktuelle Studien haben bereits neue Ansätze entwickelt, die beispielsweise über das herkömmliche *close reading* von Comics hinausgehen und stattdessen computergestützte Kritik des *Digital Humanities* einbeziehen (dazu Dunst 2023; ↗ Digital Humanities).

5 Merkbox

Forschungsbereich: Literaturwissenschaftliche Comic-Forschung, Intermedialitätsstudien, Intertextualitätstheorie, Interkulturelle Germanistik, *Cultural Studies*

Wichtige Begriffe: Comic, Graphic Novel, Interkulturalität, Weltliteratur, Reiseliteratur, Graphic Travelogue

Ansätze und Methoden: intermedialer narratologischer Ansatz, interkultureller Ansatz, Intertextualität und Interpiktoralität

Leitfragen/Typische Fragen: Was wird in einem Comic wie erzählt? Wie lassen sich die visuellen und die textuellen Darstellungsmittel beschreiben und welche Effekte erzielen sie? Welchem Subgenre gehört der Comic an? In welchen intertextuellen oder interpiktoralen Kontexten lässt sich dem Comic eine Bedeutung zuweisen?

6 Lektüreempfehlungen

Für eine Einführung in die Comic-Analyse empfehlen wir die Lehrbücher von Abel/Klein (2016) und Packard et al. (2019). Während Abel/Klein einen detaillierten Ansatz zur Analyse der Formensprache des Comics bieten, legen Packard et al. den Schwerpunkt auf die Verknüpfung theoretischer, begrifflicher und methodischer Reflexionen mit konkreten medialen Beispielanalysen. Einen Überblick über das Verhältnis von Comic und Literatur verschafft Schmitz-Emans (2012). Zur Transnationalität und Interkulturalität von Comics sind die Sammelbände von Denson et al. (2014) und Hodapp (2022) zu empfehlen.

7 Zitierte Literatur

7.1 Literarische und grafische Quellen

Busch 1865: Busch, Wilhelm: *Max und Moritz. Eine Bubengeschichte in sieben Streichen*. München 1865.
Corbeyran/Horne 2010: Corbeyran, Eric und Richard Horne: *Die Verwandlung. Von Franz Kafka*. München 2010.
Corrigan 2001: Corrigan, Jimmy: *The Smartest Kid on Earth*. New York 2000.
Delisle 2000: Delisle, Guy: *Shenzhen: A Travelogue from China*. Montreal/Quebec 2000.
Fior 2012: Fior, Manuele: *Fräulein Else. Nach der Novelle von Arthur Schnitzler*. Berlin 2012.
Flix 2010: Flix: *Faust. Der Tragödie erster Teil*. Hamburg 2010.
Gnehm 2014: Gnehm, Mathias: *Die kopierte Stadt*. Zürich 2014.
Harder 2019: Harder, Jens: *Cités: Lieux vides, rues passantes*. Charente 2019.

Hegen 1955–1975: Hegen, Hannes: MOSAIK 1–223. Berlin 1955–1975.
Hergé 1997: Hergé: *Tim und Struppi: Der Blaue Lotos.* Hamburg 1997. (*Les aventures de Tintin: Le Lotus bleu.* Tournai 1936).
Hommer 2016: Hommer, Sascha: *In China.* Berlin 2016.
Hommer 2018: Hommer, Sascha: Interview für *Die Blaue Seite* im Rahmen der 12. Lübecker Jugendbuchtage 2018. Online abrufbar unter https://die-blaue-seite.de/interview-mit-sascha-hommer (09.09.2024).
Hommer 2011: Hommer, Sascha: *Dri Chinisin. Nach Erzählungen von Brigitte Kronauer.* Hamburg 2011.
Jost 2016: Jost, Rina: *Der Hase auf dem Rücken des Elefanten.* Zürich 2016.
Jysch 2012: Jysch, Arne: *Wave and Smile.* Hamburg 2012.
Kreitz 2012a: Kreitz, Isabel: *Emil und die Detektive. Ein Comic.* Hamburg 2012.
Kreitz 2012b: Kreitz, Isabel: *Deutschland. Ein Bilderbuch.* Köln 2012.
Lao She 1985: Lao She (alias Shu Qingchun): *Die Stadt der Katzen,* übers. v. Volker Klöpsch. Frankfurt a.M. 1985. (猫城记, Shanghai 1933)
Mahler 2011: Mahler, Nicolas: *Thomas Bernhardt: Alte Meister.* Berlin 2011.
Mairowitz/Crumb 2013: Mairowitz, David Zane und Robert Crumb: *Kafka.* Berlin 2013.
McCloud 2001: McCloud, Scott: *Comics richtig lesen. Die unsichtbare Kunst.* Hamburg 2001 (*Understanding Comics: The Invisible Art.* Northhampton 1993).
Ohser 1935: Ohser, Erich: *Vater und Sohn. 50 lustige Streiche und Abenteuer.* Berlin 1935.
Ricard/Maël 2012: Ricard, Sylvain und Maël: *In der Strafkolonie. Nach Franz Kafka.* München 2012.
Schreiter 2014: Schreiter, Daniela: *Schattenspringer Bd. 1: Wie es ist, anders zu sein.* Stuttgart 2014.
Schreiter 2015: Schreiter, Daniela: *Schattenspringer Bd. 2: Per Anhalter durch die Pubertät.* Stuttgart 2015.
Schreiter 2018: Schreiter, Daniela: *Schattenspringer Bd. 3: Spektralfarben.* Stuttgart 2018.
Schwartz 2019: Schwartz, Simon: *Das Parlament. 45 Leben für die Demokratie.* Berlin 2019.
Spiegelman 1986: Spiegelman Art: *Maus I: A Survivor's Tale: My Father Bleeds History.* New York 1986.
Spiegelman 1991: Spiegelman Art: *Maus II: A Survivor's Tale: And Here My Troubles Began.* New York 1991.
Stetter 2015: Stetter, Moritz: *Das Urteil. Nach Franz Kafka.* München 2015.
Weyhe 2012: Weyhe, Birgit: *Reigen.* Berlin 2012.
Weyhe 2016: Weyhe, Birgit: *Madgermanes.* Berlin 2016.
Weyhe 2022: Weyhe, Birgit: *Rude Girl.* Berlin 2022

7.2 Darstellungen

Abel/Klein 2016: Abel, Julia und Christian Klein (Hg.): *Comics und Graphic Novels. Eine Einführung.* Stuttgart 2016.
Aldama 2010: Aldama, Frederick Luis (Hg.): *Multicultural Comics: from Zap to Blue Beetle.* Austin 2010.
Anon. 2023: Anon.: Pressemeldung Rude Girl 23.03.2023. Online abrufbar unter https://www.avant-verlag.de/2023/03/23/23-03-rude-girl-nominierung-preis-der-leipziger-buchmesse-2023/ (19.09.2024).
Ayaka/Hague 2015: Ayaka, Carolene und Ian Hague (Hg.): *Representing Multiculturalism in Comics and Graphic Novels.* New York/London 2015.
Becker 2012: Becker, Thomas: „Wo steht die Gegenkultur? Zum Unterschied zwischen normativem Diskurs und sozialer Realität im Spiel zwischen *high* und *low*", in: *„High" and „low": Zur*

Interferenz von Hoch- und Populärkultur in der Gegenwartsliteratur, hg. v. Thomas Wegmann und Norbert Christian Wolf. Berlin/Boston 2012, S. 43–56.

Denson et al. 2014: Denson, Shane, Christina Meyer und Daniel Stein (Hg.): *Transnational Perspectives on Graphic Narratives. Comics at the Crossroads*. London et al. 2014.

Dunst 2023: Dunst, Alexander: *The Rise of the Graphic Novel. Computational Criticism and the Evolution of Literary Value*. Cambridge 2023.

Eder et al. 2011: Eder, Babara, Elisabeth Klar und Ramón Reichert: „Einführung", in: *Theorie des Comics. Ein Reader*, hg. v. Barbara Eder, Elisabeth Klar und Ramón Reichert Bielefeld 2011, S. 9–24.

Frahm 2002: Frahm, Ole: „Weird Signs. Zur parodistischen Ästhetik der Comics", in: *Ästhetik des Comic*, hg. v. Michael Hein, Michael Hüners und Torsten Michaelsen. Berlin 2002, S. 201–216.

Genette 1993: Genette, Gérard: *Palimpseste. Die Literatur auf zweiter Stufe*. Aus dem Französischen von Wolfram Bayer und Dieter Hornig. Frankfurt a. M. 1993. (*Palimpsestes. La littérature au second degré*, Paris 1982).

Grünewald 2000: Grünewald, Dietrich: *Comics*. Tübingen 2000.

Ho 1987: Ho, Koon-Ki Tommy: „Cat Country: A Dystopian Satire", in: *Modern Chinese Literature* 3.1/2 (1987), S. 71–89.

Hodapp 2022: Hodapp, James (Hg.): *Graphic Novels and Comics as World Literature*. London/New York 2022.

Kinsley 2016: Kinsley, Zoë: „Travellers and Tourists", in: *The Routledge Companion to Travel Writing*, hg. v. Carl Thompson. London/New York 2016, S. 237–245.

Klöpsch 1985: Klöpsch, Volker: „Nachwort", in: Lao She: *Die Stadt der Katzen*, übers. v. Volker Klöpsch. Frankfurt a.M. 1985, S. 194–202.

Koch 2017: Koch, Merle: „Grenzen zwischen Traum und Realität: Von Etablierung, Überschreitung und Auflösung der Grenzen zwischen erzähltem Traum und erzählter Realität", in: *Comics an der Grenze: Sub/Versionen von Form und Inhalt*, hg. v. Matthias Harbeck, Linda-Rabea Heyden und Marie Schröer. Berlin 2017, S. 231–250.

Kraenzle 2019: Kraenzle, Christina: „Graphic Journeys. Travel Writing and the Medium of Comics", in: *Anxious Journeys: twenty-first-century travel writing in German*, hg. v. Karin Baumgartener und Monika Shafi. Rochester/New York 2019, S. 209–232.

Lehner 2017: Lehner, Monika: „Graphisches Erzählen über China. Chinabilder in Comics und Graphic Novels", in: *Chinesisch-Deutscher Imagereport. Das Bild Chinas im deutschsprachigen Raum aus kultur-, medien- und sprachwissenschaftlicher Perspektive (2000–2012)*, hg. v. Ekkehard Felder. Berlin/Boston 2017, S. 257–281.

Lent/Xu 2017: Lent, John A. und Ying Xu: *Comics Art in China*. Jackson 2017.

Mickwitz 2016: Mickwitz, Nina: *Documentary Comics. Graphic Truth-Telling in a Skeptical Age*. New York 2016.

Packard 2006: Packard, Stephan: *Anatomie des Comics. Psychosemiotische Medienanalyse*. Göttingen 2006.

Packard et al. 2019: Packard, Stephan, Andreas Rauscher, Véronique Sina, Jan-Noël Thon, Lukas R.A. Wilde und Janina Wildfeuer (Hg.): *Comicanalyse. Eine Einführung*. Berlin 2019.

Pfister 1993: Pfister, Manfred: „Intertextuelles Reisen, oder: Der Reisebericht als Intertext", in: *Tales and „their telling difference". Zur Theorie und Geschichte der Narrativik. Festschrift zum 70. Geburtstag von Franz K. Stanzel*, hg. v. Herbert Foltinek, Wolfgang Riehle und Waldemar Zacharasiewicz. Heidelberg 1993, S. 109–132.

Platthaus 2008: Platthaus, Andreas: *Die 101 wichtigsten Fragen: Comics und Manga*. München 2008.

Rifkind 2010: Rifkind, Candida: „A Stranger in a Strange Land? Guy Delisle Redraws the Travelogue", in: *International Journal of Comic Art* 12/2-3 (2010), S. 268–290.

Rosenthal 2011: Rosenthal, Martina: „Comics auf Albumcovern. Überlegungen zu einem intermedialen Phänomen", in: *Theorien des Comics. Ein Reader*, hg. v. Barbara Eder, Elisabeth Klar und Ramón Reichert. Bielefeld 2011, S. 109–254.

Schmitz-Emans 2008: Schmitz-Emans, Monika: „Weltliteratur im Comic – Kunstform einer globalisierten Bilderwelt?" in: *Die Vermessung der Globalisierung. Kulturwissenschaftliche Perspektiven*, hg. v. Ulfried Reichardt. Heidelberg 2008, S. 273–298.

Schmitz-Emans 2009: Schmitz-Emans, Monika: „Maske – Verhüllung oder Offenbarung? Einige Stichworte zur Semantik von Masken und Maskierungen", in: *Masken*, hg. v. Kurt Röttgers und Monika Schmatz-Emans. Essen 2009, S. 7–35.

Schmitz-Emans 2012: Schmitz-Emans, Monika: *Literatur-Comics. Adaptionen und Transformationen der Weltliteratur*. Berlin/Boston 2012.

Schüwer 2008: Schüwer, Martin: *Wie Comics erzählen. Grundriss einer intermedialen Erzähltheorie der grafischen Literatur*. Trier 2008.

Seeßlen 2002: Seeßlen, Georg: „Gerahmter Raum – Gezeichnete Zeit", in: *Ästhetik des Comic*, hg. v. Michael Hein, Michael Hüners und Torsten Michaelsen. Berlin 2002, S. 71–89.

Stein 2016: Stein, Daniel: „Zu den Potenzialen einer kulturwissenschaftlichen grafischen Literaturwissenschaft. Ein Analysevorschlag am Beispiel von Jeremy Loves Graphic Novel *Bayou*", in: Closure. Kieler e-Journal für Comicforschung #3 (2016), S. 4–22. Online abrufbar unter https://www.closure.uni-kiel.de/closure3/stein. (14.09.2024).

Stein et al. 2009: Stein, Daniel, Stephan Ditschke und Katerina Kroucheva: „Birth of a Notion: Comics als populärkulturelles Medium", in: *Comics: Zur Geschichte und Theorie eines populärkulturellen Mediums*, hg. v. Daniel Stein, Stephan Ditschke und Katerina Kroucheva. Bielefeld 2009, S. 7–28.

Storey 2018: Storey, John: *Cultural Theory and Popular Culture: An Introduction*. New York [8]2018.

Stuhlfauth-Trabert/Trabert 2015: Stuhlfauth-Trabert, Mara und Florian Trabert: „Vorwort. Graphisches Erzählen in Literaturcomics", in: *Graphisches Erzählen. Neue Perspektiven auf Literaturcomics*, hg. v. Mara Stuhlfauth-Trabert, Florian Trabert und Johannes Waßmer. Bielefeld 2015, S. 9–16.

Wierlacher/Albrecht 2008: Wierlacher, Alois und Corinna Albrecht: „Kulturwissenschaftliche Xenologie", in: *Einführung in die Kulturwissenschaften. Theoretische Grundlagen – Ansätze – Perspektiven*, hg. v. Ansgar Nünning und Vera Nünning. Stuttgart/Weimar 2008, S. 280–306.

Youngs 2013: Youngs, Tim: *The Cambridge Introduction to Travel Writing*. Cambridge 2013.

Jens Krumeich
Komik im Kontext
Am Beispiel von Gerhard Polt, *man spricht deutsh* (1988)

1 Kurzdarstellung, Relevanz und Aktualität des Themas

Der „Mensch ist ein Tier, das lacht" (Polt 2022, 206). Diese in Abwandlungen immer wieder Aristoteles zugeschriebene Feststellung qualifiziert die Fähigkeit, auf komische, lächerliche oder auch groteske und überfordernde Lebenslagen und Situationen mit **Lachen** zu reagieren, als anthropologische Konstante. Zur Bezeichnung dieses Phänomens wie auch seiner Theoretisierung hat sich der Begriff **Komik** etabliert, für den damit bezeichneten Gegenstandsbereich der Ausdruck ‚das Komische'. Im Sinn des anthropologischen Interesses am Lachen betont der bayerische Kabarettist und Schriftsteller Gerhard Polt (*1942), dass das Nachdenken über das Komische „fast dasselbe" sei, „wie über den Menschen nachzudenken" (Polt 2022, 207). Obwohl seit Charles Darwin (1809–1882) die Lachfähigkeit aller Primaten diskutiert wird, steht auch für Polt noch fest: „Die Fähigkeit zu lachen ist vielleicht das, was uns am meisten unterscheidet von allem anderen" (Polt 2022, 207). Seine folgenden Fragen führen direkt in den komplexen Aufgabenbereich der **Komikanalyse**, wecken zugleich allerdings berechtigte Zweifel an jeder *zu* universalistischen Prämisse:

> Doch weshalb lacht einer? Über wen lacht er? Mit wem lacht er? Wen lacht er aus? Wann lacht er mit? Weshalb ist etwas lächerlich? Darüber nachzudenken, führt ins Unendliche. Das geht in den Ozean. (Polt 2022, 207)

Seit der Antike versuchen Wissenschaftler:innen verschiedenster Disziplinen, diesen „Ozean" zu erkunden und dabei zum einen der universalistischen Beobachtung, dass Menschen aller Zeiten und Kulturen lachen, zum anderen den Konkreta und Differenzen komischer Phänomene und ihrer höchst kontextabhängigen Rezeption Rechnung zu tragen.

Komisierende Darstellungsverfahren (z. B. satirische, parodistische, groteske, humoristische) finden sich nicht allein im Format komischer literarischer Gattungen (z. B. Verssatire, Komödie, Humoreske, Farce, Sketch, Witz). Vielmehr handelt es sich häufig um transgenerische, also gattungsübergreifende Verfahren, die auch intermediale Phänomene (z. B. Karikaturen, Fotomontagen, Filme, *Memes*, Videos, *Stand-up comedy*) umfassen können. Komiktheoretische Annahmen helfen uns, künstlerische Artefakte, aber auch Alltagsgegenstände und -handlungen, die eine belustigende Wirkung auf uns oder bestimmte Gruppen haben, als komisch oder lustig zu rubrizieren und in ihrer Wirkung zu beschreiben. Wie Polts Fragen bereits nahelegen, spielen für die komische Wirkung der Standort und die Einstellung von Produzent:innen wie Rezipient:innen komischer Artefakte eine wesentliche Rolle: Ethische Vorstellungen, kulturelle und soziale Prägungen sowie das zeithistorische *Setting* sind **kontextuelle Faktoren**, die für eine angemessene komiktheoretische Analyse ebenso rekonstruiert werden müssen wie das komische Artefakt selbst. Nur so lässt sich erklären, warum komische Texte aus anderen Zeiten, Milieus oder Kulturen heute nicht mehr oder nicht auf alle unbedingt komisch wirken, ja warum ehedem als lustig geltende Scherze plötzlich unverstanden bleiben, langweilen oder als Zumutung und sogar Verletzung wahrgenommen werden können. Komik ist, wie gerade in den erhitzt geführten Diskussionen um ‚politische Korrektheit' sichtbar wird, ein diachron wie synchron, intra- wie interkulturell sensibles und hoch umstrittenes Gebiet menschlicher Interaktion.

Um einen Einblick in die Möglichkeiten und Grenzen literaturwissenschaftlicher Komiktheorie zu geben, werden wir im Folgenden zunächst Grundbegriffe (2.1) und die etablierten Komiktheorien, inklusive Argumente für eine kontextualistische Komikanalyse, (2.2) sammeln, einige Formen und Funktionen des Komischen (2.3) vorstellen und Leitfragen entwickeln (2.4). Anschließend wird am Beispiel des Drehbuchs zu Gerhard Polts und Hanns Christian Müllers Film *man spricht deutsh* (1988) eine literaturwissenschaftliche Komikanalyse in der Praxis erprobt (3). Dieses Beispiel soll zeigen, welchen Beitrag eine literaturwissenschaftlich instruierte Komikanalyse auch zu aktuellen Konflikten des Lachens und Verlachens leisten kann.

2 Grundbegriffe, Vorannahmen, Methoden und zentrale Fragestellungen

2.1 Grundbegriffe

Der Terminus ‚Komik' geht zurück auf das altgriechische Wort ‚kómos', das fröhliche Umzüge und exzessive Feste bezeichnet. Das abgeleitete ‚komikós' bedeutet so viel wie ‚scherzhaft' und wird im Kontext der Literatur als der Komödie zugehöriger Begriff verwendet (vgl. u. a. Kablitz 2007; Kindt 2017a). Blickt man in aktuelle literaturwissenschaftliche Nachschlagewerke, begegnet einem **die Komik** bzw. **das Komische** als ein „Oberbegriff für Belustigendes unterschiedlicher Ausprägung, vom Witzigen, über das Farce- und Nonsensehafte bis zum Satirischen oder Humoristischen" (Kindt 2017a, 2). Belustigend sind „Gegenstände, Ereignisse, Sachverhalte und Äußerungen, die Lachen verursachen" (Kablitz 2007, 289). Dem Lachen bzw. dem ‚Lustigsein' kommt bei der Komikbestimmung große Bedeutung zu (vgl. Preisendanz 1976a; Kindt 2017a). Ebenso wird in den Begriffsbestimmungen bereits deutlich, dass Komik keineswegs ein rein literarisches Phänomen ist, sondern vielmehr in fast allen kulturellen und alltagsweltlichen Bereichen angetroffen werden kann.

Komik wird häufig als Synonym für **Humor** verwendet, auch weil das englische Wort ‚humour' dem deutschen Terminus ‚Komik' mehr oder weniger entspricht. Aus germanistischer Perspektive ist es dennoch ratsam, die Begriffe zu unterscheiden. Unter Humor versteht man dann, etwa im Rekurs auf Jean Paul, eine charakterliche Aufgeschlossenheit, eine „psychologische Disposition" (Kablitz 2007, 289) gegenüber dem Komischen und eine Gelassenheit gegenüber den Zeitläuften (vgl. Kindt 2017b, 8), die aber auch melancholische Züge tragen kann. In diesem Sinne verstehen wir Komik im Folgenden „wie das englische *humour*" als „Eigenschaft von Gegenständen aller Art, Belustigung hervorzurufen" und „‚Humor' (wie das englische *sense of humour*) als die Eigenschaft von Personen, für das Komische oder einzelne seiner Ausprägungen empfänglich zu sein" (Kindt 2017b, 7).

2.2 Komiktheorien

Zur theoretischen Bestimmung des Komischen haben sich drei Ansätze etabliert, die uns helfen, Form und Funktion komischer Texte zu analysieren: Dabei handelt es sich um die sogenannte *Überlegenheitstheorie*, die *Entlastungstheorie* sowie die *Inkongruenztheorie*. In jüngerer Zeit haben sich insbesondere im Anschluss an die Inkongruenztheorie *skripttheoretische* Analysen als gewinnbringend erwiesen, die allerdings wiederum einer *kontextualistischen Ergänzung* bedürfen.

Die **Überlegenheitstheorie** stellt das Verlachen menschlicher Schwächen, Fehler und Versehen in den Mittelpunkt. Gelacht wird demnach von sich überlegen empfindenden Akteur:innen über das als unterlegen wahrgenommene Verhalten anderer. Dabei kann es sich um Missgeschicke, um ‚Pannen' und Ähnliches handeln. Bereits Platon hat „die Freude am Übel anderer" als „Ursache der vom Komischen ausgelösten Reaktion" ausgemacht (Kablitz 2007, 290). Heute wird die *Überlegenheitstheorie* besonders mit dem englischen Philosophen Thomas Hobbes (1588–1679) verbunden, der das Lachen als „das plötzliche Gefühl der eigenen Überlegenheit angesichts fremder Fehler" (Hobbes 1959, 33) identifizierte. Realweltliche Beispiele gibt es zuhauf: So lacht das Publikum, wenn einem Vortragenden die Manuskriptseiten herunterfallen; man lacht, wenn man einen Menschen auf einer Bananenschale ausrutschen oder durch seine Unaufmerksamkeit stolpern sieht – jedenfalls dann, wenn die verlachte Person sich dabei nicht schwer verletzt. Diese Harmlosigkeit liegt bei dem, was man als ‚Schadenfreude' bezeichnet, nicht vor, daher steht Schadenfreude im Verdacht, moralisch verwerflich zu sein.

Die **Entlastungstheorie** geht maßgeblich auf die Psychoanalyse zurück. Sigmund Freud (1856–1939) erläutert, dass Menschen im Zuge ihrer psychischen Entwicklung lernen, im gesellschaftlich-kulturellen Leben ihre Gefühle und Triebe zu kontrollieren und sich nach sittlichen und moralischen Vorgaben zu verhalten. Dadurch entstehen allerdings innerpsychische Spannungen. In seiner Theorie des Witzes erklärt Freud, dass das Lachen über komische Situationen diese Spannungen abbaue (vgl. Freud 1905). In Konfrontation mit einer witzigen oder komischen Situation kann es demnach zu einer Befreiung und Enthemmung psychischer Energie kommen: „[D]as Komische geht [...] mit der als lustvoll erfahrenen Befreiung von moralischen und rationalen Kontrollanstrengungen einher, die Personen in sozialen Zusammenhängen gemeinhin zu erbringen haben" (Kindt 2017a, 3). Der Komik kommt also eine erleichternde bzw. entlastende Funktion zu (*comic relief*). Sofern sich die:der Lachende „mit dem komischen Subjekt solidarisieren und [...] gleichzeitig über die eigene potentielle Unzulänglichkeit in ähnlichen Situationen lachen" kann, spricht man häufig von einem humorvollen, „solidarische[n] Mitlachen" (Zipfel 2017, 67).

Die **Inkongruenztheorie** stellt im Unterschied zur Überlegenheits- und zur Entlastungstheorie keine Funktion, sondern eine formale Diskrepanz ins Zentrum der Komikanalyse. „Das *Lachen*" resultiere, so konstatiert Arthur Schopenhauer (1788–1860), „aus der plötzlich wahrgenommenen Inkongruenz zwischen einem Begriff und den realen Objekten, die durch ihn, in irgend einer Beziehung, gedacht worden waren" (1819, 53). Die Inkongruenztheorie ist heute eine der vorherrschenden Komiktheorien. Tom Kindt pointiert, dass „eine Inkongruenz allein" zwar noch „keine Komik" mache, aber „Komik ohne Inkongruenzen [...] nicht zu haben" sei. Für die Komikanalyse lässt sich daher als übergreifende Leitfrage festhalten, ob und wo sich im Text „komische Inkongruenzen finden" lassen (2011, 150).

Durch ihren gegenstandsorientierten und damit tendenziell situationsübergreifenden, universalistischen Ansatz, demzufolge Kontexte für die komische Wirkung eine geringere Rolle spielen als die inkongruente Struktur des komischen Artefakts selbst, lassen sich die Funktionsbeschreibungen und Erklärungen der beiden anderen Komiktheorien mit der Inkongruenztheorie verbinden. So lässt sich im Falle der Entlastungstheorie eine Inkongruenz zwischen den moralischen Erwartungen (etwa der Gesellschaft) und der plötzlichen Überwindung dieser Tabus im Lachen identifizieren. Und auch die Überlegenheitstheorie beruht auf Inkongruenzen, etwa wenn das Stolpern einer fremden Person deswegen als komisch empfunden wird, weil man sich selbst über diese Schwäche erhaben wähnt.

Die u. a. von dem Sprachwissenschaftler Victor Raskin geprägte **Skripttheorie der Komik** wurde von Kindt (2011) literaturwissenschaftlich fruchtbar gemacht. Komische Effekte werden dieser Theorie zufolge durch die Inkongruenz zwischen Skripten (*scripts*) hervorgerufen. Unter einem Skript versteht man dabei in kognitionswissenschaftlicher Perspektive einen „Wissenskomplex über ein Objekt, ein Ereignis, eine Handlung usw.", den die „Kommunikationsteilnehmer als kognitive Struktur internalisiert haben" (Zipfel 2017, 58). Als „bekannteste[s] Beispiel" gilt in diesem Zusammenhang das „Restaurant-script", das sich aus „den zentralen Ereignissen eines musterhaften Restaurantbesuchs in ihrer typischen Abfolge, von der Platzsuche über die Wahl und das Verzehren des Essens bis zum Bezahlen" zusammensetzt (Kindt 2011, 71; dazu Schank/Abelson 1977). Inkongruenzen treten auf, wenn ein Text entweder ein Skript von der Norm abweichend verwendet oder mindestens zwei oppositionelle Skripts zugleich aufruft (vgl. Kindt 2011, 91), sodass deren „Verbindung vom Üblichen, von der Norm oder den Konventionen abweicht" (Kindt 2009, 269). Unabhängig von der Autorintention haben konfligierende Skripts komische Effekte, weil die Rezipient:innen auf die wahrgenommene Dissonanz reagieren müssen: Die entstandene Spannung lässt sich entweder durch den Übergang von einem zum anderen Skript lösen, was zu einem einsichtigen Lachen über die eigene Fehlerwartung führen kann, oder aber die Dissonanz muss als unauflösbar akzeptiert und ausgehalten werden. Auch Letzteres kann mit einem Lachen quittiert und die aufgebaute Spannung so abgeführt werden. Helga Kotthoff erläutert, dass Komik in skripttheoretischen Ansätzen „intrinsisch auf der Textebene verortet" werde und man in der Folge „die Hinweise zur Interpretation des Witzigen nur im Text selbst" suche (2018, 303). Nach Kindt setzt man für die Detektion komischer Textstellen auf die Kompetenz eines „zeitgenössischen, durchschnittlich informierten und kognitiv gewöhnlich begabten Rezipienten" (2011, 137f.). Dieses Konstrukt eines Durchschnittslesers (vgl. Willand 2014) blendet die Diversität auch zeitgenössischer Publika bewusst aus, gibt aber zugleich Anlass, etwas genauer nach der Kontextualisierung mutmaßlich komischer Texte zu fragen. Denn wie wir mit Gerhard Polt bereits angedeutet haben, respondieren Leser:innen aus verschiedenen Zeiten und Kulturen höchst unterschiedlich auf Inkongruenzen, sodass ein zu universalistischer Ansatz für die konkrete Analyse mutmaßlich komischer Texte fraglich wird (vgl. Müller-Kampel 2012).

Hier kann uns die **kontextualistische Komiktheorie** helfen. Diese geht davon aus, dass es keine an sich komischen Texte gibt, sondern die komische Wirkung eines Textes sich erst aus situativen, okkasionellen Bedingungen und Faktoren ergibt. In diesem Sinne ist das Komische „ohne Kotext und Kontext bzw. bestimmte Kontextindizien nicht erkennbar" (Schäfer 1996, 133). Die Wahrnehmung von und die Reaktion auf etwaige(n) textuelle(n) Inkongruenzen sind demnach kontextsensibel, also abhängig von den historischen Umständen und individuellen Wissensbeständen der Rezipient:innen. Darüber hinaus ist davon auszugehen, dass komiktragende Inkongruenzen nicht im Text abrufbar vorliegen müssen, sondern im Rezeptionsvorgang situativ entstehen und somit als konstruktives Ergebnis einer konkreten Rezeptionssituation bzw. individueller Lesepraktiken gelten können. Kotthoff bilanziert daher, dass manche „Komikpotentiale" zwar „textimmanent bestimmbar" seien, diese könnten jedoch nicht alles, „was Menschen spaßig finden, [...] erfassen" (Kotthoff 2018, 307). Bei der Analyse eines Textes auf einen Durchschnittsleser zu rekurrieren, kann somit zwar als hermeneutisches Hilfsmittel zur Erkundung potenziell komischer Inkongruenzen oder konfligierender Skripts hilfreich sein. Heterogenen Rezipientengruppen wird man damit aber nicht unbedingt gerecht. Die Skripttheorie liefert uns folglich vor allem eine zeiten- und kulturenübergreifende Beschreibungssprache für als komisch geltende textuelle Artefakte. Wie und warum sich in einer konkreten Konstellation Effekte des Komischen oder des Lachens ergeben (oder eben nicht), ist hingegen immer situativ und für den Einzelfall zu rekonstruieren. Dabei ist zwischen den auf textueller Ebene nachweisbaren komischen Formen, deren intendierten Funktionen und den tatsächlichen, empirisch nachweisbaren Effekten und Wirkungen zu unterscheiden. Denn auch wenn bestimmte komische Situationen zeitenthoben und universell Lachen auslösen, sind die „Beurteilungen der Angemessenheit von Komik [...] hochgradig kontextabhängig" (Block 2020, 13), sodass sich auch hier bereits okkasionelle Bedingungen geltend machen: Wie etwa bewertet ein:e Rezipient:in die Harmlosigkeit des Vorgangs? Wird über das Stolpern eines alten oder behinderten Menschen ebenso gelacht wie über das Stolpern einer athletischen Sportlerin oder eines politischen Machthabers? Wieso wurde zur Zeit der nationalsozialistischen Diktatur in Deutschland über das Stolpern jüdischer Mitbürger:innen mutmaßlich anders oder von anderen gelacht als über das Stolpern eines SS-Offiziers? Die Position der lachenden wie der verlachten Person scheint für den Effekt eine wichtige Rolle zu spielen.

Komische *Wirkungen* hängen auf eine fundamentale Weise von den jeweiligen Rezipient:innen, ihren Standorten, individuellen Erfahrungen und Hintergründen ab. Dazu zählen neben den zeithistorischen und kulturellen Umständen, die sich auch im Durchschnittsleser manifestieren, persönliche Erwartungen, gruppenspezifische Dispositionen sowie sozial und kollektiv konstituierte Weltanschauungen. Mögliche *relevante Aspekte* für die Analyse könnten sein: Gender, Bildungsstand, Sozialisation, Sprachkenntnisse, Missverstehen, erlebte Diskriminierung, interkulturelle Kontexte, Religiosität, Alter, Herkunft, politische Überzeugungen, regionale Prägung etc. Auch die unmittelbaren sozialen Umstände können eine Rolle spielen: Macht es einen Unterschied, ob jemand sieht, dass ich über einen bestimmten Witz lache? Oder lache ich, weil es der soziale Rahmen erfordert – etwa bei einer Comedyshow oder in einer *Sitcom* mit ‚Lachkonserven'?

Es genügt daher nicht, allein den Witz und seine Kontexte zu erklären. Vielmehr erscheint es für die Komikanalyse sinnvoll, mit der Frage nach den komischen Effekten eines Textes zu beginnen: Warum reagieren bestimmte Rezipient:innen mit Lachen auf Inkongruenzen, während andere diese weniger oder gar nicht komisch finden?

2.3 Komische Formen und Funktionen

In der Literatur finden sich eine ganze Reihe von komisierenden Darstellungsweisen. Dazu gehören parodistische, groteske und satirische Formen. Bei der **Parodie** handelt es sich dem *Reallexikon der deutschen Literaturwissenschaft* zufolge um eine „in unterschiedlichen Medien vorkommende[] [...] intertextuell ausgerichtete Schreibweise", die auf „distanzierende[] " Weise „Merkmale[] eines Einzelwerkes, einer Werkgruppe oder ihres Stils" imitiert und dabei „Komisierungs-Strategien" nutzt (Verweyen/Witting 2007a, 23). Eng verwandt mit der Parodie ist die **Travestie** als intertextuelle „Schreibweise, bei der wichtige Merkmale der Inhaltsebene eines Einzeltextes, mehrerer Texte oder der mythischen Überlieferung übernommen werden, um sie durch Komisierung herabzusetzen" (Verweyen/Witting 2007b, 682). Diese etwas schematische Gegenüberstellung von Parodie und Travestie ist von Gérard Genettes Theorie der **Hypertextualität** differenziert worden. Mit dem Begriff bezeichnet Genette sämtliche Beziehungen zwischen einem uns vorliegenden Text, dem „Hypertext[]", und seinen Prätexten, den „Hypotexte[n]", aus denen der Hypertext „abgeleitet" ist (Genette 1993, 15).

Parodien sind demnach „*spielerische*" Verfahren der Ableitung, die „als Zerstreuung ohne aggressive oder spöttische Absicht lediglich unterhalten" wollen (Genette 1993, 43). Eine bekannte Parodie ist Christian Morgensterns Gedicht *Fisches Nachtgesang* (1905), das, abgesehen vom Titel, ohne Worte auskommt und lediglich aus versifiziert gesetzten Zeichen besteht, die an Hebungen und Senkungen und zugleich an Fischschuppen erinnern. Allein durch den Titel bleibt es als Nachbildung von Goethes berühmtem Gedicht *Wandrers Nachtlied. Ein Gleiches* erkennbar. Während bei Goethe „über allen Gipfeln [...] Ruh'" herrscht (Goethe 1780), wird bei Morgenstern die Stille durch stumme Fische visuell und spielerisch realisiert. Genette kennt aber auch „*ernste Parodie[n]*" (Genette 1993, 42), ohne satirische oder unterhaltende Funktion. Ein Beispiel, das sich auch bei Genette findet, ist Thomas Manns *Doktor Faustus* (1947), bei dem die offensichtlichen Bezüge zum Faust-Stoff als Hypotext zur kritischen Reflexion über die deutsche Geschichte genutzt werden.

Bei der **Travestie** handelt es sich in dieser differenzierenden Perspektive um die „stilistisch herabsetzende Transformation" einer Vorlage, eines Stoffes oder Themas (Genette 1993, 40) „in Richtung auf brachial-komödiantische Effekte" (Kaczmarek 2012). In Daniel Kehlmanns Roman *Die Vermessung der Welt* (2005) paraphrasiert der Protagonist Alexander von Humboldt z. B. den Inhalt von *Wandrers Nachtlied*, anstatt es als Gedicht vorzutragen. Er wird damit zur komischen Figur, denn die lyrische Form verliert so jeden Reiz. Goethes Gedicht wurde auch oft zum Hypotext einer **Persiflage**, also einer stilistischen Nachahmung mit satirisch-spöttischer Verschiebung des Inhalts; so etwa in einem Dialog aus Karl Kraus' satirischer Tragödie *Die letzten Tage der Menschheit* (1922). *Wandrers Nachtlied* wird hier im Rekurs auf die Situation des Ersten Weltkriegs als *Wandrers Schlachtlied* nachgeahmt.

Satirische Situationen konstituieren sich aus einer Dreierkonstellation von Satiriker:in, satirisiertem Objekt und Adressat:in. Satiriker:innen versuchen durch Übertreibung, Verzerrung, Ironie, Sarkasmus etc. eine Person, einen Zustand oder einen Gegenstand dem Verlachen preiszugeben und „beim Rezipienten Zustimmung" für diese „literarisch vermittelte Aggression" zu erreichen (Schönert 2011, 9). Im Unterschied zur nicht-fiktionalen Polemik, zur Schimpfrede oder Schmähkritik erfolgt der satirische Angriff nicht direkt, sondern ästhetisch vermittelt. Aufgrund der indirekten Darstellungsstrategie, der Technik der „transparenten Entstellung" (Preisendanz 1976b, 413), müssen die Rezipient:innen den affirmierten Wertehorizont der Satiriker:innen *ex negativo* aus dem Gezeigten erschließen. Da Satire nicht auf die Überzeugung eines „Gegner[s]", sondern auf das Bündnis „mit dem Publikum" gegen das verlachte Objekt (Spoerhase 2020, 319) aus ist, wird für das Gelingen einer satirischen Kommunikation ein von Autor:in und Adressat:in „geteilte[r] Horizont von Werten und Normen" vorausgesetzt, damit die Normverletzung des Satireobjekts erkannt und die Aggressivität der Satire gerechtfertigt erscheint. Ein satirischer Text provoziert damit „die Aufspaltung seines Publikums in Lachende und Verlachte, Indignierte und Diffamierte" (Albrecht 2017, 17), ein erster Hinweis auf den Umstand, dass allein das Verstehen der Satire und ihrer Kontexte keineswegs zur Folge haben muss, dass alle Rezipient:innen diese auch als belustigend empfinden. Die komische Wirkung eines satirischen Angriffs entfaltet sich nur bei denjenigen, die die aufgerufenen ‚Werte und Normen' teilen und daher das satirisierte Objekt abwerten können. Ob jemand den Wertehorizont teilt, hängt vom jeweiligen Standpunkt ab. Wie oben ausgeführt, spielen hier persönliche Erwartungen, gruppenspezifische Dispositionen und sozial und kollektiv konstituierte Weltanschauungen sowie moralische Vorstellungen eine Rolle. Dabei ist es auch denkbar, dass Rezipient:innen zwar über das zum Verständnis notwendige Kontextwissen verfügen und zudem das angegriffene Objekt ebenfalls ablehnen, sich aber an der Form der Darstellung stören, etwa weil der satirische Angriff selbst gegen eigene moralische Vorstellungen verstößt.

Moralische Vorstellungen können auch bei der **Groteske** zum Tragen kommen. Es handelt sich hierbei um eine auf Entstellung und Überzeichnung setzende transgenerische Darstellungsstrategie, die „Heterogenes, ja Inkompatibles aus der Realität so kombiniert, daß Unnatürliches bzw. (ontologisch) Unmögliches resultiert" (Sorg 2007, 748). Auf diese Weise verbinden sich eigentlich „unvereinbare[ ] Phänomene des Grauens und der Komik" und können ein „groteske[s] Lachen" (Wagner 2017, 58) hervorrufen. Mit Kindt lässt sich konstatieren, dass „Groteskes komisch sein kann, aber nicht muss" (Kindt 2011, 156). In der Forschung wird daher zum einen „das Grotesk-Komische" thematisiert (Kindt 2011, 203), verstanden „als eine derbe, oft körperlich ausgerichtete Weise, Lachen hervorzurufen" (Kindt 2011, 155). Zum anderen diskutiert man „das Grotesk-Unkomische" (Kindt 2011, 203f.), das nicht unter eine Theorie der Komik fällt, sondern als Darstellung der „entfremdete[n] Welt'" gilt, die „in ihrer Fremdheit ‚Grauen' hervorruft". Gleichwohl wird das Groteske „im Kern als Inkongruenzphänomen" gedeutet, das heißt als „Ergebnis [...] einer markanten Verfremdung oder aggressiven Verformung von Bekanntem" (Kindt 2011, 155). Für unsere Betrachtung ist wichtig, dass groteske Formen konträre Wirkungen hervorrufen können. Eine kontextualistische Komikanalyse kann auch der Frage nachgehen, warum welche Rezipient:innen aus welchen Gründen mit Grauen oder Lachen oder beidem reagieren.

2.4 Leitfragen der Komikanalyse

Es gibt zwei Ansatzpunkte für die Analyse eines (mutmaßlich) komischen Texts. Gewöhnlich beobachten wir als Leser:in zunächst eine komische Wirkung, insofern uns eine Textpassage selbst belustigt. In der Folge fragen wir uns komikanalytisch, was wir genau komisch finden, auf welche Inkongruenzen wir reagieren, welche Skripts bei der Lektüre konfligieren, über wen oder was wir uns beim Lachen überlegen fühlen oder welche Tabus dabei im Lachen entlastend umgangen werden. In einem zweiten Schritt lassen sich dann die Formensprache des Komischen und seine Funktionen genauer bestimmen: Liegen im Text ironische, hyperbolische, parodistische, travestiehafte, persiflierende oder groteske Ausdrucksformen vor? Sollen damit spielerische, spöttische, ernste, unheimlich-komische oder satirische Funktionen erfüllt werden? Im dritten Schritt lassen sich die analytischen Hypothesen empirisch durch eine Rekonstruktion der Rezeption überprüfen, um zu ermitteln, wer auf die Textstelle (außer uns selbst) tatsächlich in der analysierten Weise reagiert. Dabei wird sich oftmals herausstellen, dass nicht alle alles gleichermaßen komisch finden.

Die zweite, konsequent kontextualistische Komikanalyse setzt bei der empirischen Rezeption an: Ausgangspunkt ist dann die Beobachtung, dass auf einen Text in einer bestimmten Zeit und Kultur von einer bestimmten Personengruppe mit Lachen reagiert wurde – selbst wenn uns diese Reaktion heute fremd und unverständlich erscheint. In der Folge bemüht man sich um eine hermeneutische Erklärung dieses Phänomens durch eine kontextbasierte Analyse, die wiederum die Formen und Funktionen des Komischen zu ermitteln, die sozialen und epistemischen Voraussetzungen der Lachenden, ihr Verhältnis zum verlachten Gegenstand und die Grundlagen der komischen Effekte (Inkongruenzen, Überlegenheit, Entlastung, Skriptkollision) zu rekonstruieren bemüht ist.

3 Analyse und Interpretation eines Textbeispiels

man spricht deutsh (1988) ist ein deutscher Film des Regisseurs Hanns Christian Müller (*1949) mit Gerhard Polt in der Hauptrolle des Erwin Löffler (Müller 1988). Müller und Polt haben gemeinsam das Drehbuch verfasst, das auch als ‚Buch zum Film' erschienen ist und die Textgrundlage für unsere Analyse darstellt (Polt/Müller 1988). Über zwei Millionen Kinobesucher:innen machten den Film in Deutschland zu einem der erfolgreichsten des Jahres. Der Film bzw. das Drehbuch eignen sich gut als Beispiel für eine kontextualistische Komikanalyse, weil eine gespaltene Rezeption vorliegt; *einerseits* gab es Personen, die *man spricht deutsh* als sehr belustigend wahrgenommen haben, und *andererseits* finden wir Rezeptionszeugnisse von Personen, die nicht darüber lachen konnten. Auch heute sind die Reaktionen nicht einheitlich. Eine Zuschreibung wie ‚Dieser Film ist komisch.' oder ‚Der Film ist nicht lustig.' greift daher zu kurz.

Im Folgenden werden wir nach einer groben Handlungsskizze (3.1) in einem *Close Reading* eine ausgewählte Szene des Drehbuchtexts exemplarisch auf ihre Komik und die zum Verständnis notwendigen Kontexte hin untersuchen (3.2). Diese Befunde nutzen wir zu einer wirkungsästhetischen Deutung, die *man spricht deutsh* als eine Realsatire versteht, über die Deutsche lachen, in der sie sich aber auch wiedererkennen sollten (3.3). Diese wirkungsästhetische Hypothese wird durch die Skizze einer empirischen Rezeptionsanalyse überprüft, die der Frage nachgeht, wer aus welchen Gründen über *man spricht deutsh* tatsächlich lachen konnte – und wer nicht (3.4).

3.1 Handlungsskizze

Im Film wird der letzte Urlaubstag der bayerischen Mittelschichtsfamilie Löffler (Vater Erwin; Mutter Irmgard; Sohn Heinz-Rüdiger im Grundschulalter) in einem von deutschen Tourist:innen bevölkerten italienischen Strandbad dargestellt. Wie die zwei Wochen zuvor verbringt die Familie auch diesen Tag am Strand. Die Jahr für Jahr wiederkehrenden Deutschen fühlen sich heimisch in Italien, jedenfalls solange sie nicht von den Einheimischen, die sie pauschalisierend „für ganz schöne Nieten" (Polt/Müller 1988, 11) halten, gestört werden. Italiener:innen erscheinen im Film meist als Tourismusangestellte. Sie werden von den Deutschen mit Stereotypen und Vorurteilen bedacht und mal in Träumen als begehrenswerte Sexualpartner:innen (*latin lover*), mal als Gefahr, etwa als potenzielle Autodiebe, wahrgenommen. So wird die ständige Sorge der Löfflers um das bepackte Auto im Film zum *Running Gag*, also zu einem wiederholten „Dauerwitz[]" (Berensmeyer 2017, 372), weil sie, anstatt den Urlaub zu genießen, ihr Auto nie aus dem Blick lassen – eine komische Inkongruenz im Verhalten der Löfflers, über das Zuschauer:innen lachen können, auch weil sich im Film vermeintliche Gefährdungen stets als harmlos herausstellen.

Wunsch- wie Alpträume durchbrechen die Einheit von Zeit, Ort und Handlung des Strandlebens und kontrastieren mit den realistisch dargestellten deutsch-italienischen Begegnungen. Die in Szene gesetzten Interaktionen finden fast ausschließlich auf Deutsch statt bzw. in einem funktionalen „Tourismusdeutsch" (Ammon 2015, 864, 867f.). Untereinander sprechen die Italiener:innen Italienisch, die Deutschen in unterschiedlichen deutschen Dialekten, doch insgesamt kommt es nicht zu dem, was man positiv interkulturellen Austausch (↗ *Global Literary Studies*) nennt, sondern zu Missverständnissen. Dies betrifft auch den Bereich des Kulinarischen, was immer wieder in komischen Szenen resultiert; so auch in unserer Beispielszene.

3.2 Komikanalyse einer Beispielszene

Wir beobachten in der abgedruckten Szene (Polt/Müller 1988, 89–95) Familie Löffler beim Mittagessen auf der Terrasse eines Strandrestaurants, das, wie das Publikum schon zu Beginn erfahren hat, seine Gäste mit dem titelgebenden Schild wissen lässt: „man spricht deutsh" (Müller/Polt 1988, 7). Der damit Italiener:innen zugeschriebene Schreibfehler sorgt für eine erste Inkongruenz: Kinogäste erwarten im Titel eine korrekte Rechtschreibung, sind also irritiert und mögen die Schreibung als Satire auf die fehlerhaften Deutschkenntnisse der Italiener:innen verlachen. Oder handelt es sich um eine Satire auf die deutsche Erwartung, im Ausland überall Deutsch sprechen zu können? Für wen ist die Schreibung eigentlich komisch? Um die Komik der Szene zu analysieren, unterteilen wir den Textausschnitt in drei Abschnitte, die formal dem Ablauf des Skripts eines Restaurantbesuchs entsprechen: Ankunft, Bestellvorgang, Essen.

Abschnitt 1: Ankunft im Restaurant (Polt/Müller 1988, 89f.).

1   STRAND/RISTORANTE
     „SCHWARZWALDGROTTE" / TERRASSE
                                    AUSSEN/TAG

     FAMILIE LÖFFLER kommt auf die Terrasse, kein Platz ist mehr frei, sie bleiben stehen.
5   HERR und FRAU ENDRESS haben gerade noch einen Platz in der prallen Sonne erwischt.
     Alle anderen DEUTSCHEN sitzen bereits in Badekleidung auf der Terrasse, nur die ITALIENISCHEN KELLNER sind ordentlich gekleidet. Drei DEUTSCHE KINDER spielen im Eingang.
     Die KELLNER steigen, ohne Kommentar und ohne zu schimpfen – ganz selbstverständlich – über die KINDER hinweg, um zu servieren. Eine sehr gekonnte Aktion.
10   FRAU ENDRESS beobachtet dies und mokiert sich über die KELLNER.

     FRAU ENDRESS Daß die Kerle da nix Besseres zum tun haben, als da ihre Faxn machen – die sollen bedienen!
     ERWIN *stehend zu* FRAU ENDRESS, *deutet auf die Speisekarte* Darf ich?
     FRAU ENDRESS Selbstverständlich!

15   ERWIN *und* IRMGARD *studieren die Speisekarte im Stehen. Der einzig normal angezogene* GAST *ist ein* ITALIENER, *der die deutsche Speisekarte studiert.* FRANCO, *der* KELLNER, *steht bei ihm und erwartet eine Bestellung.*

     ITALIENISCHER GAST Cos' è „Rindsroulade"?
     FRANCO *erklärend* Rindsroulade è una cosa di carne di manzo, una specie di involtini tede-
20   schi con crauti, o anche con altre cose ... come per esempio ...
     ITALIENISCHER GAST *buchstabiert dazu* Gel-be-ru-be ...
     FRANCO ... sono carote ...
     ITALIENISCHER GAST No, non mi va, che cos'è Le-ber-case?
     FRANCO Leberkes è una specialità tedesca, o meglio ... bavarese. E' difficile da spiegare ...
25   Leberkes è un miscuglio di carne tritata ... al forno ... Si mangia con senape e insalata di patate, è una cosa tipica tedesca ...
     ITALIENISCHER GAST No no, una cosa così non la mangio!
     FRANCO Forse vuol prendere un „Surhaxe" ... è un bollito ... ah ... in italiano si chiama stinco di maiale bollito. C'è con crauti e ...
30   ITALIENISCHER GAST *im Aufstehen* No no, grazie non lo prendo ... ci rinuncio ... arrivederla.

Blicken wir zunächst auf die *Dramatis personae* (Figuren), den *dramatischen Schauplatz* und die *Handlung* dieses Szeneneingangs: Gezeigt wird eine zweisprachige Restaurantszene, in der sich viele deutsche Tourist:innen, darunter auch Familie Löffler, und ein italienischer Gast zum Mittagessen auf der Terrasse des „Ristorante ‚Schwarzwaldgrotte'" (Z. 1f.) eingefunden haben. Der italienisch-deutsche Restaurantname, der semantisch einen dunklen (deutschen) Wald und einen feuchten Hohlraum konnotiert, kontrastiert auffällig mit der „prallen Sonne" (Z. 5), in der die Deutschen auch beim Essen weiter ‚baden' wollen und deswegen, wie der Nebentext verrät, weiterhin lediglich ihre „Badekleidung" (Z. 6) tragen. Während die Löfflers, auf einen Platz wartend, die Speisekarte lesen, lässt sich ein italienischer Gast vom italienischen Kellner die fast ausschließlich deutschen Gerichte erläutern, bis er sich letztlich ganz gegen das Mittagsmahl entscheidet und abtritt.

Welche Inkongruenzen mögen hier für wen einen komischen Effekt haben? Der Wunsch, auch im Ausland pünktlich ein deutsches Mittagessen serviert zu bekommen, es bestenfalls in der Sonne und in rein deutscher Gesellschaft einzunehmen, ist eine Vorstellung, die italienischen Ernährungsgewohnheiten zuwiderläuft. In Italien ist es üblich, die Mittagssonne zu meiden, abends zu essen und die leichte Mittelmeerküche schweren Speisen, etwa deutschen Fleischgerichten, vorzuziehen. Dies wird im Film durch den vom Angebot sichtlich enttäuschten italienischen Gast gezeigt. Auch zeitgenössische deutsche Zuschauer:innen, die Erfahrung mit der italienischen Lebensart hatten, können daher womöglich über die Darstellung ‚typisch' deutschen Fehlverhaltens im Italienurlaub lachen, weil sie mit dem Satiriker Polt wissen, wie es besser geht.

Die satirische Funktion erschöpft sich aber nicht im harmlos Kulinarischen. In obigem Ausschnitt verdeutlicht das ein Blick auf Frau Endress: Während sich diese Figur im Laufe der Handlung verschiedentlich über zu laute *italienische* Kinder echauffiert, scheinen sie die spielenden *deutschen* Kinder nicht zu stören. Stattdessen „mokiert" sie „sich" (Z. 10), wie der Nebentext verrät, über die italienischen Kellner, denen sie Faulheit und Unaufmerksamkeit attestiert und damit chauvinistische Vorurteile gegenüber Italiener:innen abruft: „Daß die Kerle da nix Besseres zum tun haben, als da ihre Faxn machen – die sollen bedienen!" (Z. 11f.) Die im Nebentext notierten Informationen über das kinderfreundliche und servile Verhalten der Kellner (Z. 8f.), das durch die Regie performativ umgesetzt und so dem Publikum vermittelt werden kann, markieren die Aussage von Frau Endress als Ressentiment und lassen auf eine fremdenfeindliche Überzeugung schließen. Polt geht es darum, vorurteilsbehaftete deutsche Verhaltensweisen „in ihren naiv-offenherzigen bis rassistisch-brutalen Ausführungen" zu demaskieren (Pichler 2017a, 207).

Der dramatischen Gattung gemäß, werden Figuren allerdings nicht durch Erzählerkommentare charakterisiert und bewertet, sondern indirekt durch ihr Auftreten, ihr Verhalten und ihre eigene Rede. Komik in *man spricht deutsh* resultiert häufig aus der satirischen Selbstentlarvung der deutschen Figuren: Entweder brechen sie im sozialen Umgang mit verbreiteten, anerkannten Verhaltensnormen oder sie entsprechen ihren eigenen Normen nicht. Während die lachenden Zuschauer:innen sich mit Polt über die verletzten Normen einig wissen, werden den Figuren in *man spricht deutsh* die Inkongruenzen zwischen Anspruch und wirklichem Verhalten nie bewusst. Im Gegenteil sorgt die auf den deutschen Tourismus ausgerichtete Umgebung dafür, dass sie sich ‚in der Fremde' den Einheimischen durchweg überlegen fühlen. Die Italiener:innen hingegen kommen den deutschen Urlaubserwartungen weit entgegen: Klaglos beugen sie sich den deutschen Wünschen, sie sprechen und kochen ‚deutsh'.

Wird damit auch das Verhalten der Italiener:innen ridikülisiert, über das dann deutsche Zuschauer:innen lachen könnten? Boris Blahak und Clemens Piber werten die germanisierte Speisekarte und die Erläuterung des Kellners als Beleg für „die absolute Selbstverleugnung der eigenen Kultur durch die im Tourismus Beschäftigten" (2010, 33), doch dieser Schluss scheint uns nicht zwingend zu sein. Der Dialog über das Essensangebot zwischen dem Kellner und dem italienischen Gast belegt zwar, dass die *„deutsche Speisekarte"* (Z. 16) keine Übersetzung einer italienischen Karte ist, sondern vor allem aus deutschen Gerichten besteht: „Rindsroulade" (Z. 18f.), „Leberkes" (Z. 24) und „Surhaxe" (Z. 28) werden als „specialità tedesca" (Z. 24) auf Italienisch erläutert. Durch die eingestreuten deutschen Vokabeln dürften auch Rezipient:innen ohne Italienischkenntnisse dem Gespräch halbwegs folgen können. Der Dialog erweist sich damit aber als eine spielerischlustvolle Parodie eines typischen interkulturellen Restaurantskripts. Denn während es sinnvoll erscheint, wenn Tourist:innen sich an fremden Orten lokale Gerichte erklären lassen und damit ihr Interesse an der anderen Kultur zeigen, wird die Situation hier umgekehrt: Ein Italiener informiert sich über deutsche Küche in Italien. Für Italienisch sprechende Zuschauer:innen nutzt Polt die Sequenz zudem für sprachkomische Momente, die auf der Klangähnlichkeit semantisch differenter deutscher und italienischer Worte beruhen. „Surhaxe" wird beispielsweise erläutert als „stinco di maiale bollito" (Z. 28f.), wörtlich: ‚Haxe vom gekochten Schwein', was den italienischen Gast vom Essenswunsch endgültig Abstand nehmen lässt. Wer kein Italienisch versteht, kann „stinco" als pejorative Beschreibung des Geruchs (miss)verstehen. Allein italienisch sprechende Deutsche, also tendenziell deutsche Bildungsurlauber:innen, mögen den Doppelsinn erfassen. Doch auch wenn womöglich Rezipient:innen die in der Speisekarte symbolisierte Ausrichtung ganz auf die Ansprüche deutscher Tourist:innen für falsch oder lächerlich halten und in der Folge das italienische Verhalten verlachen, finden wir im Film keine Indizien für eine italienkritische Stoßrichtung Polts. Vielmehr lebt die Komik vom Kontrast zwischen den freundlichen und „ordentlich"

(Z. 7) gekleideten Italienern auf der einen Seite und den rücksichtslosen, unangemessen gekleideten Deutschen auf der anderen. Die visuelle Versammlung der deutschen Urlauber:innen im Ristorante ergibt darüber hinaus ein Bild potenziell **grotesker Komik**. Denn die vielen halbnackten und, wie der Film zeigt, nicht besonders ansehnlichen deutschen Körper wirken, bei entsprechender Inszenierung, tendenziell komisch und unheimlich zugleich.

Mit dem Wissen, dass für Deutsche Italien spätestens seit den Reisen Goethes und Herders Ende des 18. Jahrhunderts ein hochkulturell aufgeladenes Sehnsuchtsland ist und dass sich erst seit dem Einsetzen des Massentourismus in den 1950er/60er Jahren die breitere Bevölkerung einen Italienurlaub leisten konnte (vgl. Manning 2011), liegt es nahe, nicht die Italiener:innen, sondern die deutschen Tourist:innen als die intendiert verlachte Personengruppe zu identifizieren. Denn bei den in der Szene dargestellten Deutschen handelt es sich gerade nicht um Bildungsreisende im *Kultur*urlaub, sondern um Angehörige der Mittelschicht, die im kostengünstigen *Pauschal*urlaub in Italien Strand, Sonne und ein weitgehend deutsches statt italienisches *dolce vita* suchen. Diese Suche und den eher kleinbürgerlichen Habitus der dargestellten Deutschen, den der Film auch über Kleidung und Verhalten anzeigt, könnten Italiener:innen als Fehlverhalten verlachen. Doch der Film, der ebenso wenig wie das Drehbuch ins Italienische übersetzt wurde, hat in erster Linie deutsche Zuschauer:innen im Blick, für die das Verhalten der gezeigten deutschen Urlaubsgesellschaft mit bestimmten normativen, etwa bildungsbürgerlichen Erwartungen an eine Italienreise konfligiert und so – hier und an anderen Stellen – potenziell Komik erzeugt. Auch für Deutsch-Italiener:innen kann diese Gegenüberstellung komisch wirken, setzt sie doch bei klassischen Stereotypen über deutsche Strand- und Pauschaltourist:innen an, die hier als eine Gruppe ähnlicher Typen dargestellt werden: Sie zeigen keinerlei interkulturelle Anpassungsbereitschaft, ja scheinen sich für die italienische Kultur, inklusive Kulinarik, gar nicht zu interessieren, sondern den Aufenthalt in Italien als ein an einen sonnigeren Ort versetztes Heimaterlebnis zu konzipieren (vgl. auch Fricker 2017, 153).

Abschnitt 2: Essensbestellung (Polt/Müller 1988, 90–92).

    Erwin *und* Irmgard *setzen sich sofort an den freigewordenen Tisch.*

        Franco *noch zum* Italienischen Gast Arrivederla, signor ...
        Irmgard *hält* Franco *auf, der weggehen will* Herr Ober ...
        Franco Haben schon gewählt?
35   Irmgard Ja. Was ist bitte diese Poseidon-Platte?
        Franco Gutt ... äh ... das ist sehr gutt ... äh ... alles vom Meer ... äh ... ganz frisch ...
        Irmgard Ja, des is ... des leisten mir uns heute. Dann nehmen wir einmal Poseidon-Platte für zwei Personen, zur Feier des Tages ...
        Erwin Mir a Weißbier ...

40 IRMGARD Und mir ein Mineralwasser ...
    FRANCO Haben wir gute dunkle Weißbier von Hopf-Miesbach ...
    ERWIN *erfreut* Ham S' es wieder da? Ja, des nehm ich ... Heinz-Rüdiger, und du? Heinz-Rüdiger!

Unter dem Tisch: Man sieht die Beine von ERWIN/IRMGARD/FRANCO *sowie* HEINZ-RÜDIGER, *der unterm Tisch sitzt und spielt.*

45 ERWIN *off* Heinz-Rüdiger!
    FRANCO *off* Wir haben eine gute Kinderschnitzel ...
    IRMGARD *beugt sich zu* HEINZ-RÜDIGER *unter den Tisch* Willst a Kinderschnitzel?
    ERWIN *off* Ham Sie Pommes frites?
    FRANCO *off* Natürlich haben wir Pommes frites!
50 ERWIN *beugt sich zu* HEINZ-RÜDIGER *unter den Tisch* Willst Pommes frites?
    HEINZ-RÜDIGER *bestellt* A Eis und a Limo ...
    IRMGARD *off* Bringen S' ihm a Limo und einmal Pommes frites!

    [...]

    IRMGARD *zu* FRANCO, *deutet nach unten* Und bringen S' ihm a Portion gelbe Rüben dazu!
55 FRANCO *total neutral* Gut, danke ... *Geht.*

    [...]

Für die Löfflers erweist sich der Abgang des italienischen Gasts als Glücksfall, sie bekommen einen der begehrten Tische (vgl. Z. 30). Dass sich dieser Gast hier ‚fremd im eigenen Land' zu fühlen scheint, verdeutlicht einmal mehr, dass die ‚Schwarzwaldgrotte' einen deutschsprachigen Mikrokosmos darstellt, in dem Einheimische eher stören.

Die Szene wird – wie es das Restaurantskript erfordert – mit der Bestellung fortgesetzt. Weil es sich um den letzten Urlaubstag handelt, ordert Irmgard Löffler floskelhaft ein vermeintlich landestypischeres Gericht: nämlich die „Poseidon-Platte für zwei Personen" (Z. 37f.).

Abhängig vom Kenntnisstand dürfte das Bestellen der ‚Poseidon-Platte' für Belustigung sorgen. Irmgard Löffler lässt sich zu dieser Wahl von der Aussicht auf ein vornehmes Essen verleiten, ohne zu wissen, um was es sich handelt: „Ja, des is ... des leisten mir uns heute [...] zur Feier des Tages" (Z. 37f.). Damit scheint sie die Vorstellung zu verbinden, den Urlaub kulinarisch mit etwas Besonderem, nämlich einer kostspieligen lokalen Spezialität zu beschließen. Poseidon allerdings ist ein Meeresgott der griechischen Antike, der im Lateinischen zu Neptun wurde. Die Ambition, ein italienisches Gericht zu konsumieren, erscheint folglich aus einer informierten Perspektive lächerlich. Der Widerspruch zwischen einem vermeintlich authentischen Urlaubserlebnis und der präsentierten Situation hat hier erneut eine satirische Funktion. Denn an den Löfflers wird nicht nur die fehlende Bildung, sondern auch das interkulturelle Desinteresse der Deutschen ausgestellt. Erwin übertrifft in dieser Hinsicht noch seine Frau, wenn er in karikierter ‚guter' deutscher Tradition auf Bairisch, also im bayerischen Dialekt, „a Weißbier" aus seiner Heimat bestellt (Z. 39). An Weißwein, z. B. Pinot Grigio, oder anderen, zu den bestellten Meeresfrüchten passenden italienischen Getränken besteht kein Interesse. Für das Kind bestellt man Pommes Frites, mit schlechtem Gewissen, das durch die gesunde Beilage „[g]elbe Rüben", hochdeutsch: Karotten, kompensiert werden soll (Z. 54).

Inszenatorisch bringt dieser Szenenabschnitt einen Perspektivwechsel (Z. 43–52): Vorübergehend wandert die Kamera laut Nebentext unter den Tisch zum spielenden Kind, sodass die Bestellungen der Eltern aus dem *off* ertönen. Diese im Drehbuch angelegte (filmisch jedoch nicht umgesetzte) interne Fokalisierung eröffnet den Zuschauer:innen den verfremdeten Kinderblick auf das Erwachsenengeschehen und mag (bei der Lektüre) zur Verstärkung der Szenenkomik insgesamt beitragen.

Im Dialog mit dem Kellner trifft hier außerdem erstmals in unserem Ausschnitt das italienische ‚Tourismusdeutsch' auf die Deutschen; eine Kollision mit Komikpotenzial: Denn das verständliche, aber grammatikalisch nicht korrekte Deutsch Francos kontrastiert mit dem ebenfalls vom Standarddeutsch abweichenden Dialekt der Löfflers. Ein etwaiges Lachen über das fehlerhafte Deutsch des Kellners wird so durch das Bairisch konterkariert. Aufgrund der dialektalen Färbung, die im Film noch verstärkt wird, können auch regionalspezifische Aspekte eine Rolle bei der Rezeption spielen. Wer etwa Vorurteile gegen das Bairische und Bayern hat (und das haben in Deutschland viele Nord- und Westdeutsche), kann das Verhalten der Familie zusätzlich lächerlich finden.

Abschnitt 3: Essen (Polt/Müller 1988, 92–95).
    FRANCO *zu* FAMILIE LÖFFLER Vorsicht! So, die Getränke ...

    Ein ZWEITER OBER *bringt die „Poseidon-Platte".*
    ERWIN *verteilt sämtliche Krustentiere (es sind ausschließlich Krustentiere auf der Platte).*
60   ERWIN *und* IRMGARD *beobachten sich gegenseitig, wie man die Krustentiere knacken könnte. Große Ratlosigkeit.*
    [...]
    ERWIN *und* IRMGARD *stochern an den Krustentieren herum.*

    ERWIN *winkt* FRANCO *herbei, hält ein Tier hoch* Ah Sie, Herr Ober, wo isn da was zum
65   Essen dran?
    FRANCO Sie müssen aufbrechen, und ist schon die Fleisch innen. Alles frisch ... *Serviert Pommes frites und gelbe Rüben.*
    IRMGARD Ah, ja, vielen Dank!

    ERWIN *und* IRMGARD *quälen sich mit den Schalentieren herum und spritzen Scampifleisch um*
70   *sich; es gelingt ihnen nicht, etwas Eßbares aus der „Poseidon-Platte" zu gewinnen.*

    IRMGARD *ruft* Heinz-Rüdiger, deine Pommes frites!

HEINZ-RÜDIGER *unterm Tisch, off* Gleich!
[...]
IRMGARD *stiehlt sich ein Pommes frites* Heinz-Rüdiger, deine Pommes frites!
75 HEINZ-RÜDIGER *unterm Tisch, off* Gleich ...
ERWIN Heinz-Rüdiger, deine Pommes frites!
ERWIN *schaut die Pommes frites gierig an.*
Keine Reaktion von HEINZ-RÜDIGER.
ERWIN Gut, dann eß halt ich! *Nimmt sich* HEINZ-RÜDIGERS *Pommes frites und das Gelbe-*
80 *Rüben-Gemüse.*
IRMGARD *ebenfalls gierig*: Halt! Halt, halt, da krieg ich auch a paar davon!

ERWIN *und* IRMGARD *fallen über* HEINZ-RÜDIGERS *Pommes frites und gelbe Rüben her und essen sie restlos auf.*
[...]
85 IRMGARD *zu* FRANCO Sie, Herr Ober! Da, des können S' wieder mitnehmen!
FRANCO Hat nicht geschmeckt? Ist aber alles frisch!

FRANCO *räumt die nicht verzehrte „Poseidon-Platte" wieder ab.*

ERWIN *zu* FRANCO Ja, ha, das glaub ich Ihnen. Aber mir hätten doch die Haxe nehmen sollen.
IRMGARD *zu* FRANCO Mir ham gedacht, heute an unserm letzten Tag ... aber es ist halt nicht
90 jedermanns Geschmack, gell?

FRANCO *entfernt sich.*
[...]
HEINZ-RÜDIGER *taucht von unterm Tisch auf* So. Wo sind meine Pommes frites?
ERWIN *kaut noch* Ja, jetzt ist's zu spät.
95 IRMGARD *belehrend* Mir ham dich dreimal gerufen!
ERWIN *will ihm Geld geben* Da, kauf dir ein Eis.
HEINZ-RÜDIGER *weint fast* Ich will aber kein Eis! Ich will Pommes frites!
IRMGARD *tröstet* HEINZ-RÜDIGER Weißt was, jetzt gehst ins Auto, da ham mir im Handschuh-
fach a Tüte Kartoffelchips. Des is fast wie Pommes frites. Erwin, gib ihm an Schlüssel!

Dem Restaurantskript entsprechend, wird die Szene mit dem Servieren fortgesetzt und führt damit inszenatorisch auf den Höhepunkt, das heißt zum „völligen Scheitern der deutschen Akteure" (Blahak/Piber 2010, 24). Wichtigstes Requisit sind die „Krustentiere" (Z. 59f., 63) der ‚Poseidon-Platte', mit denen die Löfflers sichtlich überfordert sind. Auch mit der wohlmeinenden Erklärung des Kellners können sie wenig anfangen. Rat- und hilflos sehnen sie sich nach vertrauter deutscher Kost und lassen die teure ‚Poseidon-Platte' zerstört, aber nicht verspeist zurückgehen. Stattdessen essen sie, wie dem Nebentext zu entnehmen ist, ihrem unter dem Tisch spielenden Sohn die Pommes Frites weg, was diesen verstimmt.

Das Geschehen erinnert an einen typischen Sketch: Sketche haben als komische Gattung einen „geringen Komplexitätsgrad" und beschränken sich meist „auf nur einen Schauplatz bzw. auf eine einzige, zeitdeckend gespielte Aktion bzw. Dialog-Abfolge". Sie zielen darauf, das Publikum durch „mindestens eine [...] Pointe" zum Lachen zu bringen (Fleischer/Müller 2007, 442). Als Pointe, also überraschende witzige Wendung am Schluss, erweist sich hier das Essen der Pommes Frites, denn an die Stelle des luxuriösen Meeresfrüchtegerichts tritt so billiges *fast food*. Der Drehbuchauszug zeigt, dass diese Szene aufgrund der burlesken, also eher grob komischen, slapstickhaften Anlage auch weitgehend pantomimisch, das heißt ohne Worte funktionieren würde. Bei Slapstick-Komik verliert „ein Subjekt scheinbar die Kontrolle über sich und seinen Körper" (Thurner 2006, 334). In der Folge entsteht eine Inkongruenz zwischen der Erwartung, sich kontrolliert und souverän in einer sozialen Situation zu bewegen, und der Enttäuschung dieser Erwartung. Indem sich die Löfflers mit dem aufgetischten Essen „*quälen*", sie „*mit Scampifleisch um sich [spritzen]*" (Z. 69f.) und es ihnen trotz der Hinweise des Kellners („Sie müssen aufbrechen, und ist schon die Fleisch innen", Z. 66) misslingt, „*etwas Eßbares aus der ‚Poseidon-Platte' zu gewinnen*" (Z. 70), scheitern sie auf ganzer Linie. Diese Enttäuschung kann ein schadenfrohes Lachen hervorrufen. Die ungeschickten Bewegungen, das spritzende Krebsfleisch und die Überforderung der spärlich bekleideten Löfflers haben groteskes und satirisches Potenzial. Das Paar erscheint als Exempel stereotypisch deutscher Tourist:innen: provinziell, ungebildet und ignorant.

Da Ernährungsgewohnheiten mit der sozialen Lage differieren, sind „Besteckszenen" (Spoerhase 2024) ein in der Literatur etabliertes Sujet, um soziale Distinktionen, also Milieu- und Schichtenunterschiede (↗ *Klassismus*) augenfällig zu machen. So auch in unserer Szene: Weiß man, dass auch im Deutschland der 1980er Jahren bereits Hummer und andere Krebse (meist als Luxusartikel) vertrieben wurden, haben sich die Löfflers mit der Bestellung sozial und kulturell überfordert und müssen nun den Preis für diese Selbstüberschätzung zahlen: Sie werden zu verlachenswerten Figuren. Etwaiges Mitgefühl wird textuell abgefedert durch die mangelnde Einsicht der Verlachten. Sie schämen sich nicht; vielmehr stellt Irmgard heraus: „Mir ham gedacht, heute an userm letzten Tag ... aber es ist halt nicht jedermanns Geschmack, gell?" (Z. 89f.). Die selbstentlarvende rhetorische Frage belegt eindrücklich, dass sie sich sogar in dieser Situation den Einheimischen und ihren Essgewohnheiten überlegen fühlt.

Doch damit nicht genug: Polt versieht die weitere Handlung mit einer Wende, wenn die Löfflers „*gierig*", wie es mehrfach heißt (Z. 77, 81), „*über* Heinz-Rüdigers *Pommes frites und gelbe Rüben*" herfallen „*und [...] sie restlos auf[essen]*" (Z. 82f.). Die burlesk übersteigerte satirische Darstellung von Eltern, die hemmungslos das Essen ihrer Kinder verzehren statt sich fürsorglich um deren Ernährung zu kümmern, dürfte einer anthropologisch und überkulturell verankerten Norm widersprechen und mithin recht universell als komisch empfunden und verlacht werden. Denn dass Eltern das ihren Kindern zugedachte Essen verschlingen, berührt ein tiefsitzendes Tabu. Dieses wird auch durch den Nebentext verdeutlicht. Der Sohn „*weint fast*" (Z. 97). Dass Irmgard die Szene mit dem Hinweis auf Kartoffelchips im Auto aufzulösen versucht, offenbart ihr schlechtes Gewissen.

Die Restaurantszene zeigt, dass die potenzielle Komik hier meist auf der grundlegenden Inkongruenz zwischen der in den Dialogen dargelegten empfundenen Überlegenheit der deutschen Tourist:innen gegenüber den Italiener:innen und dem zur Schau gestellten tatsächlichen Verhalten der Deutschen resultiert. Die Deutschen fühlen sich ständig überlegen, respektieren das Gastland und seine Bewohner:innen nicht und verhalten sich auf allen Ebenen fehl. Komik entsteht dadurch, dass sie für ihr eigenes Fehlverhalten blind sind. Während sie selbst kulinarisch, interkulturell, sprachlich und moralisch scheitern, kann das Publikum diese Inkongruenzen als komisch wahrnehmen und daher im Sinne der Überlegenheitstheorie die Gruppe der Tourist:innen als provinziell, ungebildet, ja tendenziell chauvinistisch verlachen.

3.3 *man spricht deutsh* als ‚Realsatire'? Wirkungsästhetische Deutung

Unsere Analysebefunde kann man zu einer wirkungsästhetischen Deutung des Films bündeln, also zu einer Hypothese, welche Publikumsreaktion Polt im Kontext der zeitgenössischen Rezeptionsbedingungen erwarten konnte und womöglich intendiert hat. Das deutsche Publikum betrat 1988 das Kino in der paratextuell gestützten Gewissheit, eine Komödie und damit einen Film zu sehen, der sie unterhalten sollte. Da Kinobesuche soziale Ereignisse sind, kann es in der für Kinos typischen „kollektive[n] Lachkultur" (Siegrist 2017, 370) zu einem ‚ansteckenden' gemeinsamen Lachen kommen, das etwaige komische Wirkung verstärkt. Bei den Durchschnittszuschauer:innen konnte man zudem Kontextwissen über Urheber und Hauptdarsteller voraussetzen: Polt war von Kabarettauftritten auf der Bühne und im Fernsehen bekannt. Dabei konnte er schon „allein durch Statur", „Idiom" und „Bühnenpräsenz" (Pichler 2017b, 179) das Publikum vor jeder witzigen Aussage in eine ‚lacherwartende' Haltung versetzen. Da zeitgenössisch außerdem Polts gesellschaftspolitisches Engagement (etwa für Umweltschutz, gegen Fremdenfeindlichkeit) bekannt war, lag es vorab nahe, dass der Spott sich eher nicht gegen Italiener:innen, sondern nach innen, also primär auf die Deutschen richten würde. Der für seine satirischen Gedichte bekannte Lyriker Robert Gernhardt warf Polt diese Einseitigkeit sogar vor: „Dem deutschen Touristen, der liebend gerne ein Italien ohne Italiener hätte, entspricht der Italiener, der die Deutschmark am liebsten ohne deutsche Klientel einstecken würde" (zit.

n. Zehrer 2001, 101). Die durchschnittlichen Zuschauer:innen dürften damals zudem mit den italienischen Stereotypen deutscher Strandtourist:innen, die Polts Film nach unserer Analyse hervorruft, vertraut gewesen sein: Die Italiener:innen erlebten die Deutschen als „geschmacklose Banausen", „deren Küche schrecklich sei und die sich schlecht anzögen" (Heinrich 2024, 51:17–51:23 Min.). Ist der Film also allein auf eine aggressiv-komische Sanktionierung dieses Typus deutscher Italientourist:innen ausgerichtet? Könnte man sich nicht auch Zuschauer:innen vorstellen, die weniger *über* als *mit* den Löfflers lachen, sich vielleicht selbst in überfordernden ‚Besteckszenen' erlebt haben, sich Sorgen vor dem eigenen Versagen in ähnlichen Situationen machen oder aus Mitleid oder Fremdscham mit den Löfflers fühlen, ja vielleicht sogar – im Sinne der Entlastungstheorie – das Verspeisen der für das Kind gedachten Pommes als befreienden Tabubruch werten, um sich womöglich im Anschluss doch wieder für dieses Verhalten und ihr Mitempfinden zu schämen? Claudia Pichler macht dies als ein typisches Phänomen von Polts Œuvre aus: Das „Publikum" verschaffe sich „Erleichterung", indem es „lacht [...], sogar wenn es sich womöglich selbst ertappt fühlt und deswegen nur umso heftiger lachen muss" (2017b, 181). Die satirischen Überzeichnungen deutschen Fehlverhaltens in *man spricht deutsh* wären dann gar keine so starken Übertreibungen, sondern kämen als eine ‚Realsatire' dem tatsächlichen deutschen Touristenverhalten auf die ein oder andere Weise recht nahe und wären folglich auf ein Über- und Mitlachen über die eigenen Fehlbarkeiten hin angelegt. Immer wieder wurde darauf hingewiesen, dass sich Polts „Kunst [...] vor allem aus einer unvergleichlichen Beobachtungsgabe" schöpfe (Bauschinger 2000, 206), in deren Folge er „seine Mitmenschen" imitiere und kritisiere (Pichler 2017a, 102). Als Deutscher, der gerne nach Italien reist und sogar ein Ferienhaus im Drehort besitzt, kann er seinen Landsleuten jenseits von Bildung, gesellschaftlichem Prestige oder Urlaubsbudget den Spiegel vorhalten, ohne sich selbst davon auszunehmen. Da Polt bei seiner Darstellung „häufig nur eine[n] sehr geringen Grad[ ] der Überzeichnung" nutzt, „nehmen sie viele [...] nicht als eine satirische wahr" (Pichler 2017a, 138). Indem die Darstellung auch in *man spricht deutsh* (mit Ausnahme einiger Momente in den Traumsequenzen) weitgehend ohne starke Verfremdung oder Übertreibung auskommt, bleiben die tatsächlichen Umstände immer klar erkennbar. Vor diesem Hintergrund erscheint der Film als Gesellschaftsrealsatire, in der sich Deutsche nicht erkennen möchten, aber vermutlich doch erkennen. Es spricht einiges dafür, den Film so zu verstehen. Oder wie Fricker pointiert: „Polts Darstellung [...] weist die Zuschauer darauf hin, dass man so leicht eben keinen Urlaub vom Deutschsein nehmen kann" (2017, 158).

3.4 Empirische Rezeptionsanalyse

Beziehen wir faktische Rezeptionszeugnisse in unsere Analyse ein, können wir zunächst feststellen, dass viele Zuschauer:innen den Film nachweislich belustigend fanden. Fricker hat vor einigen Jahren deutschsprachige *Amazon*-Rezensionen ausgewertet und konnte so belegen, dass noch heute über den Film gelacht wird. In diesen und weiteren von mir gesichteten subjektiven Besprechungen auf Portalen wie *Amazon* wird immer wieder auf komische Qualitäten hingewiesen und ausgeführt, wie sehr man ‚damals' gelacht habe, entweder mit ‚den Deutschen' (und damit über sich selbst) oder über die ‚hässlichen Deutschen' (und damit über eine abzulehnende andere deutsche Gruppe) (vgl. Fricker 2017, 156f.). Mutmaßlich stammen die meisten dieser Zeugnisse von Personen, die den Film bereits in zeitlicher Nähe der Veröffentlichung gesehen haben.

Blicken wir in die Kritiken bis heute, fällt auf, dass meist das Satirische als dominante Funktion ausgemacht und der Film als strafendes Verlachen der deutschen Pauschalurlauber:innen verstanden wird. Man könnte die Hypothese aufstellen, dass bildungs- und kulturbürgerliche Zuschauer:innen, die zu wissen glauben, wie man sich im Urlaub *richtig* verhält, gemeinsam mit dem Satiriker die Pauschaltourist:innen aus einer elitären Haltung heraus verspotten. Eine solche Deutung ist anhand der analysierten Szene nicht unplausibel, doch ein Blick auf den ganzen Text bzw. Film – und diese Ganzheit ist für die Interpretation letztlich entscheidend – zeigt, dass sich die Satire nicht in einer kulturelitären Kritik erschöpft. Denn unter den Deutschen im italienischen Badeort finden sich (außerhalb unserer Szene) auch promovierte Akademiker, reiche Villenbesitzer und „snobistische[] Kulturmensch[en] mit Segeljacht" (Schmitt 1988), deren Verhalten den Pauschaltourist:innen *in puncto* Ignoranz, Fehlverhalten und Xenophobie in nichts nachsteht. Also, so kann man schließen, zielt die Satire nicht nur auf den Pauschaltourismus, sondern auf deutsche Urlauber:innen insgesamt (in Italien und womöglich auch anderswo). Der Titel *man spricht deutsh* würde dann weniger italienische Deutschkenntnisse karikieren, als vielmehr die geschilderten Verhaltensweisen als typisch deutsch ausweisen und realsatirisch vorführen.

Während die zeitgenössische Kritik in der Frage einig war, dass *man spricht deutsh* komisch intendiert war, herrschte Uneinigkeit, ob es sich um eine *gelungene* Komödie, also um einen Film handelt, der die intendierte Wirkung auch entfaltet. Die gemischte oder gespaltene Rezeption, die sich in den Rezeptionszeugnissen abbildet, könnte mit der realsatirischen Darstellungsform zusammenhängen. Denn Kritiken, die die komische Wirkung explizit herausstellten (Anonym 1988a), standen Positionen entgegen, die „wenig zu lachen" fanden, weil Polt „nicht von diesen Menschen" erzähle, „sondern sie ausstell[e]" (Schmitt 1988). Andere gaben gar zu bedenken, die „gefilmte Quasi-Realsatire" sei „genauso deprimierend wie die wirklichen Verhältnisse, aber nicht entfernt so interessant" (Sichtermann 1988).

Wechselt man die Bezugsgruppe und fragt nach der italienischen Rezeption, so zeigt sich, dass die komisierende Darstellungsabsicht hier als diffamierender, gänzlich unkomischer Angriff verstanden werden konnte. Wo der Film intendiert deutsche Tourist:innen zum Gegenstand des Verlachens machte, sah sich die italienische Bevölkerung des Drehorts angegriffen. In der *taz* kommentierte man, dass Polt zwar die „löbliche[ ] Absicht einer Parodie auf die germanische Eigenart, in die Ferne zu reisen" verfolge, „um sich dann über die dort lebenden Menschen und die vorhandenen Umstände zu beschweren", „beim Drehbuch" jedoch „nur an seine [...] Landsleute" gedacht habe. Mithin habe er „Vorurteile" bestätigt (Raith 1988) und sei letztlich „aufgetreten [...] wie die häßlichen Deutschen in seinem eigenen Film" (Anonym 1988b). Stein des Anstoßes war die Darstellung verschmutzter Strände, mit der hartnäckige deutsche Klischeebilder von Italien bedient würden. Bereits in der Goethezeit wurde die Landschaft, die Architektur und die Geschichte des Landes gelobt, während die italienische Gegenwart kritisiert wurde und man sich über Schmutz, Lärm und das Verhalten der Einheimischen beklagte (vgl. Werner 2022). Da der Film nicht übersetzt wurde, registrierte man hier vor allem die Ausstellung negativer italienischer Stereotype. Dass im Film immer auch deutlich wird, dass die visuell gezeigte Umweltverschmutzung und ähnliche Probleme direkt mit dem Verhalten der Deutschen am Strand bzw. dem Massentourismus zusammenhängen, konnte so nicht registriert werden. Polt reagierte in einer ironisch formulierten Stellungnahme dennoch gelassen: Er hoffe „daß die Erblast, die Goethe hinterlassen hat, die italienische Hotellerie nicht endgültig stranguliert" (Polt 1988, 2). Einmal mehr wird hier die Kontextsensibilität von Komik insbesondere in interkulturellen Zusammenhängen deutlich, in denen „Kontextwissen" als „die entscheidende Rezeptionsschwelle" gilt (Schäfer 1996, 133).

Auch zeitlicher oder kultureller Abstand und persönliche Einstellungen können dafür sorgen, dass der Film nicht die intendierte belustigende Wirkung hervorruft. Heutige deutsche Rezipient:innen etwa finden den Film häufig nicht mehr komisch, wie ein Versuch Frickers zeigt. Er hat *man spricht deutsh* im schulischen und universitären Unterricht in Deutschland, aber auch in Großbritannien und den USA, vorgeführt und die Reaktionen beobachtet. Er bilanziert, dass unter den jungen Erwachsenen und Kindern negative Reaktionen dominieren: „Ärger, Langeweile und peinliche Betretenheit waren weit verbreitet" (Fricker 2017, 148). Ähnliches zeigte sich bei der Vorführung eines Ausschnitts vor chinesischen und deutschen Studierenden im Rahmen meiner Arbeit an diesem Beitrag. Zwar sind die Klischeebilder deutscher Tourist:innen bis heute intakt (vgl. Kaindl 2024) und die satirisch angegriffenen Typen deutscher Urlauber:innen sicherlich weltweit anzutreffen. Doch die satirische Darstellung ihres Verhaltens in Kombination mit servilen Einheimischen ruft heute auch negative Reaktionen hervor. Dazu trägt bei, dass Polt jungen Menschen weniger bekannt ist und gerade Satiren schlecht altern, sofern sich tagesaktuelle Kontexte ständig wandeln. Das betrifft in besonderem Maß auch die Frage, wer welche Witze machen darf. Heute würden interkulturell sensible Rezipient:innen die Reproduktion des Tourismusdeutschs etwa nicht mehr tolerieren wollen.

Es sollte deutlich geworden sein, wie aufwendig es sein kann, die komische Wirkung eines Textes zu identifizieren und zu begründen. Komik erweist sich als hochgradig kontextsensibel und universalistische Analysen helfen uns nur bedingt zu verstehen, warum bestimmte Rezipient:innen zu einem bestimmten Zeitpunkt etwas als belustigend empfunden haben. Denn, ob etwas als komisch wahrgenommen wird, hängt stets auch vom jeweiligen Standpunkt sowie persönlichen Erwartungen, gruppenspezifischen Dispositionen, sozial und kollektiv konstituierten Ansichten ab. Eine kontextualistische Komikanalyse bringt uns daher nicht zum Lachen, sie kann aber erklären, warum eine Darstellung als belustigend wahrgenommen wurde, und ermöglicht so diverse Einblicke in andere Kulturen, Zeiten und Weltanschauungen.

4 Kritik und Ausblick

Komikanalysen rechtfertigen kein verletzendes Lachen. Doch kontextualistische Zugriffe können auch in aktuellen Konflikten des Lachens und Verlachens, wie wir sie in Debatten um eine vermeintliche *Cancel Culture* oder die ‚politische Korrektheit' finden (vgl. Müller-Kampel 2012, 39), zu einem besseren Verständnis der unterschiedlichen, teils polarisierten Positionen verhelfen. Der über viele Jahrzehnte erfolgreiche deutsche Comedian Otto Waalkes (*1948) hat 2023 zur Verteidigung seiner heute teilweise als diskriminierend wahrgenommenen Sketche (↗ *Klassismus*) die Kontextsensibilität von Komik angeführt: „Vor einem halben Jahrhundert wurden diese Pointen offenbar nicht als diskriminierend empfunden", sie seien „auch nicht so gemeint" gewesen: „Es wurde darüber gelacht." Gleichzeitig gesteht er ein, dass „[j]eder Witz [...] sein Verfallsdatum" habe: „Auch Don Quichotte oder die Narren bei Shakespeare wirken schon lange nicht mehr so komisch wie zu ihrer Zeit" (Waalkes 2023). Eine kontextualistische Komikanalyse hilft uns, auch nach dem ‚Verfallsdatum' eines Witzes nicht nur dessen Inhalt, sondern auch dessen Wirkungsspektrum sensibler zu verstehen und so durch die Aufdeckung der komplexen Voraussetzungen und heterogenen Implikationen des Lachens sozial-, mentalitäts-, politik- und kulturgeschichtliche Aufklärung über den Charakter aktueller Konfliktlagen zu geben.

5 Merkbox

Forschungsbereich: Literatur und Komik, Sozial- und Kulturgeschichte des Lachens

Wichtige Begriffe: Komik, Lachen, Satire, Groteske, Humor, Parodie, Travestie, Kontext, Kontextsensibilität

Ansätze und Methoden: Komiktheorie, Inkongruenztheorie, Überlegenheitstheorie, Entlastungstheorie, Skript-Theorie der Komik, kontextualistische Komikanalyse, Rezeptionsanalyse, Analyse eines Drehbuchs

Leitfragen/Typische Fragen: Wer hat über einen Text zu welchem Zeitpunkt gelacht? Warum? Wo lassen sich im Text potenziell komische Inkongruenzen feststellen? Welche Formen des Komischen liegen vor? Richtet sich der Text gegen eine Person oder eine Gruppe? Welche sozialen, politischen, epistemischen oder ästhetischen Funktionen kommen dem Komischen zu? Welche Kontexte muss man zum Verständnis der Komik bei den Rezipient:innen voraussetzen?

6 Lektüreempfehlungen

Einführend empfehlen wir Kindt (2011). Ein Komikhandbuch liegt vor (Wirth 2017); hier findet man auch Einträge zu literarischer Komik. Zu Satiren weisen wir auf die Darstellungen von Schönert (2011) und Spoerhase (2020) hin.

7 Zitierte Literatur

7.1 Literarische Quellen

Goethe 1780: Goethe, Johann Wolfgang: „Ein gleiches (Wandrers Nachtlied)" [1780], in: *Goethes Werke*. Hamburger Ausgabe in 14 Bdn., Bd. 1, hg. v. Erich Trunz. Vollst. Neub. München 1981, S. 142.
Kehlmann 2005: Kehlmann, Daniel: *Die Vermessung der Welt*. Reinbek bei Hamburg 2005.
Kraus 1922: Kraus, Karl: *Die letzten Tage der Menschheit. Tragödie in fünf Akten. Mit Vorspiel und Epilog* [1922]. Werke, Bd. 5, hg. v. Heinrich Fischer. München 1957.
Mann 1947: Mann, Thomas: *Doktor Faustus* [1947], hg. u. textkrit. durchg. v. Ruprecht Wimmer. Frankfurt a. M. 2007 (= *Große Frankfurter Ausgabe*, Bd. 10.1).

Morgenstern 1905: Morgenstern, Christian: „Fisches Nachtgesang", in: *Galgenlieder*. Berlin 1905, S. 15.
Polt/Müller 1988: Polt, Gerhard und Hanns Christian Müller: *man spricht deutsh*. Drehbuch. Zürich 1988.

7.2 Film

Müller 1988: Müller, Hanns Christian (Reg.): *man spricht deutsh*. D, 1988, basiert auf dem Drehbuch von Gerhard Polt und Hanns Christian Müller.

7.3 Darstellungen

Albrecht 2017: Albrecht, Andrea: „'Die Wahrheit folgt der Erfindung auf dem Fuss'. Zur Kontextsensibilität des Satirischen am Beispiel von Thomas Theodor Heine und Ernst Hanfstaengl", in: *Non Fiktion* 12.1 (2017), S. 13–30.
Ammon 2015: Ammon, Ulrich: *Die Stellung der deutschen Sprache in der Welt*. Berlin et al. 2015.
Anonym 1988a: Anonym: „Faß ohne Boden. Ein Bayer in Italien: In seiner neuen Film-Satire ‚Man spricht deutsh' beleuchtet Gerhard Polt die Ferien eines Spießers", in: *Der Spiegel* 7 (1988).
Anonym 1988b: Anonym: „Polts Schleifspur", in: *taz*, 07.05.1988, S. 1.
Bauschinger 2000: Bauschinger, Sigrid: „‚Ich bin kein Komiker, ich bin eher komisch': Der Kabarettist Gerhard Polt", in: *Literarisches und politisches Kabarett von 1901 bis 1999*, hg. v. Sigrid Bauschinger. Tübingen/Basel 2000, S. 205–217.
Berensmeyer 2017: Berensmeyer, Ingo: „Komische Formate im Fernsehen (USA, GB, Deutschland)", in: *Komik. Ein interdisziplinäres Handbuch*, hg. v. Uwe Wirth. Stuttgart 2017, S. 370–379.
Blahak/Piber 2010: Blahak, Boris und Clemens Piber: „‚man spricht deutsh'. Zum Einsatz des Spielfilms als Medium interkultureller Sensibilisierung im Rahmen des Fachsprachenunterrichts ‚Deutsch im Tourismus'", in: *Brünner Hefte zu Deutsch als Fremdsprache* 3.1 (2010), S. 12–37.
Block 2020: Block, Friedrich W.: „Keine Komik ohne Grenzen! Einleitung und Synopse", in: *Grenzen der Komik. Ergebnisse des Kasseler Komik-Kolloquiums*, hg. v. Friedrich W. Block und Uwe Wirth. Bielefeld 2020, S. 7–18.
Freud 1905: Freud, Sigmund: *Der Witz und seine Beziehung zum Unbewußten* [1905], hg. v. Anna Freud et al. Frankfurt a. M. ⁴1969 (= *Gesammelte Werke*, Bd. 6).
Fleischer/Müller 2007: Fleischer, Michael und Ralph Müller: „Sketch", in: *Reallexikon der deutschen Literaturwissenschaft*, Bd. 3, hg. v. Harald Fricke et al. Berlin/New York 2007, S. 442–444.
Fricker 2017: Fricker, Christophe: „Was ist ‚deutsh'? Poetik und Rezeption nationaler Stereotype in Gerhard Polts *Man spricht deutsh*", in: *(Un)Komische Wirklichkeiten. Komik und Satire in (Post-)Migrations- und Kulturkontexten*, hg. v. Halyna Leontiy. Wiesbaden 2017, S. 147–160.
Genette 1993: Genette, Gérard: *Palimpseste. Die Literatur auf zweiter Stufe* [1982]. Aus d. Franz. v. Wolfram Bayer und Dieter Hornig. Frankfurt a. M. 1993.
Heinrich 2024: Heinrich, Sebastian: „Crucco: Wie Menschen in Italien auf Deutschland blicken", in: *Kurz gesagt: Italien* [Podcast] (02.03.2024). Online abrufbar unter https://kurzgesagt-italien.podigee.io/19-crucco (07.08.2024).

Hobbes 1959: Hobbes, Thomas: *Vom Menschen. Vom Bürger*, hg. u. übers. v. Günter Gawlick. Hamburg 1959.

Kaczmarek 2012: Kaczmarek, Ludger: „Travestie (1) [2012; letztes Update: 03.08.2022]", in: *Lexikon der Filmbegriffe*. Online abrufbar unter https://filmlexikon.uni-kiel.de/doku.php/t:travestie1-369?do= (07.08.2024).

Kablitz 2007: Kablitz, Andreas: „Komik, Komisch", in: *Reallexikon der deutschen Literaturwissenschaft*, Bd. 2, hg. v. Harald Fricke et al. Berlin/New York 2007, S. 289–294.

Kaindl 2024: Kaindl, Franziska: „Italien-Urlaub: Einheimische verraten, was ihnen bei Touristen am meisten auf die Nerven geht", in: *merkur.de* (14.06.2024). Online abrufbar unter https://www.merkur.de/reise/italien-einheimische-touristen-verhalten-urlaub-nervt-umfrage-zr-93043231.html (27.06.2024).

Kindt 2009: Kindt, Tom: „Die zwei Kulturen der Komikforschung", in: *Literatur und Kognition. Bestandsaufnahmen und Perspektiven eines Arbeitsfeldes*, hg. v. Martin Huber und Simone Winko. Paderborn 2009, S. 253–275.

Kindt 2011: Kindt, Tom: *Literatur und Komik. Zur Theorie literarischer Komik und zur deutschen Komödie im 18. Jahrhundert*. Berlin 2011.

Kindt 2017a: Kindt, Tom: „Komik", in: *Komik. Ein interdisziplinäres Handbuch*, hg. v. Uwe Wirth. Stuttgart 2017, S. 2–6.

Kindt 2017b: Kindt, Tom: „Humor", in: *Komik. Ein interdisziplinäres Handbuch*, hg. v. Uwe Wirth. Stuttgart 2017, S. 7–11.

Kotthoff 2018: Kotthoff, Helga: „Humor in der Pragmatik", in: *Handbuch Pragmatik*, hg. v. Frank Liedtke und Astrid Tuchen. Stuttgart 2018, S. 302–311.

Manning 2011: Manning, Till: *Die Italiengeneration. Stilbildung durch Massentourismus in den 1950er und 1960er Jahren*. Göttingen 2011.

Müller-Kampel 2012: Müller-Kampel, Beatrix: „Komik und das Komische: Kriterien und Kategorien", in: *LiTheS* 5.7 (2012), S. 5–39.

Pichler 2017a: Pichler, Claudia: *Fremdheit bei Gerhard Polt*. München 2017.

Pichler 2017b: Pichler, Claudia: „Der Polt. Was Satire so überhaupts kann", in: *Kursbuch* 189 (2017), S. 176–187.

Polt 1988: Polt, Gerhard: „Betr.: ‚Gerhard Polts Filmkomödie ruiniert Terracina'", in: *taz*, 22.04.1988, S. 2.

Polt 2022: Polt, Gerhard: „‚Mit diesem Wir wird unheimlich viel Unfug gemacht'. Gespräch mit Christine Neuhaus [2020]", in: *Gerhard Polt: Ich muss nicht wohin, ich bin schon da. Die besten Interviews*. Zürich/Berlin 2022, S. 205–215.

Preisendanz 1976a: Preisendanz, Wolfgang: „Komische (das), Lachen (das)", in: *Historisches Wörterbuch der Philosophie*, Bd. 4, hg. v. Joachim Ritter und Karlfried Gründer. Basel/Stuttgart 1976, Sp. 889–893.

Preisendanz 1976b: Preisendanz, Wolfgang: „Zur Korrelation zwischen Satirischem und Komischem", in: *Das Komische*, v. Wolfgang Preisendanz und Rainer Warning. München 1976, S. 411–413.

Raith 1988: Raith, Werner: „Gerhard Polts Filmkomödie ruiniert Terracina. Stornierungen und drohende Arbeitslosigkeit sind die Folge des Films ‚Man spricht deutsh'", in: *taz*, 21.04.1988, S. 9.

Schäfer 1996: Schäfer, Susanne: *Komik in Kultur und Kontext*. München 1996.

Schank/Abelson 1977: Schank, Roger C. und Robert P. Abelson: *Scripts, Plans, Goals and Understanding. An Inquiry into Human Knowledge Structures*, Hillsdale, NJ 1977.

Schmitt 1988: Schmitt, Uwe: „Der Karikaturlaub. ‚man spricht deutsh': der zweite Kinofilm von Schneeberger/Polt/Müller, in: *Frankfurter Allgemeine Zeitung*, 23.02.1988, S. 29.

Schönert 2011: Schönert, Jörg: „Theorie der (literarischen) Satire. Ein funktionales Modell zur Beschreibung von Textstruktur und kommunikativer Wirkung", in: *Textpraxis. Digitales Journal für Philologie* 2.1 (2011), S. 1–42.

Schopenhauer 1819: Schopenhauer, Arthur: *Die Welt als Wille und Vorstellung. Kritische Jubiläumsausgabe der ersten Auflage von 1819 mit den Zusätzen von Arthur Schopenhauer aus seinem Handexemplar*, hg. v. Matthias Koßler und William Massei Junior. Hamburg 2020.

Sichtermann 1988: Sichtermann, Barbara: „Blamage verlängert", in: *Die Zeit*, 30.12.1988.

Siegrist 2017: Siegrist, Hansmartin: „Der Tonfilm", in: *Komik. Ein interdisziplinäres Handbuch*, hg. v. Uwe Wirth. Stuttgart 2017, S. 360–370.

Sorg 2007: Sorg, Reto: „Groteske", in: *Reallexikon der deutschen Literaturwissenschaft*, Bd. 1, hg. v. Harald Fricke et al. Berlin/New York 2007, S. 748–751.

Spoerhase 2020: Spoerhase, Carlos: „Methodenskizze zur systematischen Rekonstruktion der literarischen Satire", in: *Scientia Poetica* 24 (2020), S. 307–320.

Spoerhase 2024: Spoerhase, Carlos: „Literarische Besteckszenen. Über den sozialen Aufstieg mit Messer und Gabel", in: *Merkur* 78.897 (2024), S. 66–74.

Thurner 2006: Thurner, Christina: „Komische Melancholie. Slapstick-Zitate bei Meg Stuart und Joachim Schlömer", in: *Komik. Ästhetik, Theorien, Strategien*, hg. v. Hilde Haider-Pregler et al. Wien et al. 2006, S. 331–338.

Verweyen/Witting 2007a: Verweyen, Theodor und Gunther Witting: „Parodie", in: *Reallexikon der deutschen Literaturwissenschaft*, Bd. 3, hg. v. Harald Fricke et al. Berlin/New York 2007, S. 23–27.

Verweyen/Witting 2007b: Verweyen, Theodor und Gunther Witting: „Travestie", in: *Reallexikon der deutschen Literaturwissenschaft*, Bd. 3, hg. v. Harald Fricke et al. Berlin/New York 2007, S. 682–684.

Waalkes 2023: Waalkes, Otto: „‚Plötzlich wird vor mir gewarnt': Otto Waalkes spricht über seine alten Gags. Interview von Steven Sowa", in: *t-online.de* (23.10.2023). Online abrufbar unter https://www.t-online.de/unterhaltung/stars/id_100262596/otto-waalkes-im-interview-ploetzlich-vor-mir-gewarnt-.html (27.06.2024).

Wagner 2017: Wagner, Moritz: *Babylon – Mallorca. Figurationen des Komischen im deutschsprachigen Exilroman*. Stuttgart 2017.

Werner 2022: Werner, Sylwia: „Der Schrecken des Südens. Italophobie in deutschen Reiseberichten der Goethezeit", in: *Zeitschrift für interkulturelle Germanistik* 13.1 (2022), S. 27–45.

Willand 2014: Willand, Marcus: *Lesermodelle und Lesertheorien. Historische und systematische Perspektiven*. Berlin/Boston 2014.

Wirth 2017: Wirth, Frank (Hg.): *Komik. Ein interdisziplinäres Handbuch*. Stuttgart 2017.

Zehrer 2001: Zehrer, Klaus Cäsar: *Dialektik der Satire. Zur Komik von Robert Gernhardt und der „Neuen Frankfurter Schule"*. Bremen 2001.

Zipfel 2017: Zipfel, Frank: *Tragikomödien. Kombinationsformen von Tragik und Komik im europäischen Drama des 19. und 20. Jahrhunderts*. Stuttgart 2017.

Yongqiang Liu und Weijie Ring

Tanz und Literatur in den *Interart Studies*
Am Beispiel von Heinrich Heine, *Pomare* (1847) und *Der Doktor Faust* (1851)

1 Kurzdarstellung, Relevanz und Aktualität des Themas

Literatur bezieht sich häufig auf andere Künste, in zusammenwirkender oder – wie seit dem antiken Paragone, dem Wettstreit der Künste – in konkurrierender Absicht (Albright 2014). Die facettenreichen Beziehungen zeigen sich sowohl in der Hochkultur als auch in der populären Kultur. Heute wirken verschiedene Kunstformen auf multimediale Weise in Film, Theater, Oper, Musical und auch in den neuen Medien zusammen. Die Beziehungen der Künste zueinander sind also nicht statisch (Isekenmeier et al. 2021), sondern in dynamischer Weise abhängig von der Entwicklung der Einzelkünste und Medientechnik wie auch von der umgreifenden Mentalitäts-, Sozial- und Kulturgeschichte. Wie Künste sich gegenseitig beeinflussen, ist daher auch eine intensiv diskutierte Frage im Bereich der Komparatistik (Long 2019), der Intermedialitätsforschung (Shi 2023; Dan 2023) und der *Interart Studies*. Letztere, auch *Comparative Arts Studies* genannt, legen den Schwerpunkt auf die Interaktionen der Künste in kulturvergleichender Absicht (Zemanek 2012; Fischer-Lichte 2016).

Wenn wir in der Literaturwissenschaft nach Kooperation und Konkurrenz der Künste fragen, steht vor allem die Präsenz anderer Künste im literarischen Text im Zentrum (Jeßing/Köhnen 2012, 233–268). Im Folgenden konzentrieren wir uns entsprechend auf literarische Texte, in denen der Tanz, gegebenenfalls auch die zugehörige Musik, zum Thema wird und womöglich auch die poetische Gestalt prägt. Dies ist in einer Vielfalt von Werken aus verschiedenen Kulturen und Epochen der Fall (Busch-Salmen 2015). Unter Tanz verstehen wir dabei „[s]trukturierte und rhythmisierte Bewegung (des menschlichen Körpers), meist in Verbindung mit Musik" (Schneider 2007, 581). Tanz-Episoden oder -szenen in der Literatur können generell danach befragt werden, wie stark der Tanz als kulturelles Ereignis mit ästhetischen Prinzipien, gesellschaftlichen Normen und politischen Ordnungen korreliert ist, inwiefern er als literarisches Symbol verwendet wird oder die Grenze der Sprache erweitert und die poetologische und ästhetische Reflexion antreibt.

Diese **allgemeinen Fragestellungen des Forschungsfeldes „Tanz in der Literatur"** lassen sich weiter ausdifferenzieren: (1) Welche Tänze werden von Autor:innen beschrieben und warum? (2) Wie wird Tanz, eine flüchtige und ephemere Kunst, literarisch ‚festgehalten' und anhand welcher sprachlichen und literarischen, auch formalästhetischen Mittel (Rhythmus, Klang) dargestellt? (3) Inwiefern ergeben sich Parallelen zwischen Tanzausdruck und Sprache, zwischen Körper-/Bewegungsästhetik und Dichtung? Welche Rolle spielt bei der Literarisierung die Musik? (4) Inwieweit wird die Semiotik der Sprache, das heißt die sprachliche Zeichen- und Bezeichnungskraft, als Codierung eingesetzt, um Tanz ‚lesbar' zu machen, also dem Tanz Bedeutung zuzuweisen? (5) Welche Kontexte werden mit der Verbindung von Literatur und Tanz aufgerufen, etwa im Blick auf die ästhetische Orientierung, inklusive Normen der Körperästhetik, auf das Geschlechterverhältnis, Mode und Erotik sowie auf andere politische und gesellschaftliche Aspekte?

Seit wir schriftliche Überlieferungen haben, findet sich der Tanz in verschiedenen Literaturen der Welt thematisiert. Das Forschungsfeld „Tanz in der Literatur" kann sich somit auf einzelne Werke bestimmter Autor:innen konzentrieren, kann aber auch über die Grenzen von Kulturen, Epochen und Sprachen hinausgehen. Dies bedeutet, dass die Forschung zu diesem Thema den europäischen Rahmen überschreitet (↗ *Global Literary Studies*), einen komparatistischen Blick verlangt und auf grundsätzliche, vielleicht sogar auf anthropologisch-universelle Weise nach dem Verhältnis zwischen Tanz und Literatur sowie nach seinen kulturellen und historischen Bedingungen fragen kann.

Im Folgenden untersuchen wir exemplarisch die literarische Thematisierung des Tanzes bei Heinrich Heine (1797–1856). Unter den deutschsprachigen Autor:innen des 19. Jahrhunderts fällt Heine besonders auf als jemand, der dem Tanz vielfältige und zum Teil ambivalente Bedeutungen zugeschrieben hat. Bevor wir auf konkrete literarische Texte eingehen, geben wir einen Einblick in das Forschungsfeld „Tanz in der Literatur", insbesondere die grundlegenden Begriffe, den Forschungsstand sowie typische literaturwissenschaftliche Herangehensweisen.

2 Grundbegriffe, Fragestellungen und Ansätze

Die Kunstform Tanz existiert als Werk eigentlich nur im Moment der Aufführung. Beim Zusammenwirken von Literatur und Tanz entsteht daher ein Spannungsfeld zwischen fixierbarer verbaler und vergänglicher nonverbaler Kunst, anders gesagt, zwischen festgelegter und codierter Sprache einerseits, flüchtiger und bildhaft-körperlicher Bewegung andererseits. Fotografie und Video erlauben inzwischen, den Tanz zu konservieren und visuell zu dokumentieren. Vor der Entwicklung dieser technischen Möglichkeiten liegen zu Tanzaufführungen oftmals nur spärliche Notizen mit wechselnden Notationssystemen vor, die als Gedächtnisstütze für die Interpret:innen dienten. Daher sind wir für die Erforschung der kulturhistorischen Referenz eines literarisch beschriebenen Tanzes auch auf andere Quellen angewiesen. Dazu zählen Tanz-Lehrbücher, Sittenbücher oder Zeugnisse von Festen und Bällen (Salmen 2006). Die literaturwissenschaftliche Analyse dieser Quellen ist dabei auf die Hilfe anderer Disziplinen angewiesen. Dies sind, seit der Etablierung in den 1990er Jahren (Junk 1990), vor allem die Tanzwissenschaft, aber auch die Theaterwissenschaft, Musikwissenschaft und Kulturwissenschaft. Hinzu treten je nach Erkenntnisinteresse Psychologie, Soziologie, Pädagogik, Mentalitätsgeschichte und *Gender Studies*, ferner naturwissenschaftlich fundierte Erkenntnisse aus Physiologie, Kinästhesie-, Wahrnehmungs- und Rhythmusforschung. Erforscht werden in diesen Disziplinen neben klassischen Fragestellungen auch anthropologische, mentalitätsgeschichtliche oder gendertheoretische Aspekte des Tanzes sowie die Ästhetik des Performativen. Kurzum: Untersuchungen zu einem Sujet von der Komplexität des Tanzes führen leicht in verschiedene Forschungsrichtungen, tangieren aber auch gesellschaftliche Aspekte wie politische und moralische Ordnungssysteme.

Bereits August Wilhelm Schlegel (1767–1845) wies darauf hin, dass sich Tanz als Raum- und als Zeitkunst betrachten lässt: Als Raumkunst umfasst er Körperbilder, Figuren, Stellungen und Posen (Schlegel 1963). In seiner literarischen Beschreibung rücken diese visuellen Aspekte in den Vordergrund, zentral ist also die Relation von Wort und Bild. Als Zeitkunst hingegen wird die Abfolge der Bewegung in Verbindung mit sprachlichen Mitteln in der Literatur gebracht: Pausen, Drehungen, Sprünge, Wechsel und all die anderen Tanzfiguren können dann auf ihre Entsprechungen zu poetischen, etwa rhythmischen, klanglichen, syntaktischen oder semantischen Phänomenen untersucht werden.

Wir unterscheiden verschiedene Formate der Beziehung von Tanz und Literatur:
a) Die literarische Handlung dient als Grundlage eines Balletts, wie das Märchen *Dornröschen* für Pjotr Tschaikowskis gleichnamiges Ballett oder Lew Tolstois Roman *Anna Karenina* für das gleichnamige Ballett von Rodion Schtschedrin.
b) Die literarische Gattung Tanzlibretto oder Tanzpoem fungiert als Anweisung für die Dramaturgie und Choreografie (Bührle 2014). Ähnlich enthält die Pantomime choreografische (mimische, gestische und tänzerische) Anweisungen für Bewegungen ohne Worte.
c) In der Literatur werden reale Tänze beschrieben (wie z. B. ein Walzer), aber auch solche, denen keine bekannten Schrittfolgen zugrunde liegen. Letztere können von Choreograf:innen in Bühnenstücke und Tanzauftritte umgesetzt

werden, so wie Mignons Eiertanz in Johann Wolfgang Goethes *Wilhelm Meisters Lehrjahre* aus dem Jahr 1795/96 (Brandstetter 2017) oder Laurence' Tanz auf der Straße in Heinrich Heines Novelle *Florentinische Nächte* (1836).

Wichtige Forschungsansätze zu Tanz in der Literatur sind – neben anderen – der hermeneutische und der theaterwissenschaftliche Ansatz.

Hermeneutischer Ansatz: Bei der hermeneutischen Herangehensweise an eine literarische Tanzepisode stehen die textuelle Repräsentation des Tanzes und seine tanzgeschichtliche Referenz im Zentrum. Sofern es sich um fiktionale Literatur handelt, können Interpret:innen nicht unbedingt von einem realen Vorbild des Tanzes ausgehen. Reale Tanzpraktiken, Tanzerlebnisse der Autor:innen und Tanzdarstellung können divergieren. Die Autor:innen können über mehr oder weniger Tanzwissen verfügen, können einen Tanz imaginieren und können sich vom Tanz so literarisch inspirieren lassen, dass dem Tanz eine poetologische Funktion zukommt. Deshalb sind Tanzgeschichte und die Biografien der Autor:innen zwar wichtige Kontexte für die Deutung eines literarischen Textes, im Zentrum aber stehen dieser selbst und das in ihm realisierte Gefüge von Gehalt und Gestalt (Barkhoff 2001). Während lyrische Texte durch Rhythmus, Klang und Druckbild Parallelen zum Tänzerischen evozieren können, liefern narrative Texte über das Erzähltempo und die Erzählstruktur Parallelen zur Chronologie der Tanzformen.

Typische hermeneutische Fragen richten sich auf das ‚Was' und das ‚Wie' der literarischen Tanzgestaltung: Was für ein Tanz wird dargestellt? Hat er nur ornamentale oder eine motivisch-thematische Funktion für den Text? Wird er als Symbol semantisiert, etwa als „Symbol der Körperlosigkeit und der Überwindung des Irdischen, der Harmonie, Ordnung und Schöpfung, der Verehrung und Beschwörung, des Aufbegehrens und des Kampfes, des Übergangs, der Freude und der Liebe" (Dietl 2021, 638)? Soll er eine soziale Beziehung (Liebe und Begehren oder auch Kampf) spiegeln? Wie ist die Körperlichkeit des Tanzes diskursiviert? Wie ist die Geschlechterkonstellation des Tanzes? Wie ist der Tanz literarisch gestaltet? Wie werden seine Bewegungen sprachlich veranschaulicht? Wie werden Tanzfiguren und -schritte in der literarischen Darstellung aufgegriffen und verarbeitet, beispielsweise durch stilistische Mittel wie Übertreibung, Andeutung, Tempowechsel? Wie wird das Tänzerische in der Dichtung wiedergegeben, insbesondere das Rhythmische, mit welchem Mittel, etwa durch Interpunktion, Pause, Layout, Wechsel der Perspektive und Wortakzente? Wie bildet sich die Musik in der Sprache ab? Welche Parallelen zwischen Literatur und Tanz, also zwischen Sprache und Bewegung (Thurner 2009) gibt es? Inwieweit lässt sich die Konstruktion der Tanzbeschreibung als poetologische Reflexion deuten?

Theaterwissenschaftlicher Ansatz: Tänze sind oftmals „Bestandteil theatraler Aktionen" (Schneider 2007, 581). Während im hermeneutischen Ansatz der Text, etwa ein Dramentext, im Vordergrund steht, priorisiert der theaterwissenschaftliche Ansatz die Performanz, das heißt die körperlich-visuelle und akustische Umsetzung etwa einer dramatischen Tanzeinlage auf der Bühne. Theaterwissenschaftliche Ansätze fordern die Interpret:innen heraus, nicht nur den plurimedialen Charakter der Performanz zu beachten, sondern auch nach dem spezifischen Status des Tanzes innerhalb der Theatergeschichte zu fragen (Schneider 1985), in der dem Tanz als Praxis, von der Pantomime bis zum Ballett, eine eigene Wirkungsgeschichte zukommen kann.

Typische Fragen drehen sich häufig um die performativen Aspekte: Wie stellen sich die Dramatiker:innen den Schauplatz (die Bühne oder das Bühnenbild) und den Tanz in seiner Ausführung vor und wie werden diese Vorstellungen theatral umgesetzt? Mit welchen visuellen, körperlichen, musikalisch-akustischen Mitteln werden innere Vorgänge und zwischenmenschliche Dynamiken auf der Bühne realisiert und vermittelt? Welche Transformationsprozesse finden statt, wenn literarisch dargestellte Tanzepisoden in die performative Praxis übertragen werden, wie etwa bei der Bühneninszenierung von Heines Ballettlibretto *Der Doktor Faust*? Inwiefern reflektieren Texte, die Tanz thematisieren, zeitgenössische Formen und Praktiken des Tanzes und wie beeinflussen sie möglicherweise deren Entwicklung?

3 Analyse einer Auswahl von Beispieltexten

Im Folgenden gehen wir auf verschiedene Texttypen zum Thema „Tanz-Literatur" (3.1) ein, um dann zwei Analysen zu Heines Tanz-Texten zu skizzieren: Erstens untersuchen wir, dem hermeneutischen Ansatz (3.2) folgend, die Darstellung der Tanzfigur Pirouette im Gedicht *Pomare*. Zweitens wenden wir uns in theaterwissenschaftlicher Perspektive dem Tanzpoem *Der Doktor Faust* zu (3.3).

3.1 Textkorpora zum Thema „Tanz-Literatur" – Überblick

Die Rede vom „Tanz in der Literatur" bezieht sich zumeist auf literarische Texte im engeren Sinne, in denen Belletrist:innen Tanz versprachlichen und lyrisch, prosaisch oder dramatisch an der ‚Poetik des Tanzes' mitwirken. Zur Referenzialisierung der literarisch thematisierten Tänze können uns, wie oben schon erwähnt, nicht-literarische Schriften zum Tanz dienen.

1) In **Schriften von Tänzer:innen, Choreograf:innen, Tanzzuschauer:innen und Kritiker:innen** finden sich Aufzeichnungen von ihren Erfahrungen mit Tanz und dem Tanz-Erleben. In choreografischen Skizzen, Ansichten zum Tanz, Tänzer:innen-Biografien oder Korrespondenzen zwischen Tanzenden bildet sich die Welt des Tanzes in vermittelter Form ab. Man erfährt etwas über den Werdegang von Tänzer:innen, die Entstehungsgeschichte eines Stücks und die Zusammenarbeit von Künstler:innen aus verschiedenen Bereichen (Tanz, Choreografie, Fotografie, Regie, Literatur, Musik, Komposition etc.). Schriften von Zuschauer:innen und Kritiker:innen der Tänze liefern Rezeptions- und Wirkungszeugnisse des Tanzes, seien es Beobachtungen von Bällen, Festen, Tanzaufführungen oder einzelnen Tanzereignissen. Tanzkritiken bilden dabei eine besondere Schnittstelle zwischen Tanz und Literatur, zumal Kritiker:innen häufig auch literarisch tätig sind.

2) In **Schriften von Kunsttheoretiker:innen, Kulturwissenschaftler:innen, Tanzhistoriker:innen und Tanzwissenschaftler:innen** wird Tanz aus theoretischer Perspektive betrachtet und ästhetisch reflektiert. Solche Schriften bilden ein zentrales Korpus des historischen und kulturellen Tanzwissens. Man erfährt beispielsweise durch Lexika etwas über Tanz, Tanzgeschichte, kulturgeschichtliche Entwicklungen, Überschneidung von Tanz mit anderen Künsten, Tanz im Kontext der Anthropologie und Wissenskultur, Tanzsitten und -gebräuche in verschiedenen Kulturen und Zeiten. Darüber hinaus eröffnen sich durch tanzwissenschaftliche Diskurse neue Perspektiven und Fragestellungen, etwa die synchrone Entwicklung von Tanz und Technik (Brandstetter 2020), KI-gestützte Bewegungsanalyse, Rhythmus-Forschung zu diversen Tanzformen, Einfluss bestimmter Paartänze auf Berührungen und Wahrnehmungen, Tänzertypen vom Tollpatsch bis zum Virtuosen und vieles mehr. Im deutschsprachigen Raum erhält der Tanz eine besondere kunsttheoretische Bedeutung, nachdem er im 18. Jahrhundert europaweit zur eigenständigen Kunstform avanciert ist. Maßgeblich befördert wird dies durch den französischen Tanzmeister Georg Noverre, der sich dem Tanz in seinen *Briefe[n] über die Tanzkunst* (1760) widmet. Auch in Denis Diderots *Enzyklopädie* (1751), in Johann Georg Sulzers *Allgemeine[r] Theorie der Schönen Künste* (1771) und in vielen weiteren ästhetischen Schriften des 18. Jahrhunderts schlägt sich das zunehmende Interesse am Tanz und seiner ästhetischen Reflexion nieder.

3) In vielen Kulturen der Gegenwart gilt Tanz als Bestandteil des Alltagslebens: als Hochzeitstanz, Tanz im Club oder auf einem Abschluss-Ball, als Karnevals-Tanz, Volkstanz, Tango im Milonga-Stil oder Street Dance, mitunter in sportlicher Ausrichtung als Aerobic-Tanz im Park, Tanz-Yoga, Rhythmus-Pilates und vieles mehr. **Tanz-Lehrbücher** waren bis zur Mitte des 20. Jahrhunderts die Hauptquelle, um sich über die Tanzmode, die Schrittfolge oder die Kleiderordnung zu

informieren. Heutzutage stehen sie neben Tanz-Workshops und Lehr-Videos zur didaktischen oder autodidaktischen Anleitung. Für die Literaturwissenschaft ist dies allgemein eine reiche Quelle, insbesondere auch, weil für die fiktionale Literatur das Erlernen eines Tanzes, häufig im Zusammenhang mit der Erziehung durch einen Tanzmeister oder in der Institution Tanzschule, ein beliebtes Thema darstellt.

4) Für die **Literatur im engeren Sinn** und für Schriften, die sich zeitgenössisch der Ästhetik des Tanzes annehmen, finden sich faktuale und fiktionale literarische Texte über den Tanz in diversen Sprachräumen und nahezu allen Epochen. Ein aus europäischer Perspektive entfernteres Beispiel kann die süd- und ostasiatische Literatur liefern: So widmet sich der japanische Schriftsteller Kawabata Yasunari dem Tanz mehrfach in seinen zum Teil ins Deutsche übersetzten Werken, etwa in *Die Tänzerin von Izu* (1929, deutsche Übersetzung 1942), *Die rote Bande von Asakusa* (1929/30, deutsche Übersetzung 1999) und *Die Tänzerinnen* (1951, noch keine deutsche Übersetzung). Haruki Murakami schreibt in *Tanz mit dem Schafsmann* (1988, deutsche Übersetzung 2002) dem Tanz generell eine symbolische Bedeutung zu: Er verbindet Tanzlust mit lebensbejahender Haltung und reflektiert die Musik als Antrieb für das Tanzen. Im chinesischen Raum finden sich Tanzbeschreibungen beispielsweise bei der chinesisch-amerikanischen Autorin Geling Yan, die selbst als professionelle Balletttänzerin tätig war und Tanzende vor unterschiedlichen kulturellen und politisch-historischen Kulissen in den Blick nimmt. Im Roman *Bai She* (1981, englische Übersetzung *White Snake and Other Stories* 1999, noch keine deutsche Übersetzung) porträtiert sie eine Tänzerin namens Likun Sun, die wegen des titelgebenden kulturrevolutionären Tanzstücks „White Snake" als internationale Geheimagentin eingestuft und inhaftiert wird. Der Tanz wird hier zu einem Symbol ihrer Würde: Obwohl sie im Gefängnis wiederholt gedemütigt wird, findet sie über ein Liebesverhältnis zu ihrem Tanz zurück und übt heimlich die von ihr erfundenen „Schlangen-Schritte".

Im südasiatischen Raum gab es eine Verbindung zwischen Tanz und Religion, die für die deutsche Kultur fremd war und daher in der deutschen Literatur als besonders exotisch galt. So begegnen uns in Goethes Ballade *Der Gott und die Bajadere* (1797) indische Tänzerinnen. Goethe dokumentiert damit einerseits eine indische Tanzkultur, projiziert aber andererseits Vorstellungen auf Indien, die eine eigene imagologisch-orientalistische Entstehungs- und Wirkungsgeschichte in Europa haben.

Im Vergleich zu asiatischen Kulturen scheint die Tanzkultur im europäischen Raum stärker im sozialen Miteinander verwurzelt zu sein. Besonders in der europäischen Literatur des 18. und 19. Jahrhunderts, die für unser Beispiel Heine als

Vergleichsrahmen besonders wichtig ist, geht es daher immer wieder um Tanzgeselligkeit. Autor:innen dieser Zeit schreiben häufig von Bällen und gestalten gemeinsames Tanzen im Rahmen von Festen und geselligen Ereignissen literarisch aus. Johann Christoph Gottscheds Schüler Justus Friedrich Zachariae beispielsweise schildert 1744 in dem Versepos *Der Renommist* einen Ball in Leipzig und belegt durch die detaillierte Aufzählung der Requisiten, wie eng das gesellige Tanzen mit Mode und Konsum zusammenhing. Sophie von La Roche zeichnet in *Geschichte des Fräuleins von Sternheim* (1771) die Rolle des Menuetts als König aller Tänze und als Mittel nach, um Anmut und Tollpatschigkeit voneinander zu unterscheiden. Goethe nutzt in *Die Leiden des jungen Werther* (1774) verschiedene Tänze zur Milieu- und Charakterschilderung.

Im Lauf des späten 18. und 19. Jahrhunderts widmet man sich verstärkt dem Individualtanz, oft in fantasievoller Ausgestaltung. So hat Goethe für seine Figur Mignon in *Wilhelm Meisters Lehrjahre* (1795/96) den bereits erwähnten Eiertanz erdacht. Heine entwirft in seiner Novelle *Florentinische Nächte* (1836) eine neuartige Bewegungsform, die Entwicklungen in der Tanzgeschichte vorwegnimmt. Der Tanzdiskurs geht nun oftmals über den rein poetischen Rahmen hinaus – Tanz wird sozial aufgeladen und ästhetisch reflektiert. Als ideales Modell für den menschlichen Umgang dient beispielsweise Friedrich Schiller das Tanzen in der Elegie *Der Tanz* (1796/1800), in der sich das zwischenmenschliche Einvernehmen im Rhythmus der Musik spiegelt. Als Gegenmodell zur religiösen Tanzfeindlichkeit zeigt Achim von Arnim im Reisebericht *Owen Tudor* (1820) auf, wie wilder Tanz tiefen Gottesglauben ausdrücken kann. Natürlichkeit beziehungsweise Künstlichkeit der Tanzbewegungen rücken ins Zentrum der ästhetischen Diskussion, etwa in Christian Gottfried Körners Abhandlung *Über die Bedeutung des Tanzes* (1808), die er in der von Heinrich von Kleist herausgegebenen Zeitschrift *Phöbus* publiziert (Dröse 2019). Zwei Jahre später thematisiert Kleist in *Über das Marionettentheater* (1810) die Anmut des Tanzens von Tier, Mensch und Puppe. Immer wieder werden auch die Grenzen des Schönen zwischen technischer Perfektion und künstlerischem Ausdruck diskutiert, etwa in Wilhelm Heinrich Wackenroders Kunstmärchen *Ein wunderbares morgenländisches Märchen von einem nackten Heiligen* (1797), später auch in E.T.A. Hoffmanns Erzählung *Die Automate* (1824) und *Der Sandmann* (1826). Auch Heine greift das Tanzen immer wieder auf. Für beispielhafte Analysen greifen wir zwei seiner Texte heraus, den Gedichtzyklus *Pomare* (1847) und das Tanzpoem *Der Doktor Faust* (1851).

3.2 *Pomare* – hermeneutischer Ansatz

Gegenstand unserer ersten hermeneutischen Deutung ist das zweite Gedicht von Heines Gedichtzyklus *Pomare* (1847). Seinen Titel verdankt der Zyklus dem Künstlernamen ‚La reine Pomaré' der Pariser Tänzerin Elise Sergent (Wiese 1976, 77). Inhaltlich wird eine Pirouette, also eine klassische Tanzfigur der Drehung, als Motiv aufgenommen und lyrisch entfaltet.

 1 Sie tanzt. Wie sie das Leibchen wiegt!
   Wie jedes Glied sich zierlich biegt!
   Das ist ein Flattern und ein Schwingen,
   Um wahrlich aus der Haut zu springen.

 5 Sie tanzt. Wenn sie sich wirbelnd dreht
   Auf einem Fuß, und stille steht
   Am End mit ausgestreckten Armen,
   Mag Gott sich meiner Vernunft erbarmen!

 9 Sie tanzt. Derselbe Tanz ist das,
   Den einst die Tochter Herodias'
   Getanzt vor dem Judenkönig Herodes.
   Ihr Auge sprüht wie Blitze des Todes.

13 Sie tanzt mich rasend – ich werde toll –
   Sprich, Weib, was ich dir schenken soll?
   Du lächelst? Heda! Trabanten! Läufer!
   Man schlage ab das Haupt dem Täufer!
                     (DHA 3/1, 30)

Im ersten Vers kündigt der später zu Beginn der Strophen 2 bis 4 anaphorisch wiederholte Satz „Sie tanzt" das Thema des einfach gebauten, aber semantisch und intertextuell komplexen Gedichts an: Eine Frau, die vom artikulierten Ich bei ihrem Drehtanz beobachtet wird, erzeugt bei ihrem (vermutlich männlichen) Beobachter eine starke Verwirrung. Ab der dritten Strophe wird die Tänzerin mit der biblischen Figur der Tochter der Herodias/Salome überblendet, deren Tanz, so der christliche Mythos (Mt 14, 1–12 und Mk 6, 14–29), ihren Vater Herodes so entzückte, dass er ihrem Wunsch nachkam und Johannes dem Täufer den Kopf abschlagen ließ. Das Gedicht reinszeniert dieses Ereignis aus der Perspektive des artikulierten Ichs, das sich angesichts des betörenden Tanzes von Pomare in die Rolle des Herodes imaginiert und selbst die Enthauptung des Täufers anordnet. Heine verteilt diese zugespitzte Handlung auf vier Strophen, die wir im Folgenden sukzessive durchgehen.

In den ersten zwei exklamatorischen, mit Ausrufungszeichen abgeschlossenen Versen werden zunächst die sich ‚wiegenden' und biegenden Glieder der Tänzerin, also die rein körperliche Seite ihrer Tanzbewegungen als unvergleichliches visuelles Erlebnis beschreiben: Durch vokalische Gleichklänge (Assonanzen) von vornehmlich i-Lauten (ie – a – ie – ie – a – ei – e – ie / ie – e – e – ie – i – ie – ie) drückt die noch unpersönlich und allgemein formulierende Sprecherinstanz ihre Faszination aus: „Wie" Pomare tanzt, scheint dabei nur annähernd beschreibbar („zierlich"), entzieht sich aber jedem Vergleich und kann mithin nur ausgerufen werden. Dies ändert sich mit den Versen 3 und 4. Die Kette der zum Teil nominalisierten Verben, die zunächst sanfte Aktivität markieren („tanz[en]", „wiegen" und „biegen"), wird durch dynamischere Ausdrücke gesteigert, die einen Verlust der Bodenhaftung der Tänzerin anzeigen („[f]lattern", „[s]chwingen" und „springen") und in einem ekstatisch-entgrenzenden Erlebnis münden: „um wahrlich aus der Haut zu springen" (Vs. 4). Das gewählte, sehr körperliche Bild lässt wegen der auffällig unpersönlich gehaltenen Formulierung an dieser Stelle offen, ob das Außer-sich-Sein und der damit verbundene Kontrollverlust (Benthien 2001, 29) der Tänzerin oder dem artikulierten Ich zugeschrieben wird. Beide könnten durch den Tanz beziehungsweise dessen Beobachtung ‚aus sich heraustreten'.

Die zweite Strophe löst diese Unentschiedenheit tendenziell auf. Beschrieben wird in den ersten drei Versen (Vs. 5–7), wiederum mit dem Fokus auf den Körper in Bewegung, der tänzerische Vollzug einer anspruchsvollen Drehfigur: Die Tänzerin dreht sich auf einem Fuß und kommt vollendet mit ausgestreckten Armen zum Stehen – hier bezieht sich Heine auf die Ballett-Figur der Pirouette (Schneider 1985, 403).

Um uns die lyrisch beschriebene Tanzbewegung besser vorstellen zu können, ist es sinnvoll, sie sich konkreter vor Augen zu führen und sie mit dem zeitgenössischen Tanzwissen zu kontextualisieren. Heine knüpft mit seiner Referenz an den Virtuositätsdiskurs seiner Zeit an, in dem die Anzahl der ausgeführten Pirouetten als Maß für die Virtuosität der Tänzer:innen galt. Bereits in *Die Bäder von Lucca* (1830) stellt Heine die Tanzfertigkeit Franscheskas anhand ihrer gezeigten Pirouetten heraus: Franscheska dreht sich beim Sprechen beiläufig „wohl achtzehnmal auf einem Fuß" (DHA 7/1, 106). Zur Abschätzung sei angemerkt, dass ein:e professionelle:r Balletttänzer:in im Durchschnitt bis zu sechs Pirouetten am Stück drehen kann. Doch literarische Darstellungen müssen, anders als Lehrbücher, nicht realistisch sein. Abbildung 1 stellt die Vorbereitungspose des Pirouettendrehens dar, entnommen aus Margitta Roséris *Katechismus der Tanzkunst* (1896).

Die Pirouette verlangt von der:dem Tanzenden, die senkrechte Körperlinie in Spannung zu halten, sodass der Rumpf aufrecht und fest bleibt und sich als Drehachse eignet, um die herum die Gliedmaßen kreisen. Bei der klassischen Drehung stehen die Tänzer:innen auf einem Fuß und umfassen mit den Armen einen ima-

Abb. 1: Drehung und Kreisel (Margitta Roséri, Katechismus der Tanzkunst. Führer und Ratgeber für Lehrer und Schüler des theatralischen und gesellschaftlichen Tanzes, Leipzig 1896, S. 38).

ginären Ball. Zum Beenden der Drehungen strecken sie die Arme schnell aus, um ihre Balance zu bewahren – in der Sprache des Balletts beenden sie Pirouetten mit einem ‚Aplomb'. Insofern erfordern Pirouetten Stabilität und Körperspannung, aber auch Balancegefühl für den raschen Wechsel von Dynamik und Statik.

Vor diesem diskursgeschichtlichen Hintergrund wird deutlich, dass die Tänzerin Pomare ihre Kunst beherrscht, denn ihre Pirouette wird als perfekt durchgeführte ‚wirbelnde Drehung' auf einem Fuß charakterisiert, formal gespiegelt im Enjambement von Vers 5 auf Vers 6, das die Drehung als über das Versende hin fortgesetzte Bewegung aufnimmt. Ebenso formvollendet erscheint die die Drehung abschließende ‚Stille' „mit ausgestreckten Armen". Klanglich durch den Paarreim aufeinander bezogen markieren die Worte „dreht" und „steht" die tänzerische Bewegungskontinuität. Das Enjambement zwischen Vers 6 und 7 scheint die Erwartung weiterer Drehungen anzuzeigen, semantisch aber kommt es zum überraschenden Abschluss der Bewegung (Vs. 7: „Am End"), dem Schlussbild der Pirouettenfigur. Heine nutzt also Korrespondenzen zwischen Syntax, Metrik und Semantik, um die Spannung zwischen dynamischer Bewegung und statuenhaftem Augenblick, zwischen Schnelligkeit der Drehung und plötzlicher Erstarrung beim ‚Aplomb' sprachlich zu spiegeln. Angesichts der perfekt durchgeführten Pirouette kann allerdings – um auf die in Strophe 1 beobachtete Unentschiedenheit zurückzukommen – von einem ekstatischen Kontrollverlust der Tänzerin keine Rede sein. Sie beherrscht ihre Kunst offenbar perfekt. Die Kontrolle verliert vielmehr der Betrachter, das artikulierte Ich, das sich dann auch in Vers 8 erstmals persönlich (durch das pronominale „meine") zu Wort meldet und um seine „Vernunft" bangt, ja dazu sogar mit einer Apostrophe, einer Abwendung von Geschehen und Publikum und einer Hinwendung zu einer dritten Instanz, „Gott" anruft. Rückblickend kündigt sich die fortschreitende Verwirrung des Ichs, hier als Verlust der Vernunft gefasst, bereits in Vers 4 im Bild des Aus-der-Haut-Springens an. Die Beobachtung des Drehtanzes droht, das artikulierte Ich körperlich und geistig aus der Fassung zu bringen. Fortgesetzt wird der Prozess in Strophe 4, in der die Anapher „sie tanzt" erweitert, zugleich reflexiv auf das sprechende und den Tanz beobachtende, nun auch in der ersten Person Singular artikulierte ‚Ich' bezogen wird: „Sie tanzt mich [nicht sich!] rasend – ich werde toll." (Vs. 13)

Bleiben wir aber zunächst bei der dritten Strophe, in der das zunehmend ekstatische Ich Pomares Tanz mit einem mythologischen Tanz assoziiert und sich auf diesem projektiven Weg noch einmal von sich und seiner körperlichen und geistigen Involviertheit distanzieren kann: Es handelt sich demnach bei dem beobachteten Tanz der Pomare um „de[n] selbe[n] Tanz", den die Tochter des Herodes auch als Salome identifiziert. Pomare, überblendet mit und erlebt als blutdürstige Salome (Vs. 12: „Ihr Auge sprüht wie Blitze des Todes"), verschafft der fortschreitenden Verwirrung des artikulierten Ichs ebenfalls eine imaginierte Gestalt, denn es übernimmt in der vierten Strophe die Rolle des Herodes, setzt also an die Stelle der in Strophe 3 eingeführten historischen Analogie (Vs. 9–11: „Derselbe Tanz ist das, / Den einst die Tochter Herodias' / Getanzt vor dem Judenkönig Herodes.") eine Identität: Pomare wird ihm zu Salome, das artikulierte Ich zu Herodes. Imaginativ in die mythologische Salome-Welt eingetreten, fragt es die Tänzerin in Strophe 4 nach ihrem Wunsch (Vs. 14). Anders als Herodes muss das artikulierte Ich ihre Antwort aber nicht abwarten, sondern deutet ihre Mimik, das Blitzen ihrer Augen (Vs. 12) und ihr Lächeln, als Salome'schen Tötungswunsch: „Sprich, Weib, was ich dir schenken soll? / Du lächelst?" (Vs. 14f.). Die direkte Rede fortsetzend, also ganz in seiner Herodes-Rolle aufgehend, gibt die lyrische Sprechinstanz seinen „Trabanten" und „Läufer[n]" unvermittelt den Befehl: „Man schlage ab das Haupt dem Täufer!" (Vs. 15) Mit dem Täufer tritt, dem Mythos entsprechend, eine dritte Figur in die Zweier-Konstellation des Gedichts von Tänzerin und Betrachter/Sprecherinstanz ein. Doch wer ist dieser Täufer diesseits der mythologischen Analogie? Gegen wen richtet die Sprecherinstanz den Tötungsbefehl? Wen treffen Pomares „wie Blitze des Todes" sprühende Augen (Vs. 12)?

Das artikulierte Ich ist, so viel dürfte feststehen, durch den Dreh-Tanz der Pomare in Raserei und Tollheit und in eine mythologische Parallelwelt geraten, in der neben „Gott" auch weitere, womöglich rein imaginierte Figuren wie ein „Täufer" auftauchen können. Wie so oft in der lyrischen Sprachverwendung finden sich auch hier wieder Korrespondenzen zwischen unterschiedlichen Sprachebenen. Denn die semantische Verwirrung bildet sich auch in der metrischen Struktur ab: An die Stelle der relativ regelmäßigen 8-, 9- und 10-hebigen jambischen Verse treten in der vierten Strophe rhythmische Unebenheiten und drücken so die affektive Involvierung der Sprechinstanz in das beschriebene Geschehen aus. Die Akzentsetzung und der Rhythmus des Ausrufs „Heda, Trabanten, Läufer!" (Vs. 15) sind jedenfalls metrisch nicht mehr kontrolliert. Wie das Ich „aus der Haut" springen will, „so wollen die Verse aus ihrem Metrum springen. Immer wieder tanzen sie aus der Reihe ihres jambischen Maßes, wenn der Poet seine Vernunft zu verlieren droht. [...] Kein anderer deutscher Dichter hat seine Verskunst derart tanzen gelehrt." (Borchmeyer 1997, 50)

Dieter Borchmeyers Deutung gibt Anlass, über die Relation von lyrischem Ich und „Poet" weiter nachzudenken und nach der metaleptischen Qualität des Gedichts zu fragen. Denn in der Erzähltheorie spricht man immer dann von einer Metalepse, wenn zwei an sich getrennte Erzählebenen miteinander vermischt werden, also etwa die Grenze zwischen fiktionsinterner Binnenwelt und Rahmenwelt des Erzählers (nicht des empirischen Autors) überschritten wird. In der Lyrik ist die Situation etwas schwieriger zu bestimmen, weil hier oftmals angenommen wird, dass die lyrische Rede unmittelbarer Ausdruck der Persönlichkeit von Dichter:innen/Poet:innen und in diesem Sinne nicht fiktional, sondern eine eigene Form nicht-fiktionalen Ausdrucks ist (vgl. Hamburger 1994, 195). Diese Position ist in der Literaturwissenschaft stark umstritten. Für unseren Fall aber können wir feststellen, dass die halluzinatorische Verwirrung der Beobachterfigur mit der metrischen Unordnung so zusammenfällt, dass der Eindruck einer Metalepse entsteht: Das in der ersten Strophe annoncierte ‚Aus der Haut Springen', genommen als Bild einer existentiellen Grenzüberschreitung und Transformation, erhält durch den metaleptischen Zusammenfall von „mythischem Damals und [...] lyrischem Jetzt" (Liu 2015, 185) jedenfalls eine weitere Dimension, in der die Ekstase des Ichs nun auch die Vermittlungsinstanz des Dichters zu tangieren scheint. Die thematisch stark körperbezogene, aber medial rein poetisch-sprachlich erzeugte Tanzdarstellung in der ersten und zweiten Strophe kontrastiert so mit einer (zu) vernünftigen, (zu) vergeistigten Haltung des poesiefähigen Ich, führt allerdings nicht zu dem Wunsch dieses Ichs, ebenfalls zu tanzen. Während der Tanz allein der Frauenfigur vorbehalten bleibt und von ihr auch kontrolliert vollzogen wird, findet das Ich zur gestalteten Sprache. Diese Sprache allerdings beginnt sich, wie gesehen, angesichts des Tanzes und der durch den Tanz ausgelösten Halluzinationen aufzulösen. Die sich steigernden selbstreflexiven Verse, die vom ‚Aus der Haut Springen' (Vs. 4) über den drohenden Verlust der „Vernunft" (Vs. 8) und den „Tod" verheißenden Blick (Vs. 12) bis zur „Tollheit" (Vs. 13) führen, gipfeln im Enthauptungsbefehl der letzten Strophe (Vs. 16), der daher letztlich auch als ein gegen sich selbst gerichteter Todeswunsch erscheinen kann. Denn bei Heine ist es nicht Pomare/Salome, die den Tötungswunsch artikuliert, es ist vielmehr das Ich, das sich vom Tanz verführen lässt und, indem es beschreibt, was es erlebt, sich selbst in die Tollheit treibt (Liu 2015, 185). Mit dem Verlust des eigenen Haupts, so der Wunsch, würde das Ich nicht nur seiner Raserei entgehen, sondern auch das körperliche Gefäß des Geistes, inklusive Vernunft und poetische Sprache, verlieren.

Fasst man unsere Textbeobachtungen zusammen, so lässt sich Folgendes festhalten: Heine führt in *Pomare* ein wahrscheinlich männliches Ich vor, das sich, vollkommen fasziniert von einer Tänzerin, von den sinnlich-körperlichen Reizen ihres Drehtanzes so verführen lässt, dass es zunehmend den Verstand verliert und in mythologischen Halluzinationen versinkt. Die durch den Tanz aufgebaute Spannung zwischen Geist und Körper, Wort und Bewegung, Poesie und Tanz kulminiert in einem Tötungswunsch, der sich auch gegen das Ich und damit den Dichter selbst wendet. Wertet man diesen Befund poetologisch, also etwa als Konkurrenz aus, scheint der Tanz der Pomare der Poesie überlegen zu sein, die dichterische Gestaltung jedenfalls an eine existenzielle Grenze zu führen.

Die Interpretation des Gedichts ließe sich durch weitere Kontextualisierungen fortspinnen, etwa indem es psychoanalytisch als Reflexion einer männlichen Fetischisierung der Frau, religionsgeschichtlich als Konflikt von christlichen (Täufer) und jüdischen (Salome) Kunstvorstellungen oder kulturhistorisch als Variation des *femme fatale*-Mythos ausgelegt würde. Im Kontext der *Interart Studies* ließe sich die herausgearbeitete Spannung zwischen Poesie und Tanz im Rekurs auf Heines Gesamtwerk, die Literaturgeschichte des 19. Jahrhunderts oder die Kultur- und Ästhetikgeschichte der beiden Künste weiter auswerten. Wir wechseln stattdessen zu einem zweiten Textbeispiel.

3.3 *Der Doktor Faust* – theaterwissenschaftlicher Ansatz

Heine hat nicht nur Tänze, Tanzfiguren und das Tanzen wiederholt in seinen Texten thematisiert, sondern sich auch in literarischen Gattungen erprobt, die auf eine Tanzperformanz hin ausgerichtet sind. Er verfasste Ballettlibretti, die dafür bestimmt waren, im Verbund der Künste (Literatur, Musik, Tanz, Theater) auf der Bühne zur Aufführung gebracht zu werden. Er gehört damit zu den wenigen deutschsprachigen Dichtern des 19. und 20. Jahrhunderts, die sich dieser intermedialen Gattung gewidmet haben. Berühmte Librettisten neben Heine waren unter anderem Theophile Gautier und Jules-Henri Vernoy de Saint-Georges (*Giselle*,

1841), Jean Cocteau (*Le Dieu bleu*, 1912), Hugo von Hofmannsthal (*Die Josephlegende*, 1914) und Bertolt Brecht (*Die sieben Todsünden*, 1933).

1851 veröffentlichte Heine *Der Doktor Faust. Ein Tanzpoem, nebst kuriosen Berichten über Teufel, Hexen und Dichtkunst*, das als Libretto für ein Ballett konzipiert war. Der Begriff ‚Poem' im Titel legt den Schwerpunkt auf das Poetische: Das Tanzpoem, so wirbt der Dichter bei seinem Verleger Campe für den Druck, sei „ein Gedicht, welches vom Ballet nur die Form hat, sonst aber eine meiner größten und hochpoetischsten Produkzionen ist" (HSA 22, 257). Heines fünfaktiges ‚Tanzpoem' ist allerdings, abgesehen von einem vorangestellten Helena-Gedicht, durchgehend in Prosa formuliert und beschreibt eine pantomimisch, also ohne Figurenrede angelegte, aber mit zahlreichen Tanzeinlagen ausgestattete Handlung durch bewegungsbetonte dramaturgische Anweisungen und Hinweise zum Bühnenbild – ein narratives Verfahren, das an heutige Audiodeskriptionen von Filmen erinnern. Der durch die Gattungsbezeichnung ‚Tanzpoem' annoncierte poetisch-lyrische Charakter wird damit weg von der Wortsprache und ganz auf die visuelle, musikalische und tänzerische Umsetzung der erzählten Handlung verlagert.

Wir können hier nicht allen Tänzen und Tanzformaten, die Heine in sein Ballett integriert hat, genauer nachgehen. Dafür sind es zu viele, etwa im ersten Akt Mephistophelas Zaubertanz, ihr „Pas-de-deux" mit Faust und ein „plumpe[r] Reigen", im zweiten Akt eine „Arkadien-Tänzelei", ein tanzender König David, eine „[d]ramatische Quadrille", im dritten ein Maskenball mit einer sich zur „Satansmesse" steigernden „Hexen-Ronde" (Kreistanz), im vierten ein „mythologische[r] Dreitanz", „Bacchantentanz", „Kampftanz" und „kriegerische Pantomimen" und im fünften Akt Honoratioren-, Volks- und Großvatertänze, bevor Faust schließlich vom „Teufelsweib" geholt und von der Hölle verschlungen wird. Unseren Ausgangspunkt nehmen wir stattdessen erneut beim Motiv der Pirouette, die Mephistophela, die weibliche Teufelsfigur, als Mittel nutzt, um Faust zum Teufelspakt zu verführen.

Um die Bedeutung des Pirouettenmotivs für den Text insgesamt zu eruieren, ist es sinnvoll, sich zunächst dessen Einbettung in die Handlung zu vergegenwärtigen. Im ersten Akt begegnen wir einem nachdenklichen Gelehrten Faust um „Mitternacht" in seinem „Studierzimmer". Unzufrieden mit seinen wissenschaftlichen Einsichten, ‚entfesselt' er das Buch „Höllenzwang" und beschwört zunächst unter Donnergetöse einen „flammend rote[n] Tiger" und eine „ungeheure Schlange", die aber beide nur die Verachtung des Doktors wecken und rasch zurück in die Erde verbannt werden. Der dritte Versuch verläuft anders (wir zitieren die Düsseldorfer Ausgabe und daher in der originalen Rechtschreibung Heines, ohne dies zu annotieren):

> 1 Faust erhebt sogleich mit gesteigertem Eifer seine Beschwörungen, aber diesmal schwindet plötzlich die Dunkelheit, das Zimmer erhellt sich mit unzähligen Lichtern, statt des Donnerwetters ertönt die lieblichste Tanzmusik, und aus dem geöffneten Boden, wie aus einem Blumenkorb, steigt hervor eine Ballettänzerinn, gekleidet im
> 5 gewöhnlichen Gaze- und Trikot-Kostüme und umhergaukelnd in den banalsten Pirouetten.
> Faust ist anfänglich darob befremdet, daß der beschworene Teufel Mephistopheles keine unheilvollere Gestalt annehmen konnte als die einer Ballettänzerin, doch zuletzt gefällt ihm diese lächelnd anmutige Erscheinung und er macht ihr ein gravitätisches
> 10 Compliment. Mephistopheles oder vielmehr Mephistophela, wie wir nunmehr die in die Weiblichkeit übergegangene Teufeley zu nennen haben, erwidert parodirend das Compliment des Doktors und umtänzelt ihn in der bekannten koketten Weise. (DHA 9, 85f.)

Die Erzählinstanz beschreibt hier neben dem Bühnenbild (Studierzimmer im gotischen Stil) die Lichtregie (plötzliche Helle, Lichter, Z. 2), die musikalische Untermalung (Tanzmusik, Z. 3), die Kostümierung („Ballettänzerinn [...] im gewöhnlichen Gaze- und Trikot-Kostüme", Z. 4f.) und auch die dargestellten Handlungen (*mimesis praxeos*), die aber pantomimisch nur durch Körperbewegungen, inklusive Tanz (Pirouetten, Umtänzeln, Z. 6, 12), evoziert werden sollen, also ohne Worte. Auch Introspektionen in die Gefühlswelt der Figuren erfolgen pantomimisch indirekt über die Beschreibung von Gestik (gravitätisches und parodistisches Complimentieren, Z. 9f., 11f.) und Mimik (Befremden, Gefallen, Lächeln, Z. 7–9) der Figuren. Anders als im Sprechtheater entfällt damit auch die dialogische, wortsprachliche Figurenrede; und anders als im ‚epischen' Theater hat Heine keine kommentierende Erzählfigur auf der Bühne vorgesehen. Auffällig ist, dass der Librettist zahlreiche körper- und bewegungsbetonte Verben nutzt: Im ersten Akt „sitzt" Faust, „erhebt" sich dann, „schwankt mit unsicheren Schritten einem Bücherschranke zu", „öffnet" dessen Schloss und „schleppt" das Buch zum Tisch (DHA 9, 85). Auch die magischen Beschwörungsrituale erfolgen gebärdenreich, bis dann, in der zitierten Szene, das Tanzen zur zentralen, handlungs- und bedeutungstragenden Bewegung wird.

Konzentriert man sich auf diesen ersten Tanz, so fällt auf, dass die heraufbeschworene teuflische Tänzerin von unten erscheint und mithin einen dramaturgisch und bühnentechnisch außergewöhnlichen Bühnenauftritt hat. Sie kommt, durch die Bewegungsrichtung angedeutet, aus der Hölle, für Faust und das Publikum aber überschreibt Heine diese Beobachtung mit dem Vergleich: „wie aus einem Blumenkorb" (DHA 9, 85), sodass sich wirkungsästhetisch eine Doppelbotschaft einstellt. Zuschauer:innen dürften sich – wie Faust – wider besseren Wissens den Reizen der Tänzerin hingeben. Die Doppelcodierung setzt sich mit der getanzten Figur der Pirouette fort, die, wie wir oben bereits ausgeführt haben, normalerweise als Höhepunkt einer Ballerina-Aufführung und Ausdruck ihrer Virtuosität gilt. In Heines Libretto wird sie aber gleich zum Auftakt getanzt und als „banal" (DHA 9, 85) charakterisiert. Die damit als ironisch markierte Reverenz gegenüber dem klassischen Ballett ist deutlich, doch zugleich ist im innerfiktionalen Rahmen die ästhetische Wirkung durchschlagend: Mephistophela tanzt zwar „umhergaukelnd in den banalsten Pirouetten" (Z. 5f.), gibt sich also nicht viel Mühe, kann aber dennoch Faust rasch von sich und ihrer Bewegungskunst überzeugen und mit ihren Gaukeleien und Tänzeleien faszinieren. In den sich anschließenden Handlungssequenzen des ersten Aktes kommt es, dem Faust-Stoff entsprechend, zum Teufelspakt, den Heine allerdings ebenfalls durch Tänze vorbereitet: Mephistophela bringt mit ihrem Zauberstab „zierliche Ballettänzerinnen" und einen Affen, verkleidet als „schöner, schlanker Ballettänzer [...], welcher die banalsten Pas exekutirt [sic]" (DHA 9, 87), zum Tanzen und kann auf diese Weise Faust zum Unterzeichnen des Kontrakts motivieren. Die Szene kulminiert in seinem Tanzunterricht. Heine beschreibt diesen Prozess wiederum so, dass ein:e Choreograf:in seine Vorstellungen in Tanz, Regisseur:in und Dramaturg:in ihre Vorstellungen in theatrale Arrangements umsetzen können:

1   Er wirft die ernste ehrsame Doktortracht von sich und zieht den sündig bunten Flitterstaat an, den der verschwundene Tänzer am Boden zurückgelassen; bey dieser Umkleidung, die sehr ungeschickt vonstatten geht, hilft ihm das leichtfertige Corps-de-Ballet der Hölle.
5   Mephistophela giebt dem Faust jetzt Tanzunterricht, und zeigt ihm alle Kunststücke und Handgriffe, oder vielmehr Fußgriffe des Metiers. Die Unbeholfenheit und Steifheit des Gelehrten, der die zierlich leichten Pas nachahmen will, bilden die ergötzlichsten Effekte und Contraste. Die teuflischen Tänzerinnen wollen auch hier nachhelfen, jede sucht auf eigne Weise die Lehre durch Beyspiel zu erklären, eine wirft den armen Doktor in die
10 Arme der andern, die mit ihm herumwirbelt; er wird hin und her gezerrt, doch durch die Macht der Liebe und des Zauberstabs, der die unfolgsamen Glieder allmählich gelenkig schlägt, erreicht der Lehrling der Choreographie zuletzt die höchste Fertigkeit: er tanzt ein brillantes Pas-de-deux mit Mephistophela, und zur Freude seiner Kunstgenossinnen fliegt er auch mit ihnen umher in den wunderlichsten Figuren. (DHA 9, 87f.)

Heine entwirft hier eine große Gruppenszene mit zahlreichen Tänzer:innen, die, angeführt durch Mephistophela als Vortänzerin und zentriert auf den zunehmend virtuoser tanzenden (und nun auch als Tänzer kostümierten) Faust, die Bühne in individuellen Formen („jede sucht auf eigne Weise die Lehre durch Beyspiel zu erklären", Z. 8f.), in Paartanzformation („er tanzt ein brillantes Pas-de-deux mit Mephistophela", Z. 12f.) und schließlich in zusammenstimmenden Massenformationen („zur Freude seiner Kunstgenossinnen fliegt er auch mit ihnen umher in den wunderlichsten Figuren", Z. 13f.) bevölkern.

In ähnlicher Weise ließe sich den weiteren pantomimischen Tänzen in Heines Balettlibretto nachgehen, wir aber brechen die theaterwissenschaftliche Textanalyse und -deutung ab. Im Ballettlibretto *Der Doktor Faust* erprobt Heine, inwiefern seine Sprache in der Lage ist, theatralischen Einzel- wie Gruppentanz so zu konzipieren, dass die ausführenden Künstler:innen seine Darstellung als Grundlage einer ‚poetischen' Ballettaufführung nutzen können. Da Heines Ballett-Erstling *Die Göttin Diana* (1846) nicht auf die Bühne kam, hoffte er umso mehr auf eine Aufführung des Faust-Balletts. Doch dieses wurde erst nach seinem Tod aufgeführt, zunächst in einem Zirkus (*Circus Albert Schumann. Doctor Faust, mit theilweiser Benutzung des Heine'schen Tanzpoem*, 1874), im 20. Jahrhundert dann auch in den Opernhäusern von Prag (1926), Sydney (1941) und München (1948) (Conway 2019). Eine der bekanntesten Adaptationen ist wohl Werner Egks *Abraxas* (1948), die aufgrund kirchlichen Protests gegen die Darstellung einer Schwarzen Messe jedoch zeitweilig verboten wurde. Hier ließe sich eine ertragreiche Aufführungsanalyse anschließen (Weiler/Roselt 2017; Brandstetter/Klein 2015).

Für unsere Perspektive der *Interart Studies* relevant ist das Libretto auch in poetologischem Sinn hinsichtlich der darin zusammengeführten und auf wechselseitige Verstärkung setzenden Künste. Heine entwickelt in literarischer Prosa die Vorstellung einer Performanz für die Bühne. Auf dieser aber sollen Bewegung/Pantomime/Tanz, Bühnenbild und Musik nicht als plurimediale Unterstützungsfaktoren der Sprache dienen, sondern sie sollen diese Sprache weitgehend ersetzen. Vom Tanzpoem angeleitet soll eine Performanz entstehen, in der die Sprache als Medium nicht mehr selbst präsent sein soll. Wie bereits in *Pomare* scheint Heine auch hier den Tanz zur Grenzbestimmung der Poesie zu nutzen.

4 Ausblick

Unsere Textanalysen haben sich vor allem mit künstlerischem Tanz als Thema literarischer Texte befasst. Heutzutage sind die Möglichkeiten von Interart-Phänomenen zwischen Tanz und Literatur dank der technischen Möglichkeiten ungemein erweitert, etwa durch Video-Projektionen in zwei- und dreidimensionaler Darstellung, durch Roboter und künstliche Intelligenz: Wir finden Dance/Poetry, in der die poetischen Zeilen eines Gedichts im Videoformat wiederholt und von einer Tanz-Performance begleitet werden (z. B. Amanda Gorman/Sherrie Silver: *Young Woman*, 2019). Das Tanzen mit Sprachaufnahmen kann zu semantischen und rhythmischen Korrespondenzen von pantomimischen Bewegungen und Texten führen (z. B. NDT: *Statement*, 2016; Tao Dance Theater: *14*, 2023). Tanz mithilfe der KI-Technik kann etwa virtuell mit einem Avatar ausgeführt werden (z. B. Louis-Phillippe Demers/Bill Vorn: *Inferno*, 2015; Yu 2024). Die tänzerische Körpersprache kann computergestützt analysiert und in Sprache, Bild und Ton umgesetzt werden (Michael Le: *I Let AI Control My Dancing* 2019). Mithilfe der künstlichen Intelligenz lassen sich menschliche Bewegungen verfolgen (AI-powered Human Body Tracking, z. B. Tong/Hu 2024). Die

Untersuchung des multimedialen Interart-Verhältnisses zwischen Tanz und Literatur steht noch am Anfang.

5 Merkbox

Forschungsbereich: Literatur und Tanz, Kulturgeschichte, *Interart Studies*

Wichtige Begriffe: Interart-Phänomene, Intermedialität, Tanzkultur, Tanzgeschichte, Tanzpoetik, Pantomime, Libretto

Ansätze und Methoden: hermeneutische Interpretation, Lyrikanalyse, theaterwissenschaftlich informierte Interpretation, *Global Literary Studies*

Leitfragen/Typische Fragen: Welche Bedeutung hat die Darstellung von Tanz in der Literatur? Welche poetologischen und ästhetischen Konzepte spielen dabei eine Rolle? Inwiefern wird Tanz thematisch oder formal in Rhythmus und Klang der sprachlichen Form anschaulich? Welche Abgrenzungen, Kooperationen und Grenzüberschreitungen erfolgen zwischen Sprache und Bewegung, zwischen Literatur und Tanzkunst? Wie verändert sich in der Kulturgeschichte das Verhältnis der Künste zueinander?

6 Lektüreempfehlungen

Zum Einstieg in das Forschungsfeld „Tanz in der Literatur" eignet sich die Textauswahl von Brandstetter 1993; Busch-Salmen 2015 liefert einen Überblick über die Facetten literarischer Darstellung vom Tanz. Zur Thematik der Überschneidung von Literatur und Tanz empfehlen wir Aurnhammer/Schnitzler 2009. Zum hermeneutisch-literaturwissenschaftlichen Ansatz wird man fündig in Müller-Farguell 1995; Ruprecht 2006; Thurner 2009; Liu 2013; Ring 2022; zu literatur- und kulturgeschichtlichen Ansätzen in Sträßner 1994; Oberzaucher-Schüller 2007. Wenn man sich mit tanzhistorischen und theaterwissenschaftlichen Ansätzen vertraut machen will, empfehlen wir Schroedter 2004; Brandstetter 2013; Wittrock 2017.

7 Zitierte Literatur

7.1 Literarische Quellen

Heine, Heinrich: *Historisch-kritische Gesamtausgabe der Werke*, hg. v. Manfred Windfuhr. Düsseldorfer Ausgabe (zitiert als DHA mit Bandnummer und Seitenzahl), Hamburg 1973ff.
Heine, Heinrich: *Werke, Briefwechsel, Lebenszeugnisse*. Weimarer Säkularausgabe (zitiert als HSA mit Bandnummer und Seitenzahl), Berlin et al. 1970ff.

7.2 Darstellungen

Albright 2014: Albright, Daniel: *Panaesthetics. On the Unity and Diversity of the Arts*. New Haven 2014.
Aurnhammer/Schnitzler 2009: Aurnhammer, Achim und Günter Schnitzler (Hg.): *Der Tanz in den Künsten, 1770–1914*. Berlin 2009.
Barkhoff 2001: Barkhoff, Jürgen: „Tanz der Körper – Tanz der Sprache. Körper und Text in Friedrich Schillers Gedicht ‚Der Tanz'", in: *Jahrbuch der Deutschen Schillergesellschaft: internationales Organ für neuere deutsche Literatur* 45 (2001), S. 147–163.
Benthien 2001: Benthien, Claudia: *Haut. Literaturgeschichte – Körperbilder – Grenzdiskurse*. 2. Auflage. Reinbek bei Hamburg 2001.
Borchmeyer 1997: Borchmeyer, Dieter: „Die Poesie tanzt", in: *Frankfurter Anthologie. Gedichte und Interpretationen*, Bd. 20, hg. v. Marcel Reich-Ranicki. Frankfurt am Main 1997, S. 50–52.
Brandstetter 1993: Brandstetter, Gabriele (Hg.): *Aufforderung zum Tanz. Geschichten und Gedichte*. Stuttgart 1993.
Brandstetter 2013: Brandstetter, Gabriele: *Tanz-Lektüren. Körperbilder und Raumfiguren der Avantgarde*, 2., erweiterte Auflage. Freiburg i. Br. et al. 2013.
Brandstetter 2017: Brandstetter, Gabriele: „Mignonas Eiertanz", in: *Szenen des Virtuosen*, hg. v. Gabriele Brandstetter, Bettina Brandl-Risi und Kai van Eikels. Bielefeld 2017, S. 129–160.
Brandstetter 2020: Brandstetter, Gabriele: „‚Mensch und Kunstfigur'. Körper (und) Technik im Tanz", in: *Paragrana* 9 (2020), S. 202–215.
Brandstetter/Klein 2015: Brandstetter, Gabriele und Gabriele Klein (Hg.): *Methoden der Tanzwissenschaft. Modellanalysen zu Pina Bauschs „Le Sacre du Printemps/Das Frühlingsopfer"*, 2., überarbeitete und erweiterte Auflage. Bielefeld 2015.
Bührle 2014: Bührle, Iris Julia: *Literatur und Tanz. Die choreographische Adaptation literarischer Werke in Deutschland und Frankreich vom 18. Jahrhundert bis heute*. Würzburg 2014.
Busch-Salmen 2015: Busch-Salmen, Gabriele (Hg.): *Der Tanz in der Dichtung – Dichter tanzen*. Hildesheim et al. 2015.
Conway 2019: Conway, David: „Heinrich Heine's Faust Ballet Scenario, 1846–1948", in: *The Oxford Handbook of Faust in Music*, hg. v. Lorna Fitzsimmons. New York 2019, S. 483–503.
Dan 2023: Dan, Hansong: „Intermedialität. Ein Stichwort in der kritischen Theorie", in: *Foreign Literature* 6 (2023), S. 96–110. (但汉松：西方文论关键词——跨媒介性。载：外国文学，2023年第6期，96页至110页).
Dietl 2021: Dietl, Cora: „Tanz", in: *Metzler Lexikon literarischer Symbole*, hg. v. Günter Butzer und Joachim Jacob. 3., ergänzte Auflage. Stuttgart/Weimar 2021, S. 638–640.

Dröse 2019: Dröse, Astrid: „Journalpoetische Konstellationen: Kleist, Körner, Schiller", in: *Kleist-Jahrbuch* 2019, S. 189–203.
Fischer-Lichte 2016: Fischer-Lichte, Erika: „Introduction: From Comparative Arts to Interart Studies", in: *Paragrana* 25 (2016), S. 12–26.
Hamburger 1994: Hamburger, Käte: *Die Logik der Dichtung*. 4., veränderte Auflage. Stuttgart 1994.
Hertel 2002: Hertel, Ralf: *Tanztexte und Texttänze. Der Tanz im Gedicht der europäischen Moderne*. Eggingen 2002.
Herwig 2007: Herwig, Henriette (Hg.): Übergänge – zwischen Künsten und Kulturen. Internationaler Kongress zum 150. Todesjahr von Heinrich Heine und Robert Schumann. Stuttgart et al. 2007.
Hohendahl 2008: Hohendahl, Peter Uwe: *Heinrich Heine. Europäischer Schriftsteller und Intellektueller*. Berlin 2008.
Isekenmeier et al. 2021: Isekenmeier, Guido, Andreas Böhn und Dominik Schrey: *Intertextualität und Intermedialität. Theoretische Grundlagen – Exemplarische Analysen*. Stuttgart 2021.
Jeßing/Köhnen 2012: Jeßing, Benedikt und Ralph Köhnen: *Einführung in die Neuere deutsche Literaturwissenschaft*. Stuttgart 2012.
Junk 1990: Junk, Victor: *Grundlegung der Tanzwissenschaft*, hg. v. Elisabeth Wamlek-Junk. Hildesheim et al. 1990.
Liu 2013: Liu, Yongqiang: *Schriftkritik und Bewegungslust. Sprache und Tanz bei Hugo von Hofmannsthal*. Würzburg 2013.
Liu 2015: Liu, Yongqiang: „Tanz aus der Haut. Verwandlung im Tanz bei Heinrich Heine", in: *Literaturstraße. Chinesisch-Deutsches Jahrbuch für Sprache, Literatur und Kultur* 16 (2015), S. 181–192.
Long 2019: Long, Diyong: „‚Andersstreben' und medial übergreifende Narration", in: *Theoretical Studies in Literature and Art* 3 (2019), S. 184–196. (龙迪勇：" '出位之思'与跨媒介叙事。载：《文艺理论研究》, 2019年第3期, 184至196页).
Müller-Farguell 1995: Müller-Farguell, Roger W.: *Tanz-Figuren. Zur metaphorischen Konstitution von Bewegungen in Texten: Schiller, Kleist, Heine, Nietzsche*. München 1995.
Narloch 2006: Narloch, Sabine: *Text und Tanz. Literarische Intermedialität in der Dichtung der Mloda Polska*. Frankfurt am Main 2006.
Niehaus 1959: Niehaus, Max: *Himmel, Hölle und Trikot. Heinrich Heine und das Ballett*. München 1959.
Oberzaucher-Schüller 2007: Oberzaucher-Schüller, Gunhild (Hg.): *Souvenirs de Taglioni. Bühnentanz in der ersten Hälfte des 19. Jahrhunderts*. München 2007.
Rajewsky 2002: Rajewsky, Irina O.: *Intermedialität*. Tübingen 2002.
Ring 2022: Ring, Weijie: *Tanz in der Literatur. Zum kulturgeschichtlichen und ästhetischen Wandel in der Sattelzeit (1750–1850)*. Berlin 2022.
Ruprecht 2006: Ruprecht, Lucia: *Dances of the Self in Heinrich von Kleist, E. T. A. Hoffmann and Heinrich Heine*. Aldershot et al. 2006.
Salmen 2006: Salmen, Walter: *Goethe und der Tanz. Tänze – Bälle – Redouten – Ballette im Leben und Werk*. Hildesheim 2006.
Schlegel 1963: Schlegel, August Wilhelm: *Die Kunstlehre*, hg. v. Edgar Lohner. Stuttgart et al. 1963.
Schneider 2007: Schneider, Katja: „Tanz", in: *Reallexikon der deutschen Literaturwissenschaft*, Bd. 3, hg. v. Klaus Weimar et al. Berlin/New York 2007, S. 581–583.
Schneider 1985: Schneider, Otto: *Tanzlexikon. Volkstanz, Kulttanz, Gesellschaftstanz, Kunsttanz, Ballett. Tänzer, Tänzerinnen, Choreographen, Tanz- und Ballettkomponisten von den Anfängen bis zur Gegenwart*. Mainz et al. 1985.
Schroedter 2004: Schroedter, Stephanie: *Vom „Affect" zur „Action". Quellenstudien zur Poetik der Tanzkunst vom späten Ballet de Cour bis zum frühen Ballet en Action*. Würzburg 2004.

Schwamborn 1998: Schwamborn, Frank: *Maskenfreiheit. Karnevalisierung und Theatralität bei Heinrich Heine*. München 1998.

Schwan 2022: Schwan, Alexander: *Schrift im Raum. Korrelationen von Tanzen und Schreiben bei Trisha Brown, Jan Fabre und William Forsythe*. Bielefeld 2022.

Shi 2023: Shi, Chang: „Über die Grenzen. Forschungsrichtungen und -prozesse zum Thema Intermedialität", in: *Chinese Journal of Art Studies* 4 (2023), S. 55–69. (施畅：跨越边界：跨媒介艺术的思想谱系与研究进路。载：《艺术学研究》, 2023年第4期, 55至69页).

Sorel 1995: Sorel, Walter: *Kulturgeschichte des Tanzes: Der Tanz als Spiegel der Zeit*, 2., verarbeitete und erweiterte Auflage. Wilhelmshaven 1995.

Strässner 1994: Strässner, Matthias: *Tanzmeister und Dichter: Literaturgeschichte(n) im Umkreis von Jean Georges Noverre; Lessing, Wieland, Goethe, Schiller*. Berlin 1994.

Thurner 2009: Thurner, Christina: *Beredte Körper – bewegte Seelen. Zum Diskurs der doppelten Bewegung in Tanztexten*. Bielefeld 2009.

Tong/Hu 2024: Tong, Yan und Yidie Hu: „Künstliche Intelligenz und Tanz: ‚KI+' und die Konstruktion der Körperästhetik", in: *Chinese Journal of Art Studies* 1 (2024), S. 72–77. (仝妍、胡一蝶：人工智能与舞蹈："AI+"的身体美学构建。载：《艺术学研究》, 2024年第1期, 72至77页).

Weiler/Roselt 2017: Weiler, Christel und Jens Roselt: *Aufführungsanalyse. Eine Einführung*. Tübingen 2017.

Wiese 1976: Wiese, Benno von: *Signaturen. Zu Heinrich Heine und seinem Werk*. Berlin 1976.

Wittrock 2017: Wittrock, Eike: *Arabesken – Das Ornamentale des Balletts im frühen 19. Jahrhundert*. Bielefeld 2017.

Yu 2024: Yu, Youyou: „Zusammentanzen von Menschen und Maschinen: Interaktiver Tanz zwischen Menschen und Maschinen durch technische Möglichkeiten", in: *Chinese Journal of Art Studies* 1 (2024), S. 91–100. (于悠悠：人机共舞:技术赋能下人机交互的参与式舞蹈。载:《艺术学研究》, 2024年第1期,91至100页).

Zemanek 2012: Zemanek, Evi: „Intermedialität – Interart Studies", in: *Komparatistik*, hg. v. Evi Zemanek und Alexander Nebrig. Berlin 2012, 159–174.

Yvonne Zimmermann
Diskriminierung und Klassismus erzählen
Am Beispiel von Deniz Ohde, *Streulicht* (2020)

1 Kurzdarstellung, Relevanz und Aktualität des Themas

Diskriminierung, also die herabsetzende Ungleichbehandlung von bestimmten sozialen Gruppen, ist so alt wie die Menschheit selbst. Sie kann einerseits als „Folge von benachteiligenden Handlungen verstanden [werden], denen Stereotype zugrunde liegen", andererseits „als ein komplexes Phänomen, das auch auf historisch gewordene soziale Verhältnisse, auf institutionell verfestigte Erwartungen und Routinen, organisatorische Strukturen und Praktiken sowie auf Diskurse und Ideologien verweist" (Scherr et al. 2017, VI). Wir unterscheiden folglich eine interpersonelle, meist situative Diskriminierung von einer strukturellen bzw. institutionellen Diskriminierung, wobei die Formen sich gegenseitig bedingen und verstärken können.

Thematisiert die Literatur Diskriminierungen, rücken die Texte in einen konkreten und brisanten gesellschaftlichen Zusammenhang. Sie sind durch Wertesysteme und Machtstrukturen einer Gesellschaft beeinflusst und nehmen zugleich affirmativ oder kritisch daran teil. Es gibt Autor:innen, die rechtsextreme politische Ziele verfolgen und mit ihren Texten ‚weiße Vorherrschaft' proklamieren oder andere menschenverachtende Handlungen zu legitimieren versuchen. Wir konzentrieren uns hier aber auf Autor:innen, die auf kritische Weise von interpersoneller oder struktureller Diskriminierung erzählen und auf diese Weise eine engagierte Wirkungsabsicht verfolgen. Mit ihren Texten beteiligen sie sich aktiv an den gesellschaftlichen Aufklärungs- und Emanzipationsdiskursen, greifen Erkenntnisse aus Publizistik und Forschung auf und bearbeiten sie in literarischer Form. Die literaturwissenschaftliche Auseinandersetzung mit ‚Klassismus', also mit den auf sozialen Klassen, Schichten oder Milieus beruhenden Benachteiligungs- und Ausgrenzungsmechanismen, ist deshalb eng mit politischen, sozial- und kulturwissenschaftlichen Diskursen verknüpft.

Die kulturwissenschaftliche Diskriminierungsforschung der letzten 50 Jahre konzentrierte sich vornehmlich auf die Marginalisierung von Frauen sowie Schwarzen und indigenen Menschen (BIPoC). Inzwischen sind weitere Kategorien in den Fokus gerückt, die wie etwa die *Disability Studies* teils eigene Theorieprogramme ausgebildet haben. Die Liste der von Benachteiligungen betroffenen Gruppen umfasst im seit 2006 existierenden Allgemeinen Gleichbehandlungsgesetz (AGG) ethnische Herkunft, Geschlecht, Religion oder Weltanschauung, Behinderung, Alter sowie Sexualität. Obwohl die „Diskriminierung von Armen und sozial ausgegrenzten Gruppen [...] auch in hoch entwickelten Gesellschaften zur Praxis und zum Alltag [gehört]" (Chassé 2017, 480), werden Diskriminierungsformen aufgrund sozialer Herkunft im AGG bisher, anders als in der im Jahr 2000 unterzeichneten Europäischen Grundrechtecharta (EGC), nicht erwähnt. Es ist daher dringend geboten, die Liste als offen zu verstehen und von intersektionalen Verschränkungen, also vom Zusammenwirken mehrerer Unterdrückungsmechanismen auszugehen.

Die thematische Beschäftigung mit Menschen in Armut, den physischen und psychischen Auswirkungen eines Arbeiter:innenlebens, gelungenen oder gescheiterten Bildungsaufstiegen sowie ‚klassistischen' Ausgrenzungen ist nicht neu, hat seit Kurzem aber nicht nur in der deutschen Gegenwartsliteratur wieder Konjunktur. Das liegt daran, dass das jahrzehntelang geltende Narrativ einer ‚nivellierten Mittelstandsgesellschaft', das der Soziologe Helmut Schelsky in den Wirtschaftswunderjahren geprägt und damit der BRD einen „relativen Abbau der Klassengegensätze" (Schelsky 1965, 332) prognostiziert hatte, als überholt gilt (dazu Böttcher 2021). Wie sich die Sozialstruktur der deutschen Gesellschaft angemessener beschreiben lässt, darüber wird in den Sozialwissenschaften kontrovers diskutiert. Die akademische Ungleichheitsforschung interessiert sich dabei für die Sozialstruktur eines bestimmten Gebiets (einer Nation oder Region), sie analysiert Differenzen und Relationen zwischen Akteur:innen und Gruppen, benennt Dimensionen sozialer Ungleichheit, sucht nach sozialen Mechanismen der Ungleichheitsgenese und kategorisiert Aspekte diskriminierender Handlungen und Strukturen. Quantitative Methoden wie etwa statistische Erhebungen helfen dabei, Aussagen mit empirischer Basis zu versehen. Eine aktuelle Übersicht zur Sozialstruktur Deutschlands, die an das internationale EPG-Schema von Robert Erikson, John H. Goldthorpe und Lucienne Portocarero anknüpft, teilt die Gesellschaft in sieben Klassen: obere Dienstklasse, untere Dienstklasse, qualifizierte Büroberufe, Selbstständige, Landwirt:innen, Facharbeiter:innen/Meister:innen und ungelernte Arbeiter:innen/Angestellte (Pollak 2021; Erikson et al. 1979). Neben dem aktuell rehabilitierten Begriff der ‚Klasse' (dazu Kemper/Weinbach 2009; Wright 2023) – im englischsprachigen Raum integraler Bestandteil der Diskriminierungstrias *race/class/gender* – haben sich zur Erfassung sozialer Ungleichheit Konzepte der ‚Schicht' (Geiger 1948, 1967; Bolte et al. 1967), des ‚Milieus' (Lepsius 1993) und des ‚Lebensstils' (Meyer 2001; Otte 2004) als fruchtbar erwiesen und damit auch das zunächst vor allem marxistisch konnotierte Konzept der Klasse flexibler werden lassen (dazu Burzan 2011).

Für den Klassenbegriff zentral ist die Vorstellung, dass die Gesellschaftsstruktur durch sozioökonomische Faktoren organisiert ist. Soziologische Studien zeigen, „dass die Idee der Leistungsgerechtigkeit (Meritokratie) in der schulischen und beruflichen Bildung, auf dem Arbeitsmarkt sowie bei den Vermögens- und Einkommensverhältnissen nicht konsequent verwirklicht ist" (Scherr 2020, 117). Menschen werden demnach nicht nur klassistisch diskriminiert, wenn sie direkt und bewusst abgewertet und ausgegrenzt werden. Das Bildungssystem und die Arbeitswelt beruhen vielmehr auch auf verfestigten Formen struktureller oder institutioneller Diskriminierung, die zu Chancenungleichheit führen (El-Mafaalani 2022).

In der deutschsprachigen Literaturgeschichte gab es immer wieder Phasen, in denen Menschen ‚unterer' sozialer Klassen in den Fokus gerückt wurden. Zentral wurde hierfür die Sozialfigur der:des Arbeiter:in. Umfassend spricht man heute von einer ‚Arbeiterliteratur', die sich als Literatur *von*, *über* und *für* Arbeiter:innen ausdifferenzieren lässt (Fähnders 2007, 2011), etwa in der zweiten Hälfte des 19. Jahrhunderts parallel zur Industrialisierung einsetzte und seither mit unterschiedlicher Intensität und Ausrichtung geschrieben wird. Zunächst geprägt von marxistischen, kommunistischen und sozialistischen Bestrebungen, zielten Texte der frühen Arbeiterliteratur auf die Aufdeckung struktureller Diskriminierung und Ausbeutung der ‚Unterschichten' sowie auf ein *empowerment*, eine Emanzipation diskriminierter Gruppen, mitunter auch auf eine revolutionäre Veränderung der Gesellschaft. Zu den Höhepunkten dieser Strömungen zählen die Arbeiter:innenautobiographien um die Jahrhundertwende, die ‚proletarisch-revolutionäre' Literatur der 1920er-Jahre, die Literatur des ‚Bitterfelder Wegs' (ca. 1959–1965) in der DDR, die Literatur der Dortmunder Gruppe 61 (ab 1961) und die sich davon abgrenzende ‚Werkkreis-Literatur' der BRD (um 1970). Auch die Literatur von Arbeitsmigrant:innen und ihren Nachkommen, die Deutschland als sog. Gastarbeiter:innen mit Anwerbeabkommen zwischen 1955 und 1973 nach Deutschland holte, kann als Arbeiterliteratur gelesen werden.

Während die Sozialfigur der:des Arbeiter:in relativ viel literarische Aufmerksamkeit erfahren hat, sind andere Personengruppen der ‚unteren' sozialen Schichten weniger stark thematisiert worden. Zu denken wäre etwa an Obdachlose, von Prekariat betroffene Alleinerziehende, Arbeitslose, von Altersarmut betroffene Menschen und in Armut aufwachsende Kinder. Letztere Gruppe fand in der Kinder- und Jugendliteratur der letzten 50 Jahre eine kritische Betrachtung. Seit den 1970er-Jahren verstand sich die Literatur für Kinder und Jugendliche weniger als „Schonraum" (Benner 2020, 54; Ewers 2013). Sie setzte stattdessen ebenfalls auf *empowerment* und Rebellion gegen die Erwachsenenwelt und fokussierte auch soziale Themen wie etwa die Arbeitslosigkeit der Eltern. Die DDR-Literatur für Kinder und Jugendliche hatte hingegen maßgeblich einen erzieherischen sozialistischen Gestus mit Fokus auf Arbeiter:innenfamilien. Etwa seit den 1990er-

Jahren finden sich auch in der Kinder-, Jugend- und Adoleszenzliteratur (post)migrantische Perspektiven.

Die gegenwärtige Konjunktur des Themas soziale Herkunft, das für sich oder intersektional behandelt wird, findet ihren Niederschlag in verschiedenen Gattungen und Formaten: in Romanen, vor allem der Kinder- und Jugendliteratur (Piuk 2016; Aydemir 2017; Höller 2019; Höfler 2022), ebenso wie in Comics (Steinkellner 2020; Müller 2022), Serien (Abbott 2011–2021) und Filmen respektive Literaturverfilmungen (Constanzo 2018ff.; Howard 2020; Ernaux 2021). Die prominenteste Gattung des letzten Jahrzehnts, die sich dem Thema Klassismus strukturell verschrieben hat und die wir in diesem Kapitel in den Mittelpunkt rücken, ist die ‚Autosoziobiographie'. Diese Spielart autobiographischer Texte wird in Deutschland auf das Erscheinen der Übersetzung von Didier Eribons *Retour à Reims* (2009, dt. *Rückkehr nach Reims* 2016) zurückgeführt, der nicht als Begründer, aber als berühmter Vertreter verstanden wird (Blome et al. 2022). Autosoziobiographien sind autobiographisch gebundene oder autodiegetisch perspektivierte Erzähltexte, in denen rückblickend der eigene Bildungsaufstieg und seine Unwahrscheinlichkeit anhand ausführlicher sozialer Beobachtungen und sozialwissenschaftlicher Erörterungen reflektiert wird. Sie entsprechen Autobiographien insofern, als sie gemäß dem „autobiographischen Pakt" (Lejeune 1994) Authentizität für ihre Erzählungen beanspruchen. Thematisch gehen die Autor:innen aber über die eigene Lebensbeschreibung hinaus, analysieren die „Mechanismen von Reproduktion und Nicht-Reproduktion bestehender Sozialverhältnisse" (Blome 2020, 542) und charakterisieren dabei den eigenen Bildungsaufstieg als Sonderfall oder Ausnahme von der Regel. Die meisten Autosoziobiograph:innen beziehen sich explizit oder implizit auf soziologische Studien und können daher als eine literarische „Nachahmung von Sozialtheorie" (Ort 2002, 104) verstanden werden. Damit ist gemeint, dass die Autor:innen in ihren autosoziobiographischen Texten nicht nur die soziale Wirklichkeit abbilden, also *„objektive[]* Herrschaftsmechanismen" (Amlinger 2022, 46) offenlegen. Sie verfassen die Texte zudem im Bewusstsein der Sozialstruktur ihres Herkunftslandes und ihres soziologischen Wissens etwa über Habitus, Kapitalformen und personelle sowie institutionelle klassistische Diskriminierung. Für eine Interpretation dieser Texte ist es daher sinnvoll, als Kontexte sowohl die Biographie als auch den soziologischen Wissenskontext des:der Autor:in heranzuziehen.

2 Grundbegriffe, Vorannahmen, Methoden und zentrale Fragestellungen

Wenn man davon ausgeht, dass Autor:innen in gezielt kritischer Absicht von Diskriminierung erzählen, können ihre Texte als engagierte oder politische Literatur (dazu Peitsch 2010) verstanden werden. (Der früher oft verwendete Begriff ‚Tendenzliteratur' ist heute pejorativ konnotiert.) Engagierte Autor:innen greifen soziopolitische Themen literarisch auf, beteiligen sich mit ihren Texten an gesellschaftlichen Diskursen und hoffen zumeist, mit ihren Texten soziale und kulturelle Veränderung im Sinne einer Liberalisierung und Demokratisierung der Gesellschaft herbeizuführen. In einer literaturwissenschaftlichen Beschäftigung mit dem Thema kann es aber nicht allein darum gehen, die inhaltliche Beschreibung der Diskriminierungen und die damit verbundene politische Absicht zu erfassen. Es bieten sich verschiedene methodische Ansätze an, um den komplexen Zusammenhang von Autor, engagiert literarischem Text und Gesellschaft literaturwissenschaftlich angemessen zu untersuchen.

2.1 Literatursoziologischer Ansatz

Seit den späten 1970er-Jahren haben sich unterschiedliche Spielarten von gesellschaftswissenschaftlichen oder kontextbasierten Literaturtheorien und zugehöriger Methoden herausgebildet, die unter dem Schlagwort Literatursoziologie zusammengefasst werden. Einflussreich für die deutsche Literaturwissenschaft war die ‚Sozialgeschichte der Literatur' und das zugehörige Modell des ‚Sozialsystems der Literatur', angestoßen von einer Münchner Forschungsgruppe (Pfau/Schönert 1988; Meyer/Ort 1988; kritisch: Huber/Lauer 2000) im Anschluss an die Systemtheorie von Talcott Parsons und Niklas Luhmann. Heute beziehen sich die meisten literatursoziologisch arbeitenden Forscher:innen allerdings auf die Studien des französischen Soziologen Pierre Bourdieu (Bourdieu 1987, 2001; Schmidt/Stiemer 2022). Mit den von ihm eingeführten Begriffen lassen sich gesellschaftliche Zusammenhänge und Handlungsoptionen im sogenannten literarischen Feld gut analysieren. Für unsere Fragestellung ist zunächst relevant, ob wir uns für das äußere oder das innere Kommunikationssystem literarischer Texte interessieren – oder für beides. Denn sowohl die Vertreter:innen der Sozialgeschichte der Literatur als auch die Feldtheoretiker:innen gehen von einer engen Beziehung beziehungsweise von einer ‚Homologie' zwischen den äußeren sozialen Strukturen, also dem Literaturbetrieb, und den symbolischen, in den literarischen Texten realisierten Strukturen aus (Schönert 2008, 7; Bourdieu 2001, 14).

Analysen zum äußeren Kommunikationssystem, auch als ‚literarisches Feld' (Bourdieu) oder ‚Sozialsystem der Literatur' (Schönert) bezeichnet, befassen sich mit Fragen der Autor:innenschaft, des Literaturmarkts und seiner Akteur:innen, des literarischen Geschmacks und der durch den Literaturmarkt bestimmten Rezeption von Texten (dazu Amlinger 2021). **Leitfragen** zu Erzählungen über soziale Ungleichheit sind unter anderem die folgenden: Wer schreibt über klassistische Diskriminierungserfahrungen bzw. wer wird als legitime:r Autor:in im Feld anerkannt? Wieso werden aktuell so viele Texte publiziert, die der Gattung Autosoziobiographie zuzuordnen sind? Wie entstehen solche literarischen Moden und wer beteiligt sich mit literarischen Werken daran? Wann lohnt es sich für Verlage, Texte zu publizieren, die von marginalisierten Gruppen erzählen? Wie werden die Texte von der Literaturkritik besprochen, von wem genau werden sie besprochen, welche Literaturpreise erhalten diese Autor:innen und welche Leser:innen interessieren sich für sie und ihre Texte? Welche multimedialen Formen nutzen Autor:innen, um ihre politischen Anliegen zu verbreiten? Welche Rolle etwa spielen die unzähligen Theaterinszenierungen französischer Autosoziobiographien im deutschsprachigen Raum für die Popularität des Themas und die deutschsprachige Gattungsentwicklung? Um solchen Fragen nachzugehen, müssen die Mechanismen des Literaturmarkts analysiert werden. Auf der Suche nach strukturellen, also nicht nur einzelne Autor:innen betreffenden Bedingungen des Literaturmarkts suchen wir nach Produktions-, Distributions- und Rezeptionszeugnissen, bewerten Interviewaussagen der Autor:innen, nutzen soziologische Forschungsergebnisse zu Leserschaften und nähern uns auf diese Weise soziologischen Methoden an. Sozialhistorische Arbeiten gehen von einem weiten Literaturbegriff aus, der nicht nur die:den ‚eminente:n Autor:in' oder die ‚Höhenkammliteratur' in den Blick nimmt. Die viel diskutierte ästhetische Autonomie der Literatur wird deshalb „nicht als normativ, sondern als historische Ausarbeitung" (Schönert 2008, 6), also als sozial bedingte Äußerungsform bildungsbürgerlicher Kreise verstanden. In Bezug auf die Frage, wie autobiographische Narrative in populären Büchern genutzt werden, können daher auch ‚heteronome' Texte, aber auch thematisch einschlägige Sachbücher oder journalistische Texte zum Untersuchungsgegenstand der literaturwissenschaftlichen Analyse werden.

Literaturwissenschaftliche **Studien zum inneren Kommunikationssystem** nehmen eine „soziologische Analyse" des literarischen Texts (Bourdieu 2001, 19) vor beziehungsweise befassen sich mit dem ‚Symbolsystem der Literatur' (Schönert). Sie fokussieren meist Einzeltexte und suchen Antworten auf die Frage, wie die Autor:innen in ihren Texten Gesellschaft darstellen, um daraus dann Typisches oder allgemeinere, die Gesellschaft insgesamt betreffende Aussagen abzuleiten. Die marxistische Literaturtheorie hat die vereinfachende Vorstellung geprägt, Literatur bilde die Wirklichkeit direkt ab (Widerspiegelungstheorie). Eine Arbeiter:innenfigur eines Romans wäre demnach unmittelbar mit einer:m wirklichen oder typischen Arbeiter:in in der zeitgenössischen Gesellschaft zu referenzialisieren und die Haltung der Erzählerfigur würde die soziopolitische Haltung der:des Autor:in spiegeln. Heute geht man eher davon aus, dass die Autor:innen mit ihren literarischen Texten in einer komplexen und reflektierten Weise auf die gesellschaftliche Wirklichkeit reagieren, ja selbst autonome, rein ästhetischen Zwecken dienende Kunst gesellschaftlich engagiert sein kann (dazu Adorno 1974). Fest steht jedenfalls, dass die uns hier interessierenden Autor:innen mit ihren Texten gesellschaftliche Missstände aufgreifen und kommentieren. **Leitfragen** sind demnach: Werden soziale Missstände und Diskriminierungserfahrungen im Text explizit benannt oder indirekt kritisiert? Wie bilden sich im Text soziale Ausgrenzung, Diskriminierung, Emanzipation und Zugehörigkeit ab? Wie nutzen Autor:innen von Autosoziobiographien die Möglichkeiten der Figurenkonzeption und Figurenkonstellation, um ihren als singulär erfahrenen Bildungsaufstieg mit den mehrheitlich scheiternden Aufstiegswünschen anderer zu kontrastieren? Werden gesellschaftspolitische Lösungen, zum Beispiel für Chancengleichheit in Schulen, thematisiert? Finden soziologische Theorien explizit oder implizit Eingang in den literarischen Text? Wie positioniert sich die:der Autor:in gegenüber der außertextuellen Wirklichkeit?

Für die Analyse der Darstellung und Reflexion von Gesellschaftsstrukturen in einem literarischen Text ist es ratsam, eine sozialwissenschaftliche Bezugstheorie zu bestimmen, mittels derer man die soziale Situierung der:des Autor:in wie auch die im literarischen Text referenzialisierten sozialen Akteure, Strukturen und Mechanismen beschreiben kann. Andernfalls läuft man als Literaturwissenschaftler:in Gefahr, allein mit den Begriffen, Bildern und Narrativen der:des Autor:in auf die geteilte gesellschaftliche Realität zu blicken, in der Folge Objekt- und Beschreibungssprache nicht zu unterscheiden und somit die Standortabhängigkeit und Perspektivität der:des Schriftsteller:in selbst zu übersehen. Im Fall der Autosoziobiographien fallen allerdings oftmals Standort und Perspektive der:des Autor:in mit Standort und Perspektive der:des Bezugstheoretiker:in zusammen, sei es, weil die Autor:innen in faktualen Texten selbst als soziologisch informierte Akteur:innen auftreten und sich in ihren Texten oftmals direkt auf Bourdieu oder seine soziologische Schule berufen (etwa Eribon 2016; Eribon 2017; Dröscher 2018), oder sei es, weil die Autor:innen fiktionalisierter Formate eine entsprechend informierte Erzählfigur kreieren. Die Stellungnahmen der:des Autor:in im äußeren Kommunikationssystem können in diesen Fällen mit denen im inneren zusammenfallen. Eribon beispielsweise tritt innerhalb wie außerhalb seiner Autosoziobiographie als studierter Feldtheoretiker auf.

Zu den zentralen Begriffen der **Bourdieu'schen Feldtheorie** zählen neben dem Feldbegriff die Begriffe Akteur:in, Habitus und Kapital. Ein Feld stellt nach Bourdieu einen sozialen Raum dar, in dem ‚objektive Relationen' wie Macht- und

Verteilungskämpfe das Zusammenspiel der Akteur:innen und ihrer ‚Positionen' im Feld bestimmen. Die Stellung einer:eines Akteur:in im Feld wird erstens durch ihre Beziehung zu anderen Akteur:innen definiert (Zugehörigkeit und Abgrenzung, Über- und Unterordnung, Allianzen, Rivalitäten etc.), zweitens durch den Habitus und drittens durch das Kapital. Mit Habitus bezeichnet Bourdieu in der elterlichen und schulischen Sozialisation erworbene und folglich inkorporierte „Wahrnehmungs-, Denk- und Handlungsschemata" (Bourdieu 1993, 101), die das gesamte klassenspezifische Auftreten einer Person, also Lebensstil, Sprache, Kleidung, Geschmack und Wertvorstellungen prägen. Über die soziale Position im Feld entscheidet aber auch das Kapital. Wenn Bourdieu von Kapital spricht, meint er neben dem ökonomischen Kapital in Form von materiellem Besitz noch drei weitere Formen: Über *kulturelles Kapital* verfügt jemand, der viele kulturelle Güter, also Bücher, Bilder, Lexika etc. sein Eigen nennt (objektiviertes kulturelles Kapital) und über kulturelle Fähigkeiten respektive Bildungstitel verfügt (inkorporiertes kulturelles Kapital). *Soziales Kapital* wird in den Beziehungen zu anderen Akteur:innen und Institutionen im Feld sichtbar. *Symbolisches Kapital* hat eine Person, die wegen ihres insgesamt hohen Kapitals wertgeschätzt wird. Je mehr Kapital eine Person anhäuft, desto mehr Macht hat sie im Feld. Bourdieu geht davon aus, dass sich die Kapitalien unter bestimmten Bedingungen untereinander austauschen lassen, so kann sich beispielsweise eine wertgeschätzte gebildete Autorin auch politisch Gehör verschaffen, obwohl sie keine politische Machtposition hat.

Für unser Textkorpus ist nun insbesondere der Vorgang eines Milieu- und Klassenwechsels einer:eines Akteur:in interessant: Ein in der Gesellschaft aufsteigender Akteur muss nicht nur verschiedene Kapitalformen erwerben, er muss auch seinen Habitus an das erstrebte Milieu anpassen und sich dazu von seiner Herkunftsklasse abgrenzen. Der Klassenwechsel durch den Bildungsaufstieg wird von den Figuren unserer Texte als Identitätskrise wahrgenommen, die mit Bourdieu als ‚gespaltener Habitus' (Bourdieu 2002, 113; dazu Bennett 2007) beschrieben werden kann. Damit ist das Vorliegen eines primären, qua Herkunft erworbenen und eines sekundären, erlernten Habitus gemeint, die in einer „permanente[n] innere[n] Spannung" (Spoerhase 2017, 29) stehen. Sie löst in bestimmten Kontexten unterschiedliche Emotionen (Unbehagen, Impostersyndrom etc.) aus und kann für andere zu unverständlichen Handlungen im Feld führen (Auflehnung, Unterwerfung etc.). Eribon hat im Zusammenhang mit der Diskriminierung von Armutsbetroffenen und als entscheidendes Gefühl von Bildungsaufsteiger:innen den Begriff ‚soziale Scham' prominent gemacht (dazu Linck 2016): Man schämt sich für seine sozial niedrigere Herkunft.

2.2 Kulturwissenschaftlicher Ansatz

Die literatursoziologischen Erkenntnisziele verbinden sich nahtlos mit kulturwissenschaftlichen Ansätzen, die gesellschaftliche Praktiken als Teil umfassender kultureller Systeme verstehen. So haben sich beispielsweise seit den 1970er-Jahren die *Gender Studies* und die *Postcolonial Studies* (↗ *Global Literary Studies*) intensiv der Darstellung und Reflexion von Ungleichheit und Diskriminierung gewidmet und für die literaturwissenschaftliche Ungleichheitsforschung prägende Konzepte und Begriffe entwickelt, die sich teilweise auch auf klassistische Ausgrenzung übertragen lassen. Zentral sind etwa Beobachtungen zum Konstruktionscharakter von Geschlecht und ethnischer Hierarchisierung (Rassifizierung), zu Ausgrenzungspraktiken (*othering*), zu Strategien einer nur scheinbaren Emanzipation oder Vielfalt in einer Institution (*tokenism*) oder zu Strategien, bei denen das Opfer in seiner Realitätswahrnehmung manipuliert wird (*gaslighting*). Jüngst hat der Duden zu diesen Begriffen ein eigenes Nachschlagewerk herausgegeben (Pertsch 2023), in dem sich insbesondere für intersektionale Diskriminierungserfahrungen, also die Beobachtung, dass sich Diskriminierungserfahrungen wie Rassismus, Klassismus und Heteronormativismus (das ist die Normsetzung heterogeschlechtlicher Beziehungen und tradierter geschlechtlicher Rollenzuschreibungen) verknüpfen und potenzieren können, hilfreiche Denkanstöße finden. Der Begriff der Intersektionalität wurde von Kimberlé William Crenshaw eingeführt und beschreibt im Bild der Straßenkreuzung (*intersection*) die Verflechtung von Ungleichheitskategorien (Crenshaw 1995). Eine Schwarze Frau wird mitunter anders diskriminiert als ein Schwarzer Mann oder eine weiße Frau, eine von Armut betroffene Schwarze Frau anders als eine wohlhabende. Die Intersektionalitätsforschung hat sich inzwischen als „transdisziplinäres Forschungsparadigma" (Haschemi Yekani/Nowicka 2022, 2) entwickelt, wobei „ambivalente Kombinationen von Marginalisierungen und Privilegien" (Goel 2022, 34) immer mitgedacht werden sollten.

Wenn man Literatur als Raum symbolischer Repräsentation von sozialen Strukturen und Prozessen versteht, wird sie aufgrund ihrer engen Verflochtenheit mit konkreten Sozialstrukturen und Identitätskonstruktionen (Winker/Degele 2009) zu einem wichtigen Gegenstand kulturwissenschaftlicher Ungleichheitsanalyse. **Leitfragen** beschränken sich dann nicht nur auf Literatur, sondern zielen darauf, über die symbolischen Systeme Diskriminierungsformen der gesellschaftlichen Wirklichkeit zu erschließen. Literaturwissenschaftler:innen fokussieren zwar vornehmlich Texte, sie verstehen sie aber als Ergebnis gesellschaftlich eingebetteter sozialer Praxis, die diskriminieren, aber auch auf Diskriminierung reagieren kann, etwa in Form von Visibilisierung, Kritik, Bewältigungs- und Lösungsstrategien.

3 Analyse und Interpretation einer Auswahl literarischer Beispieltexte

3.1 Textkorpora zum Thema klassistische Diskriminierung in Autosoziobiographien – Überblick

Autosoziobiographien sind wie Autobiographien faktuale Texte, die mit dem Anspruch auftreten, referenzialisierbar zu sein, also etwas über die Wirklichkeit zu erzählen, was theoretisch auch über andere Quellen nachprüfbar wäre. Allerdings können auch Autobiographien fiktive Anteile und fiktionalisierte Passagen enthalten (↗ *Autofiktion*). Autosoziobiographien bedienen sich zur Faktualisierung und Authentifizierung mitunter wissenschaftlicher Nachweisverfahren (Fußnoten, Bibliographie etc.) und sind nicht nur narrativ, sondern auch argumentativ und analytisch gestaltet. Dadurch geraten sie in die Nähe der Populärwissenschaft und werden im Buchhandel gern als ‚Sachbuch' rubriziert. Gleichwohl gelten Autosoziobiographien wie auch andere faktuale Texte, sofern sie ‚gut geschrieben' sind, als Literatur (Genette 1992). Man denke etwa an Essays, historiographische Texte oder andere Textsorten aus dem Bereich *life writing* (Autobiographien, Briefe, Memoiren, Tagebücher etc.). Es scheint deshalb sinnvoll, die Gattung der Autosoziobiographie als offene Textsortengruppe zu betrachten (Blome et al. 2022; Twellmann 2022), die von breit referenzialisierbaren Texten bis zu authentischen Fiktionen reicht. Den „epistemische[n] Perspektivwechsel" (Amlinger 2022, 47) zwischen subjektivem Nachvollzug einer Lebensbeschreibung und wissenschaftlicher Erklärung, also die Spannung zwischen narrativ-fiktionalisierter Darstellung und realem politischem Wirkungsanspruch lösen die Autor:innen allerdings auf unterschiedliche Weise. Für literaturwissenschaftliche Fragestellungen sind nun gerade die Autosoziobiographien interessant, die sich auf dem Kontinuum der Literarisierung und Fiktionalisierung graduell weiter nach vorn wagen und sich Erzählverfahren bedienen, die man in der Regel weder in wissenschaftlichen noch in Sachbüchern findet. Dazu zählen etwa narrative Ausgestaltungen, Introspektionen, Perspektivwechsel, Polyperspektivik, Polysemien und Ambivalenzen.

Wir schlagen deshalb vor, die Gattung Autosoziobiographie in drei Gruppen zu unterteilen. Autosoziobiographien sind **erstens** autobiographische Erzählungen einer:s Autor:in, die:der aus einer ‚unteren' sozialen Klasse stammt und einen Bildungsaufstieg vollzogen hat, rückblickend die eigene Herkunft reflektiert, persönliche und institutionelle Diskriminierungen aufzeigt und wissenschaftlich reflektiert. Die Texte stammen nicht selten von Soziolog:innen und haben einen populärwissenschaftlichen Zug. Sie sind als faktuale Texte einzuordnen, die aufgrund ihrer Diktion in einem emphatischen Sinne Literatur zu sein beanspruchen können. Hierzu zählen etwa Pierre Bourdieus *Ein soziologischer Selbstversuch* (frz. 2002, dt. 2002), Didier Eribons *Rückkehr nach Reims* (frz. 2009, dt. 2016), Daniela Dröschers *Zeige deine Klasse* (2018) oder Marlen Hobracks *Klassenbeste* (2022). All die genannten Texte nutzen Fußnoten und weisen explizit auf ihre soziologischen Theorieimporte hin. Ein breites Publikum adressierend, greifen die Autor:innen auf eine Vielzahl genuin literarischer Mittel zurück. Typisch sind etwa iterative Erzählpassagen zum sozialen Panorama, episodenhafte singulativ erzählte Abschnitte, die als Beispielerzählungen dienen, Erzählerkommentare im erzählenden Ich, die das Geschehen einordnen, und fiktionalisierte Darstellungen von Kontrastfiguren (Eltern, Geschwister), die den Bildungsaufstieg der Erzählerfigur als Einzelfall ausweisen, zugleich aber Typisches zu erfassen versuchen.

Daneben finden sich **zweitens** literarisierte Autosoziobiographien, deren autobiographischer Bezug außer Frage steht, die aber auf Quellennachweise und größtenteils auch auf argumentative Erläuterungen der Erzählfigur zugunsten eines fiktional ausgestalteten Narrativs verzichten. Obgleich die Autor:innen in den Texten dieser zweiten Formtradition zumeist auf die explizite Nennung ihrer soziologischen Bezugstheorie verzichten, lässt diese sich als solche identifizieren (zu Ernaux s. Hechler 2022) oder über Epitexte, etwa Interviews, und biographische Kontexte rekonstruieren. Die Autor:innen verstehen sich aber eher als belletristische Schriftsteller:innen denn als Wissenschaftler:innen. In Paratexten weisen sie ihre Texte gern als ‚Romane' aus. Die autodiegetischen Erzählstimmen nutzen oft interne Fokalisierungen, um die Gefühlswelt der Nebenfiguren schildern zu können (vgl. Baron 2020, 5f., 26f.) – laut Genette (1992, 78) ein starkes Fiktionsindiz, das nur selten in faktualen Erzählungen auftaucht. Um das Erzählte dennoch zu authentifizieren, nutzen diese Autosoziobiograph:innen die Beschreibung oder Abbildung von Fotografien der eigenen Familiengeschichte (vgl. etwa Ernaux 2019a, 18, 30, 39, 46, 65 und 79; Baron 2020, 41, 62, 149, 194), vermeintlich reale Zeitzeugnisse wie Kindheitsgedichte (vgl. etwa Baron 2020, 23 und 30), die Bildungsambitionen sichtbar machen sollen, und stellen in Epitexten „Realitätsanker" (Blome 2020, 552) her. Wegen ihrer narrativen Ausgestaltung zählen Annie Ernaux' Erzählungen wie etwa *La place* (1984, dt. *Der Platz* 2018), *Une femme* (1988, dt. *Eine Frau* 2018) oder *La honte* (1997, dt. *Die Scham* 2018) zu dieser Untergattung, wie auch die vielen Texte in ihrer Nachfolge, etwa die Autosoziobiographien von Édouard Louis. Aus der deutschsprachigen Literatur können Christian Barons *Ein Mann seiner Klasse* (2020) und Olivier Davids *Keine Aufstiegsgeschichte* (2020) dieser Form zugeordnet werden. Auch Mely Kiyaks *Frausein* (2020) entspricht dank der Verknüpfung ihrer Herkunftserzählung mit soziologischem Wissen (autodiegetisches Aufstiegsnarrativ, Distanzierung vom Herkunftsmilieu, gespaltener Habitus, Impostersyndrom, Mechanismen sozialer Reproduktion) diesem Schema, auch wenn sie sich gegen die soziologische Verallgemeinerung ihrer Erfahrungen wehrt und der Roman deswegen geradezu als Anti-Autosoziobiographie bezeichnet werden kann.

Drittens kann man fiktionale Erzählungen und Romane finden, in denen die Plot- und Erzählstrukturen von Autosoziobiographien aufgegriffen und fiktional imitiert werden, ohne dass dem ein nachweisbarer autobiographischer Kontext zugrunde liegt. Es kann sich dabei um mehr oder weniger autofiktionale Texte oder um rein fiktionale Narrative handeln, die aber den etablierten Gattungshorizont nichtfiktionaler Autosoziobiographien evozieren, indem sie zum einen beispielsweise autodiegetische Erzählerstimmen einsetzen, aus Erwachsenenperspektive die Rückkehr an den Herkunftsort schildern oder einen Bildungsaufstieg retrospektiv reflektieren und zum anderen ein Sozialpanorama ausbreiten, Diskriminierungen des Herkunftsmilieus offenlegen und diese soziologisch reflektieren. Als Prototyp kann Bov Bjergs *Serpentinen* (2020) dienen: Sein Ich-Erzähler ist ein aufgestiegener Soziologieprofessor, der Gewalterfahrungen, psychische Leiden und Suizide in der Elterngeneration an die Erlebnisse des Zweiten Weltkriegs rückbindet. Er fürchtet sich vor der Wiederholung, mit Bourdieu: vor sozialer Reproduktion, und kennt die Probleme, die mit einem gespaltenen Habitus einhergehen. Das von seinem Freund Micha entlehnte Lenin-Zitat (im Roman ironischerweise Gerhard Schröder zugeordnet) hält diesen Grundkonflikt fest: „Man kann seine Klasse nicht verlassen. Man kann sie nur verraten." (Bjerg 2020, 102) Die Serpentinen, die der Ich-Erzähler auf dem Weg zum provinziell-kleinbürgerlichen Herkunftsort auf der Schwäbischen Alb mit seinem Sohn abfährt, stehen symbolisch für das Hin und Her der Gedanken und das Wechselspiel von emotionaler Verstrickung und soziologischer Analyse.

In allen Arten von Autosoziobiographien können intersektionale Perspektiven verhandelt werden. Bei Eribon werden die Ausgrenzung wegen Homosexualität und Klassismus verknüpft, Ernaux stellt soziale Herkunft und Geschlechterrollen in den Fokus. Dörte Hansen verbindet in ihrem Roman *Mittagsstunde* (2018) das Narrativ des Bildungsaufstiegs mit einem Stadt-Land-Konflikt. In den Romanen *Zorn und Stille* von Sandra Gugić (2020), *Jahre mit Martha* von Martin Kordić (2022), *Unser Deutschlandmärchen* von Dinçer Güçyeter (2022) und dem unten beispielhaft analysierten Roman *Streulicht* von Deniz Ohde (2020) beziehen die Autor:innen die Arbeitsmigration der Eltern und deren Folgen für die nächsten Generationen mit in ihre autosoziographischen Plotstrukturen ein. In Anke Stellings *Schäfchen im Trockenen* (2017) wird ähnlich wie bei der oben erwähnten Dröscher der Bildungsaufstieg als ein transgenerationelles Thema reflektiert, hier exemplifiziert am Künstlerprekariat von Schriftsteller:innen, denen trotz kulturellem Kapital der sozioökonomische Abstieg droht.

Autosoziobiographische Schreibmuster haben inzwischen in viele andere Textsorten Einzug gehalten, die ebenfalls zwischen einem faktualen und fiktionalen Pol anzusiedeln sind. Unter Verzicht auf das gattungskonstitutive Rückkehrnarrativ nutzen Autor:innen die autobiographisch gebundene Perspektive etwa in populärwissenschaftlichen Texten dazu, die sozialen Bedingungen der ‚unteren' Klassen, unterschiedliche Diskriminierungssituationen und -settings sowie andere typische Themen der Autosoziobiographien darzustellen. Hadija Haruna-Oelker verwendet in ihrem Sachbuch *Die Schönheit der Differenz* (2022) Beispielerzählungen und iterative Erzählberichte aus ihrer Kindheit, um rassistische, sexistische und klassistische Formen von Diskriminierungen zu veranschaulichen und zu beglaubigen. Suat Yilmaz legitimiert in *Die große Aufstiegslüge* (2016) seine Forderungen zur Revision des Bildungssystems mit autobiographischen Erzählungen. Auch in den gattungshybriden Anthologien *Klasse und Kampf* (2021) oder *Vom Arbeiterkind zum Professor* (2020) finden sich mehr oder weniger autofiktionale kurze Erzähltexte, die autosoziobiographische Funktionen erfüllen sollen.

3.2 Erzählte Diskriminierung: Beispielanalyse

In autosoziobiographischen Texten sind verschiedene Formen der sozialen Benachteiligung, Ausgrenzung und Diskriminierung ein zentrales, die Handlung und das Personal strukturierendes Thema. In Deniz Ohdes fiktionalem Roman *Streulicht* erzählt und reflektiert eine junge Frau anlässlich der Rückkehr an ihren Herkunftsort ihre Kindheit und Jugend. Die Hauptfigur entstammt einer Arbeiter:innenfamilie (Vater: Industriearbeiter, Mutter: Putzfrau) und ihr wird, obwohl sie in Deutschland geboren und aufgewachsen ist, wegen der Migrationserfahrung ihrer türkischstämmigen Mutter eine fremde ethnische Herkunft zugeschrieben. In der Analyse gilt es folglich, die drei Kategorien Geschlecht, Klasse und Ethnie intersektional zu berücksichtigen. Folgender Textauszug soll als Beispiel dienen:

```
1    Wir übten den Chemieunfall, wie wir auch den Feueralarm übten. Alle paar Monate
     schickte der Park sein Dröhnen durch den Ort wie ein Riese mit rundem, weit offen
     stehendem Mund. Wann, wurde vorher nicht bekanntgegeben, um eine möglichst
     authentische Situation zu schaffen. Einmal ertönte die Sirene mitten in der großen
5    Pause, während Sophia mir in einer Traube aus Kindern Klatschspiele zeigte. Hinter
     uns staksten ein paar auf Eimern vorbei, ein Stück weiter flogen Softbälle durch die
     Luft. Der Ton erklang, und obwohl allen in den ersten Sekunden klarwurde, dass es nur
     eine Übung war, kam Bewegung in die Kinder; das Stimmengewirr wurde lauter.
     Sophia und ich verloren uns aus den Augen, und dann stand ich vor einem blonden
10   Jungen aus einer der höheren Klassen; er zog die Augen zu zwei schmalen Schlitzen
     zusammen. „Was glotzt du so dumm", fragte er, und ich wendete den Kopf ab. „Eins
     von diesen Kellerkindern", hörte ich ihn hinter mir sagen, als ich loslaufen wollte, um
     den anderen zu folgen, die zum Eingang des Schulgebäudes drängten. „Von diesen
     Kellerkindern", hörte ich und dann noch ein Wort, das auch mit K begann, aber ein
```

15 anderes, dann ein harter Stoß in den Rücken, der näher kommende graue Asphalt, dann
nichts. Dann lange, obwohl lange das falsche Wort ist, weil die Zeit aus den Angeln
gehoben war, nichts.
Als ich den Kopf hob, war der Schulhof leer. Ich sah, wie die Flügeltüren des
Schulgebäudes aufgingen und zwei ältere Mädchen mit Zetteln in den Händen
20 heraustraten. Als sie mich in der Mitte des Schulhofs liegen sahen, begannen sie zu
rennen; sie griffen mich links und rechts an den Armen und hievten mich hoch. Der
Alarm war vorbei, und der Unterricht hatte längst begonnen.
Ich lehnte über dem Waschbecken, und Blut lief mir aus der Nase, meine Handgelenke
lagen schwer auf dem Beckenrand, und meine Hände hingen schlaff über der weißen
25 Emaille, kalt und blau gefleckt. „Ein Unfall", sagte die Schulkrankenschwester, „nichts
passiert", und ließ ihre Finger über mein Gesicht wandern, da, wo es auf den Boden
geschlagen war; am linken Wangenknochen und am Nasenrücken eine Abschürfung
und eine Schwellung, die sich minütlich vergrößerte, die Haut spannte so, dass sie das
Licht reflektierte und es aussah, als wäre sie nass.
30 „Ein Unfall", sagte die Lehrerin zu meiner Mutter. Ein Unfall, und ein unglücklicher
Zufall mit dem Probealarm. „Die Kinder rennen, ohne sich einmal umzusehen", da
müsse man noch üben (dafür seien die Proben ja da, damit im Ernstfall Ruhe herrsche).
„Und sie", sagte die Lehrerin und zeigte auf mich, mein geschwollenes Gesicht, „sie
ist ja auch etwas schmächtig." Ich könne mich nicht so gut durchsetzen, das sei ihr
35 schon aufgefallen, ich hätte ein dünnes Fell, „vielleicht ein dickeres wachsen lassen",
sie würde sich da keine Sorgen machen, was die anderen beträfe, es gäbe eben
Raufereien, das sei Teil der Entwicklung, die Kinder in dem Alter durchmachen, und
dazu käme, dass ich eher mal untergehen würde im Tumult, „mit dem dünnen
Stimmchen, mal lauter werden, mal ein bisschen robuster werden, hm? Sie ist etwas
40 sehr sensibel", sagte die Lehrerin und beugte sich dabei zu mir runter.
Ich sagte meiner Mutter auf dem Heimweg, welches Wort ich gehört hatte, kurz vor
dem Stoß. Ich fragte, was es bedeutete, und sie sagte, dass das nicht sein könne, dass
unmöglich ich damit gemeint sein konnte. „Es ist ein Schimpfwort", sagte sie. „Aber
du kannst nicht gemeint sein. Du bist Deutsche."
45 „Es liegt daran, dass ich zu sensibel bin", sagte ich von da an, „man muss sich ein
dickes Fell wachsen lassen", mit dem erwachsenen Gesichtsausdruck, so als wüsste
ich, wie das ginge, so als hätte ich eine genaue Vorstellung davon, wie es auszusehen
hätte, ein Fell, das man sich wachsen lassen konnte und von dem die Stöße in den
Rücken abprallen würden wie nichts. (Ohde 2020, 47–49)

In der Passage wird beispielhaft eine in der Schule gemachte Diskriminierungserfahrung der Erzählerin beschrieben. Um Dargestelltes (*histoire*) und Darstellungsform (*discours*) zu erfassen und die hier über Figuren und Handlung gestaltete Diskriminierungserfahrung zu analysieren und zu deuten, gehen wir die Passage zunächst abschnittsweise durch und setzen sie dann in Bezug zu Bourdieus Sozialtheorie.

Zu Beginn der zitierten Passage berichtet die autodiegetische Erzählerin iterativ von einem sich „[a]lle paar Monate" wiederholenden Geschehen: Der Probealarm eines nah an der Schule stehenden Chemiewerks (Z. 1–4) gehört zum Alltag der Schüler:innen, steht aber dennoch in einer Spannung zwischen der metaphorisch geschilderten angstvollen Kinderperspektive („Dröhnen [...] wie ein Riese mit rundem, weit offen stehendem Mund", Z. 2f.) und der rationalen Begründung aus Erwachsenenperspektive („um eine möglichst authentische Situation zu schaffen", Z. 3f.). Erinnert und im dramatisch-mimetischen Modus nacherlebt wird dann eine singuläre und im Erzählerinnenbewusstsein bis in die Gegenwart nachwirkende, allein die Ich-Erzählerin betreffende Probealarmepisode (Z. 4–44). Das erzählende Ich verzichtet dabei bis zum Ende der Episode auf eine Kommentierung des Geschehens und gibt über weite Teile auch keine Einsichten in die Gedanken- und Gefühlswelt des erlebenden Ichs. Erzählt wird zeitdeckend mit Auslassungen (Ellipsen) in sechs Sequenzen das Einsetzen der Katastrophenübung während harmlos kindlicher Pausenhandlungen („Klatschspiele", Eimerlauf, Ballspiele; Z. 4–8), die Konfrontation der Ich-Erzählerin mit einem gewalttätigen „blonden Jungen", die mit der Ohnmacht der Ich-Erzählerin endet (Z. 9–17), die unmittelbare Nachgeschichte, in der der verletzten Erzählerin von Mitschülerinnen und der Schulkrankenschwester geholfen, sie aber nicht ernsthaft nach dem Vorfall gefragt wird (Z. 18–29), das Nachgespräch zwischen Lehrerin und Mutter (Z. 30–40) sowie zwischen Ich-Erzählerin und Mutter (Z. 41–44) und schließlich die resümierende („von da an"), raffend erzählte Lehre, die die Ich-Erzählerin aus dem Erlebnis gezogen hat (Z. 45–49).

Die einschließenden Pronomen ‚wir' und ‚uns' (Z. 1, 6) und die Nullfokalisierung („obwohl allen in der ersten Sekunde klarwurde", Z. 7) markieren, dass sich das erlebende Ich zunächst noch als Teil der Schulgemeinschaft wahrnimmt – bis die Erzählerin von ihrer Freundin Sophia getrennt wird und sich einer individuellen Diskriminierungshandlung ausgesetzt sieht. Die Temporalkonjunktion „dann" (Z. 9), die in der Folge mehrfach wiederholt wird, segmentiert das traumatische Geschehen (Z. 11–16): Die isolierte Erzählerin, von der bewegten Masse der rennenden Kinder abgesetzt („ich stand", Z. 9), wird von einem unbekannten Jungen verbal und physisch drangsaliert. Dessen zunächst vermeintlich harmlose Charakterisierung („blonder Junge", „höhere[] Klasse[]") kann für aufmerksame Leser:innen bereits den aufkommenden Konflikt andeuten, denn stereotyp kontrastiert ‚Blondheit' mit der türkischen Herkunft (Ohde 2020, 35, 41f.), die vermutlich ältere und kräftigere Statur des Jungen mit der schwächeren weiblichen Statur der Erzählerin. Die rassistische, klassistische und zugleich sexistische Diskriminierungshandlung entfaltet sich graduell: Eine feindselige Mimik („er zog die Augen zu zwei schmalen Schlitzen zusammen") begleitet die zunächst verbale („Was glotzt du so dumm", „Kellerkind[]", „K[anake]"), dann körperliche Gewalt („harter Stoß in den Rücken"). Das erlebende Ich reagiert bereits auf die ersten Anzeichen hin defensiv, versucht zu fliehen, muss aber seine Machtlosigkeit erkennen, die erst durch den aktiven Bergungsakt zweier *weiblicher* Schülerinnen kompensiert wird (Z. 18–22).

Anders als man vielleicht erwarten könnte, ist die geschilderte Integritätsverletzung damit nicht beendet, sondern führt in Deniz Ohdes Narrativ zu weiteren Diskriminierungsakten, die nun nicht mehr vom ursprünglichen Aggressor, sondern von Akteurinnen der Institution Schule ausgehen. Denn da die Ich-Erzählerin weder von den Schülerinnen noch von der Schulkrankenschwester oder der Lehrerin nach dem Erlebten befragt wird, bleibt sie als Opfer der Gewalt zunächst vollkommen sprachlos. Umso freier können Unbeteiligte die Kategorisierung des Geschehens vornehmen. Ein „Unfall" (Z. 25), „nichts passiert", wird konstatiert – im deutlichen Kontrast zum intern fokalisierten Bericht über die körperlichen Folgen des Gewaltakts (Z. 23–29). Die Lehrerin wiederholt, erweitert und zementiert diese verharmlosende Fehldeutung („ein Unfall, und ein unglücklicher Zufall", Z. 30f.) in Gegenwart der Mutter, der sie die angebliche Sachlage autoritativ erklärt. In diesem wiederum einseitigen Kommunikationsakt kommen weder Mutter noch Tochter zu Wort. Zunächst macht die Lehrerin noch den allgemeinen Tumult beim Probealarm für den „Unfall" verantwortlich (Z. 31), dann den „Zufall" (Z. 31), dann aber überträgt sie sukzessive die Schuld auf die Erzählfigur, die sie, wiedergegeben in zitierter und transponierter Figurenrede, als „schmächtig", durchsetzungsschwach, wenig belastbar und „etwas sehr sensibel" (Z. 34–40) beschreibt. Diese diskriminierende Rede bleibt in der Erinnerung der Ich-Erzählerin ebenso unwidersprochen wie die generische Annahme, alle Kinder müssten sich natürlicherweise an „Raufereien" (Z. 37) beteiligen, so auch die Erzählerin. Weder sie noch ihre Mutter können offenbar der Lehrerin als Repräsentantin der Institution auf Augenhöhe begegnen, beide schweigen.

Erst auf dem „Heimweg" (Z. 41), also unter sich, kommen Tochter und Mutter ins Gespräch. Die Ich-Erzählerin berichtet erstmals selbst von ihrem Erlebnis, dem für sie unverständlichen K-Wort und dem „Stoß" (Z. 41f.), erhält aber überraschenderweise auch von der Mutter keinen Beistand. Diese erläutert zwar, dass das K-Wort ein „Schimpfwort" sei, untergräbt aber die Glaubwürdigkeit der Tochter („sie sagte, dass das nicht sein könne", Z. 42) und ergänzt in direkter Rede paradox: „Aber du kannst nicht gemeint sein. Du bist Deutsche." (Z. 43f.)

Die letzte Erzählsequenz erfasst aus der rückblickenden und nun auch reflektierenden Sicht des erzählenden Ich die Folgen, die die Diskriminierungserfahrungen und das *gaslighting* der Krankenschwester, Lehrerin und letztlich auch der Mutter für die Erzählfigur hatten. Die manipulativen Deutungen der Lehrerin wurden zu Lebensweisheiten: „Es liegt daran, dass ich zu sensibel bin", „man muss sich ein dickeres Fell wachsen lassen" (Z. 45f.). Erst die erwachsene Erzählerin kann (in der Erzählgegenwart, also auch durch das erzählende Erinnern) Distanz zu den Missachtungserfahrungen aufbauen und die vermeintlichen

Weisheiten sarkastisch als unsinnige Phrasen entlarven (Z. 46–49, markiert durch die konjunktivische Formulierung).

Wie lassen sich die Ergebnisse dieser Textanalyse nun in einen soziologischen Deutungshorizont einordnen? Die Schule stellt einen eigenen sozialen Raum dar, in dem Macht ungleich verteilt ist. Unter den Kindern sind für die soziale Rangordnung Alter, körperliche Kraft und sprachliche Kompetenz, aber auch soziale sowie ethnische Herkunft und Geschlecht relevant. Dies zeigt sich nicht erst in Bezug auf den „blonden Jungen", der seine Machtposition in einem Gewaltakt ausspielt und sein schwächeres Gegenüber mit stereotypisierenden Schimpfwörtern sozial („Kellerkind") und ethnisch (K-Wort), mit seiner körperlichen Überlegenheit auch sexistisch diskriminiert. Die Ich-Erzählerin befindet sich bereits zuvor in einer schwachen Position, als ihr ihre deutsche Freundin Sophia „in einer Traube aus Kindern Klatschspiele zeigte" (Z. 5) und damit vor den anderen Kindern ihr inkorporiertes kulturelles Kapital demonstrieren kann. Sophia verfügt, wie man vorausgehenden Episoden des Romans entnehmen kann (Ohde 2020, 37–43), durch ihre Herkunftsfamilie über einen höheren Status: Sie ist ökonomisch privilegiert und ihre Bildung wird gezielt gefördert. Trotz ihrer Freundschaft löst diese Überlegenheit bei der Ich-Erzählerin „eine tiefsitzende Verunsicherung" (Ohde 2020, 41) aus. Diese habituelle Disposition wird in der Beispielpassage sichtbar, wenn die Erzählerin zurückhaltend, scheu und sprachlos agiert, auf jeglichen Widerstand verzichtet und unhinterfragt die Deutungen anderer übernimmt.

Auch abseits der Schülergruppe entfaltet Ohde in der Episode über die Figurenkonstellation Machtasymmetrien, die die Institution Schule kennzeichnen: Krankenschwester und Lehrerin übergehen die physischen und psychischen Schmerzen des erlebenden Ichs und begegnen der Erzählerin von oben herab („beugte sich dabei zu mir runter", Z. 40), ja transformieren rhetorisch, mutmaßlich um sich nicht mit dem Rassismus an der Schule befassen und handeln zu müssen, das Opfer in eine Mitschuldige. Dieses soziale Macht auslebende Verhalten setzt sich gegenüber der Mutter fort, die die Repräsentant:innen der Schule ebenfalls als Autoritätspersonen erlebt und daher wie die Tochter stumm bleibt.

Intrikater ist das ebenfalls hierarchische Verhältnis von Mutter und Tochter gestaltet. Die unplausible Begründung, die Tochter könne nicht mit dem K-Wort bezeichnet worden sein, weil sie „Deutsche", sprich: Passdeutsche sei, zeugt von einer Verdrängungsleistung der Mutter: Selbst wiederholt Opfer rassistischer Diskriminierung, will sie ihre Hoffnung auf eine vollwertige soziale Integration der Tochter nicht aufgeben, sodass sich ihr Widerspruch als hilfloser und letztlich kontraproduktiver Versuch liest, die Tochter vor Rassifizierung zu schützen. So oder so spricht aber auch sie von oben herab und lässt in ihrer ausschließenden Begründung kein Abwägen zu.

Bettet man die Passage in das Romangeschehen und insbesondere in die von Ohde konstruierte Figurenentwicklung ein, wird deutlich, dass die schulischen Ausgrenzungs- und Diskriminierungserfahrungen mit familialen Problemen korrelieren und die Ausbildung personaler Identität entscheidend prägen – dies betrifft sowohl die Eltern als auch die Hauptfigur selbst. Die Familienstruktur der Erzählerin ist nach innen patriarchal, nach außen von sozialer Isolation geprägt. Während der Vater als „Ersatzhandlung" (Ohde 2020, 51) sowie aus Angst vor weiterer Verarmung nutzlose Einkäufe tätigt und aus sozialer Scham seinen funktionalen Alkoholismus zu Hause auslebt, setzen sich für die Mutter in der Ehe die Gewalttraumata, die sie in ihrer Kindheit erfahren hat, auf psychischer Ebene fort. Ihre ständige „Alarmbereitschaft" (Ohde 2020, 94), ihr ausweichendes Verhalten, ihre übertriebene Rücksicht und ihr fehlendes Für-sich-Einstehen werden von der Tochter übernommen, die nach einem eigenen „Zeichensystem" (Ohde 2020, 64, 172) die Handlungen der anderen deutet und ihr eigenes Handeln strategisch danach ausrichtet. Mit diesem übervorsichtigen „internalisierten Verhaltensmuster" (Herrmann 2021, 323) reagiert sie auch auf die Geschehnisse außerhalb der Familie. Das „stets präsente Gefühl der Unzugehörigkeit" (Schütte 2020, 16) führt mithin bei allen Familienmitgliedern zu Abschottung und Zurückgezogenheit.

Ohde nutzt die erzählerische Anlage ihres Romans dazu, diese Regressionsprozesse auch auf der *discours*-Ebene zu spiegeln: Die autodiegetische Erzählerin, die aus der Perspektive der Bildungsaufsteigerin rückblickend erzählt, gibt – einer Poetik der Andeutung folgend – nur sukzessive und zögerlich ihr Geschlecht (Ohde 2020, 16, 23), ihre soziale (Ohde 2020, 32–34) und ethnische Herkunft (Ohde 2020, 35, 40, 42) preis. Über ihre Identität erfahren die Leser:innen so zunächst nur über Heterostereotype, etwa über die verbale Aggression des Jungen.

Wenn wir, wie oben beschrieben, davon ausgehen, dass die Autorin die Diskriminierungsdarstellung in engagierter Absicht verfasst hat, können wir die analytischen Ergebnisse mit Beobachtungen zum äußeren Kommunikationssystem verbinden. Ohde greift in ihrem fiktionalen Text die Schemata der eigentlich faktualen Gattung Autosoziobiographie (Rückkehrnarrativ, Bildungsaufstieg, Darstellung des sozialen Panoramas) auf und legt damit eine autobiographische Lesart der Erzählfigur nahe. Da Ohde selbst ein türkisch-stämmiges Elternteil (Vater) hat, Arbeiterkind mit Bildungsaufstieg ist und aus Höchst stammt, der Name der Ich-Erzählerin ebenso wie der Ort der Handlung aber nie explizit genannt werden, führt dies bei Leser:innen zu einer „Verwirrung" (Wilke 2020, min. 4:37) der Ich-Perspektive. Auch wenn die Autorin in Interviews darauf bedacht bleibt, von einer fiktiven Erzählerin zu sprechen und damit ihre Person von der Erzählfigur abzuheben, sind sich viele Rezensent:innen einig, dass es sich um eine „autobiografische Erzählerin" (Eisenbeiß 2020) handelt und Ohde „die eigene Lebensgeschichte verarbeite" (Deutsche Welle 2020: min. 0:30). Dieses autofiktionale Spiel, das viele Autosoziobiographien des dritten Typs nutzen, hat eine doppelte Funktion: Die autobiographische Gebundenheit verschafft der Autorin einerseits Legitimation, für ihre Klasse bzw. für ‚Gastarbeiter:innen' und ihre Nachkommen zu sprechen, und authentifiziert das Erzählte. Andererseits befreit der Fiktionspakt die Autorin ebenso wie die genannten Familienmitglieder von einer expliziten Referenzialisierbarkeit und entbindet sie damit von der Festschreibung auf eine Betroffenheits- oder Opferrolle.

Der mit der Gattung verbundene Erwartungshorizont ermöglicht es Ohde folglich, ungeachtet eigener referenzialisierbarer Kindheitserlebnisse, eine allgemeine narrative Botschaft mit einem starken Authentizitätsanspruch zu versehen. Wir bekommen als Leser:innen in der genannten Textstelle aus der Opferperspektive vorgeführt, wie plötzlich und unerwartet diskriminierende Handlungen erfolgen können, wie Stereotypisierungen genutzt werden und zur Identitätsbildung beitragen, wie die Schule als ein schutzloser Raum erlebt wird, in dem strukturelle Selektionsmechanismen und klassistische Ansichten nicht nur unter Schüler:innen, sondern auch unter den erwachsenen Repräsentant:innen walten. Schließlich liefert die Autorin ein Exempel für die Verharmlosungen und Täter-Opfer-Umkehrungen, die bis in die betroffenen Familien hinein ein probates Mittel sind, sich nicht mit diskriminierender Gewalt auseinanderzusetzen zu müssen.

Die Textstelle fügt sich damit in das umgreifende Romangeschehen ein, das den Effekt solcher Diskriminierungen und der fehlenden angemessenen Reaktionen vorführt: Fortwährende Verunsicherung und Zurückhaltung führen, so das Narrativ, bei der Erzählerin in die Isolation. Ihr Scheitern im Schulsystem kann deshalb nur – und hier verweist Ohde nun auf den Möglichkeitsraum des Systems, der auch bei anderen Autosoziobiograph:innen immer betont wird – durch die mühsame Aneignung eines sekundären Habitus (143–147) sowie durch Zuspruch und Gesehen-Werden einer wohlwollenden Lehrerin (155) verhindert und ins Positive umgekehrt werden kann: Die Ich-Erzählerin kommt zu einem späten Bildungserfolg und wird zur ‚Autorin' ihrer Geschichte. Der Roman trägt damit „eine reale, gesellschaftliche Botschaft: Ausgrenzung zu verhindern und Inklusion zu befördern" (Herrmann 2021, 324). Ohde nutzt die Möglichkeiten von fiktionaler Literatur, schreibt eben kein „Pamphlet gegen den deutschen Klassismus und das Bildungssystem" (Di Bella 2022, 225), sondern legt vielmehr in ruhigem Ton und ohne affektive Aufladung die Lebensbedingungen offen, in denen ihre Erzählerin aufwächst.

4 Kritik und Ausblick

Anders als in der feministischen oder interkulturellen Literatur (↗ *Global Literary Studies*), deren Texte sich selbstverständlich nicht nur an ein bildungsbürgerliches empathisches Publikum wenden, sondern auch die eigene Community adressieren, ist die Rezeptionsfrage bei Texten zu klassistischer Diskriminierung bisher weniger geklärt. Armut geht oft mit Bildungsferne einher, das Medium Buch aber gilt eher als hochkulturell. Deshalb spielen für diese zweite Zielgruppe Kinder- und Jugendbücher eine bedeutende Rolle, ebenso wie die multimediale Vermarktung von Stoffen in Form von Theateraufführungen (für Schulklassen), Verfilmungen und Vertonungen.

Autosoziobiographien nutzen qua Plotstruktur eine Erzählfigur, die als Bildungsaufsteiger:in die Mechanismen der sozialen Reproduktion durchbricht und damit zur Außenseiter:in wird. Auch wenn die meisten Erzähler:innen bemüht sind, durch Kontrastfiguren und Erläuterungen ihren Bildungsaufstieg als zufällige Ausnahme zu charakterisieren, birgt der Plot die „Gefahr", dass mit den Texten „auch ein politischer Individualismus gestützt wird, der den Blick auf kollektive Problemlagen und Lösungsansätze verstellt" (Spoerhase 2017, 37). Als ‚Erfolgsgeschichten' können sie dann fehlgelesen werden, wie sich dies etwa in den Einleitungssätzen einer Rezension zu Ohdes Roman andeutet: „Die Ich-Erzählerin von Deniz Ohde hat früh das Gefühl, weniger wert als andere zu sein. Als Tochter eines deutschen Fabrikarbeiters und einer türkischen Mutter scheint ihr ein unterprivilegiertes Leben ‚ganz unten' vorherbestimmt. Doch gegen alle Widerstände gelingt ihr der soziale Aufstieg" (Eisenbeiß 2020).

5 Merkbox

Forschungsbereich: Literatur und soziale Ungleichheit, Sozialgeschichte der Literatur

Wichtige Begriffe: Sozialsystem vs. Symbolsystem der Literatur, literarisches Feld, ökonomisches, kulturelles, soziales und symbolisches Kapital, Habitus, gespaltener Habitus, Impostersyndrom, Sozialstruktur, Autosoziobiografie

Ansätze und Methoden: Literatursoziologie, Sozialgeschichtliche Kontextualisierung von Literatur, Intersektionalität, Ungleichheitsforschung, *Gender Studies*, *Postcolonial Studies*

Leifragen/Typische Fragen: Wie greifen Autor:innen Diskriminierungserfahrungen in ihren Texten auf? Wie bearbeiten sie diese Erfahrungen in thematischer und in narratologischer Hinsicht? Welche Funktionen verbinden sie mit der literarischen Artikulation von Diskriminierungserfahrungen? Berufen sie sich explizit oder implizit auf soziologische Studien? Welche Rolle spielt Literatur im Kampf um individuelle, soziale und kulturelle Anerkennung?

6 Lektüreempfehlungen

Eine Einführung in die Diskriminierungs- und Ungleichheitsforschung bieten Scherr et al. 2017 in ihrem Handbuch, explizit zu Klassismus informieren Kemper/Weinbach 2009; zum Einstieg bietet sich auch Hobrack 2024 an. Für eine nähere Beschäftigung mit Pierre Bourdieus Theoremen empfehlen wir Bourdieu 1987, 2001. Will man sich mit der Gattung Autosoziobiographie näher vertraut machen, bietet sich Spoerhase 2017, Blome 2020 und der Sammelband Blome et al. 2022 an.

7 Bibliografie

7.1 Literarische Quellen

Aydemir 2017: Aydemir, Fatma: *Ellbogen*. München 2017.
Barankow/Baron 2021: Barankow, Maria und Christian Baron (Hg.): *Klasse und Kampf*. Berlin 2021.
Baron 2020: Baron, Christian: *Ein Mann seiner Klasse*. Berlin 2020.
Bjerg 2020: Bjerg, Bov: *Serpentinen*. Berlin 2020.
Bourdieu 2002: Bourdieu, Pierre: *Ein soziologischer Selbstversuch*. Aus dem Franz. v. Stephan Egger. Mit einem Nachwort v. Franz Schultheis. Frankfurt a. M. 2002 (Esquisse pour une auto-analyse. Paris 2002).
David 2022: David, Olivier: *Keine Aufstiegsgeschichte. Warum Armut psychisch krank macht.* Hamburg 2022.
Dröscher 2018: Dröscher, Daniela: *Zeige deine Klasse. Die Geschichte meiner sozialen Herkunft*. Hamburg 2018.
Eisenbeiß 2020: Eisenbeiß, Ingo: „Langer Weg ins Licht", in: *Deutschlandfunk*, 18.08.2020, https://www.deutschlandfunk.de/deniz-ohde-streulicht-langer-weg-ins-licht-100.html (11.04.2024).
Eribon 2017: Eribon, Didier: *Gesellschaft als Urteil. Klassen Identitäten, Wege*. Aus dem Franz. übers. v. Tobias Haberkorn. Frankfurt a. M. 2017 (La société comme verdict. Paris 2013).
Eribon 2016: Eribon, Didier: *Rückkehr nach Reims*. Aus dem Franz. übers. v. Tobias Haberkorn. Frankfurt a. M. 2016 (Retour à Reims. Paris 2009).
Ernaux 2020: Ernaux, Annie: *Die Scham*. Aus dem Franz. übers. v. Sonja Finck. Berlin 2020 (La honte. Paris 1997).
Ernaux 2018a: Ernaux, Annie: *Der Platz*. Aus dem Franz. übers. v. Sonja Finck. Berlin 2018 (La place. Paris 1984).
Ernaux 2018b: Ernaux, Annie: *Eine Frau*. Aus dem Franz. übers. v. Sonja Finck. Berlin 2018 (Une femme. Paris 1988).
Güçyeter 2022: Güçyeter, Dinçer: *Unser Deutschlandmärchen*. Berlin 2022.
Gugić 2020: Gugić, Sandra: *Zorn und Stille*. Hamburg 2020.
Hansen 2018: Hansen, Dörte: *Mittagsstunde*. München 2018.
Haruna-Oelker 2022: Haruna-Oelker, Hadija: *Die Schönheit der Differenz. Miteinander anders denken*. München 2022.

Hobrack 2022: Hobrack, Marlen: *Klassenbeste. Wie Herkunft unsere Gesellschaft spaltet.* München 2022.
Höfler 2022: Höfler, Stefanie: *Feuerwanzen lügen nicht.* Weinheim 2022.
Höller 2019: Höller, Kristin: *Schöner als überall.* Berlin 2019.
Kordić 2022: Kordić, Martin: *Jahre mit Martha.* Frankfurt a. M. 2022.
Kiyak 2020: Kiyak, Mely: *Frausein.* München 2020.
Louis 2014: Louis, Édouard: *Das Ende von Eddy.* Aus dem Franz. v. Hinrich Schmidt-Henkel. Frankfurt a. M. 2015 (En finir avec Eddy Bellegueule. Paris 2014).
Louis 2019: Louis, Édouard: *Wer hat meinen Vater umgebracht.* Aus dem Franz. v. Hinrich Schmidt-Henkel. Frankfurt a. M. 2019 (Qui a tué mon père. Paris 2018).
Louis 2021: Louis, Édouard: *Die Freiheit einer Frau.* Aus dem Franz. v. Hinrich Schmidt-Henkel. Frankfurt a. M. 2021 (Combats et métamorphoses d'une femme. Paris 2021).
Müller 2022: Müller, Eva: *Scheiblettenkind.* Berlin 2022.
Ohde 2020: Ohde, Deniz: *Streulicht.* Berlin 2020.
Piuk 2016: Piuk, Petra: *Lucy fliegt.* Wien 2016.
Reuter et al. 2020: Reuter, Julia et. al (Hg.): *Vom Arbeiterkind zum Professor. Sozialer Aufstieg in der Wissenschaft. Autobiographische Notizen und soziobiographische Analysen.* Bielefeld 2020.
Steinkellner 2020: Steinkellner, Elisabeth: *Papierklavier.* Illustriert von Anna Gusella. Weinheim 2020.
Stelling 2018: Stelling, Anke: *Schäfchen im Trockenen.* Berlin 2018.
Yilmaz 2016: Yilmaz, Suat: *Die große Aufstiegslüge. Wie unsere Kinder um ihre Zukunft betrogen werden.* Köln 2016.

7.2 Audiovisuelle Medien

Abbott 2011–2021: Abbott, John und John Wells (Reg.): *Shameless.* USA 2011–2021.
Constanzo 2018ff.: Costanzo, Saverio (Reg.): *Meine geniale Freundin.* Italien, USA 2018ff., basiert auf Elena Ferrantes Tetralogie *L'amica geniale* (2011–2014).
Deutsche Welle 2020: Deutsche Welle: Deutscher Buchpreis 2020. Shortlist-Portrait Deniz Ohde, 06.10.2020, https://www.youtube.com/watch?v=EVVZTQkQVA8 (zuletzt abgerufen am 11.04.2024).
Ernaux 2021: Ernaux, Annie, David Ernaux-Briot (Reg.): *Les années super-8.* Frankreich 2021.
Howard 2020: Howard, Ron (Reg.): *Hillbilly Elegy.* USA 2020, basiert auf J. D. Vance Roman *Hillbilly Elegy. A Memoir of a Family and Culture in Crisis* (2016).
Wilke 2020: Interview von Deniz Ohde mit Insa Wilke am 09.09.2020 im Literaturforum im Brecht-Haus, https://www.youtube.com/watch?v=ffVqO09dkB4 (zuletzt abgerufen am 11.04.2024).

7.3 Zitierte Literatur

Adorno 1974: Adorno, Theodor W.: „Engagement", in: Theodor W. Adorno: *Noten zur Literatur.* Frankfurt a. M. 1974, S. 409–430.
Amlinger 2022: Amlinger, Carolin: „Literatur als Soziologie. Autofiktion, soziale Tatsachen und soziologische Erkenntnis", in: *Autosoziobiographie. Poetik und Politik*, hg. v. Eva Blome, Philipp Lammers und Sarah Seidel. Berlin, Heidelberg 2022, S. 43–65.
Amlinger 2021: Amlinger, Carolin: *Schreiben. Eine Soziologie literarischer Arbeit.* Berlin 2021.

Benner 2020: Benner, Julia: „Geschichte der Kinder- und Jugendliteratur in der BRD", in: *Handbuch Kinder- und Jugendliteratur*, hg. v. Tobias Kurwinkel und Philipp Schmerheim. Berlin 2020, S. 51–60.
Bennett 2007: Bennett, Tony: „Habitus Clivé. Aesthetics and Politics in the Work of Pierre Bourdieu", in: *New Literary History* 38.1 (2007), S. 201–228.
Blome 2020: Blome, Eva: „Rückkehr zur Herkunft. Autosoziobiografien erzählen von der Klassengesellschaft", in: *DVjs* 94 (2020), S. 541–571.
Blome et al. 2022: Blome, Eva, Philipp Lammers und Sarah Seidel: „Zur Poetik und Politik der Autosoziobiographie. Eine Einführung", in: *Autosoziobiographie. Poetik und Politik*, hg. v. Eva Blome, Philipp Lammers und Sarah Seidel. Berlin/Heidelberg 2022, S. 1–13.
Bolte et al. 1967: Bolte, Karl Martin, Dieter Kappe und Friedhelm Neidhardt: „Soziale Schichtung in der Bundesrepublik Deutschland", in: *Deutsche Gesellschaft im Wandel*, Bd. 1, hg. v. Karl Martin Bolte. Opladen 1967, S. 233–351.
Böttcher 2021: Böttcher, Philipp: „Der Mythos von der ‚nivellierten Mittelstandsgesellschaft' und die Soziologie der Gegenwartsliteratur. Erinnerungen an die alte Bundesrepublik in Anke Stellings *Schäfchen im Trockenen*", in: *Jahrbuch der Deutschen Schillergesellschaft* 65 (2021), S. 271–307.
Bourdieu 1985: Bourdieu, Pierre: *Sozialer Raum und ‚Klassen'*. Übersetzt v. Bernd Schwibs, mit einer Bibliografie der Schriften Pierre Bourdieus v. Yvette Delsaut. Frankfurt a. M. 1985.
Bourdieu 1987: Bourdieu, Pierre: *Die feinen Unterschiede*. Übersetzt v. Bernd Schwibs und Achim Russer. Frankfurt a. M. 1987.
Bourdieu 1993: Bourdieu, Pierre: *Sozialer Sinn. Kritik der theoretischen Vernunft*. Übersetzt v. Günter Seib. Frankfurt a. M. 1993.
Bourdieu 2001: Bourdieu, Pierre: *Die Regeln der Kunst, Genese und Struktur des literarischen Feldes*. Übersetzt v. Bernd Schwibs u. Achim Russer. Frankfurt a. M. 2001.
Burzan 2011: Burzan, Nicole: *Soziale Ungleichheit. Eine Einführung in die zentralen Theorien*. Wiesbaden ^{4}2011.
Chassé 2017: Chassé, Karl August: „Diskriminierung von Armen und sozial Ausgegrenzten", in: *Handbuch Diskriminierung*, hg. v. Albert Scherr, Aladin El-Mafaalani und Emine Gökçen Yüksel. Wiesbaden 2017, S. 479–497.
Di Bella 2022: Di Bella, Arianna: „Ohde, Deniz: Streulicht", in: *Jahrbuch für internationale Germanistik* 54/1 (2022), S. 225–238.
El-Mafalaani 2022: El-Mafalaani, Aladin: *Mythos Bildung. Die ungerechte Gesellschaft, ihr Bildungssystem und seine Zukunft. Mit einem Zusatzkapitel zur Coronakrise*. Köln ^{3}2022.
Erikson et al. 1979: Erikson, Robert, John H. Goldthorpe und Lucienne Portocarero: „Intergenerational Class Mobility in Three Western European Societies: England, France and Sweden", in: *The British Journal of Sociology* 30.4 (1979), S. 415–441.
Ewers 2013: Ewers, Hans-Heino: „Paradigmenwechsel der Kinder- und Jugendliteratur um 1970 (11.5.2013)", in: *KinderundJugendmedien.de. Wissenschaftliches Portal für Kindermedien und Jugendmedien* https://www.kinderundjugendmedien.de/literatur?view=article&id=659&catid=104 (11.04.2024)
Fähnders 2007: Fähnders, Walter: „Arbeiterliteratur", in: *Reallexikon der deutschen Literaturwissenschaft*, hg. v. Klaus Weimar, Harald Fricke und Jan-Dirk Müller. Berlin 2007, S. 120–122.
Fähnders 2011: Fähnders, Walter: „Arbeiterliteratur, Arbeiterdichtung. Begriff und Geschichte", in: *Schreibwelten – erschriebene Welten. Zum 50. Geburtstag der Dortmunder Gruppe 61*, hg. v. Gertrude Cepl-Kaufmann und Jasmin Grande. Essen 2011, S. 95–100.
Geiger 1948: Geiger, Theodor Julius: *Die Klassengesellschaft im Schmelztiegel*. Köln 1948.

Geiger 1967: Geiger, Theodor Julius: *Die soziale Schichtung des deutschen Volkes. Soziographischer Versuch auf statistischer Grundlage.* Stuttgart 1967 (zuerst 1932).

Genette 1992: Genette, Gérard: *Fiktion und Diktion.* Aus dem Franz. v. Heinz Jatho. München 1992.

Goel 2022: Goel, Urmila: „Intersektional forschen – kontextspezifisch, offen, selbst-reflexiv", in: *Handbuch Intersektionalitätsforschung,* hg. v. Astrid Biele Mefebue, Andrea D. Bührmann und Sabine Grenz. Wiesbaden, Heidelberg 2022, S. 131–143.

Haschemi Yekani/Nowicka 2022: Haschemi Yekani, Elahe und Magdalena Nowicka: „Einleitung: Andere Sichtweisen auf Intersektionalität. Revisualising Intersectionality", in: *Andere Sichtweisen auf Intersektionalität. Revisualising intersectionality,* hg. v. Elahe Haschemi Yekani, Magdalena Nowicka und Tiara Roxanne. Wiesbaden 2022, S. 1–10.

Hechler 2022: Hechler, Sarah Carlotta: „Zwischen Autobiographie und Autosozioanalyse. Zur Verbindung von Annie Ernaux' autosoziobiographischen Erzählungen mit Pierre Bourdieus Soziologie", in: *Autosoziobiographie. Poetik und Politik,* hg. v. Eva Blome, Philipp Lammers und Sarah Seidel. Berlin/Heidelberg 2022, S. 17–41.

Herrmann 2021: Herrmann, Leonhard: „Nach dem Populismus. Komplexität, Polyvalenz und der ‚Social Turn' in Texten von Deniz Ohde, Marlene Streeruwitz und Sibylle Berg", in: *Gegenwartsliteratur* 20 (2021), S. 315–341.

Hobrack 2024: Hobrack, Marlen: *Klassismus. 100 Seiten.* Stuttgart 2024.

Honneth 1992: Honneth, Axel: *Kampf um Anerkennung. Zur moralischen Grammatik sozialer Konflikte.* Frankfurt a. M. 1992.

Huber 2000: Huber, Martin (Hg.): *Nach der Sozialgeschichte. Konzepte für eine Literaturwissenschaft zwischen historischer Anthropologie, Kulturgeschichte und Medientheorie.* Tübingen 2000.

Kemper/Weinbach 2009: Kemper, Andreas und Heike Weinbach: *Klassismus. Eine Einführung.* Münster 2009.

Crenshaw 1995: Crenshaw, Kimberlé William: „Mapping the Margins. Intersectionality, Identity Politics, and Violence Against Women of Color", in: *Critical Race Theory: The Key Writings That Formed the Movement,* hg. v. Kimberlé Williams Crenshaw, Neil Gotanda, Garry Peller und Kendall Thomas. New York 1995, S. 357–383.

Lejeune 1994: Lejeune, Philippe: *Der autobiographische Pakt.* Aus dem Franz. v. Wolfram Bayer und Dieter Honrig. Frankfurt a. M. 1994.

Lepsius 1993: Lepsius, Mario Rainer: „Parteiensystem und Sozialstruktur. Zum Problem der Demokratisierung der deutschen Gesellschaft", in: *Demokratie in Deutschland. Soziologisch-historische Konstellationsanalysen. Ausgewählte Aufsätze,* hg. v. Mario Rainer Lepsius. Göttingen 1993, S. 25–50.

Linck 2016: Linck, Dirck: „Die Politisierung als Scham. Didier Eribons *Rückkehr nach Reims*", in: *Merkur* 70 (2016), S. 34–47.

Meyer/Ort 1988: Meyer, Friederike und Claus-Michael Ort: „Konzept eines struktural-funktionalen Theoriemodells für eine Sozialgeschichte der Literatur", in: *Zur theoretischen Grundlegung einer Sozialgeschichte der Literatur. Ein struktural-funktionaler Entwurf,* hg. v. Renate von Heydebrand, Dieter Pfau und Jörg Schönert. Tübingen 1988, S. 85–171.

Meyer 2001: Meyer, Thomas: „Das Konzept der Lebensstile in der Sozialstrukturforschung. Eine kritische Bilanz", in: *Soziale Welt* 52/3 (2001), S. 255–272.

Ort 2002: Ort, Claus Michael: „Sozialgeschichte der Literatur und die Probleme textbezogener Literatursoziologie - anlässlich von Kafkas *Das Urteil*", in: *Kafkas „Urteil" und die Literaturtheorie. Zehn Modellanalysen,* hg. v. Oliver Jahraus und Stefan Neuhaus. Stuttgart 2002, S. 101–125.

Otte 2004: Otte, Gunnar: *Sozialstrukturanalysen mit Lebensstilen. Eine Studie zur theoretischen und methodischen Neuorientierung der Lebensstilforschung.* Wiesbaden 2004.

Peitsch 2010: Peitsch, Helmut: „Engagement/Tendenz/Parteilichkeit", in: *Ästhetische Grundbegriffe*, Bd. 2: *Dekadent-Grotesk*, hg. v. Karl-Heinz Barck et al. Stuttgart/Weimar 2010, S. 178–223.

Pertsch 2023: Pertsch, Sebastian (Hg.): *Vielfalt. Das andere Wörterbuch. 100 Wörter – 100 Beiträge*. Berlin 2003.

Pfau/Schönert 1988: Pfau, Dieter und Jörg Schönert: „Probleme und Perspektiven einer theoretisch-systematischen Grundlegung für eine ‚Sozialgeschichte der Literatur'", in: *Zur theoretischen Grundlegung einer Sozialgeschichte der Literatur. Ein struktural-funktionaler Entwurf*, hg. v. Renate von Heydebrand, Dieter Pfau und Jörg Schönert. Tübingen 1988, S. 1–26.

Pollak 2021: Pollack, Reinhard: „Besetzung von Klassenpositionen nach sozialer Herkunft (10.03.2021)", in: *Bundeszentrale für politische Bildung, Datenreport 2021*. https://www.bpb.de/kurz-knapp/zahlen-und-fakten/datenreport-2021/sozialstruktur-und-soziale-lagen/330072/besetzung-von-klassenpositionen-nach-sozialer-herkunft/ (11.04.2024).

Schelsky 1965: Schelensky, Helmut: „Die Bedeutung des Schichtungsbegriffs für die Analyse der gegenwärtigen Gesellschaft", in: *Auf der Suche nach Wirklichkeit. Gesammelte Aufsätze*, hg. v. Helmut Schelensky. Düsseldorf/Köln 1965, S. 331–336.

Scherr 2020: Scherr, Albert: „Kategorie Klasse[1]", in: *Diversität im Geschichtsunterricht*, hg. v. Sebastian Barsch, Bettina Degner, Christoph Kühberger und Martin Lücke. Bad Schwalbach 2020, S. 117–134.

Scherr et al. 2017: Scherr, Albert, Aladin El-Mafaalani und Emine Gökçen Yüksel: „Einleitung. Interdisziplinäre Diskriminierungsforschung", in: *Handbuch Diskriminierung*, hg. v. Albert Scherr, Aladin El-Mafaalani und Emine Gökçen Yüksel. Wiesbaden 2017, S. V–X.

Schmidt/Stiemer 2022: Schmidt, Karsten und Haimo Stiemer: *Bourdieu in der Germanistik*. Berlin/Boston 2022.

Schönert 1990: Schönert, Jörg: „The Reception of Sociological Theory by West German Literary Scholarship, 1970–85", in: *New Ways in Germanistik*, hg. v. Richard Sheppard. New York et al. 1990, S. 71–94.

Schönert 2008: Schönert, Jörg: „Sozialgeschichte der Literatur – ein vorübergehendes Meteor? Ein Rückblick auf die DFG-Forschergruppe ‚Sozialgeschichte der Literatur' (1979–1986) an der Universität München. 2008", in: *Webseite der Forschungsstelle Historische Epistemologie und Hermeneutik*. Online abrufbar unter https://fheh.org/wp-content/uploads/2016/07/schoenertmuenchensoz.pdf (11.04.2024).

Schütte 2020: Schütte, Uwe: „Chancengleichheit als leeres Versprechen. Deniz Ohdes *Streulicht* und die Frage sozialer Gerechtigkeit", in: *Volltext* 4 (2020), S. 16–19.

Spoerhase 2017: Spoerhase, Carlos: „Poetik der Form. Autosoziobiografie als Gesellschaftsanalyse", in: *Merkur* 71 (2017), S. 27–37.

Twellmann 2022: Twellmann, Marcus: „Autosoziobiografie als reisende Form. Ein Versuch", in: *Autosoziobiografie. Poetik und Politik*, hg. v. Eva Blome, Philipp Lammers und Sarah Seidel. Berlin/Heidelberg 2022, S. 91–115.

Winker/Degele 2009: Winker, Gabriele und Nina Degele: *Intersektionalität. Zur Analyse sozialer Ungleichheiten*. Bielefeld 2009.

Wright 2023: Wright, Erik Olin: *Warum Klasse zählt*. Mit e. Nachwort v. Oliver Nachtwey. Aus dem Amerik. v. Philipp Hölzing. Berlin 2023.

Franziska Bomski
Politik und Poetik der Autofiktion
Am Beispiel von Christa Wolf, *Stadt der Engel oder The Overcoat of Dr. Freud* (2010)

1 Kurzdarstellung, Relevanz und Aktualität des Forschungsfeldes

Im Juni 1990, zwischen Mauerfall und Wiedervereinigung, erschien Christa Wolfs Erzählung *Was bleibt* parallel im ostdeutschen Aufbau-Verlag und im westdeutschen Luchterhand Literaturverlag. Christa Wolf (1929–2011) war eine der wichtigsten, auch international anerkannten Autor:innen aus der DDR; mit kritischem Unterton wurde sie auch als ‚Staatsdichterin' bezeichnet. In der Wendezeit setzte sie sich für eine Reform des Sozialismus ein. Ihre bereits 1979 entstandene, für die Veröffentlichung überarbeitete Erzählung stellt die individuellen psychischen Folgen der notorischen Repressionen heraus, denen sich kritische Bürger:innen durch den Staatsapparat der DDR ausgesetzt sahen. Eine autodiegetische Erzählerin, die nicht namentlich genannt wird, erzählt in interner Fokalisierung, also aus der Ich-Perspektive, einen Tag aus ihrem Leben, das dem Christa Wolfs sehr ähnlich ist: Die Ich-Erzählerin ist eine renommierte, in der DDR lebende Autorin, die jedoch aufgrund staatskritischer Äußerungen vom Ministerium für Staatssicherheit (MfS) überwacht wird. Wolf konnte dabei auf eigene Erfahrungen zurückgreifen, die paratextuelle Auszeichnung als „Erzählung" zeigt aber ein literarisches Genre und einen fiktionalen Text an. Die Publikation löste den deutsch-deutschen Literaturstreit aus, in dem die Rolle der Intellektuellen in der DDR sowie der Wert der DDR-Literatur angesichts der sich neu formierenden Gesellschaftsordnung verhandelt wurden (vgl. Anz 1995). Wie kam es dazu?

Entscheidend dafür, dass der Text eine so weitreichende Wirkung erzielen konnte, war, dass die höchst kontroversen Rezensionen in Ost- wie Westdeutschland eines gemeinsam hatten: Sie priorisierten den biografischen Kontext für die Interpretation und identifizierten die fiktive Ich-Erzählerin mit der empirischen Autorin Christa Wolf. So lobte etwa Volker Hage in der *Zeit* den Text als „wunderbare, kunstvolle Prosa", dessen Protagonistin „unverkennbar Christa Wolf" sei (Hage 1990, 74). Ähnlich kam auch Ulrich Greiner zu dem Schluss, dass der Text „zwar jede Konkretion" vermeide, dennoch habe es „keinen Zweck, so zu tun, als wüßten wir nicht, wer da spricht und wovon er spricht. Es ist Christa Wolf" (Greiner 1990, 68). Diese Vermischung von Literatur und Tatsachenbericht, von fiktionalem und faktualem/autobiografischem Erzählen wurde Wolf als poetisch-politische Strategie zugeschrieben und ganz unterschiedlich gewertet: Nach Hage machte „gerade die Konzentration auf den einen, den eigenen Fall [...] diese Prosa mustergültig" (Hage 1990, 75). Entstanden sei „Literatur, die sich mit Fiktionen, mit Verkleidungen nicht mehr abfinden will" (Hage 1990, 73). Vermittels der in ihr artikulierten authentischen Erfahrungen ist Wolfs Erzählung in dieser Deutung ein wichtiger Auftakt zu einer nicht-doktrinären, Ambivalenzen zulassenden literarischen Darstellung des Lebens in der DDR. Greiner hingegen sah in der Textur eine unlautere und feige List Wolfs, um sich nicht im Klartext mit ihren Verwicklungen in das System auseinandersetzen zu müssen und sich stattdessen implizit als Opfer der Diktatur stilisieren zu können: „Wie so oft nutzt Christa Wolf auch hier den scheinbaren Vorteil der Fiktion, nämlich im Ungefähren bleiben zu dürfen, und beansprucht zugleich die Dringlichkeit der harten Fakten." (Greiner 1990, 68)

Aus literaturwissenschaftlicher Sicht verstößt die Gleichsetzung von empirischer Autorin und fiktiver Ich-Erzählerin gegen die zentrale narratologische Grundannahme, dass beide Instanzen für die Deutung eines fiktionalen Textes analytisch sauber zu trennen sind. In jüngerer Zeit entstehen allerdings nicht nur, aber insbesondere auch im Kontext der literarischen Auseinandersetzung mit der DDR vermehrt Texte, die ähnlich wie Wolfs Erzählung einerseits als literarisch-fiktional ausgewiesen sind, für die andererseits aber autobiografische Kontexte der Autor:innen so deutlich konstitutiv sind, dass deren rigide Unterscheidung von der jeweiligen Erzählinstanz interpretatorisch nicht mehr sinnvoll erscheint. Zur Beschreibung von Texten dieser Art hat sich der Begriff der Autofiktion etabliert. Allgemein bezeichnet die Autofiktion eine – literaturtheoretisch eigentlich widersprüchliche – Mischung aus fiktionalem Erzähltext und Autobiografie.

2 Grundbegriffe und zentrale gattungstheoretische Unterscheidungen

Der Begriff der Autofiktion wird insbesondere in Frankreich bereits seit den späten 1970ern diskutiert, in der deutschen Literaturwissenschaft hat er sich erst nach 2000 etabliert. So gibt es in der Neubearbeitung des *Reallexikons der deutschen Literaturwissenschaft* aus dem Jahr 1997 noch keinen Eintrag zur Autofiktion. Im 2009 erschienenen *Handbuch der literarischen Gattungen* hingegen wird der Begriff in einem eigenen Artikel abgehandelt und dort wie folgt definiert:

> Eine ‚Autofiktion' ist ein Text, in dem eine Figur, die eindeutig als der Autor erkennbar ist (durch den gleichen Namen, eine unverkennbare Ableitung davon, durch Lebensdaten oder die Erwähnung vorheriger Werke), in einer offensichtlich (durch paratextuelle Gattungszuordnung oder fiktionsspezifische Erzählweisen) als fiktional gekennzeichneten Erzählung auftritt. (Zipfel 2009a, 31)

Einen systematisierenden Überblick über die zahlreichen methodisch-theoretischen Ansätze und die Geschichte der Gattung sowie exemplarische Einzelinterpretationen liefert das 2019 erschienene *Handbook of Autobiography/Autofiction*, in dem unterschiedliche disziplinäre und kulturelle Perspektiven sowie historische Entwicklungen berücksichtigt werden. Die Entscheidung für eine Doppelung der Begriffe ‚Autobiografie' und ‚Autofiktion' im Titel spiegelt dabei einen zentralen Aspekt der aktuellen Forschungsdiskussion: die Frage nach der Verwandtschaft oder eben Abgrenzung beider Gattungen – insofern der Autofiktion dieser Status überhaupt zuerkannt wird. Ein neuralgischer Punkt ist dabei die Frage nach dem fiktionalen Anteil autobiografischen Schreibens.

Nach Martina Wagner-Egelhaaf ist die „Kategorie der ‚Autofiktion'" nichts grundsätzlich Neues, sondern trägt dem Bewusstsein Rechnung, „dass jede Autobiographie unter Einsatz der Fiktion arbeitet" (Wagner-Egelhaaf 2013, 8). Jedoch haben sich Grad und Behandlung des fiktionalen Anteils im autobiografischen Schreiben verstärkt. Dieser „auffallenden Tendenz in der Gegenwartsliteratur, Autobiographisches und Fiktionales gezielt zu verbinden", kann die Autofiktion als neu eingeführter Analysebegriff begegnen (Wagner-Egelhaaf 2013, 12). Dafür gilt es jedoch, die Autofiktion konzeptionell klar zu konturieren und von der Autobiografie abzugrenzen.

Grundlegend für die Begriffsgeschichte sind die Bestimmungen zweier französischer Autoren: Philippe Lejeunes Definition der Autobiografie über den autobiografischen Pakt und in Absetzung davon Serge Doubrovskys Prägung des Begriffs der Autofiktion.

2.1 Autobiografie und autobiografischer Pakt nach Philippe Lejeune

Texte, die heute als Autobiografien gelten, gibt es bereits seit der Antike; spätestens seit dem 18. Jahrhundert wird der Begriff auch gattungstheoretisch reflektiert und diskutiert (Lehmann 2007; vgl. ausführlich etwa Niggl 1989; Wagner-Egelhaaf 2005). Wenn also Philippe Lejeune 1975 fragt: „Läßt sich die Autobiographie definieren?" (Lejeune 1994, 13), so eröffnet er damit kein neues Forschungsfeld. Einflussreich wurde und blieb sein Ansatz vor allem deswegen, weil er von einer essenzialistischen hin zu einer hermeneutischen und rezeptionsästhetischen Perspektive wechselt. Einfacher gesagt: Lejeune will nicht erläutern, was eine Autobiografie an und für sich ist, sondern versucht zu klären, unter welchen Bedingungen ein Buch, in dem eine Lebensgeschichte erzählt wird, von seinen Leser:innen als Autobiografie und eben nicht als Roman wahrgenommen wird, welche Signale diesen oder jenen Lektüremodus aufrufen und wie sich beide voneinander unterscheiden.

Einleitend definiert Lejeune die Autobiografie als *„Rückblickende Prosaerzählung einer tatsächlichen Person über ihre eigene Existenz, wenn sie den Nachdruck auf ihr persönliches Leben und insbesondere auf die Geschichte ihrer Persönlichkeit legt"* (Lejeune 1994, 14 [Hervorh. i. Orig.]). Diese Definition ist in der Forschung Konsens, zumeist wird noch explizit ergänzt, dass es sich um eine faktuale/nichtfiktionale Textsorte handelt (z. B. Lehmann 2007, 169). Die typischste Form der Autobiografie ist die autodiegetische Narration mit einer Erzählinstanz, die in erster Person berichtet (Ich-Erzähler) und Protagonist:in der erzählten Handlung ist. Möglich, wenngleich seltener ist, so räumt Lejeune ein, auch eine homodiegetische Erzählung in der dritten Person (Sie-/Er-Erzähler) oder auch der zweiten Person (Du-Erzähler).

In der Erläuterung seiner Definition stellt Lejeune als notwendiges Kriterium dafür, dass die Leser:innen von einer Autobiografie ausgehen, die **doppelte Identität von Autor und Erzähler sowie von Erzähler und Protagonist** der Erzählung heraus. Diese Identität wird über die **Identität der Eigennamen** von Autor, Erzähler und Protagonist sichtbar. Haben Autor und Erzähler/Protagonist unterschiedliche Namen, ist nach Lejeune eine autobiografische Lesart des Textes ausgeschlossen. Wird der Name des Erzählers/Protagonisten im Text nicht explizit genannt, so kann diese Identität implizit durch den titelgebenden **autobiografischen Pakt** etabliert werden.

Dieser Begriff hat sich, gemeinsam mit seinem Gegenbegriff, dem **Roman- oder Fiktionspakt**, in der Forschung weitgehend etabliert (vgl. zu verschiedenen Ansätzen und ihrer Kritik Achermann 2013). Der Begriff des Paktes entstammt als Synonym für ‚Vertrag' dem juristischen Kontext und wird in den Literaturwissenschaften metaphorisch verwendet für ein implizites Angebot des Autors an die Leser:innen eines Textes, diesen auf eine bestimmte Art und Weise zu rezipieren: als faktualen autobiografischen oder aber als fiktionalen literarischen Text. Dieses Angebot einer spezifischen Lesehaltung kann dabei einerseits über textexterne oder paratextuelle Signale etabliert werden: Beispielsweise ruft eine Kombination von Autorname und Titel, etwa Goethes *Geschichte meines Lebens*, den autobiografischen Pakt auf, die Kombination von Autorname und der Bezeichnung „Roman" auf dem Cover den Fiktionspakt. Andererseits ist auch eine textinterne Signalisierung möglich, indem sich etwa ein Ich-Erzähler über die Bezugnahme auf Lebensdaten, Werke oder Handlungen für die Leser:innen zweifelsfrei als empirischer Autor vorstellt.

Da der autobiografische Pakt mit der Identität von Autor und Erzähler, der Romanpakt hingegen mit ihrer Verschiedenheit einhergeht, lassen sich nach Lejeune „alle möglichen Fälle mit zwei Kriterien durchspielen: Bezug zwischen dem Namen des Protagonisten und dem Namen des Autors, Beschaffenheit des vom Autor geschlossenen Pakts" (Lejeune 1994, 29f.):

	Name des Protagonisten ≠ Name des Autors	Name des Protagonisten unbestimmt	Name des Protagonisten = Name des Autors
Romanpakt	Roman	Roman	
Pakt unbestimmt	Roman	Unbestimmt	Autobiografie
Autobiografischer Pakt		Autobiografie	Autobiografie

(Grafik nach Lejeune 1994, 30)

Entscheidend ist dabei, dass der autobiografische Pakt die Verifizierbarkeit oder Falsifizierbarkeit der Erzählung mit sich bringt: Stellt der Autor/Erzähler seine Lebensereignisse so dar, dass sie von bekannten Fakten abweichen bzw. seine Darstellung mit anderen faktualen Darstellungen kollidiert, so können die Leser:innen dies dem Autor, anders als einem Romanautor, entweder ankreiden oder sie müssen sich in spezifischer Weise interpretierend dazu verhalten: Solche ‚Fehler' können im ersten Fall als unlauterer Bruch des autobiografischen Paktes durch den Autor mit einer mutwilligen Täuschungsabsicht gedeutet werden und somit das Qualitätsurteil über den Text beeinflussen. Oder sie gelten als vom Autor/Erzähler selbst für wahr gehaltene Tatsachen, deren Darstellung von den Leser:innen aber als ein Phantasma zu werten ist, mit dem sich der Autor/Erzähler/Protagonist selbst täuscht. Der autobiografische Pakt „beinhaltet somit prinzipiell die Verifikation der Autobiographie durch den Leser, dies jedoch nicht im Sinne historisch-biographischer Exaktheit, sondern im Sinne einer Anerkennung des aufrichtigen Bemühens des Autors, sein Leben sich selbst und dem Leser erklärend zu vergegenwärtigen" (Löschnigg 2013, 43). Man erwartet von einer Autobiografie also nicht unbedingt Wahrheit des Erzählten, aber Wahrhaftigkeit des Autors.

Zwei Aspekte seien noch erwähnt, die für die folgenden Diskussion um den Begriff der Autofiktion von Interesse sind: *Erstens* unterscheidet Lejeune deutlich zwischen der Autobiografie als referenziell-faktualem Text, bei dem die oben beschriebene Identität von Autor/Erzähler/Protagonist vorliegt und der einer ‚Wahrheitsprobe' unterzogen werden kann, und dem **autobiografischen Roman**: Dieser ist ein fiktionaler Text, bei dem eine Ähnlichkeit zwischen Autor und Protagonist vorliegt, welche die Leser:innen zur Annahme der Identität verleitet, ohne dass diese vom Autor, sei es textextern oder -intern, zugestanden wird.

Zweitens gibt es in Lejeunes Klassifizierung zwei Fälle, die in ihrer Beschreibung Verwandtschaft mit bestimmten, später entwickelten Konzepten der Autofiktion aufweisen, zum einen die von Lejeune als theoretisch unmöglich ausgeschlossene Kombination von Romanpakt und Identität von Autor/Erzähler/Protagonist, zum anderen der unbestimmte Fall, in dem die Leser:innen nicht entscheiden können, ob ihnen ein Roman oder eine Autobiografie vorliegt, weil weder eine Namensidentität noch einer von beiden Pakten etabliert wird. An diesen Grenzfällen in Lejeunes Systematik setzt der von Serge Doubrovsky geprägte Begriff der Autofiktion an (vgl. Gronemann 2022, 334).

2.2 Autofiktion nach Serge Doubrovsky

Im Vergleich zu Lejeune nimmt Serge Doubrovsky (1928–2017) keine analytisch-rezeptionsästhetische, sondern eine existentiell-produktionsästhetische Perspektive ein: Anstelle des Lektüremodus der Leser:innen stellt er seine Schreib-Motivation und -haltung als Autor ins Zentrum seiner Erklärungen zur Autofiktion. Der Begriff findet sich erstmals als paratextueller Hinweis zum Roman *Fils* (1977), der formal die bei Lejeune als unmöglich erachtete Kombination einer Identität von Autor und autodiegetischem Erzähler mit der Bezeichnung „Roman" realisiert. Doubrovsky kommentiert dies im Klappentext wie folgt:

> Fiktion strikt realer Ereignisse und Fakten; wenn man so will[,] ist Autofiktion: die Sprache über das Abenteuer zu einem Abenteuer der Sprache zu machen, jenseits von Konvention und Syntax des Romans, sei er neu oder traditionell. (Doubrovsky 2004, 117)

Diesem auf den ersten Blick widersprüchlichen Ansatz sieht Doubrovsky seine gesamte Schreibpraxis verpflichtet, er kommentiert und erläutert sie immer wieder sowohl in seinen literarischen Werken als auch in Essays und Interviews. In deutscher Übersetzung liegt bislang nur der Aufsatz *Textes en main* (Doubrovsky 2004; dt. *Nah am Text*) vor, der sich aufgrund seiner rückblickend-bündelnden Argumentation gleichwohl gut für eine Einstiegslektüre eignet.

Doubrovsky entwickelt sein Konzept der Autofiktion aus einem Begriff der Autobiografie, den er um eine soziale und eine individualpsychologische Komponente erweitert: Die Autobiografie ist für ihn ein „exklusiver Klub für Berühmtheiten" (Doubrovsky 2004, 118); sie unterstelle „ein Subjekt, das Zugang zu sich gewinnen" und so „eine authentische Darstellung seines Lebens" liefern kann (Doubrovsky 2004, 120). Im Gegensatz dazu sei die Autofiktion eine Gattung für jedermann und gleiche den „Mangel (an Substanz, an Berühmtheit)" aus: „Wenn man nicht interessant *ist*, wird es darum gehen sich, mit Hilfe des Schreibens, interessant *zu machen*, so wie der Romancier seine Figuren interessant macht." (Doubrovsky 2004, 119) Zudem reagiere die autofiktionale Schreibpraxis auf die in der Moderne insbesondere durch die „Revolution der Psychoanalyse" (Doubrovsky 2004, 120) fraglich gewordene Einheit und Autonomie des Subjekts (vgl. Baumann 2008, 17). Diese ließen sich nicht mehr in einer stringent organisierten, chronologischen Narration abbilden oder erzeugen. Stattdessen könne sich das moderne Ich nur momenthaftpunktuell in verschiedenen Schreibakten imaginieren, „verstreute Fragmente, unvollständige Teile" seiner selbst festhalten und sie über die literarische Form zusammenbinden (Doubrovsky 2004, 122). Dabei geht es Doubrovsky nicht um die „Idee einer literarischen Erfindung der eigenen Persönlichkeit, einer (zweiten) fiktionalen Existenz des Autors" (Gronemann 2022, 338). Er bleibt vielmehr der poetischen Selbsterkundung verpflichtet und will „einen ‚wahren Roman' schreiben", der sich durch eine „Verschmelzung" von autobiografischem und Fiktionspakt auszeichnet (Doubrovsky 2004, 123). „Die von Doubrovsky aus der Taufe gehobene Autofiktion", so resümiert daher Henrik Baumann, „zeichnet sich insofern durch eine nur vordergründige Ambivalenz aus, als Doubrovsky die Fiktion eindeutig in den Dienst jener Verpflichtung zur Wahrheit und Wahrhaftigkeit stellt" (Baumann 2008, 131). Doch auch wenn man Doubrovskys Autofiktion damit streng genommen formal nur als „Variante der Autobiographie" betrachten will (Baumann 2008, 131), sind seine Ausführungen für die Interpretation dieser Gattung unter den spezifischen Bedingungen der Gegenwart ertragreich und wirkmächtig: Die Autofiktion nach Doubrovsky ist ein literarisches Instrument mit selbstreflexiver, selbsttherapeutischer Funktion, denn die – im erläuterten Sinne – Fiktionalisierung der eigenen Person macht diese nicht nur für das Lesepublikum, sondern auch für den schreibenden Autor selbst interessant und ermöglicht eine – eventuell exemplarische – Aneignung traumatischer, verdrängter, schambesetzter, schmerzhafter u. v.m. Erfahrungen: „Dem Schreiben [...] wird die Linderung der Leiden übertragen." (Doubrovsky 2004, 124) Diese Funktion rückt insbesondere bei den autofiktionalen Texten der Gegenwartsliteratur ins Zentrum, die sich mit den Auswirkungen der politisch-gesellschaftlichen Umbrüche des 20. Jahrhunderts auf das individuelle Leben beschäftigen; wir kommen darauf bei der Beispielinterpretation von Christa Wolfs *Stadt der Engel oder The Overcoat of Dr. Freud* (2010) zurück, bleiben jedoch zunächst bei der Sortierung unserer Begriffe. Für die aktuelle Begriffsbestimmung orientieren wir uns an der von Frank Zipfel vorgeschlagenen Unterscheidung von drei Typen der Autofiktion – eine hilfreiche, wenngleich nicht unumstrittene Differenzierung (Zipfel 2009b).

2.3 Die drei Typen der Autofiktion nach Frank Zipfel

Frank Zipfel schlägt vor, anhand der Kriterien Faktualität, Fiktionalität und Literarizität/Poetizität analytisch drei Typen der Autofiktion als literarische Gattung zu unterscheiden. Demnach ist ein literarischer Text in der interpretatorischen Praxis *erstens* daraufhin zu befragen, wo er sich mit welcher Begründung in dieses Schema einordnen lässt und was dies *zweitens* zu seiner Deutung beiträgt.

Autofiktion als autobiografisches Schreiben: Bei dieser an Doubrovskys Konzept angelehnten Form handelt es sich um eine Erzählung, die zwar paratextuell mit einem fiktionalen Gattungslabel versehen, jedoch im Wesentlichen ein faktualer Text ist, der sich durch eine besondere narrative Konstruktion auszeichnet und dadurch von der klassischen Autobiografie unterscheidet: Die berichteten Ereignisse umfassen nicht unbedingt eine große Lebensspanne, sondern können sich auch auf einen deutlich kürzeren Zeitraum beschränken und werden nicht notwendig in kausal-chronologischer Reihenfolge präsentiert. Ein beispielsweise an der Psychoanalyse orientiertes, assoziativ-sprunghaftes Arrangement der Erzählinhalte kann dieser Variante ihren literarischen Reiz verleihen. Die „(vorgebliche) Fiktionalisierung" kann dabei dazu dienen, das Interesse der Leser:innen zu wecken und eine eventuell unbedeutend erscheinende individuelle Geschichte zu einer „Geschichte von allgemein menschlichem Interesse" aufzuwerten. (Zipfel 2009b, 300). Darüber hinaus kann das fiktionale Gattungslabel eine Art Schutzfunktion haben, „dem Ich soll die Ummantelung des Geschilderten als Fiktion das Zurückschrecken vor peinlichen Geständnissen nehmen" (Zipfel 2009b, 301), die in Extremfällen auch juristische Konsequenzen haben könnten. Der explizite Verweis auf das Vorliegen einer fiktionalen Gattung eröffnet also der Autorin oder dem Autor nicht nur die Möglichkeit, die eigenen Schamgrenzen zu überwinden, sondern ist auch der Versuch einer Absicherung gegen außerliterarische Folgen der Erzählung, etwa gegen die Klage auf Verletzung von Persönlichkeitsrechten anderer in der Erzählung auftretender Personen.

Autofiktion als fiktionales Erzählen: Dieser weite Begriff der Autofiktion geht ebenfalls auf zwei französische Theoretiker zurück, die Fiktionstheoretiker Gérard Genette und Vincent Colonna. Zur Orientierung sei kurz an zentrale narratologische Begriffe erinnert (vgl. Genette 1992, 79–89). Eine Erzählung ist nach Genette **faktual**, wenn Autor und Erzähler identisch sind, **fiktional**, wenn diese voneinander zu unterscheiden sind. Eine Geschichte wird **heterodiegetisch** erzählt, wenn der Erzähler keine Person der erzählten Geschichte ist, **homodiegetisch**, wenn der Erzähler selbst eine Person in der vom ihm erzählten Geschichte ist, dazu gehört insbesondere auch die **autodiegetische** Erzählung, in welcher der Erzähler aus der Ich-Perspektive seine eigene Geschichte erzählt. Anhand dieser Kriterien lassen sich Texte wie folgt klassifizieren:

A = E = P	faktuale autodiegetische Erzählung = Autobiografie
A = E und E ≠ P	faktuale heterodiegetische Erzählung = historische Erzählung/Biografie
A ≠ E und E ≠ P	fiktionale heterodiegetische Erzählung
A ≠ E und E = P	fiktionale homodiegetische Erzählung
A ≠ E und A = P	fiktionale heterodiegetische Erzählung, Autofiktion

A: Autor   E: Erzähler   P: Person/Protagonist der Erzählung

Es handelt sich bei der so bestimmten Autofiktion um den, wenn man so will, wenigstens formal unproblematischsten Fall, bei dem eine „Fiktionalität behauptende Gattungsbezeichnung" (Zipfel 2009b, 302) vorliegt, entsprechend auch empirischer Autor und Erzähler nicht übereinstimmen, aber innerhalb der erzählten Geschichte eine Figur auftritt, den den gleichen Namen trägt wie der empirische Autor. Diese Form der Autofiktion ist somit narratologisch eine Form der **Metalepse**, also der ‚regelwidrigen' Überschreitung der Grenzen zwischen Erzählebenen, in diesem Fall der Verletzung der Grenze zwischen textexternem empirischem Autor und textinterner fiktiver Figur.

Es stellt sich hier nicht die Frage nach der faktualen Wahrheit oder der Wahrhaftigkeit der Erzählung, interpretationsbedürftig ist stattdessen „die Tatsache, dass der Autor einer der Figuren seiner fiktionalen Erzählung seinen Namen gibt" (Zipfel 2009b, 303). Da Gattungsbezeichnung und der nicht mit dem Autor identische Erzähler starke und recht eindeutige Signale für den Roman-/Fiktionspakt sind, die Namensidentität von Autor und Figur aber die Grenze von Literatur und Wirklichkeit bzw. den Konstruktionscharakter des Erzählten ins Bewusstsein rufen, lassen sich Autofiktionen dieser Art oftmals ertragreich poetologisch deuten; dies ist aber bei Weitem nicht die einzige Möglichkeit.

Autofiktion als Kombination von autobiografischem Pakt und Fiktionspakt: Diese dritte Form ist die komplexeste und gleichzeitig strittigste Variante der Autofiktion. In Anlehnung an die französische Autorin Marie Darrieusecq bestimmt Zipfel diese Form der Autofiktion als autodiegetische Erzählung (Ich-Erzähler), die paratextuell mit einer Fiktionalität anzeigenden Gattungsbezeichnung versehen ist, auf der Ebene von Geschichte und/oder Diskurs fiktionale Elemente aufweist, gleichzeitig aber die Identität von Autor und Erzähler/Figur durch eine der von Lejeune aufgelisteten Strategien der Autobiografie etabliert (s. o.). Diese gemischten und widersprüchlichen Signale rufen bei den Leser:innen sowohl den autobiografischen als auch den Fiktions-/Romanpakt auf bzw. machen es ihnen unmöglich, eine einheitlichen Lektürehaltung einzunehmen und den Text eindeutig als entweder fiktional oder faktual zu rezipieren.

In Darrieusecqs Konzeption bleiben die Leser:innen in jedem Lektüremoment in der Schwebe dieses sprachhandlungslogischen Widerspruchs. Zipfel bezweifelt, dass es möglich ist, diese Ambivalenz durchgehend aufrechtzuerhalten, und schlägt stattdessen vor, dass die Leser:innen ihre Rezeptionshaltung passagenweise anpassen/variieren, sodass für ein einzelnes Buch eine Art Flickenteppich von jeweils sauber voneinander getrennten autobiografischen und fiktionalen Mikro-Lektüren entsteht: „Damit jedoch bleibt die Unterschiedlichkeit der beiden Pakte gewahrt, man könnte sogar sagen, dass der Leser gerade durch das Hin und Her zwischen dem einen und dem anderen auf die Spezifik der beiden Pakte aufmerksam gemacht wird." (Zipfel 2009b, 306) Zieht man eine so konzipierte Kombination der beiden Pakte als Möglichkeit in Betracht, so stellt sich, wie bei den anderen Formen der Autofiktion, auch hier die Frage nach der Interpretation: Worauf zielt diese bei den Leser:innen maximal Verwirrung auslösende Schreibpraxis? Zipfel nennt diverse interpretatorische Möglichkeiten, die jedoch im Wesentlichen deckungsgleich sind mit den bereits genannten: die Infragestellung gängiger Praktiken autobiografischen Schreibens im Sinne einer Absage an ein autonomes, die Erzählung souverän organisierendes Subjekt; die literarische Darstellung eines zwischen verschiedenen Identitäten und/oder von gesellschaftlichen/politischen/historischen Grenzerfahrungen zerrissenen Subjekts; Reflexion der Trennung bzw. Wechselwirkung von Kunst und Leben u. v.m. – welche Deutung zutrifft, kann selbstredend nicht verallgemeinert, sondern muss am konkreten Text erarbeitet werden. In diesem Sinn sollen im Folgenden, nach einem kurzen Überblick über prototypische Beispieltexte aus der Literaturgeschichte für die Autofiktion als entweder autobiografisches oder fiktionales Erzählen erprobt werden, ob und wie Doubrovskys Bestimmung und Zipfels drittes Modell der Autofiktion zur Analyse und Interpretation von Christa Wolfs *Stadt der Engel oder The Overcoat of Dr. Freud* (2010) taugen.

3 Analyse und Interpretation von Beispieltexten

3.1 Textkorpus – exemplarischer Überblick

Autofiktionale Phänomene sind nicht neu, entsprechende Textbeispiele finden sich auch weit vor dem 20. Jahrhundert. Als „Klassiker der Autobiographie" (Wagner-Egelhaaf 2005, 167) darf **Johann Wolfgang von Goethes *Aus meinem Leben. Dichtung und Wahrheit*** (1811–1831) gelten, gleichwohl kündigt die Doppelung von „Dichtung" (auch zu lesen im Sinne von ‚Erfindung') und „Wahrheit" eine fiktionalisierte Lebensgeschichte an. Goethe reflektiert den Konstruktionscharakter seiner autobiografischen Erinnerungen explizit, etwa wenn er bekennt, dass seine Erzählung frühkindlicher Erlebnisse auf die Berichte anderer angewiesen sei und sich mit diesen vermische: „Wenn man sich erinnern will, was uns in der frühsten Zeit der Jugend begegnet ist, so kommt man oft in den Fall, dasjenige was wir von andern gehört, mit dem zu verwechseln, was wir wirklich aus eigner anschauender Erfahrung besitzen." (Goethe 1811–1833, 15) Entsprechend ist der berühmte Einstiegssatz „Am 28. August 1749, Mittags mit dem Glockenschlage zwölf, kam ich in *Frankfurt am Main* auf die Welt. Die Konstellation war glücklich" eine literarische Imagination faktischer Ereignisse (Goethe 1811–1833, 15). Diese werden im Text nicht einfach berichtet, sondern ausgewählt, arrangiert und einer subjektiven Deutung unterzogen, mit der Goethe seinem Leben besondere Bedeutung verleiht: Beispielsweise führen in seiner Darstellung schon die Komplikationen bei seiner Geburt zu einer Reform des Hebammenwesen, die „manchem der Nachgebornen mag zu Gute gekommen sein" (Goethe 1811–1833, 15).

Für das 20. Jahrhundert lässt sich **Christa Wolfs** eingangs besprochene Erzählung **Was bleibt** (1990) als prototypisches Beispiel eines autofiktional gestalteten autobiografischen Texts anführen: Trotz der Fiktionalität anzeigenden Gattungsbezeichnung scheint Wolf doch recht eindeutig hinter der namenlos bleibenden Protagonistin auf. Zudem setzt der Text in seiner Darstellung der psychischen Folgen staatlicher Überwachung dezidiert auf Erfahrungen, die durch Wolfs Biografie beglaubigt werden und so erst ihre authentische Überzeugungskraft erhalten.

Auch die Autofiktion als fiktionales Erzählen findet sich weit vor dem 21. Jahrhundert, etwa in zahlreichen Romanen **Jean Pauls**, unter anderem im Roman ***Die unsichtbare Loge*** (1793), in dem Jean Paul in unterschiedlichen Rollen und mit unterschiedlichen Namen auftaucht. Wir greifen hier aber zwei aktuelle Beispiele heraus: In **Dietmar Daths** dystopischem Science Fiction-Roman (↗ *Dystopien*) ***Sämmtliche Gedichte*** (2009) verfolgt der ominöse Colin Kreuzer ein evolutionsbiologisches Projekt, in dem er zum Fortschritt der Menschheit umfassende genetische und mentale Manipulationen vornehmen will. Unterstützt wird er dabei von seinem „Unterteufel[]" Dath (Dath 2009, 131), einem fiktiven Alter Ego des empirischen Autors, der im Roman als ethisch fragwürdiger Antagonist des Lyrikers Adam Sladek und der Malerin Johanna Rauch auftritt. In seiner Göttinger Lichtenberg-Poetikvorlesung expliziert Dath:

> Schreibe über die Welt, die du dir erschreibst, nicht als deren oberste moralische Instanz, sondern als ihre *negative* Intelligenz, die ihr *Ärger* macht, auf dass sie sich dazu verhalte. Schreibe nicht als der liebe Gott oder die liebe Göttin der Welt, die du baust, sondern als ihr Teufel oder ihre Teufelin. (Dath 2020, 45)

Der Autor verfolgt neben diesem poetologischen Anliegen auch ein gesellschaftspolitisches: Im großen Finale kommt es zu einer Auseinandersetzung zwischen dem fiktiven Dath und Johanna Rauch, in dem diese ihn in einer Metalepse als empirischen Autor adressiert und ihm vorwirft: „Für dich sind wir alle nur Gestalten in irgend so einem ausgedachten Krampf. [...] Menschen, du Arsch! Wir sind Menschen, und du verschiebst sie hin und her" (Dath 2009, 275). Von dieser Fremdbestimmung befreien sich die Figuren – wenigstens im Rahmen der Erzählung – indem sie den fiktiven Dath umbringen. Dieses drastische Ende verweist als Selbstermächtigung der Romanfiguren zum einen – in romantischer Tradition – auf die Autonomie der Kunst, zum anderen aber auch – in der Tradition der engagierten Literatur – auf ihr utopisches Potenzial zur gesellschaftlichen Veränderung. Im Fall des bekennenden Marxisten Dietmar Dath ließe sich die Befreiung der Romanfiguren als revolutionärer Appell zur selbstbestimmten Umgestaltung der kapitalistischen Weltordnung deuten.

Einen komplexeren Fall der Autofiktion als fiktionales Erzählen stellt **Felicitas Hoppes** Roman *Hoppe* (2012) dar, der laut Klappentext „keine Autobiographie, sondern Hoppes Traumbiographie" ist. Hoppe simuliert und parodiert in ihrem Roman faktuales, insbesondere akademisch-(auto-)biografisches Schreiben u. a. durch eine bunte Mischung aus fiktiven und tatsächlichen Quellenangaben, Phantasmen und Versatzstücken ihrer tatsächlichen Biografie auf allen Erzählebenen. In Verbindung mit der narrativen Schachtelstruktur und Vervielfältigung der einander spiegelnden Erzählinstanzen werden so „[i]maginierte Biographie und tatsächliche Lebensgeschichte [...] vertauscht" (Eigler 2015, 148f.). Die damit verbundene Feier der Imagination als identitäts- und damit letztlich auch realitätsstiftende Kraft fügt sich in Hoppes transmoderne Poetik der ‚ehrlichen Erfindung', in der die „Fiktion [...] zum einzig adäquaten Modus des Wirklichkeitsbezugs" wird (Frank/Ilgner 2017, 31).

3.2 Beispielinterpretation: Christa Wolf: *Stadt der Engel oder The Overcoat of Dr. Freud*

3.2.1 Narratologische Analyse

Inwiefern handelt es sich gemäß den oben besprochenen formalen Kriterien bei Christa Wolfs 2010 erschienenem Text *Stadt der Engel oder The Overcoat of Dr. Freud* (zit. als SdE) um eine Autofiktion? Um diese Frage zu beantworten, müssen wir die Beziehung zwischen der empirischen Autorin Christa Wolf und der Erzählinstanz analysieren, die Paratexte auswerten und nach textinternen Signalen suchen, die auf einen fiktionalen beziehungsweise faktualen Text verweisen.

Stadt der Engel oder The Overcoat of Dr. Freud wird von einer **intern fokalisierten, autodiegetischen Ich-Erzählerin** präsentiert. Diese blickt aus der in den späten 2000er Jahren angesiedelten Erzählgegenwart (vgl. SdE 10) auf einen Aufenthalt in Los Angeles im Jahr 1992/1993 (SdE 151) zurück und beschreibt ihre Erlebnisse. In diese Rahmenerinnerung sind weitere persönliche Erinnerungen der Ich-Erzählerin eingeschachtelt, die bis in die 1940er Jahre zurückreichen. Die Ich-Erzählerin erinnert sich also in der Erzählgegenwart zum einen an ihre Zeit in Kalifornien und zum anderen daran, wie und woran sie sich währenddessen (wieder) erinnert, was sie erlebt und worüber sie nachgedacht hat. Sie spaltet sich so wiederholt und mehrfach in ein reflektierendes, erinnerndes Ich und ein erlebendes, erinnertes Ich. Sie bleibt namenlos und ist über weite Strecken kaum von ihrer Autorin zu unterscheiden. Erzählerin und Autorin teilen markante biografische Stationen und politisch-intellektuelle Positionen, etwa die Überzeugung von der kommunistischen Utopie und die Trauer über ihr Scheitern, das sich u. a. im Untergang der DDR manifestiert. Wie Christa Wolf ist die Erzählerin eine renommierte DDR-Autorin. Zwar werden die Titel ihrer Werke nicht explizit genannt, sind aber über Inhaltsangaben unschwer als solche zu erkennen, etwa als *Moskauer Novelle* (1961, SdE 291) oder *Kindheitsmuster* (1976, SdE 290f.). Eine prägnante Ausnahme vom Verzicht auf eine explizite Referenz bildet das in Kalifornien gefasste Vorhaben der Erzählerin, „ein Buch zu schreiben, das wird heißen: DIE STADT DER ENGEL ODER THE OVERCOAT OF DR. FREUD" (SdE 155) – diese Metalepse identifiziert sie mit Christa Wolf. Es gibt also starke Signale für eine Identität von Erzählerin und empirischer Autorin Christa Wolf, diese wird aber nicht durch eine Namensgleichheit affirmiert, bleibt also formal weitgehend unbestimmt.

Paratexte können sich je nach Ausgabe ändern. Wir beziehen uns zur Analyse auf die 2010 bei Suhrkamp erschienene erste Hardcover-Auflage und beginnen mit dem äußeren Umschlag: Anders als etwa bei Daths ebenfalls bei Suhrkamp publizierten *Sämmtlichen Gedichten* ist *Stadt der Engel* auf der Vorderseite nicht explizit als Roman ausgewiesen. Hinweise zur Textsorte finden sich jedoch in den Klappentexten. Einerseits wird der Text dort tatsächlich als „Roman" rubriziert, der „das Leben der Autorin, [...] immer wieder verbunden mit entscheidenden Momenten deutscher Geschichte" spiegele (Rückseite): Eine „Erzählerin" ringe um die „Wahrhaftigkeit der eigenen Erinnerung" (Umschlag innen). Diese Zuschreibungen sprechen zunächst für einen fiktionalen Text, in dem Erzählinstanz und empirische Autorin zwar starke Ähnlichkeiten aufweisen, aber dennoch voneinander zu unterscheiden sind. In Lejeunes Terminologie läge damit ein autobiografischer Roman vor. Andererseits heißt es weiter: „Das neue Buch von Christa Wolf ist auch autobiographische Prosa. Sie erzählt [...] von einer Auseinandersetzung mit der eigenen Geschichte" (Umschlag innen). Diese Beschreibungen charakterisieren den Text nun gleichzeitig als faktuale Autobiografie und identifizieren die Erzählinstanz mit der empirischen Autorin. Diese Paratexte senden also eine gemischte Botschaft, als Leser:innen bleiben wir im Unklaren, ob uns ein fiktionaler oder ein faktualer Text erwartet. Nun werden Cover und Klappentexte eines Buchs oftmals zu Marketing-Zwecken festgelegt, sodass sie nicht allein ausschlaggebend für eine im engeren Sinn literaturwissenschaftliche Einordnung des Texts sein können. Werfen wir daher einen zweiten, genaueren Blick auf die vorangestellten Präambeln und Motti, die der Autorin Christa Wolf zuzuschreiben sind und daher bei einer hermeneutischen Interpretation stärkeres Gewicht haben. Ein Vorsatz weist den Text als fiktional aus:

> Alle Figuren in diesem Buch, mit Ausnahme der namentlich angeführten historischen Persönlichkeiten, sind Erfindungen der Erzählerin. Keine ist identisch mit einer lebenden oder toten Person. Ebensowenig decken sich beschriebene Episoden mit tatsächlichen Vorgängen.

Eine solche Klausel ist eine übliche, auch juristische relevante Absicherung, die fiktionalen Texten oder auch Filmen vorangestellt wird, wenn diese Referenzen auf die historische bzw. zeitgenössische Wirklichkeit enthalten, um etwa einer Klage auf die Verletzung von Persönlichkeitsrechten vorzubeugen. Insbesondere beim Genre des **Schlüsselromans** stellt sich diesbezüglich immer wieder die Frage, wo die künstlerische Freiheit endet und die Diffamierung von realen Personen beginnt (Franzen 2018). Wolf mag diese Absicherung der *Stadt der Engel* auch in Reaktion auf die Rezeption von *Was bleibt* voranstellen. Allerdings arbeitet sie auch schon in früher entstandenen Texten mit dieser Art Vorsatz, den sie dort durch Formulierungen, die deutlich von der juristischen Diktion abweichen, für poetologisch-gesellschaftskritische Reflexionen, nutzt, etwa in ihrem Roman *Kindheitsmuster*:

> Wer Ähnlichkeiten zwischen einem Charakter der Erzählung und sich selbst oder ihm bekannten Menschen zu erkennen glaubt, sei auf den merkwürdigen Mangel an Eigentümlichkeit verwiesen, der dem Verhalten vieler Zeitgenossen anhaftet. Man müßte die Verhältnisse beschuldigen, weil sie Verhaltensweisen hervorbringen, die man wiedererkennt. (Wolf 1976, Vorsatz)

Im Vergleich dazu bleibt der Vorsatz zur *Stadt der Engel* enger an die juristische Formulierung angelehnt, und ihm fehlt jegliche weltanschauliche, insbesondere marxistische Stoßrichtung. Er ist dennoch etwas ausführlicher als sonst übliche Versionen und damit von einer subtilen Ironie geprägt, welche den expliziten Ausweis als „Erfindung" unterläuft. Wir kommen darauf in der Interpretation zurück.

Dem Vorsatz folgen zwei Motti, die die Faktur des Erzähltextes vorwegnehmend kommentieren:

Motto 1:	Motto 2:
So müssen wahrhafte Erinnerungen viel weniger berichtend verfahren als genau den Ort bezeichnen, an dem der Forscher ihrer habhaft wurde. Walter Benjamin: *Ausgraben und Erinnern*	Die wirkliche Konsistenz von gelebtem Leben kann kein Schriftsteller wiedergeben. E.L. Doctorow

Das erste Motto verpflichtet den Text als subjektive, aber „wahrhafte Erinnerungen" auf Authentizität, die er mit einer faktualen Autobiografie im weiteren Sinne bzw. mit der Autofiktion nach Doubrovsky teilt. Eingelöst werden kann dieser Anspruch gemäß dem Motto durch eine genaue Schilderung des Erinnerungsortes im wörtlichen Sinne. Dieser narrativen Strategie folgt die oben beschriebene komplexe Struktur der *Stadt der Engel*, in der Los Angeles gleichzeitig als erinnerter Ort und als Ort des Erinnerns beschrieben wird.

Das zweite Motto formuliert die Unmöglichkeit, ein Leben angemessen mit all seinen Zusammenhängen literarisch darzustellen. Es steht damit in einer gewissen Spannung zum Wahrhaftigkeitsanspruch des ersten Mottos, entlastet aber gerade dadurch den folgenden Erzähltext von jedweder Verpflichtung auf abschließende Vollständigkeit und umfassende autobiografische Wahrheit: Die folgende Erzählung ist ein Versuch Wolfs, eine „Deutungshoheit [...] über *ihre* Geschichte" (Haase 2014, 227f.) zu gewinnen, der im Wissen um die Schwierigkeiten, „die wirklichen Konsistenz von gelebtem Leben" literarisch darzustellen, unternommen wird. Wolf leitet aus dieser Beschränkung eine Freiheit ab, die ihre Form in der Autofiktion im Sinne Doubrovskys findet, einem autobiografischen Erzählen, das sich lustvoll künstlerische Lizenzen nimmt: Dazu gehören ein fragmentarisch, bruchstückhaftes Erzählen, das nicht der Chronologie der Ereignisse, sondern der psychischen Logik des Erinnerungsprozesses folgt, sowie die passagenweise sehr bildhafte Sprache, eine Vielzahl werk- und literaturhistorisch gebundener intertextueller Bezüge und die teilweise ins Fantastische ausgreifenden Figurationen. Gerade durch diese Verfahren „vermag die Ich-Erzählerin zur poetischen Wahrheit und von dort zu ihrer eigenen Wahrheit zu finden und zu derjenigen zu werden, die sie zu sein glaubt" (Pormeister 2015, 99).

Festhalten lässt sich bis hier: Die gemischten Signale der Paratexte, die komplexe narrative Konstruktion des Textes und insbesondere die unbestimmthybride Konzeption Erzählinstanz legen nahe, dass es sinnvoll ist, *Stadt der Engel* als Autofiktion zu interpretieren. Zwei der im Theorieteil vorgestellten Modelle scheinen dabei auf den ersten Blick eine ertragreiche Deutung zu versprechen und sollen daher im Folgenden exemplarisch an zwei Textausschnitten erprobt werden. Inhaltlich konzentrieren wir uns dabei auf die beiden titelgebenden Motive des Texts, nämlich Freuds Mantel und den Engel Angelina.

3.2.2 Freuds Mantel – *Stadt der Engel* als Autofiktion nach Doubrovsky

Das titelgebende *Dingsymbol* (Blankenship 2020, 55) von Freuds Mantel deutet darauf hin, dass Doubrovskys produktionsästhetische Bestimmung der Autofiktion als selbstreflexive, therapeutische Fiktionalisierung des Ich im Dienste einer Selbsterkundung ein geeigneter Interpretationsansatz für die *Stadt der Engel* sein könnte. Um diese Deutungshypothese zu überprüfen, wenden wir uns der Passage zu, in welcher „the overcoat of Dr. Freud" als Motiv eingeführt wird: Bob Rice, ein auf den österreichisch-jüdischen Architekten Richard Neutra (1892–1970) spezialisierter Kunsthistoriker, berichtet der Erzählerin in geselliger Runde folgende Anekdote:

> 1   Die Geschichte, wie er Freuds Mantel gewann und wieder verlor. Richard Neutras Witwe nämlich hatte ihm [Bob Rice], dem treuen Chronisten ihres Mannes, nach Neutras Tod seinen Mantel als Erinnerungsstück übergeben. Ursprünglich, hatte sie ihm versichert, sei dies einmal Freuds Mantel gewesen, the overcoat of Dr. Freud, beide seien ja Österreicher
> 5   gewesen, beide aus Wien, sie hätten einander ganz gut gekannt. Der Mantel sei inzwischen alt, aber nicht schäbig gewesen, gute Vorkriegsware, Bob wußte: In diesem Mantel würde er jeder Lebenssituation gewachsen sein, und wir verstanden, daß er durchaus in Situationen geraten konnte, die eine solche warme Schutzhülle dringend erforderten. [...] Dann habe er für ein paar Tage wegfahren müssen. [...] Als er zurückkam, habe er seinen
> 10 Augen nicht trauen wollen: Der Mantel sei weg gewesen. [...] Diesen Verlust könne er nie verwinden. Nun versuche er sich mit dem Gedanken zu trösten, daß der Mantel durch eine Kette unglaubhafter Zufälle an einen der homeless people geraten sei und daß er den nun wärme in diesem nassen und kalten Winter.
> What do you think about my story, fragte Bob mich später.
> 15 Hör zu, sagte ich, morgen werde ich anfangen, ein Buch zu schreiben, das wird heißen: DIE STADT DER ENGEL ODER THE OVERCOAT OF DR. FREUD
> Mach das, sagte Bob, und dann kam sein großmütiges Angebot:
> Nimm Dir alles, was du brauchen kannst.
> Alles? fragte ich.
> 20 Alles, sagte er.
> Das wird ein Buch werden, sagte ich, das ich nicht veröffentlichen kann.
> Das ist deine Arbeitshypothese, sagte Bob, damit du nahe an die Dinge herangehst.
> Das wird diesmal nicht genügen, sagte ich. Natürlich habe ich Angst.
> Das kenne ich, sagte Bob. Take care of yourself. (SdE 154–156)

Die Anekdote ist nicht erfunden: Bob Rice ist angelehnt an den US-amerikanischen Architekturhistoriker Thomas S. Hines. Seine „Erinnerungen an eine kalifornische

Freundschaft" (Hines 2024), in denen er davon berichtet, wie er Wolf während ihrer Zeit in Los Angeles kennengelernt hat, lassen sich den entsprechenden Passagen aus *Stadt der Engel oder The Overcoat of Dr. Freud* als faktuale Darstellung zur Seite stellen. Er sei, so Hines, „ein wenig enttäuscht", dass Wolf das „Mysterium" des tatsächlich im Zuge einer Einbruchsserie an seiner Universität gestohlenen Überziehers literarisch nicht weiter ausgebaut und in *Stadt der Engel* keine „Erklärung" für seine „Mantelgeschichte" erfunden habe (Hines 2024, 482f.). Erwartungshaltungen wie diese aber gehen an Wolfs erinnerungspoetischer Schreibintention vorbei.

Die zitierte Romanpassage lässt sich für die narratologische Analyse in zwei Teile gliedern: Sie beginnt mit einer doppelte Analepse (Z. 1–13) die sich zudem in eine Rahmen- und eine Binnenerzählung spaltet: Die Ich-Erzählerin erinnert sich an einen Abend in Kalifornien „vor der Jahreswende von 1992 auf 1993" (SdE 151), an dem ihr Freund Bob Rice ihr eine Geschichte aus seiner Vergangenheit erzählt. Die Erzählerin gibt die von Bob erzählte Geschichte weitgehend als transponierte Figurenrede wieder, in der die Reaktionen der Zuhörenden vereinzelt als erzählte Gedankenrede eingewoben sind („wir verstanden", Z. 7). Die indirekte Rede markiert eine illusionshemmende Distanz zum Erzählten und den Unterschied zwischen primärer Erzählerin und sekundärem Erzähler. Die Binnenerzählung wird zudem als „Geschichte, wie er Freuds Mantel gewann und wieder verlor" (Z. 1) mit einem Titel eingeführt, der einen fiktional-literarischen Text erwarten lässt. Darin treten mit Sigmund Freud und Richard Neutra reale historische Figuren gemeinsam mit dem fiktiven Bob Rice auf. Die Beschreibung des Mantels changiert zwischen sinnlich-konkreten („alt, aber nicht schäbig", „gute Vorkriegsware", Z. 6) und flüchtig-imaginärem Objekt, dem zwar die Funktion einer „warme[n] Schutzhülle" (Z. 8) attestiert wird, das aber auf unerklärliche Weise aus der von Bob erzählten Wirklichkeit verschwindet. Über den Verbleib des Mantels bei einem der „homeless people" (Z. 12) kann nur spekuliert werden. Mit der doppelten Rückblende, der Einführung Bobs als ebenfalls autodiegetischer, sekundärer Erzählfigur und den gemischten Signalen, ob Bob seine Binnenerzählung selbst mit einem Wahrheitsanspruch verbindet, potenziert und verdichtet Wolf in diesem ersten Teil die narrative Konstruktion und den hinsichtlich des aufgerufenen Paktes hybriden Charakter des gesamten Textes. Damit wird unsere Aufmerksamkeit verstärkt auf Darstellungsverfahren und Fiktionalität/Faktualität des Erzählten gelenkt. Dieses **selbstreflexive/metanarrative** Element wird im zweiten Teil der Passage (ab Z. 14) explizit zur Sprache gebracht: Bobs Frage „What do you think about my story" (Z. 14) richtet sich zunächst intradiegetisch an die Erzählerin als seine Zuhörerin. Das sich daran anschließende Gespräch durchbricht jedoch die Erzählebenen, denn es behandelt nicht Bobs Geschichte, sondern Schreibprozess und -motivation der, wie bereits erwähnt, auch explizit beim Titel genannten Rahmenerzählung *Stadt der Engel oder The Overcoat of Dr. Freud*.

Diese **Metalepse** wird, anders als Bobs Geschichte, in direkter Rede wiedergegeben, sodass den Leser:innen der Eindruck vermittelt wird, ihm zuzuhören und somit selbst Teil der erzählten Wirklichkeit zu sein. Die gesamte Passage lässt sich damit als **metafiktional** charakterisieren, denn konstitutiv sind „selbstreflexive Aussagen und Elemente […], die nicht auf Inhaltliches als scheinbare Wirklichkeit zielen, sondern zur Reflexion veranlassen über Textualität und Fiktionalität" (Wolf 2013, 513). Metafiktionalität ist in autofiktionalen Texten häufig anzutreffen, sie kann verschiedene Funktionen erfüllen, im vorliegenden Textbeispiel schafft sie einen poetologischen Reflexionsraum, der die Möglichkeiten autofiktionalen Erzählens auslotet (vgl. Wolf 2013, 514).

Bezogen auf die Handlung werden dem Mantel in der Passage zwei wichtige Funktionen zugeschrieben: *Erstens* manifestieren sich in seiner Weitergabe verschiedene Freundschaften, deren Figurenreihe vom 20. bis ins 21. Jahrhundert reicht: Zwischen den Familien Freud und Neutra, zwischen Neutras Witwe und Bob Rice und schließlich zwischen Bob Rice und der Erzählerin. Diese Freundschaften bleiben dem Mantel als ‚Erinnerungsstück' eingeschrieben, er bewahrt sie, solange man davon erzählt, vor dem Vergessen. Erinnern und Erzählen werden damit in Bobs Geschichte als positiv besetzte Prozesse konturiert, die das erinnernde Individuum in geschichtliche Kontexte, vor allem aber: in freundschaftliche Beziehungen einbetten.

Zweitens rufen die verschiedenen Stationen des Mantels Verlust und Bedrohungen in ganz unterschiedlichen historisch-gesellschaftlichen Situationen auf, von der existentiellen Bedrohung für den durch das nationalsozialistische Regime zur Emigration gezwungenen Sigmund Freud über die im Vagen gehaltenen bedrohlichen Lebenssituationen, denen Bob Rice ausgesetzt war, bis hin zur zeitgenössischen ökonomischen Not der Obdachlosen. Diesen Bedrohungen wirkt der Mantel als „warme Schutzhülle" (Z. 8) entgegen. Seine Schutzfunktion wandelt sich dabei mit der Form seiner Weitergabe: Als konkretes Objekt schützt er physisch vor Kälte, insbesondere nach seinem Verschwinden aus Bobs Büro spendet er diesem mit einer imaginierten Geschichte mental Trost.

Diese beiden Aspekte verdichtet Wolf im zweiten Teil der Passage zu einer poetologischen Bestimmung ihres Schreibprojektes. Nicht von ungefähr ist es gerade Freuds Mantel, der die analogische Übertragung motiviert, denn an seiner psychoanalytischen Trias ‚Erinnern, Wiederholen, Durcharbeiten' orientiert sich die Erzählerin in ihrer Auseinandersetzung mit dem Scheitern der kommunistischen Utopie. Über diesen theoretischen Bezug hinaus exemplifiziert der zweite, explizit metafiktionale Teil der Passage, wie beängstigend-identitätsgefährdende Aspekte der Erinnerung an Verdrängtes aufgefangen werden können: Zum einen durch einen sympathetischen Zuhörer, der die schonungslose Selbsterkundung unterstützt („damit du nahe an die Dinge herangehst", Z. 22) und gleichzeitig durch seine freundschaftliche Fürsorge davor bewahrt, zu einer selbstzerstörerischen Abrechnung zu werden („Take care of yourself", Z. 24). Zum anderen vollzieht sich das Erzählen des Vergessenen/Verdrängten in Form einer Geschichte, deren Inhalt sich nicht primär an faktualer Verifizierbarkeit ausrichtet, sondern an den Bedürfnissen der Erzählerin („Nimm dir alles, was du brauchen kannst", Z. 18). Freuds Mantel wird damit zu einer Trope für das zwischen Autobiografie und Fiktion changierende, selektive Erzählen des eigenen Lebens. Dieses bietet dem erzählenden Ich einen Schutzraum, den es ästhetisch selbstbestimmt ausgestalten kann. Darin wird es möglich, auch Verluste und Verfehlungen zur Sprache zu bringen, deren Konfrontation für ein souveränes Ich ebenso unerlässlich wie bedrohlich ist.

Man kann unsere Beobachtungen auf den Gesamttext ausweiten und Passagen suchen, in denen diese Poetik einer dialogisch-fiktionalisierten Auseinandersetzung mit schmerzhaften und schambesetzten Erinnerungen ebenfalls praktiziert wird. Dabei zeigt sich, dass die hybride Erzählweise der *Stadt der Engel* nicht ausschließlich einem individualpsychologischen Anliegen verpflichtet ist und wir unsere Deutungshypothese erweitern können: Wolfs Erzählanliegen steht auch im gesellschaftspolitischen Kontext einer differenzierten Auseinandersetzung mit dem Erbe der DDR. Deutlich wird dies in einer der Kernepisoden, die wir exemplarisch herausgreifen: Als die Ich-Erzählerin während ihres Kalifornien-Aufenthalts durch ein Fax aus Deutschland erfährt, dass die in ihrer sogenannten Täterakte dokumentierte, kurzzeitige Tätigkeit für die Staatssicherheit als ‚IM Margarethe' in den Jahren 1959 bis 1962 nun in der Presse publik gemacht wird, sucht sie nach einem Zuhörer für ihre Version der Ereignisse: „ALSO WEM KONNTE ICH DIE GESCHICHTE ERZÄHLEN die nun erzählt werden mußte, obwohl es ja gar keine Geschichte war?" (SdE 178) Wiederum greift das oben umrissene poetologische Programm: Die Begebenheiten, die die Ich-Erzählerin präsentiert, sind keine Geschichten im Sinne einer narrativ-strukturierten Erfindung, sondern haben in der biografischen und historischen Wirklichkeit ein Korrelat, das vergleichsweise spärlich bzw. überhaupt nicht verborgen wird. Dennoch werden die Geschichten „erzählt", d. h., sie werden in einem spezifisch literarischen Modus präsentiert, der die Aufmerksamkeit auf die Sprache als variables Medium der Repräsentation selbst lenkt: Man kann damit erzählen und erinnern, aber auch verurteilen und richten und so ein Amalgam von Wirklichkeit und Fiktion/Erfindung/Lüge erzeugen. Wolfs Sprache ist insbesondere als Gegenmodell zur Sprache der von der Staatssicherheit angelegten Akten konzipiert. Wie viele DDR-Bürger:innen hatte sie nach dem Ende der DDR Einsicht in die sie betreffenden Unterlagen genommen. Diese Akten vollziehen, so berichtet die Erzählerin, eine „brutale Banalisierung" (SdE 183) individueller Lebensläufe:

> Selbst wenn die Tatsachen gestimmt hätten, [...] selbst dann stimmte nach meinem Empfinden nichts. Wenn ich irgendetwas gelernt habe bei der Lektüre dieser Berichte, dann, was Sprache mit der Wirklichkeit anstellen kann. Es war die Sprache der Geheimdienste, der sich das wirkliche Leben entzog. Ein Insektensammler, der seine Objekte aufspießen will, muß sie vorher töten. Der Tunnelblick des Spitzels manipuliert sein Opfer unvermeidlicherweise, und mit seiner erbärmlichen Sprache besudelt er es. (SdE 183f.)

Die Spannung zwischen einer vermeintlich objektiven, aber dem „wirkliche[n] Leben" nicht gerecht werdenden, mortifizierenden Darstellung von biografischen und historischen „Tatsachen" auf der einen und einem authentisch-lebendigen, subjektiven „Empfinden" auf der anderen Seite ist ein zentrales Thema des Textes, dessen Genre entsprechend zwischen Autobiografie mit dokumentarischem Anspruch und einer bewusst artifiziell gestalteten Prosa mit deutlich fiktiven Elementen changiert.

Diese Genre-Mischung lässt sich, das sollte deutlich geworden sein, gewinnbringend mit Doubrovskys Modell der Autofiktion beschreiben. Es gäbe aber auch eine terminologische Alternative. Bettet man unsere Beobachtung literar- und werkhistorisch ein, wird schnell deutlich, dass die diagnostizierte Hybridität von ausgeprägtem literarischen Gestaltungswillen bei gleichzeitig unverhohlen offengelegter Referenz auf faktische Ereignisse in Wolfs Werk nicht neu ist: Lange vor der Konjunktur der Autofiktion erprobt die Autorin diese Art des Schreibens erstmals in **Nachdenken über Christa T**. (1968), ein Text, der dem staatlich verordneten Programm des sozialistischen Realismus, dem sogenannten **Bitterfelder Weg**, nicht entsprach und daher Zensurversuchen unterlag. Ihre Schreibpraxis bezeichnete Wolf damals selbst als „subjektive Authentizität" (Wolf 1974, 409). Dieser Terminus hat sich in der breit vorhandenen Forschung zur Wolf'schen Poetik längst etabliert und leistet jedenfalls für diese spezifische Autorin Ähnliches wie der Beschreibungsbegriff der Autofiktion.

3.2.3 Der Engel Angelina – *Stadt der Engel* als Kombination von Autobiografie und Roman nach Zipfel

Ausgeblendet haben wir bislang die Frage nach dem Verhältnis von historischen und erfundenen Figuren: Richard Neutra und Sigmund Freud gehören dem ersteren Figurentyp an. Bob Rice aber ist eine der vielen fiktiven Figuren, die als Kompositfiguren oftmals an eines oder mehrere reale Vorbilder angelehnt und aus diesen ‚zusammengesetzt' sind. Hinzu treten in *Stadt der Engel* fantastisch-fiktive Figurentypen, deren Konzeption den autobiografischen Pakt nachhaltig irritiert und die daher aufschlussreich für die autofiktionale Anlage des Textes sind. Wir fokussieren exemplarisch die Figur des Engels Angelina und fragen, ob sich der

Text gemäß Zipfels Vorschlag sinnvoll in faktuale und fiktionale Passagen aufteilen lässt. Welche Verbindungen haben die fiktiven Figuren zur (erzählten) Wirklichkeit, wie interagiert die Erzählerin mit ihnen und welche Funktion kommt ihnen im Rahmen der autofiktionalen Anlage des Textes zu?

Wir steigen *in medias res* mit dem *close reading* einer Episode ein, in der die Erzählerin einen Strandausflug mit dem Engel Angelina unternimmt:

1   Die Straße, an den Ozean geschmiegt. Das Licht, das überirdische Licht. Stoßstange an Stoßstange die Autos, mein kleiner roter GEO mitten unter ihnen, einer der seltenen Nachmittage, an denen ich mich in den Verkehr wagte, um an den Strand zu fahren, obwohl ich Kopfschmerzen hatte. Meine Gedanken hatten sich an dem Erdbeben
5   festgemacht.
    Ist ja nochmal gut gegangen. Wer sprach da mit mir? Angelina. Können Engel also wirklich Gedanken lesen? Übrigens solle ich jetzt lieber nach links abbiegen, es komme so bald kein Parkplatz mehr. Weiß ich doch, hätte ich aber jetzt nicht daran gedacht. Das machten die Kopfschmerzen.
10 Der Parkplatz war, wie alle Parkplätze, voll. Angelina dirigierte mich in die einzige Lücke. Sie ließ mich das Fleckchen Strand entdecken, auf dem ich meinen Klappstuhl mit Sonnenschutz aufstellen und das Meer sehen konnte, nicht nur halbnackte Menschen. [...] Übrigens habe ich nicht vor, mich für das Auftreten des Engels Angelina zu rechtfertigen oder irgendwelche Erklärungen abzugeben. Nach Umfragen glauben sechsundachtzig
15 Prozent der Amerikaner an Wunder und natürlich auch an überirdische Wesen, zum Beispiel an Engel. Oder daran, daß eine eigentlich bisher unauffällige Madonnenfigur im Haus eines ebenfalls unauffälligen Priesters plötzlich anfangen kann, Tränen zu vergießen. Und natürlich glaubte und glaube ich, eine unerschütterliche Anhängerin der Aufklärung, nicht an derartige Vorkommnisse, das soll ein für allemal klar sein. (SdE 332f.)

Die Passage lässt sich in drei Teile gliedern, die sich hinsichtlich des den Leser:innen angebotenen Paktes unterscheiden. Der erste Teil (Z. 1–5) ruft den autobiografischen Pakt auf: Wolf beschreibt eine mit subjektiven Eindrücken („Das Licht, das überirdische Licht!", Z. 1) und Empfindungen („obwohl ich Kopfschmerzen hatte", Z. 4) angereicherte, aber insgesamt realistisch wirkende Erinnerung, die in der Tat eine verifizierbare Wirklichkeitsreferenz enthält: Das Erdbeben, über das die Erzählerin während der Autofahrt zum Strand nachdenkt, lässt sich als das Erdbeben bei Landers am 28. Juni 1992 identifizieren.

In Zeile 6 tritt mit dem Engel Angelina eine fantastische Figur auf und ruft damit – nach Zipfel – den Fiktionspakt auf. Mit Doubrovsky ließe sich der Engel allerdings auch als literarische, aber dennoch wahrhaftige Darstellung einer Imagination oder Halluzination Wolfs verstehen. Mit dem Auftritt einer geht ein Wechsel des Erzählmodus: Gibt Wolf die Gedanken ihres erinnerten Ich an das Erdbeben als kondensierte, erzählte Gedankenrede wieder („Meine Gedanken hatten sich an dem Erdbeben festgemacht", Z. 4f.), so setzt der zweite Teil der Passage narrativ unvermittelter mit einem Wechsel aus autonomer zitierter und erlebter Gedanken- bzw. Figurenrede ein, der Angelinas Anwesenheit mimetisch vorführt. Das einleitende direkte Zitat „Ist ja nochmal gut gegangen" (Z. 6) lässt die Leser:innen zunächst im Unklaren darüber, ob es sich um eine Selbstberuhigung der Erzählerin handelt, die diese Frage jedoch expliziert und den Engel Angelina als ihre Gesprächspartnerin benennt. Nachdem Angelinas Existenz etabliert ist, wird die Wiedergabe der Interaktion zwischen Erzählerin und Engel wieder kondensierter und raffender („Angelina dirigierte mich", Z. 10, „ließ mich ... entdecken", Z. 11). Insgesamt wird Angelina in diesem Teil wie eine reale, sprechende und handelnde Person beschrieben.

Den Widerspruch zwischen autobiografischem Pakt des ersten und Fiktionspakt des zweiten Teils adressiert die Erzählerin/Wolf im Fortgang des Texts explizit, in dem sie aus der erinnerten Situation heraustritt und das Erzählte reflektiert und kommentiert (ab Z. 13). Sie beginnt mit einer **Präteritio**, einer rhetorischen Figur, die betont, über ein bestimmtes Thema nicht sprechen zu wollen, diesen Willen aber im Folgenden sofort unterläuft (ab Z. 14): Wolf richtet sich zunächst an ihre Leser:innen, von denen sie annimmt, dass diese, vom durch Angelina initiierten Paktwechsel irritiert, auf eine Erklärung warten, und durchbricht damit die Grenze zwischen Kunst/Literatur und Wirklichkeit. Sie enttäuscht zunächst die (angenommene) Hoffnung ihrer Rezipient:innen mit der Aussage, dass sie sich „nicht für das Auftreten des Engels [...] rechtfertigen" wolle (Z. 13). In direktem Anschluss liefert sie mit dem statistischen Verweis auf die in den USA verbreitete Wunderglaubigkeit dann doch eine Erklärung, die es erlauben würde, Angelina als ein religiösirrationales Phantasma der Erzählerin/Wolfs zu verstehen, im Sinne des autobiografischen Paktes als wahrhaftige Schilderung einer Chimäre. Doch dieser Deutung wird im Folgenden der Boden entzogen, denn sowohl das erinnerte als auch das erinnernde Ich bekennen sich dazu, „eine unerschütterliche Anhängerin der Aufklärung" zu sein, die nicht an „derartige Vorkommnisse" glaubt (Z. 18f.). Diese Haltung entspricht derjenigen Christa Wolfs, sodass dieser dritte Teil, auch in seinem essayistischen Duktus, wiederum den autobiografischen Pakt aufruft.

Wie sinnvoll ist diese Zerstückelung des Textauszugs in faktuale und fiktionale Teile für seine Deutung? Sie dient uns zunächst als Beschreibungswerkzeug, mithilfe dessen man sich komplexen Passagen wie der hier besprochenen heuristisch nähern kann, d. h. um erste Beobachtungen als Material für Deutungshypothesen zu sammeln. Allerdings vernachlässigt die absatzweise Analyse die Kombination und das Ineinandergreifen der einzelnen Segmente und stellt damit jene Irritation und Widersprüchlichkeit still, auf denen Wolf/die Erzählerin in dieser Passage so explizit und lustvoll als konstitutivem Merkmal ihres Textes beharrt. Um diese hybride Faktur als „nichts dem Text bloß äußerlich Anhaftendes, sondern ein Wesentlichkeitsversprechen" (Marfutova 2015, 330) besser zu erfassen, gehen wir der textinternen Figurengenese Angelinas von einer realistisch geschilderten Person zu einer fantastischen Figur nach und referenzialisieren diese sich in drei Stationen vollziehende Entwicklung biografisch und zeitgeschichtlich.

Im Erinnerungsbericht der Erzählerin taucht Angelina das erste Mal als „die einzige schwarze Frau unter den Reinemachleuten" in ihrer Unterkunft auf (SdE 164). In einem Gespräch berichtet sie, sie „komme aus Uganda. Dort habe sie sechs Kinder, [...] für die sie hier arbeite, I have to work very hard, sagte sie lächelnd" (SdE 165). Die Erzählerin kommentiert diese Informationen nicht, drückt ihre unausgesprochene Sozialkritik an Angelinas Situation jedoch indirekt dadurch aus, dass sie die „monatlichen Fragebögen, die das Management ausgab und in denen nach der Qualität der Reinigungskräfte gefragt wurde", ausnahmslos (und unabhängig vom Reinigungsergebnis) mit der Bestnote versieht (SdE 28).

Als imaginierter Schutzengel tritt Angelina erstmals auf, nachdem die Erzählerin einen Gottesdienst der First African Methodist Episcopal Church besucht hat. Zwar protestantisch sozialisiert, hatte sie sich, gemäß der offiziellen Staatsdoktrin DDR, seit langer Zeit von der Kirche distanziert. Dem erlebten Gottesdienst, dessen Praktiken sich zudem deutlich von den protestantischen unterscheiden, begegnet sie einerseits mit Befremden, andererseits mit einem „schmerzlichen Gefühl" darüber, dass ihr ein solches „Bekenntnis- und Vergebungsritual" versagt ist (SdE 323). Letztlich kann sie nicht in der Position der distanzierten Zuschauerin verharren, sondern nimmt teil an den Ritualen und Zusammengehörigkeitspraktiken der Gemeinde und beginnt, sich „wohl zu fühlen" (SdE 323). Auf der Rückfahrt sitzt dann plötzlich „Angelina, der Engel" „ganz selbstverständlich" neben ihr im Auto und übernimmt im Selbstgespräch der Erzählerin die Rolle einer Dialogpartnerin (SdE 325f.). Angelina wird ab diesem Zeitpunkt zur nur für sie sichtbaren Begleiterin, zum ‚imaginary friend'. Katalysiert durch das Gottesdiensterlebnis, erkennt die Erzählerin, dass sie selbst ein Bedürfnis nach spirituellem Aufgehobensein und Zugehörigkeit verspürt, die ihr mit dem Ende der DDR traumatisch verloren gegangen sind. Sie bleibt dabei betont „nüchtern und tatsachenfreundlich" (SdE 327) und wahrt Distanz zu ekstatischer Religionspraxis oder irrationalem Wunderglauben. Dennoch gestattet sie sich mit der ‚Erfindung' Angelinas einen Ausflug in mentale Bereiche, die sie sich bisher aus weltanschaulichen Gründen versagt hat, die ihr aber nun die nötige Sicherheit geben, sich ihre existentielle Verunsicherung und tiefe Trauer über das Scheitern ihrer kommunistischen Utopie einzugestehen – im Sinn der Freud'schen Theorie ein zentraler Schritt in der Aufarbeitung mit traumatischen Erfahrungen. Entsprechend bekennt die Erzählerin im ersten Gespräch mit ihrem Schutzengel, daß ich ein Notfall war und ein kleines bißchen Sicherheit brauchte. Worüber denn, wollte sie wissen.

O<small>B SIE, DER</small> E<small>NGEL, EIN</small> T<small>EIL MEINER</small> G<small>ENESUNG SEI</small>
Und: Ob ich auch wieder einmal erfahren würde, was Freude ist [...]. (SdE 326)

Die politischen Ursachen der eingestandenen Depression beschäftigen die Erzählerin am Ende des Textes, kurz bevor dieser mit einem letzten Auftritt Angelinas endet. Die Realisierung ihrer Utopie, die in der DDR ein unerfülltes Versprechen geblieben ist, sei, so erinnert sich die Erzählerin, nur momenthaft – „nur eine historische Sekunde" (SdE 411) – in den 89er-Protesten und -Kundgebungen aufgeschienen: „Es war das Unvorstellbare, das sich in Wirklichkeit verwandeln wollte" (SdE 411), faßt sie ihre Eindrücke der damaligen Zeit zusammen. Als die zu diesem Zeitpunkt noch prospektiv offene politische Entwicklung rasch ihren Verlauf in Richtung Untergang der DDR und Wiedervereinigung nahm, wurden mit dem Ende der Staatsform im gesamtgesellschaftlichen Diskurs, so die Wahrnehmung der Erzählerin, auch alle linken Ideale mit „Häme, Hohn und Spott" verabschiedet und für die Zukunft mit einem „Utopieverbot" (SdE 411) belegt. Dagegen erhebt Wolf gute zwanzig Jahre später mit dem Engel Angelina Einspruch. Dessen, wenn man so will, soziale Herkunft, macht deutlich, dass ökonomische Missstände und soziale Ungleichheiten in westlich-freiheitlichen Gesellschaften weiter bestehen und damit kommunistische Ideale als Korrektive nicht ausgedient haben, auch wenn sie, wie Angelina, dem Unwirklichen anzugehören scheinen. Diese Sphäre, in der nicht nur Faktisches, sondern auch Ängste, Wünsche und Träume ihre Berechtigung haben, erobern sich Wolf und ihre Erzählerin literarisch zurück.

Eine Dekomposition des Romans in fiktionale und faktuale Passagen erweist sich daher als problematisch. Der Text besteht gerade nicht in einem einander abwechselnden Entweder – Oder im Sinne einer Autofiktion nach Zipfel. Vielmehr integriert er äußerlich-historische und innerlich-individuelle Wirklichkeit in einem Schwebezustand, der die autofiktionale Konstruktion des Textes im Sinne Doubrovskys widerspiegelt. Dieser Schwebezustand, der die Erzählerin ‚dem Himmel' in religiöser wie in politischer Hinsicht wieder näherbringt und ihr damit die Lebensfreude und das Vertrauen auf eine offene, durch das Ende der DDR nicht verlorene Zukunft zurückgibt, wird in der letzten Szene des Textes ins Bild gesetzt: Bei einem Ausflug zum Death Valley imaginiert die Erzählerin einen beglückenden Flug mit Angelina über die beeindruckende Landschaft:

Und die Farben. Ach, Angelina, die Farben! Und dieser Himmel.
Sie schien zufrieden, flog schweigend, hielt mich an ihrer Seite.
Wohin sind wir unterwegs?
Ich weiß es nicht. (SdE 414)

4 Kritik und Ausblick

Christa Wolf ist bei Weitem nicht die einzige Autorin, die sich in autofiktionaler Form mit den individuellen Folgen der gesellschaftlich-politischen Zäsur der Jahre 1989/90 aus ostdeutscher Perspektive auseinandersetzt. Das mit dem tiefgreifenden Transformationsprozess einhergehende „Bedürfnis nach erinnernder Vergegenwärtigung der eigenen Lebensgeschichte" (Löffler 2015, 13) schlägt sich in einer Flut von Texten auch jüngerer Autor:innen nieder. Als nachfolgende, in den 1970er und 1980ern geborene Generationen mit anderen biografischen Erfahrungen nehmen diese allerdings eher die (Nach-)Wendezeit und das bis heute mentale Nachwirken von DDR-Strukturen kritisch in den Blick, exemplarisch zu nennen sind etwa Claudia Ruschs *Meine freie deutsche Jugend* (2003), Peter Richters *89/90* (2015) oder Hendrik Bolz' *Nullerjahre. Jugend in blühenden Landschaften* (2022). Die hybride Form der Autofiktion scheint dabei besonders geeignet, Krisenerfahrungen im Spannungsfeld von Authentizität und allgemein-zeitdiagnostischem Anspruch zu verhandeln. Eine komplementäre Tendenz findet sich interessanter Weise im wissenschaftlichen Schreiben über die DDR, das zunehmend biografische Fallstudien mit einbezieht. Als gelungener Fall einer Verbindung von soziologischer Analyse und eigenen Erfahrungen kann dabei etwa Steffen Maus *Lütten Klein. Leben in der Transformationsgesellschaft* (2019) gelten.

Die Einschätzungen, wie die Konjunktur der Autofiktion in der Gegenwartsliteratur zu bewerten ist, gehen auseinander: Für Moritz Baßler ist die Autofiktion eine Spielart des populären Realismus mit einer Midcult-Tendenz zum Mittelmäßigen, die der Logik von „Fan-Communities, Marktstrukturen und der Aufmerksamkeitsökonomie der Medien" folgt (Baßler 2022, 273). Ausgehend von der Beobachtung, dass viele autofiktionale Texte um ein wie auch immer geartetes persönliches Trauma als dominierendes Identitätsmerkmal kreisen, moniert Baßler eine Verabsolutierung des Authentizitätsanspruchs, die Autonomie und Freiheit der Kunst massiv einschränke: „Würde man es ganz generell für unethisch erklären, sich fremde, auch marginalisierte Positionen und Diskurse anzueignen, hätte das eine enorme Verarmung von Kunst und Literatur zur Folge." (Baßler 2022, 301) Ein Beispiel dafür ist die Debatte um Charlotte Gneuß' Roman *Gittersee* (2023). Die 1992 in Baden-Württemberg geborene Autorin ist für ihre 1976 in der DDR angesiedelte fiktionale Erzählung vom Dresdner Autor Ingo Schulze harsch kritisiert worden.

Daneben sieht Baßler auch die ästhetische Qualität der Gegenwartsliteratur in Gefahr. Insbesondere „die autofiktionalen Texte junger, postmigrantischer Frauen, Menschen, die sich aus bedrängenden Strukturen freikämpfen", würden zunehmend allein aufgrund ihrer identitätspolitischen Relevanz wohlwollend zur Kenntnis genommen, die legitime Streitfrage nach ihrem „ästhetische[n] Gelingen" gerate dabei zunehmend in den Hintergrund (Baßler 2022, 319) – ein Vorwurf, der insbesondere auch Autosoziobiografien trifft (↗ *Klassismus*).

Im Gegensatz dazu sieht der US-amerikanische Autor David Shields in der Autofiktion ein Genre, das in ästhetisch komplexer Form auf den „Wirklichkeitshunger" unserer Gesellschaft antworte und den fiktionalen Roman ablöse:

> The books that most interest me sit on a frontier between genres. On one level, they confront the real world directly; on another level, they mediate and shape the world, as novels do. The writer is there as a palpable presence on the page, brooding over his society, daydreaming it into being, working his own brand of linguistic magic on it. What I want is the real world, with all its hard edges, but the real world fully imagined and fully written, not merely reported. (Shields 2010, 69)

5 Merkbox

Forschungsbereich: Erinnerungsliteratur, Post-DDR-Literatur, literarische Gattungen

Wichtige Begriffe: Autobiografie, Autofiktion, fiktionales und faktuales Erzählen, Metafiktion, Poetologie

Ansätze und Methoden: Gattungstheorie, Narratologische Analyse, Hermeneutische Kontextualisierung, Fiktionalitätstheorien

Leitfragen/Typische Fragen: Welcher Gattung lässt sich der Text zuordnen und warum? Wie lässt sich die Erzählinstanz narratologisch charakterisieren? In welcher Beziehung steht die Erzählinstanz zur Autorin oder zum Autor? Welche Kontexte werden dabei relevant? Welche Signale rufen auf paratextueller und intratextueller Ebene welchen Lektürepakt auf? Gibt es metanarrative bzw. metafiktionale Elemente? Welche Form der Autofiktion liegt vor? Welche Funktion hat die autofiktionale Erzählweise für eine Deutung des Textes? Wie ist das Verhältnis von autofiktionaler Poetik und Politik?

6 Lektüreempfehlungen

Einschlägig für einen sortierenden Überblick ist Zipfel 2009b, wir empfehlen aber daneben auch die Lektüre der theoretischen Gründungstexte: das narratologisch und rezeptionsästhetisch grundlegende erste Kapitel „Der Pakt" in Lejeune 1994 sowie den eindrücklichen Essay Doubrovsky 2004 aus produktionsästhetischer Perspektive. Einen gut sortierten Überblick über die verschiedenen Genres autobiografischen Schreibens liefert Rohde 2020. Für Fortgeschrittene empfehlen wir Shields 2010 als experimentell-avantgardistische Auseinandersetzung mit der hybriden Erzählform.

7 Literatur

7.1 Literarische Quellen

Bolz 2022: Bolz, Hendrik: *Nullerjahre. Jugend in blühenden Landschaften*. Köln 2022.
Dath 2009: Dath, Dietmar: *Sämmtliche Gedichte*. Frankfurt a.M. 2009.
Dath 2020: Dath, Dietmar: *Stehsatz. Eine Schreiblehre*. Göttingen 2020.
Doubrovsky 1977: Doubrovsky, Serge: *Fils*. Paris 1977.
Gneuß 2023: Gneuß, Charlotte: *Gittersee*. Frankfurt a.M. 2023.
Goethe 1811–1833: Goethe, Johann Wolfgang von: *Aus meinem Leben. Dichtung und Wahrheit* [1811–1833], in: Johann Wolfgang von Goethe: *Sämtliche Werke, Briefe, Tagebücher und Gespräche*, Bd. 14, hg. v. Klaus-Detlev Müller. Frankfurt a. M. 1986, S. 9–992.
Hoppe 2012: Hoppe, Felicitas: *Hoppe*. Frankfurt a.M. 2012.
Paul 1793: Paul, Jean: *Die unsichtbare Loge. Eine Lebensbeschreibung* [1793], in: Jean Paul: *Sämtliche Werke*, Abt. 1, Bd. 1, hg. v. Norbert Miller. München 1960, S. 7–469.
Richter 2015: Richter, Peter: *89/90*. München 2015.
Rusch 2003: Rusch, Claudia: *Meine freie deutsche Jugend*. Frankfurt a.M. 2003.
Wolf 1974: Wolf, Christa: „Subjektive Authentizität. Gespräch mit Hans Kaufmann" [1974], in: Christa Wolf: *Werke*, Bd. 4, hg. v. Sonja Hilzinger. München 1999, S. 401–437.
Wolf 1976: Wolf, Christa: *Kindheitsmuster* [1976], in: Christa Wolf: *Werke*, Bd. 5, hg. v. Sonja Hilzinger. München 2000, S. 7–584.
Wolf 1990: Wolf, Christa: *Was bleibt* [1990], in: Christa Wolf: *Werke*, Bd. 10, hg. v. Sonja Hilzinger. München 2001, S. 221–289.
Wolf 2010: Wolf, Christa: *Stadt der Engel oder The Overcoat of Dr. Freud*. Berlin 2010.

7.2 Darstellungen

Achermann 2013: Achermann, Eric: „Von Pakten und Fakten. Referieren in fiktionalen und autobiographischen Texten", in: *Auto(r)fiktion. Literarische Verfahren der Selbstkonstruktion*, hg. v. Martina Wagner-Egelhaaf. Bielefeld 2013, S. 23–53.
Anz 1995: Anz, Thomas (Hg.): *Es geht nicht um Christa Wolf. Der Literaturstreit im vereinigten Deutschland*. Frankfurt a.M. 1995.
Baßler 2022: Baßler, Moritz: *Populärer Realismus. Vom International Style gegenwärtigen Erzählens*. München 2022.
Baumann 2008: Baumann, Henrik: *Die autobiographische Rückkehr. Studien zu Serge Doubrovsky, Hervé Guibert und Jean Rouaud*. München 2008.
Blankenship 2020: Blankenship, Robert: „Christa Wolf's Richard Neutra: Architecture, Psychoanalysis, and Southern California in *Stadt der Engel oder The Overcoat of Dr. Freud*", in: *The Germanic Review: Literature, Culture, Theory* 95.1 (2020), S. 55–64.
Doubrovsky (2004): Doubrovsky, Serge: „Nah am Text/Textes en main" [1993]. Übersetzungen und Anmerkungen: Claudia Gronemann, in: *Autobiographie* revisited. *Theorie und Praxis neuer autobiographischer Diskurse in der französischen, spanischen und lateinamerikanischen Literatur*, hg. v. Alfonso de Toro und Claudia Gronemann. Hildesheim, Zürich und New York 2004, S. 117–127.

Eigler 2015: Eigler, Friederike: „Könnte nicht auch alles ganz anders sein?' *Hoppe* zwischen Autofiktion und Metafiktion", in: *Felicitas Hoppe: Das Werk*, hg. v. Michaela Holdenried in Zusammenarbeit mit Stefan Hermes. Berlin 2015, S. 145–159.

Frank/Ilgner 2017: Frank, Svenja und Julia Ilgner: „Felicitas Hoppe als Erzählerin zwischen Tradition und Transmoderne. Eine Einführung", in: *Ehrliche Erfindungen. Felicitas Hoppe als Erzählerin zwischen Tradition und Transmoderne*, hg. v. Svenja Frank und Julia Ilgner. Bielefeld 2017, S. 15–41.

Franzen 2018: Franzen, Johannes: *Indiskrete Fiktionen. Theorie und Praxis des Schlüsselromans 1960–2015*. Göttingen 2018.

Haase 2014: Haase, Michael: „Christa Wolfs letzter ‚Selbstversuch'. Zum Konzept der subjektiven Authentizität in *Stadt der Engel oder The Overcoat of Dr. Freud*", in: *Christa Wolf. Im Strom der Erinnerung*, hg. v. Carsten Gansel unter Mitarbeit v. Sonja Klocke. Göttingen 2014, S. 215–230.

Hage 1990: Hage, Volker: „Kunstvolle Prosa" [1990], in: *Es geht nicht um Christa Wolf. Der Literaturstreit im vereinigten Deutschland*, hg. v. Thomas Anz. Frankfurt a.M. 1995, S. 71–76.

Hines 2024: Hines, Thomas S.: „Christa Wolf und der Überzieher von Dr. Freud. Erinnerungen an eine kalifornische Freundschaft", in: *Sinn und Form* 76.4 (2024), S. 479–486.

Genette 1992: Genette, Gérard: *Fiktion und Diktion*. Aus dem Französischen von Heinz Jatho. München 1992.

Greiner 1990: Greiner, Ulrich: „Mangel an Feingefühl", in: *Es geht nicht um Christa Wolf. Der Literaturstreit im vereinigten Deutschland*, hg. v. Thomas Anz. Frankfurt a.M. 1995, S. 66–70.

Gronemann 2019: Gronemann, Claudia: [Art.] „Autofiction", in: *Handbook of Autobiography/Autofiction*. Bd. 1: *Theory and Concepts*, hg. v. Martina Wagner-Egelhaaf. Berlin und Boston 2019, S. 241–246.

Gronemann 2022: Gronemann, Claudia: „Autofiktion. Zur Entstehung und Fortsetzung eines Textmodells mit Autorbezug", in: *Grundthemen der Literaturwissenschaft: Autorschaft*, hg. v. Michael Wetzel. Berlin 2022, S. 332–349.

Lehmann 2007: Lehmann, Jürgen: [Art.] „Autobiographie", in: *Reallexikon der deutschen Literaturwissenschaft. Neubearbeitung des Reallexikons der deutschen Literaturgeschichte*. Bd. 1: *A–G*, hg. v. Klaus Weimar u. a. Berlin und New York 2007, S. 169–173.

Lejeune 1994: Lejeune, Philippe: *Der autobiographische Pakt* [*Le pacte autobiographique*, 1975]. Aus dem Französischen von Wolfram Bayer und Dieter Hornig. Frankfurt am Main 1994.

Löffler 2015: Löffler, Katrin: *Systemumbruch und Lebensgeschichte. Identitätskonstruktionen in autobiographischen Texten ostdeutscher Autoren*. Leipzig 2015.

Löschnigg 2013: Löschnigg, Martin: [Art.] „Autobiografischer Pakt", in: *Metzler Lexikon Literatur- und Kulturtheorie. Ansätze – Personen – Grundbegriffe*, hg. v. Ansgar Nünning. Stuttgart und Weimar ^{5}2013, S. 42–43.

Mau 2019: Mau, Steffen: *Lütten Klein. Leben in der ostdeutschen Transformationsgesellschaft*. Berlin 2019.

Marfutova 2015: Marfutova, Yulia: „‚Ich spüre einen Sog vom Ende her.' Biographische Bilanz als endlose Reflexionsschleife in Christa Wolfs *Stadt der Engel*", in: *Imaginationen des Endes*, hg. v. Aneta Jachimowicz, Alina Kuzborska und Dirk H. Steinhoff. Frankfurt a.M. 2015, S. 325–344.

Niggl 1989: Niggl, Günter (Hg.): *Die Autobiographie. Zu Form und Geschichte einer Gattung*. Darmstadt 1989.

Pormeister 2015: Pormeister, Eve: „Vom Nachdenken über das Vergessen zur ‚schonungslose[n] Selbsterkenntnis'. *Stadt der Engel oder The Overcoat of Dr. Freud* von Christa Wolf", in: *Zwischen Moskauer Novelle und Stadt der Engel. Neue Perspektiven auf das Lebenswerk von Christa Wolf*, hg. v. Therese Hörnigk und Carsten Gansel. Berlin 2015, S. 94–106.

Rohde 2020: Rohde, Carsten: „Kleines ABC des autobiographischen Diskurses", in: *Erschriebenes Leben. Autobiographische Zeugnisse von Marc Aurel bis Knausgård*, hg. v. Renate Stauf und Christian Wiebe. Heidelberg 2020, S. 375–389.
Shields 2010: Shields, David: *Reality Hunger. A Manifesto*. New York 2010.
Wagner-Egelhaaf 2005: Wagner-Egelhaaf, Martina: *Autobiographie*. Stuttgart und Weimar ^{2}2005.
Wagner-Egelhaaf 2013: Wagner-Egelhaaf, Martina: „Einleitung: Was ist Auto(r)fiktion?", in: *Auto(r)fiktion. Literarische Verfahren der Selbstkonstruktion*, hg. v. Martina Wagner-Egelhaaf. Bielefeld 2013, S. 7–21.
Wagner-Egelhaaf 2019: *Handbook of Autobiography/Autofiction*. Bd. 1: *Theory and Concepts*, hg. v. Martina Wagner-Egelhaaf. Berlin und Boston 2019.
Wolf 2013: Wolf, Werner: [Art.] „Metafiktion", in: *Metzler Lexikon Literatur- und Kulturtheorie. Ansätze – Personen – Grundbegriffe*, hg. v. Ansgar Nünning. Stuttgart und Weimar ^{5}2013, S. 513–514.
Zipfel 2009a: Zipfel, Frank: [Art.] „Autofiktion", in: *Handbuch der literarischen Gattungen*, hg. v. Dieter Lamping in Zusammenarbeit mit Sandra Poppe, Sascha Seiler und Frank Zipfel. Stuttgart 2009, S. 31–36.
Zipfel 2009b: Zipfel, Frank: „Autofiktion. Zwischen den Grenzen von Faktualität, Fiktionalität und Literarität?", in: *Grenzen der Literatur. Zu Begriff und Phänomen des Literarischen*, hg. v. Simone Winko, Gerhard Lauer und Fotis Jannidis. Berlin 2009, S. 287–314.

Carl Junginger und Louisa Semmler
Verschwörungsfiktionen
Am Beispiel von Clemens J. Setz, *Monde vor der Landung* (2023)

1 Kurzdarstellung, Relevanz und Aktualität des Themas

Verschwörungstheorien haben derzeit weltweit Konjunktur. Wie zuletzt im Zuge der COVID19-Pandemie deutlich wurde, bietet gerade das Web 2.0, in dem jede:r sowohl Konsument:in als auch Produzent:in von Informationen sein kann, ideale Voraussetzungen für die schnelle, bisher kaum kontrollierbare Verbreitung konspirationistischer Weltdeutungen. Der in dieser enthierarchisierten Wissenslandschaft des Internets auch durch Verschwörungstheorien beförderte Zweifel am etablierten Wissenschaftssystem hat zu einer breiten öffentlichen Debatte über die Gefahren von Konspirationstheorien geführt (vgl. Butter 2018, 11f.). Auch die Literatur hat an diesem aktuellen und politisch wie gesellschaftlich hochbrisanten Themenkomplex teil. Schriftsteller:innen nehmen Verschwörungstheorien in fiktionaler Darstellung auf, wecken so mit ihren Erzählungen über vermeintliche Verschwörer und geheime Gruppierungen das Interesse ihrer Leser:innen und beteiligen sich womöglich auch an der kritischen Reflexion dieser problematischen Vorstellungen. Über die Literatur hinaus finden sich zahlreiche weitere mediale Verarbeitungen konspirationistischer Narrative, beispielsweise in Verfilmungen von Bestsellern, etwa von Dan Brown (u. a. *The Da Vinci Code*, 2003) und Robert Ludlum (Jason Bourne-Filmreihe) sowie von Alan Moores und David Gibbons' Comics *Watchmen* (Comic: 1986/87, Film: 2009). Auch die anhaltende Popularität von Serien wie *The X-Files* (1993–2002) und *24* (2001–2010), die jüngst durch neue Produktionen wie *Stranger Things* (seit 2016) oder *Secret Invasion* (2023) ergänzt wurden, demonstrieren den Unterhaltungswert von Verschwörungsfantasien.

Trotz der gegenwärtig starken Rezeption und Diskussion konspirationistischer Erzählungen sind diese keine neuartige Erscheinung. Die Überzeugung, gesellschaftliche Ereignisse ließen sich auf die geheimen Vorhaben weniger einflussreicher Individuen oder Gruppen zurückführen, stellt seit vielen Jahrhunderten ein populäres Welterklärungsmodell dar. Lange Zeit besaßen solche Annahmen einen legitimen Platz im öffentlichen Diskurs, heute gelten sie in der westlichen Gesellschaft allerdings überwiegend als zu Recht stigmatisierte Wissensform (vgl. Butter 2018, 152).

Dieser Wandel des Status von Verschwörungstheorien hängt unter anderem mit ihrer kritischen Diskussion nach dem Zweiten Weltkrieg und dem Holocaust zusammen. Vor dem Hintergrund der Tatsache, dass die Ermordung der europäischen Juden auch durch populäre Theorien einer jüdischen Weltverschwörung befördert wurde, kam es zu ersten Auseinandersetzungen mit konspirationistischen Denkmustern im Rahmen sozialpsychologischer Untersuchungen, die nach den Ursachen des gesellschaftlichen Totalitarismus fragten. Die wichtigste Arbeit aus dieser frühen Forschungsphase ist die von Theodor W. Adorno geleitete Studie zum „autoritären Charakter" (*The Authoritarian Personality*, 1950; dt.: *Studien zum autoritären Charakter* [1973], 2020), die bestimmte Vorurteile und Verschwörungsgläubigkeit als eine Facette der Persönlichkeitsstruktur des für autoritäre Bewegungen anfälligen Individuums deutet. Unter anderem auf Adornos Beobachtungen aufbauend verglich der Historiker Richard Hofstadter in seinem 1964 publizierten Essay *The Paranoid Style in American Politics* den Glauben an das Wirken geheimer Mächte gegen die Gesellschaft mit dem Zustand des Paranoikers (vgl. Butter 2018, 153–156).

Während die Stigmatisierung von Verschwörungstheorien und ihren Anhänger:innen seitdem im öffentlichen Bewusstsein weiterwirkt, hat sich der Schwerpunkt der Forschung seit der Jahrtausendwende verlagert. Statt sich ausschließlich auf die Psycho(patho)logie des verschwörungsgläubigen Individuums zu konzentrieren, richtet sich das Interesse nun verstärkt auf die Inhalte, Erscheinungsformen und gesellschaftlichen Bedingungen, die zur Verbreitung konspirationistischen Denkens beitragen. Inzwischen beteiligen sich zahlreiche Disziplinen an der Erforschung des Phänomens – darunter Politikwissenschaft, Philosophie, Anthropologie und Semiotik. Sie stehen den pathologisierenden Ansätzen zunehmend kritisch gegenüber, wie sich exemplarisch im 2020 veröffentlichten *Routledge Handbook of Conspiracy Theories* (Butter/Knight 2020a) zeigt. Gegen die pejorative Verwendung des Ausdrucks ‚Verschwörungstheorie' wendet sich auch eine „konstruktivistisch-wissenssoziologische Betrachtungsweise", die Wissen als sozial determiniert versteht. Wissenschaftler:innen, die diesem Ansatz folgen, interessieren sich nicht mehr allein für den Wahrheitsgehalt einer bestimmten Verschwörungstheorie, sondern ermitteln empirisch und ohne wertende Absicht, unter welchen Bedingungen diese Wissensform von verschiedenen gesellschaftlichen Akteuren akzeptiert wird (vgl. Anton et al. 2014, 13f.). Zur Entpathologisierung des als ‚paranoid' bezeichneten Denkmodus, der mit Verschwörungstheorien assoziiert wird, trägt auch der wiederholt angeführte Hinweis auf dessen Analogie zur disziplinären Praxis der Geistes- und Sozialwissenschaften bei, deren Auslegung von Texten und gesellschaftlichen Prozessen ebenfalls auf das Verstehen *prima facie* nicht offensichtlicher Zusammenhänge abzielt (vgl. Butter/Knight 2020b, 4). Ein so verstandenes skeptisches oder auch ‚paranoides' Denken stellt nicht nur in den hermeneutischen Disziplinen eher den Normalfall als die Ausnahme dar. Daher betrachtet Eliot Borenstein (vgl. 2019, 45–50) Paranoia als einen Denkmodus, den jede:r von uns bewusst oder unbewusst zumindest temporär anwendet. Ihm zufolge stehen die Gegenstände dieses Denkmodus in einem Kontinuum, das von Memes als (im Sinne Richard Dawkins' verstandene) kleinstmögliche, sich zwischenmenschlich weiterverbreitende Informationseinheiten, über Fiktionen, die ihr Publikum zur Entschlüsselung auffordern, bis hin zu Fakten und realen historischen Ereignissen reicht.

Wer gezielt die Entpopularisierung und damit die Entwertung einer kursierenden Verschwörungstheorie aufgrund ihrer gravierenden Konsequenzen anstrebt, kommt mit einer inhaltlichen Widerlegung nicht weit, wie Hannah Arendt in Bezug auf das „zählebigste Dokument des modernen […] Antisemitismus" (Sammons 2018, 7), die *Protokolle der Weisen von Zion*, hervorgehoben hat. Das Pamphlet wurde zu Beginn des 20. Jahrhunderts als Dokument einer angeblichen Versammlung jüdischer Konspirateure mit Welteroberungsambitionen vermarktet. Obwohl es bereits in den 1910er-Jahren als Fälschung entlarvt wurde, diente es den Nationalsozialisten zur Rechtfertigung des Holocausts (vgl. Sammons 2018, 21–25) und wird heute unter anderem von islamistischen Gruppierungen als faktualer Text rezipiert (vgl. Matussek 2012). Im Umgang mit konspirationistischen Vorstellungskomplexen wie diesem gelte es, so Arendt, über Falsifizierungsbemühungen hinaus die Gründe ihrer Anziehungskraft zu ermitteln (vgl. Arendt 2017, 24). Gerade weil „Verschwörungstheorien stets an die materielle Wirklichkeit anknüpfen und eine auf den ersten Blick schlüssige und umfassende Deutung der Welt bieten", ist eine ausschließlich faktenbasierte Widerlegung im Abgleich zu einer „vermeintlich glaubwürdigeren Interpretation der Wirklichkeit" nicht zielführend (Jaecker 2005b, 10). Konspirationstheorien haben „den Charakter von ‚Erzählungen' und entfalten ihre Wirkung erst durch bestimmte argumentative und sprachliche Mittel" (Jaecker 2005a, 12). Aus diesem Grund ist insbesondere auch die Literaturwissenschaft gefragt. Sie vermag es, die Sinnstrukturen des konspirationstheoretischen Narrativs auszumachen, aus eingeschalteten Versatzstücken anderer (fiktionaler wie faktualer) Texte die zugrundeliegende ‚Stoffgeschichte' zu ermitteln und die Wirkungsverfahren zu analysieren. Darüber hinaus kann sie auch das genuin literarische Erzählen *mit* und *über* Verschwörungen untersuchen und so über deren Geltungsressourcen aufklären.

2 Grundbegriffe, Vorannahmen, Methoden und zentrale Fragestellungen

Was sind Verschwörungstheorien? Verschwörungstheorien „beschreiben, deuten und erklären Ereignisse, Konstellationen und Entwicklungen in sozialen, politischen, wirtschaftlichen, wissenschaftlichen, künstlerischen etc. Zusammenhängen als *Resultat des heimlich verabredeten* und *koordinierten Handelns* von *personalen Akteuren*" (Klausnitzer 2007, 5f. [Hervorh. i. Orig.]). Verschwörungstheorien simplifizieren und personalisieren also komplexe Zusammenhänge, um auf den ersten Blick einfache Modelle für ihre Erklärung anzubieten (vgl. Klausnitzer 2007, 17). Gemäß der verschwörungstheoretischen Interpretation können scheinbar im Verborgenen agierende Personen und Institutionen für bestimmte (oftmals negativ gewertete) Entwicklungen verantwortlich gemacht werden. Mit Karl Popper (vgl. 2009, 523f.) gesprochen stellen sie damit das moderne Äquivalent des Glaubens an die göttliche Lenkung des Weltgeschehens dar.

Der Versuch, die vielschichtige politisch-gesellschaftliche Realität im konspirationistischen Diskurs auf eine überzeugende, in sich geschlossene Erzählung von Unwissenden und Konspirateuren zu reduzieren, geht häufig mit diffizilen argumentativen und rhetorischen Strategien einher. Da jedes Detail der beobachteten Welt im Sinne des unterstellten „verborgenen Zusammenhangs" ausgedeutet und in diesen eingepasst werden muss (Klausnitzer 2007, 17), werden aufwändige Beweisführungen notwendig: Die „‚politische' Komplexitäts*reduktion*" führt so auch zu einer „‚semiotischen' Komplexitäts*produktion*" (Butter 2018, 60 [Hervorh. i. Orig.]). Um ihren faktualen Geltungsanspruch zu unterstreichen, werden verschwörungstheoretische Inhalte beispielsweise häufig mit Markern des Wissenschaftlichen versehen. So beruft man sich auf vermeintliche ‚Expert:innen' und imitiert wissenschaftliche Nachweisverfahren (vgl. Butter 2018, 61f.). Häufig werden auch komplizierte zahlenmystische Bezüge dargelegt oder bestimmte Gesten und Symbole, wie das mit den Illuminaten assoziierte „Pyramidenzeichen", zu Indizien der Konspiration erklärt (Butter 2018, 71f.).

Neben dem Angebot eines einfachen Erklärungsmodells in einer zunehmend unüberschaubaren Welt sorgen Verschwörungstheorien für ein Überlegenheitsgefühl gegenüber den vermeintlich ‚unwissenden' Menschen (vgl. Butter 2018, 104). Die grundlegende Annahme einer gezielten Lenkung der Gesellschaft durch wenige Akteure führt meist zu einem dualistischen Weltbild, das zwischen ‚Bösen' und ‚Guten' beziehungsweise einer Minderheit von Verschwörern und einer Mehrheit von Opfern unterscheidet (vgl. Butter 2018, 22f.). Der Kontingenz der politisch-gesellschaftlichen Realität wird das Wissen um eine geheime Steuerung entgegengesetzt, das gemeinsame Feindbild – die Verschwörer – begründet zudem eine kollektive Identität: „Alles hat einen geheimen Sinn und der ist ausschließlich auf das eigene Ich – bzw. auf die Wir-Gruppe – bezogen." (Jaworski 2001, 17)

Eine starke Überzeichnung des Feindbilds ist dabei zentral für die Wirkungsästhetik des verschwörungstheoretischen Diskurses: Diese Pointierung kann bei der Leserschaft besonders starke emotionale Reaktionen wie Ablehnung, Angst oder auch Faszination und Unterhaltung hervorrufen. Als potenzielle Verschwörer geraten deshalb insbesondere Gruppen in den Blick, „von deren Innenleben die Allgemeinheit [...] keine genauen Vorstellungen besitzt" (Jaworski 2001, 27). Während im 19. Jahrhundert häufig aufklärerische Geheimbünde wie die Freimaurer oder die Illuminaten, aber auch der durch sein zeitweises Verbot zur ‚Heimlichkeit' genötigte Jesuitenorden verdächtigt wurden (vgl. Horn 2012, 6f.), sind aktuell in westlichen Ländern besonders Theorien über Konspirationen „von innen und oben", das heißt vonseiten der Regierenden oder einflussreichen Eliten populär (Butter 2018, 32). Insgesamt mehren sich zudem sogenannte „Superverschwörungstheorien" (Butter 2018, 34; vgl. auch Barkun 2003, 6), die nicht nur zahlreiche der ‚üblichen Verdächtigen' gemeinsam oder in Generationenfolge am Werk sehen, sondern auch nahezu jedes gesellschaftliche Ereignis als Resultat von deren Handeln interpretieren (vgl. Butter 2018, 34f.). Ein frühes Beispiel dieses Typus stellt die „nationalsozialistische Theorie von der jüdisch-bolschewistischen Weltverschwörung" dar, deren antisemitischer Kern auch in den meisten jüngeren ‚Superverschwörungstheorien' mindestens implizit weiterwirkt, so beispielsweise in der Überzeugung von der geheimen Weltherrschaft einer „Elite ursprünglich außerirdischer Reptilien" (Butter 2018, 34f.).

Anschlussfähigkeit von Verschwörungstheorien: Die bereits erwähnte realgeschichtliche Referenz ist für den konspirationistischen Diskurs unabdingbar. Breite Akzeptanz gewinnen Verschwörungstheorien allerdings erst durch die Anschlussfähigkeit „an bestehende, selbst an Wirklichkeit orientierte Diskurse". Dabei muss die Theorie einen Erklärungswert besitzen und die Möglichkeit bieten, „sich auf ein auch von anderen für relevant gehaltenes Handlungsfeld [zu] beziehen" (Gregory 2012, 64). Während die realen Bezugspunkte die Konspirationstheorie als plausibel erscheinen lassen und ohnehin nur noch als Beweise der bereits vorausgesetzten Verschwörung ausgewählt werden (vgl. Gess 2021, 34), kann die Theorie als ‚gemachte Wahrheit' wie jede Fiktion nicht nur allgemeine gesellschaftliche Stimmungen und Vorurteile aufgreifen, sondern ihre Inhalte auch mit großer Flexibilität an „vorherrschende Deutungsmuster einer Gruppe, Nation, Kultur, Religion" anpassen und so größere Popularität gewinnen (Groh 1987, 862).

In diesem Zusammenhang spielt die „diskursive[] Anreicherung" (Gregory 2012, 59) verschwörungstheoretischer Konstrukte mit literarischen Motiven oder Versatzstücken aus einzelnen literarischen Texten eine bedeutende Rolle. Sie dienen als Träger eines über Generationen aufgebauten und weitergegebenen „hypothetische[n] Wissen[s] symbolischer Kommunikation" (Klausnitzer 2008, 42), das eine starke Ausstrahlungskraft auf das Publikum besitzen kann. Die bereits erwähnten *Protokolle der Weisen von Zion* als vielzitiertes ‚Beweisstück' einer angeblichen jüdischen Verschwörung etwa enthalten zahlreiche Zitate aus einem fiktiven, satirischen Totendialog zwischen Machiavelli und Montesquieu, der wiederum von französischen Unterhaltungsromanen des 19. Jahrhunderts inspiriert wurde (vgl. Eco 1996, 177f.). Unter dem Anspruch des Faktischen werden somit historische oder jeweils zeitgenössische Wirklichkeitsreferenzen mit literarischen Abbildern und Transformationen derselben zu „Halbwahrheiten" (Gess 2021) vermischt, die wiederum auf die Literatur zurückwirken, sobald die Konspirationstheorien größeren Einfluss erlangen. Dieses für die verschwörungstheoretische Konstruktion konstitutive Verweissystem demonstriert die Gemeinsamkeit mit genuin literarischen Erzählungen, die sich ebenfalls durch Intertextualität auszeichnen, dabei jedoch keinen Wirklichkeitsanspruch erheben.

Verhältnis zu anderen Welterklärungsmodellen: Auf den ersten Blick weisen Verschwörungstheorien und wissenschaftliche Theorien mehr Ähnlichkeiten auf, als man vielleicht annehmen würde. Beide erheben den Anspruch, Erklärungen für einen mehr oder weniger großen Ausschnitt der realen Welt zu liefern, in ihrer Argumentation berufen sie sich auf „empirische[] Beobachtungen", sie verneinen die Existenz eines „göttlichen Willen[s]" bzw. „Heilsplan[s] für die irdische Welt" und präsentieren schließlich ihre ‚Ergebnisse' mit „Anreizen für weitere Recherchen" (Klausnitzer 2007, 63). Oberflächlich manifestiert sich das in den konspirationistischen Nachahmungsstrategien, die wissenschaftliche Arbeiten zum Vorbild haben – beispielsweise durch das Zitieren von Archivdokumenten, die das Gesagte beglaubigen und authentifizieren sollen (dabei aber kontextfrei verwendet oder sogar erfunden werden).

Verschwörungstheorien und Pseudowissenschaften, d. h. Bereiche, die einen Wissenschaftsanspruch erheben, obwohl sie wissenschaftliche Standards wie beispielsweise die Evidenzbasierung (vgl. Mahner 2020, 27f.) oder den institutionell organisierten Skeptizismus (vgl. Merton 1985, 99) nicht erfüllen, gehen dabei Hand in Hand (vgl. Füssel 2021, 156). Einerseits legitimiert der pseudowissenschaftliche Gestus Konspirationstheorien, während diese wiederum andere pseudowissenschaftliche Überzeugungen rechtfertigen können. Mangelnde Anerkennung im Wissenschaftsbetrieb macht Akteur:innen dabei besonders anfällig für konspirationistische Deutungen (vgl. Stasielowicz 2022, 2), da die Vorstellung eines Komplotts seitens etablierter Disziplinen eine einfache Erklärung für die Ausgrenzung ihres Weltbildes bietet (vgl. Diethelm/McKee 2009, 2). An die Pseudowissenschaften gerichtete Vorwürfe der Missachtung wissenschaftlicher Standards sind in diesem Deutungshorizont Schein-Argumente eines vermeintlich im Hintergrund gesteuerten Wissenschaftsbetriebs.

Verschwörungstheorien, Pseudowissenschaften und etablierte Wissenschaften weisen also vordergründig nicht nur ähnliche Verfahrens- und Argumentationsmuster auf, sie alle beanspruchen darüber hinaus einen äquivalenten Erklärungswert. Der Geltungsanspruch pseudowissenschaftlicher und konspirationistischer Theorien hat auf Seiten der Wissenschaft zunächst vor allem Abwehrreaktionen hervorgerufen und ihre Erforschung verhindert (vgl. Jaworski 2001, 12f.). Man konzentrierte sich stattdessen auf „boundary-work", also die Markierung der Grenzen zwischen wissenschaftlicher und nicht-wissenschaftlicher Arbeit, was den pathologisierenden und stigmatisierenden Blick auf Verschwörungstheorien und ihre Anhängerschaft verstärkte (McKenzie-McHarg 2020, 26). Exemplarisch zeigen sich solche Abwehrreaktionen auch in Begriffsverwendungen. So lehnen insbesondere im deutschsprachigen Raum einige Wissenschaftler:innen den Begriff ‚Verschwörungs*theorie*' ab, da sie den Eindruck einer objektiv nicht gegebenen Wissenschaftlichkeit verhindern wollen (vgl. Oberhauser 2013, 17). Als Alternativbezeichnungen kursieren unter anderem ‚Verschwörungsnarrativ' (Kelman 2012) bzw. „Verschwörungserzählung" (Frizzoni 2020), „Verschwörungsmythos" (Pfahl-Traughber 2002, 32) oder „Verschwörungsideologie" (Pfahl-Traughber 2002, 32; Wippermann 2007, 7) – Ausdrücke, die den Schwerpunkt wahlweise auf das Narrative, Fiktionale oder das Politische des Phänomens legen. Insgesamt hat sich der Terminus ‚Verschwörungstheorie' pragmatisch durchgesetzt und soll auch im Folgenden verwendet werden. Weitere wichtige terminologische Klärungen übernehmen wir im Folgenden von Ralf Klausnitzer (2003, 251):

- *konspirativ/verschwörerisch:* Als *konspirativ* wird das Handeln von sowohl realen als auch imaginierten Verschwörern beschrieben, „die in geheimen Absprachen die bestehende Ordnung unterminieren oder aber die (schlechten) Geschicke nach einem geheimen Plan lenken."
- *konspirationistisch/verschwörungstheoretisch:* Dieses Attribut meint Szenarien – also bspw. Texte mit fiktionalem und faktualem Geltungsanspruch, Filme etc. – „die das Tun der im Verborgenen operierenden Akteure" darstellen, erklären und ‚offenlegen'.

Wahrheit und Akzeptanz/Geltung von Wissen: Die jüngere Wissenschaftsforschung untersucht das Verhältnis zwischen der Akzeptanz und Glaubwürdigkeit (*credibility*) von Wissen auf der einen und dessen Gültigkeit (*validity*) auf der anderen Seite (vgl. Shapin 2010 [1995], 18). Die Frage, ‚was für wahr gehalten wird', steht dabei gleichberechtigt neben der Frage, ‚was wahr ist'. Im Gegensatz zu der als ‚Validität' bezeichneten, ahistorischen und normativen Vorstellung von propositionaler Wahrheit, normativer Richtigkeit oder Wahrhaftigkeit, lässt sich die Akzeptanz oder auch Geltung von Wissensansprüchen als soziales Phänomen beobachten. Empirisch und logisch fundierte Validität hingegen kann zwar einen Wissensanspruch und dessen Anerkennung begünstigen, stellt aber weder eine notwendige noch eine hinreichende Bedingung für seine Geltung dar. So können auch Verschwörungstheorien als Welterklärungsangebot Geltung für sich beanspruchen, obwohl sie ‚falsch' sind. Die nicht immer transparenten Faktoren, die Akzeptanz zu unterschiedlichen historischen Zeitpunkten begünstigten (vgl. Hofmann et al. 2020), gilt es wissenschaftlich zu erforschen. Auch unsere exemplarische Analyse von Clemens J. Setz' Roman *Monde vor der Landung* (2023) arbeitet mit dem Begriff der Akzeptanz von Wissen, um das literarisch verhandelte Spannungsverhältnis konkurrierender Wissensansprüche zu beschreiben.

Verschwörungstheorien und echte Verschwörungen: Im erläuterten Begriffssinn sind Verschwörungstheorien in der Regel falsch, sie entsprechen nicht der Wirklichkeit. Das bedeutet aber nicht, dass es keine echten Verschwörungen gab und gibt. Diese unterscheiden sich jedoch „deutlich von denjenigen, die Verschwörungstheoretiker entdeckt zu haben glauben" (Butter 2018, 37). Drei Differenzen zwischen bislang erwiesenen Verschwörungen, wie der Ermordung Julius Caesars 44 vor Christus oder der von CIA und MI6 geleiteten „Operation Ajax" zum Sturz des iranischen Ministerpräsidenten im Jahr 1953 (vgl. Butter 2018, 42), und solchen, die in Verschwörungstheorien behauptet werden, sind zentral und werden von Butter (2018) unter Bezugnahme auf Pfahl-Traughber (2002) bestimmt:

Zeitlicher Umfang (1): Die bislang bekannten realen Verschwörungen sind „relativ kurzfristig durchgeführte Vorhaben mit einem konkreten Ziel". Verschwörungstheorien dagegen erheben den Anspruch, eine „zeitlich weitaus größere Dimension konspirativen Wirkens", die Jahrhunderte oder gar Jahrtausende umfasst, zu beschreiben (Pfahl-Traughber 2002, 31).

Anzahl der Verschwörer:innen (2): Verschwörungstheorien inszenieren Szenarien, in denen eine relativ große Gruppe konspiriert, reale Verschwörungen wurden dagegen zumeist von „einer kleineren Gruppe von Personen" (Pfahl-Traughber 2002, 31) ausgeführt, da eine große Anzahl Beteiligter die Geheimhaltung erschwert (vgl. Butter 2018, 39).

Menschen- und Geschichtsbild (3): „Verschwörungstheorien basieren auf der Annahme, dass Menschen den Verlauf der Geschichte ihren Intentionen entsprechend lenken können, dass Geschichte also planbar ist" (Butter 2018, 40). Tatsächliche Verschwörungen der Vergangenheit zeigen aber, dass „Geschichte oft nicht einmal kurzfristig, geschweige denn auf Jahre oder Jahrzehnte hinaus planbar ist." (Butter 2018, 42).

Verschwörungstheorie und Verschwörungsfiktion: Wie bereits das oben genannte Beispiel der *Protokolle* demonstrierte, kann die Beziehung zwischen Verschwörungstheorien und Literatur vielschichtig sein. Um Formen und Funktionen des Konnexes von Verschwörungstheorien und Literatur adäquat beschreiben zu können, sollte man sich vor Analyse und Interpretation folgende zentrale Frage stellen: *In welchem Zusammenhang stehen im vorliegenden Text Literatur und Verschwörung bzw. Verschwörungstheorie?* Mit Ralf Klausnitzer (vgl. 2007, 341) kann dabei hinsichtlich der Textsorte zunächst zwischen *Verschwörungstheorien* und *Verschwörungsfiktionen* unterschieden werden.

Verschwörungstheorien, häufig anonym oder pseudonym, teils jedoch auch mit namentlich bekannten Autor:innen publizistisch vermittelt, erheben durch „paratextuelle und/oder textuelle Merkmale", wie beispielweise die Gattungsbezeichnungen ‚Enthüllungsschrift' oder ‚historische Darstellung', einen „faktualen Geltungsanspruch". Auch der Darstellungsmodus gleicht dem faktualer Textsorten. So wird die Konspirationsvorstellung beispielsweise, wie in Sachtexten oder wissenschaftlichen Texten üblich, argumentativ und unter Zuhilfenahme von Beispielen, Abbildungen oder mathematischen Formeln dargelegt. Dabei wird einerseits an „zumindest tendenziell sichtbar[e] und empirisch beobachtbar[e]" Gegebenheiten angeknüpft; deren stimmiges Zusammenspiel innerhalb der unterstellten Verschwörung entsteht jedoch andererseits vor allem an der Textoberfläche mittels narrativer Strategien und rhetorischer Mittel (Klausnitzer 2007, 59).

Mit den *Protokollen* konnten wir bereits einen verschwörungstheoretischen Text identifizieren, der, angereichert mit Versatzstücken aus historischen Romanen, ein Verwandtschaftsverhältnis zur Literatur besitzt. Diese Verbindung ist aber nicht die einzige, die zwischen Literatur und Verschwörung bestehen kann. Ebenso finden sich genuin literarische Texte, die sich dem Themenkomplex Verschwörung und Verschwörungstheorie annehmen. Solche Texte bezeichnen wir als *Verschwörungsfiktionen*. Der fiktionale Status dieser Texte ist ebenfalls aus Kontextfaktoren wie Gattungszuschreibungen, aber auch aus der „Einbettung in auktorial oder editorisch deklarierte ‚Werk'-Zusammenhänge" zu erkennen. Für die darin entworfene Handlung wird kein Anspruch auf Überprüfbarkeit erhoben, sondern sie soll von der Leserschaft nach dem Prinzip der ‚suspension of disbelief' akzeptiert und weitergedacht werden (Klausnitzer 2007, 342f.). Dabei muss das Geschilderte auch im explizit fiktionalen Text nicht gänzlich erfunden sein, sondern kann – wie dies beispielsweise in historischen Romanen geschieht – direkt auf reale Ereignisse und Wissensbestände, aber auch auf tatsächliche Verschwörungen und kursierende Verschwörungstheorien Bezug nehmen oder über die Gestaltung analoger Szenarien auf diese anspielen.

3 Analyse und Interpretation von Beispieltexten

3.1 Verschwörungsfiktionen – Textkorpus

Konspirationistische Elemente können auf verschiedene Weise Eingang in fiktionale Texte finden. Verschwörungen können im Erzähltext zunächst ein Ereignis darstellen, das der *histoire*, also der präsentierten Handlung, zugerechnet wird. Im Verlauf des 18. Jahrhunderts gewannen Verschwörungen vor dem Hintergrund der zahlreichen Gründungen aufklärerischer Geheimbünde, denen konspiratives Handeln unterstellt wurde, als Thema literarischer Texte zunehmend an Popularität. Ein Beispiel in der deutschsprachigen Literatur ist **Friedrich Schillers** unvollendet gebliebener Roman *Der Geisterseher* (1787–1789), in dem eine katholische Verschwörung gegen einen protestantischen Prinzen imaginiert wird. Ebenso nutzt **Johann Wolfgang von Goethe** in seinem Text *Wilhelm Meisters Lehrjahre* (1795/96) eine Verschwörung als zentrales Handlungselement und stellt die Initiation des Protagonisten in eine dem historischen Illuminatenorden nachgebildete Turmgesellschaft dar. Goethe war selbst Mitglied des Geheimbundes und konnte so auf spezifisches Wissen zurückgreifen (vgl. Klausnitzer 2007, 382).

Während im 19. Jahrhundert europaweit historische Romane über die Geheimgesellschaften des vorangegangenen Jahrhunderts wie jene von **Alexandre Dumas** populär wurden, spiegeln Texte des darauffolgenden 20. Jahrhunderts die zunehmende Popularität des Themas der Verschwörungs*theorie* und dessen Einzug in das kulturelle Bewusstsein wider. **Joseph Roths** unvollendet gebliebener Roman *Das Spinnennetz* (1923) etwa entwirft mit seinem Protagonisten Theodor Lohse nicht nur einen fiktiven Vertreter der realen rechtskonservativen Verschwörer gegen die junge Weimarer Republik. Roths Darstellung zieht darüber hinaus auch eine Verbindungslinie zwischen dem zeitgenössisch virulenten, gewaltbereiten Antisemitismus und den explizit im Text genannten *Protokollen*, die eine angebliche jüdische Weltverschwörung propagieren. Der Roman porträtiert einen Verschwörungsgläubigen, der aufgrund seines Irrglaubens selbst zum Verschwörer wird und somit das Verhältnis von Täter und Opfer umkehrt.

Im Einklang mit der zunehmenden medialen Sichtbarkeit von Verschwörungstheorien seit dem Ende des Zweiten Weltkriegs sind diese in der Gegenwartsliteratur inzwischen zu einem beliebteren Thema geworden als tatsächlich als solche entlarvte Verschwörungen. Der Fokus liegt entsprechend weniger auf den konspirierenden Akteur:innen als vielmehr auf einzelnen Subjekten oder Gruppen, die einer Verschwörungs*theorie* anhängen oder deren Wahrheitsgehalt aktiv prüfen. Diese Grundsituation weist Parallelen zu Kriminalromanen und insbesondere zu Detektivromanen auf (vgl. Boltanski 2013). Auch im Hinblick auf ihr Figurenpersonal können Verschwörungsfiktionen Überschneidungen mit diesen Gattungen aufweisen: Beliebt sind Figuren, die bereits berufsbedingt mit epistemischen Fragen konfrontiert sind, darunter neben Detektiv:innen beispielsweise Jurist:innen, Wissenschaftler:innen oder investigative Journalist:innen (vgl. Hantke 1994, 7). Allerdings gibt es ebenso Verschwörungsfiktionen, die den traditionellen Ermittlertopos umgehen und stattdessen zunächst unbeteiligte Außenstehende gegen ihren Willen in die Rolle des skeptischen Welthinterfragenden setzen (vgl. Hantke 1994, 9). Ein Beispiel hierfür ist **Thomas Pynchons** Roman *Die Versteigerung von No. 49* (1966; dt.: 1980), in dem die Protagonistin unerwartet zur Testamentsvollstreckerin eines ehemaligen Liebhabers ernannt wird und beginnt, den Machenschaften einer vermeintlichen Untergrundorganisation nachzugehen. Wie viele Verschwörungsfiktionen des 20. und 21. Jahrhunderts bleibt auch in Pynchons Roman die Frage nach dem Wahrheitsgehalt der vermuteten Verschwörung unbeantwortet. Die Geschichte bricht genau vor einem potenziellen Beweismoment ab. Der Schwebezustand des konspirationistischen ‚Nichts ist, wie es scheint' bleibt somit unaufgelöst und es wird der Leserschaft überlassen, sich für oder gegen den Glauben an eine zweite, hinter der sichtbaren, erzählten Welt verborgene Wahrheit zu entscheiden.

Genuin literarische Texte fordern ihre Leser:innen oft dazu heraus, nach strukturellen, motivischen und semantischen Verknüpfungen im Textgewebe zu suchen; dieser Analyse- und Interpretationsmodus ist in seiner Anlage mit dem konspirationistischen Blick auf die reale Welt verwandt. Verschwörungsfiktionen können dieses „Indizienparadigma" (Ginzburg 1995, 15), das allen hermeneutischen Prozessen zugrunde liegt, im Text erfahrbar machen und so die Bedingungen des literarischen Erzählens poetologisch mitreflektieren. Jede Verschwörungsfiktion, die Figuren die Frage nach der ‚wahren' Beschaffenheit ihrer Erfahrungswelt stellen lässt, spiegelt auf der Ebene der *histoire* den Interpretationsprozess der Leserschaft wider, ja verdoppelt gewissermaßen den hermeneutischen Prozess (vgl. Hantke 1994, 14f.). Im oben erwähnten Fall, dass die ‚Ermittlungen' der Figuren und damit auch der Rezipient:innen ins Leere laufen, rückt die metafiktionale Reflexion des Interpretationsprozesses stärker in den Fokus: Die unaufgelöste Koexistenz von Sein und Schein fordert ambitionierte Leser:innen zur Relektüre des Textes und damit der (theoretisch unendlichen) Fortsetzung der ‚Indiziensuche' auf. Verschwörungsfiktionen teilen diese Art der Rezeptionssteuerung, die auf eine über das Textende hinausreichende ‚Paranoia' des Publikums abzielt, mit Texten der fantastischen Literatur: In beiden Fällen müssen sich die Leser:innen zwischen einer als objektiv geschilderten ‚realistischen' und einer dahinter vermuteten konspirationistischen bzw. fantastischen ‚Parallelgeschichte' entscheiden.

Dabei wird die Existenz der fantastischen Teilwelt innerhalb der erzählten Welt entweder bestätigt, als Fälschung entlarvt (so etwa in Schillers *Der Geisterseher*) oder bleibt unklar (vgl. Wünsch 2007, 71). Den letztgenannten Fall illustriert **E.T.A. Hoffmanns** Erzählung *Der Sandmann* (1816), die offenlässt, ob der Protagonist Nathanael einem „individuellen Wahnsinn" verfallen ist und die vermuteten geheimen Machenschaften gegen seine Person, gebündelt in der Figur des Sandmanns, eine wahnhafte Projektion darstellen, oder ob er tatsächlich Opfer einer „konspirativen Kollaboration" ist (Klausnitzer 2007, 549).

Die in Verschwörungstheorien und -fiktionen zugrunde liegende Prämisse der Existenz einer verborgenen Wahrheit führt nicht nur zu Überschneidungen mit fantastischer Literatur, sondern verbindet diese auch mit literarischen Gattungen, die „gegen das kulturelle Wissen über Realität [...] verstoßen" (Wünsch 2007, 72) und somit alternative Welten entwerfen wie Fantasy, Science Fiction oder Utopie bzw. Dystopie (↗ *Dystopien*). Faktual intendierte Verschwörungstheorien erklären nicht selten Szenarien zur verborgenen Wahrheit, die uns aus dystopischen Zukunftsimaginationen bekannt sind. Insbesondere in der „[n]aturwissenschaftlich-technisch akzentuierte[n] Sonderform" der Science Fiction (Lorenz 2007, 412) wird mit „pseudowissenschaftliche [r]" Argumentation eine von der gegenwärtigen Realität abweichende Technik prognostiziert (Wünsch 2007, 72). Ein Beispiel hierfür ist William Gibsons dystopische *Neuromancer*-Trilogie (1984–1988), die eine von mächtigen Konzernen dominierte Welt beschreibt, in der unter anderem Künstliche Intelligenz in Chipform zur Kontrolle menschlicher Körper eingesetzt wird – ein Szenario, das heute, unter Zuspitzung auf wenige vermeintlich konspirierende Akteure wie Bill Gates, den Kern einer besonders populären Verschwörungstheorie bildet (vgl. Raab et al. 2017, 55–57). Düstere Zukunftsfiktionen, die aufgrund des rasanten technischen Fortschritts im Bereich des Möglichen liegen könnten, werden im verschwörungstheoretischen Konstrukt aufgegriffen, in charakteristischer Weise personalisiert und zur vermeintlichen Wirklichkeit erklärt. Im Hinblick auf Verschwörungsfiktionen lässt sich insbesondere in seriellen Formaten eine neue Spielart der aus fantastischen Texten bekannten ambigen Erzählweise erkennen: TV-Serien wie *Lost* (2004–2010) oszillieren nicht mehr zwischen Realität und Wunderbarem, sondern, als zwei Varianten des Letzteren, zwischen Fantasy und Science Fiction (vgl. Spiegel 2014, 16). Für solche hybriden Formate, die oft auch Elemente von Horror und Melodrama integrieren – zum Beispiel die TV-Serien *Twin Peaks* (1990–1991 und 2017) oder *The X-Files* – hat sich in der deutschsprachigen Popkultur die Gattungsbezeichnung ‚Mystery' etabliert, die spätestens seit Beginn des 21. Jahrhunderts einen regelrechten Boom im Fernsehen erlebte (vgl. Spiegel 2014, 9f.). Auch Mystery-Serien fesseln ihr Publikum durch eine „Enthüllungsstruktur", die suggeriert, dass zwischen ihren konkurrierenden Erzählmodi eine Entscheidung getroffen werden kann. Wie bei einer Verschwörungstheorie wird das erneute Einschalten der Zuschauer:innen von dem Glauben motiviert, dass selbst eine solch rätselhafte, vermeintlich übernatürliche Welt letztlich „einem übergeordneten Plan folgt", den es zu enthüllen gilt (Spiegel 2014, 23).

Neben der von allen Verschwörungsfiktionen aufgeworfenen Frage danach, was wir über die beobachtbare Welt wissen können, zielt das Erzählen von Verschwörungen auf weitere, spezifischere Rezeptionseffekte ab. Diese bestimmen auch die Wahl der Darstellungsmittel auf der Ebene des *discours*. Die Beziehung zwischen Autor:in, literarischem Text und darin enthaltener Verschwörung(stheorie) kann dabei vielschichtig sein.

Verfasser:innen von Konspirationsgeschichten können die mit dem Thema verbundene Faszination nutzen, um zu unterhalten und kommerziellen Erfolg zu erlangen. Ein Beispiel dafür ist **Norbert Jacques**' ab 1921 veröffentlichter Fortsetzungsroman *Dr. Mabuse, der Spieler*. Die Figur des titelgebenden Psychoanalytikers, der mit hypnotischen Fähigkeiten und einer geheimen Verbrecherorganisation aus dem Untergrund gegen den Staat konspiriert, entspricht dem primär unterhaltenden, trivialliterarischen Typus des ‚Bösewichts' und personifiziert gleichzeitig zeitgenössisch reale Ängste angesichts der diffusen Machtverhältnisse der Weimarer Republik. Dabei erzeugt der Roman Spannung, indem der heterodiegetische Erzähler abwechselnd die Perspektive des Verschwörers und des gegen ihn ermittelnden Staatsanwalts einnimmt, wodurch die Leserschaft einen Wissensvorsprung gegenüber Letzterem erhält und der Konfrontation der Kontrahenten entgegenfiebert. Umgekehrt kann das Spiel mit einem Wissensdefizit des Publikums durch temporäres oder dauerhaftes Vorenthalten von Informationen besonders effektiv für serielle Formate genutzt werden. Diese Vermarktungsstrategie zeigt sich bis in die Gegenwart besonders deutlich in den oben erwähnten ‚Mystery'-Fernsehserien wie etwa *Lost*: Jede Episode bietet nur einen kleinen, perspektivierten Ausschnitt einer vermeintlich von Verschwörungen durchzogenen Welt, was eine wachsende Fangemeinde dazu anregt, kontinuierlich mitzurätseln (vgl. Spiegel 2020, 9). Obwohl diese Beispiele von Verschwörungsfiktionen hauptsächlich auf Unterhaltung zielen, bergen sie gleichzeitig das Risiko, die Sorge vor realen Verschwörungen zu verstärken und somit die Entstehung neuer Verschwörungstheorien zu fördern.

Zugleich gibt es Autor:innen, die eine solche Beeinflussung bewusst anstreben und sich heteronom einem politischen Zweck oder einer Ideologie verschreiben. Sie nutzen gezielt literarische bzw. ästhetische Mittel, um Konspirationstheorien zu befördern, etwa durch die Erfindung einer Verschwörung zu einem realen Referenzobjekt (wie einem historischen Ereignis) oder durch affirmative, direkte und/oder implizite Bezugnahmen auf bereits kursierende Konspirationstheorien. Ein Beispiel einer solchen propagandistischen Verschwörungsfiktion ist **Artur Dinters** Roman *Die Sünde wider das Blut* (1917), in dem der antisemitische Autor die Verschwörung eines jüdischen Industriellen imaginiert, der alles, auch seine sexuellen Kontakte, dazu einsetzt, dem „jüdische[n] Kapital zum alles beherrschenden Einfluß in Deutschland" zu verhelfen (Dinter 1920, 216). Der Roman sollte sowohl die populäre Theorie einer angeblichen jüdischen Weltverschwörung als auch die pseudowissenschaftliche Theorie einer ‚vergiftenden' Wirkung des Geschlechtsverkehrs mit Juden beglaubigen. Dass der als ‚Zeitroman' untertitelte Text für die darin gezeichnete Verschwörung durchaus einen faktualen Geltungsanspruch erhob, wird durch einen Anmerkungsapparat aus antisemitischen und pseudowissenschaftlichen Pamphleten manifest. Statt auf Desorientierung und poetologische Reflexion zielt diese Verschwörungsfiktion somit auf die klare Steuerung ihrer Leserschaft, die ideologisch indoktriniert und deren Weltbild mittels der Lektüre vereindeutigt werden soll.

Während jede literarische Verschwörungsfiktion durch ihre idiosynkratische Gestaltung einen Beitrag zum allgemeinen Wissensdiskurs über Verschwörungstheorien leistet (↗ *Literature and Science Studies*), zeichnen sich einige genuin literarische Texte durch einen explizit aufklärerischen Impetus aus. Literatur fungiert dann als Reflexionsmedium, das Verschwörungen und ihre Enthüllung nicht nur abbildet, sondern durch verschiedene Mittel des *discours* über Funktion und Wirkweise zu informieren sucht. Neben dem im Folgenden untersuchten Roman *Monde vor der Landung* (2023) von **Clemens J. Setz** stellen **Joseph Roths** *Das Spinnennetz* sowie **Umberto Ecos** *Der Friedhof in Prag* (2010; dt.: 2011) Beispiele für solche Verschwörungsfiktionen dar.

Ecos Roman arbeitet dazu mit der temporären Beschränkung des Erzählens auf die Perspektive des Verschwörungsgläubigen, die einen detaillierten Einblick in dessen Psyche ermöglicht. Obwohl Eco einen autodiegetischen Erzähler einsetzt, der sich in Tagebucheinträgen äußert, wird die Leserschaft dazu angehalten, Distanz gegenüber dessen Aufzeichnungen zu wahren, da er von Anfang an als unzuverlässige, an einer Persönlichkeitsspaltung leidende Figur erkennbar ist. Das Zusammenfallen von Verschwörungsgläubigkeit und eigenem Konspirieren in derselben Figur wird bei Eco darüber hinaus eingesetzt, um über Funktion und Wirkweise von Verschwörungstheorien aufzuklären. Der Protagonist wird als fiktiver Erfinder der *Protokolle* in deren – ansonsten realitätsgetreu geschilderte – Entstehungsgeschichte platziert. Zusätzlich kommentiert eine Herausgeberinstanz das Verhalten des Protagonisten und präsentiert Forschungserkenntnisse, die an Ecos semiotische Untersuchungen zu Verschwörungstheorien anschließen.

Der Friedhof in Prag ist durch seine narrative Konstruktion zudem ein Beispiel für eine metafiktionale Verschwörungsfiktion: Die Verschwörungstheorien des Protagonisten werden als Fiktionen entlarvt, aber auch dessen Aufzeichnungen werden wiederum als Konstruktion der übergeordneten Herausgeberinstanz präsentiert, die schließlich selbst ihre Funktion als Stimme des Autors im Text offenbart. Das Erzählen über fingierte Verschwörungen wird hier zum Erzählen über das Fingieren insgesamt. Eine jüngere Meta-Verschwörungsfiktion mit ästhetisch experimentellem Charakter stellt **Dietmar Daths** Roman *Waffenwetter* (2007) dar. Hier gehen eine junge Frau und ihr Großvater der populären Verschwörungstheorie über die bewusstseinsverändernde Wirkung der Kurzwellensendeanlage HAARP in Alaska nach. Die Geschichte wird als zunehmend fragmentierter, enigmatischer Bewusstseinsstrom der möglicherweise tatsächlich von der HAARP-Maschine beeinflussten Protagonistin erzählt. Dath konzipiert die Erzählung darüber hinaus als vielfach verzweigten Hypertext, der u. a. über eine mit zahlreichen Hyperlinks versehene Website und andere Paratexte die Grenzen zwischen Fiktion und Wirklichkeit verschwimmen lässt. Im Anschluss an die popkulturelle Fankultur wird eine Art Insidergemeinde derjenigen gestiftet, die alle oder möglichst viele der Anspielungen entschlüsseln.

3.2 Analyse und Interpretation eines Beispieltextes

Im Folgenden analysieren wir exemplarisch einen Auszug aus Clemens J. Setz' Roman *Monde vor der Landung*, der sich einem pseudowissenschaftlichen und konspirationistisch argumentierenden Welterklärungsmodell und dessen Narrativierung annimmt. Zunächst werden wir die Makrostruktur des Romans, die Erzählhaltung, die Handlung und die zentrale pseudowissenschaftliche ‚Hohlwelttheorie' kurz vorstellen, um im Anschluss eine *close reading*-Analyse einer ausgewählten Textstelle vorzunehmen.

3.2.1 Makrostruktur, Erzählhaltung und Handlung im Hohlweltuniversum

In *Monde vor der Landung* wird die Lebens- und Familiengeschichte Peter Benders erzählt, der auf ein namensgleiches reales Vorbild zurückgeht. Der historische Bender wurde 1893 geboren und starb 1944 im KZ Mauthausen; er war ein Verfechter der sogenannten Hohlwelttheorie. Es handelt sich damit um einen historischen Roman, der eine „geschichtliche Person[], Ereignisse, Lebensverhältnisse narrativ in fiktionalen Konstruktionen" darstellt (Eggert 2007, 53). Setz beglaubigt darüber hinaus seine fiktionale Erzählung auch paratextuell durch bibliographische Nachweise im Anhang und diverse, in den Erzähltext montierte, faksimilierte Dokumente und Bilder, die auf den realen Peter Bender verweisen und die Erzählung historisch untermauern.

Benders Lebensgeschichte (*histoire*) wird im Roman von einem heterodiegetischen Erzähler präsentiert, überwiegend intern auf den Protagonisten fokalisiert. Die Erzählung (*discours*) gliedert sich in drei Teile mit insgesamt 52 Kapiteln. Die ersten 14 Kapitel wechseln zwischen zwei Zeitsträngen: Einerseits wird das Leben von Benders Familie in Worms ab dem Jahr 1920 erzählt, andererseits blicken wir in Analepsen auf Benders bisheriges Leben seit seiner Geburt im Jahr 1893 zurück. Nachdem die kontextualisierenden Rückblenden, die Einblicke in Benders Kindheit, seine Erfahrungen als Soldat im Ersten Weltkrieg und das Kennenlernen seiner Ehefrau gewähren, die erzählte Gegenwart ‚eingeholt' haben, wird chronologisch weitererzählt. Insgesamt reicht die erzählte Zeit von 1893 bis 1948 und umfasst somit 55 Jahre.

Die an die Biografie des realen Bender angelehnte Romanhandlung lässt sich wie folgt zusammenfassen: Nachdem er im Ersten Weltkrieg als Kampfpilot des

Deutschen Heeres aktiv gewesen ist, macht sich Peter Bender in der Zeit der Weimarer Republik als Gründer einer neuen Religionsgemeinschaft und mit der Proklamation der sogenannten Hohlwelttheorie einen Namen. Dieses dem kopernikanischen Weltbild widersprechende Modell geht auf den amerikanischen Homöopathen Cyrus Reed Teed alias Koresh zurück, der es erstmals in seinem 1870 veröffentlichten „Büchlein" *The Illumination of Koresh: Marvellous Experience of the great Alchemist in Utica, New York* propagierte und später die physikalischen Grundlagen in seinem Buch *The Cellular Cosmogony or The Earth a Concave Sphere* (1898/1905) darlegte (Sexl 1983, 454). Laut diesem Welterklärungsmodell ist die Erde ein Hohlkörper, auf dessen Kugelinnenseite die Menschheit lebt – außerhalb derer existiere dagegen nichts. „Im Inneren der Erde finden sich auch Sonne, Mond, Sterne, Planeten und Kometen [...]" (Sexl 1983, 454). Dieses Himmelszentrum wird von der Erde als „alles umschließende[m] Rand" umgeben (Neidhart 2009, 22).

Diese Theorie wurde bereits in der zeitgenössischen Wissenschaft überwiegend abgelehnt, fand aber dennoch in den 1920er- und 30er Jahren einige überzeugte Anhänger:innen, in Deutschland unter anderem Peter Bender. Obwohl die Theorie auf den ersten Blick völlig abstrus erscheint, können ihre Annahmen, „die wissenschaftstheoretisch denen der Relativitätstheorie ähnlich sind", zu einem Modell weiterentwickelt werden (Neidhart 2009, 22). Laut dem Physiker Roman Sexl ist dessen Widerlegung „experimentell[] [...] unmöglich"; es genügt damit dem Popper'schen Kriterium der Falsifizierbarkeit nicht (Sexl 1983, 453).

Benders Trauma aus Kriegszeiten sowie ein schicksalhafter Absturz mit dem Flugzeug werden im Roman als Gründe für die persönliche Suche nach einem neuen Identitäts- und Weltverständnis präsentiert. Im Lazarett tritt die jüdische Krankenschwester Charlotte Asch in sein Leben, die ihn gesund pflegt und seinem Glauben an die Hohlwelttheorie folgt. Bender erwidert ihr Vertrauen nach der Heirat nicht mit ehelicher Treue, er geht notorisch fremd. Unterstützt durch seine Frau, versucht Bender in diversen Werbeveranstaltungen Anhänger:innen für seine Sache zu gewinnen. Seine Gemeinde bleibt jedoch überschaubar. Dennoch wird er wegen der Verbreitung aufwieglerischer und gotteslästerlicher Flugschriften zu einer mehrmonatigen Haft verurteilt. Im Zuge des sich ausbreitenden Nationalsozialismus und erst recht nach der Machtübernahme tritt der Antisemitismus im letzten Teil der Handlung immer offener in Erscheinung, insbesondere Benders Frau ist zunehmend Repressionen und Anfeindungen ausgesetzt. Doch auch Benders Gefolgsleute wenden sich aufgrund von Charlottes jüdischer Herkunft von ihm ab. Sie versucht deshalb, ihren Ehemann zur Ausreise zu bewegen, der jedoch, gefangen in seiner eigenen Vorstellungswelt, vor der finsteren Realität die Augen verschließt. Während die Tochter im englischen Exil den Nationalsozialismus überlebt, verarmt die Familie Bender. Peter Bender wird 1943 verhaftet und deportiert, seine Ehefrau im darauffolgenden Jahr. Nur der Sohn überlebt das Konzentrationslager.

Wir konzentrieren uns im Folgenden auf eine Textpassage, um Setz' spezifischen Umgang mit dem Sujet Verschwörung bzw. Verschwörungstheorie zu veranschaulichen. Wir werden zeigen, wie Setz *erstens* das verschwörungstheoretische Denk- und Deutungsmuster literarisch ausstellt, und *zweitens* danach fragen, welche Rezeptionseffekte er damit erzielen möchte.

3.3.3 Analyse eines Textausschnitts

Der ausgewählte Textausschnitt stammt aus dem 21. Kapitel „Auf dem Kongress": Peter Bender reist Anfang Oktober 1933, also ein halbes Jahr nach der NS-Machtübernahme, zum 12. Astrologenkongress nach Stuttgart, auf dem er einen Vortrag zur Hohlwelttheorie halten soll. Dieser zeitgenössische Kontext wird am Anfang des Kapitels herausgestellt, etwa durch die Beschreibung von patrouillierenden SA-Männern auf dem Bahnhof, die Beschwerde eines anderen Reisenden über die Notverordnungen und Charlottes Besorgnis über Aktionen gegen jüdische Geschäfte. Bender versucht zwar, die bedrohlich-repressiven politischen Verhältnisse zu ignorieren oder zu verharmlosen, doch sie finden immer wieder Eingang in seine pseudowissenschaftlichen Überlegungen:

1   Im Zugabteil ging er seine Rede noch einmal durch. Der Rhein trug schon seine
    Winterfarbe.
    [...]
    Da auf dem Kongress namhafte Astrologen erwartet wurden, hatte Bender für seinen
5   Vortrag einen möglichst allumfassenden, leicht zugänglichen und nicht zu stark ins
    Exzentrische spielenden Ton gewählt:
    Ob das durch Raketenexpeditionen auf die Außenseite des Mondes und des Mars oder gar
    durch Eindringen in das Innere der Planeten oder auf noch ganz andere Art geschieht,
    lässt sich natürlich noch nicht angeben, doch rückt hier die Gestaltung von Himmel und
10 *Erde durch die Menschheit und schließlich sogar eine Metamorphose der Einzelmenschen*
    anstelle ihres Sterbens in den Bereich des Denkbaren. Andererseits kann auch die
    Möglichkeit nicht ganz abgewiesen werden, dass unser Erdball selbst vielleicht ein Planet
    oder gar ein Mond in einem noch größeren Weltenei ist, auf dessen Schale er eines Tages
    aufsetzt und sich öffnet. Die einseitige Verteilung von Land und Wasser und die ungleichen
15 *Jahreshälften der Sonnenspirale könnten auf einen solchen Einfluss von außen*
    zurückgeführt werden, der aber nichts zu tun hätte und nicht zu verwechseln wäre mit
    einer Außenwelt nach Ptolemäus oder Kopernikus.
    Wäre er auf Krawall aus gewesen, er hätte auch über die unsäglichen und kindischen
    Notverordnungen sprechen können. Denn auch solche finsteren Wirkungen haben ihren
20 Ursprung im Außen, in dem, was außerhalb unseres Erdrundmondes liegt. Ja, es gab nicht
    einmal einen Grund, anzunehmen, dass das schwebende Ei, auf dessen Innenschale unser

Universum stattfindet, das letzte dieser Art war, das größte, das wichtigste. Wir sehen Monde, wir sehen kleinere Eier, reale Eier, etwa die der Vögel und Reptilien. Und müssen zwei und zwei zusammenzählen.

25 War der Einfluss auf die politische Angstsphäre vielleicht mit Strahlung zu vergleichen? Manchmal, als Bender noch Kind war, hatte sich der Vater den Spaß erlaubt, am späten Abend, wenn es bereits stockdunkel war, den Kindern „die Sonne zu zeigen". Er deutete dabei auf den Erdboden, denn da war die Sonne, sie wanderte unter ihnen durch, die ganze Nacht lang. Und tatsächlich hatte Bender damals immer wieder etwas wahrgenommen,
30 eine Art Glühen vielleicht oder einfach ein strahlungswarmes Nest, ganz in Bodennähe, so eine, wie soll man sagen, gutmütige Verwirbelung der Luft. (Seltsam, wie sehr er heute sein Flugzeug vermisste. Wie hatte es überhaupt geheißen?) Aber jedenfalls die Sonne. Sie befand sich zur Nachtzeit dort unten und wärmte und bebrütete und erhellte die andere Seite der Erdkugel, und ein klein wenig von ihrer Wirkung drang durch den Boden, durch
35 Gestein, Lava und was da alles sonst noch angeblich hauste, durch bis zu ihnen, auf den Hof. [...] Und manchmal sah man die Fernwirkung auch in den Gesichtern der Menschen. Etwa in der Straßenbahn, wenn die Kurve kam und sich alle festhalten mussten, dann geschah manchmal etwas mit den Zügen – sie wurden unscharf und gemustert, wie von Bleistiftstrichen zerkritzelt. Die Fliehkraft raubte den Menschen für Sekunden ihre
40 Beherrschung, und etwas Neues wurde darunter sichtbar, ein Angestrahltwerden von jenseitigen Welten.
[...]
Sein Gang durch Stuttgart wurde von einem grünen Türmchen auf einem fernen Gebäude begleitet, die ganze Zeit irrlichterte es vor ihm her, tauchte immer am Ende bestimmter
45 Gassen auf und verlieh jedem Blick eine schicksalhafte Schwere. Vielleicht war der Turm eine Art Zeiger. Ja, wozu verjüngten sich Turmspitzen überhaupt? Es war architektonisch eher unklug und sah nicht besonders gut aus ... ja, alle spitzen Türme der Welt ... zeigten irgendwohin. Die Eingeweihten der Weltgeschichte haben diese Form vielleicht absichtlich eingeschleust, die Freimaurer, die etwas von heiliger Geometrie verstanden, diesem von
50 selbst weiterarbeitenden Wissen. Er sah es vor sich: Alle Turmspitzen von Kirchen und Schlössern zeigten durch den Innenraum der Hohlwelt auf einen Antipoden! Bender schaute in den Himmel, rechnete nach. Auf Großbritannien, dieses Türmchen hier.
(Setz 2023, 258–261)

Die Passage schildert Benders Gedanken während der Zugfahrt nach Stuttgart und unmittelbar nach seiner Ankunft. Sie ist intern fokalisiert, wobei die narrativen Repräsentationsformen von Benders Gedanken wechseln. Für die nachfolgende Analyse gliedern wir den Textauszug in vier Sinnabschnitte, um so Benders mentale Prozesse und ihre erzählerische Gestaltung beschreiben zu können. Wir beginnen mit Benders Antritt seiner Zugfahrt und dem Auszug aus seiner Kongressrede (Z. 1–17). Anschließend analysieren wir den fließenden Transfer seiner pseudowissenschaftlichen Ausführungen zur Hohlwelttheorie auf die politische Realität des Nationalsozialismus (Z. 18–24) sowie auf eine Kindheitserinnerung (Z. 26–42). Schließlich untersuchen wir die Verknüpfung dieser Gedanken mit den Eindrücken in Stuttgart (Z. 43–52). Mit diesem schrittweisen Vorgehen soll deutlich werden, wie Bender einerseits das politische Zeitgeschehen, persönliche Erinnerungen und gegenwärtige Beobachtungen in sein pseudowissenschaftliches Weltbild integriert und dabei andererseits auf verschwörungstheoretische Deutungsmuster zurückgreift.

Bevor wir einen fragmentarischen Einblick in Benders Kongressrede erhalten, die den Ausgangspunkt seiner Gedankenkette bildet, nähert sich der Erzähler langsam seinem Protagonisten an: Er lässt uns als Leser:innen gemeinsam mit ihm auf Bender blicken, teilt uns dessen Position mit („[i]m Zugabteil"; [Z. 1]) und fasst Benders Absicht, eine möglichst „zugängliche[]" und seriöse Rede zu halten, in Form eines Gedankenberichts zusammen (Z. 4–6). Der darauf folgende Auszug aus Benders Vortrag ist typographisch durch Kursivierung als Zitat markiert (Z. 7–17). Wir befinden uns nun nicht länger auf der Kommunikationsebene des Erzählers, der Textabschnitt ist vielmehr als direkte Rede auf der Figurenebene angesiedelt. Ausgangspunkt des Vortrags bilden zwei Hypothesen zur ‚Hohlwelttheorie'. Wir konzentrieren uns auf die zweite Vermutung Benders (ab Z. 11), nach der die Erde von *„einem noch größeren Weltenei"* (Z. 13) umschlossen sei, da diese Hypothese die nachfolgende Handlung/Erzählsequenz maßgeblich bestimmt. Genauer besagt sie, dass ein *„Einfluss von außen"* (Z. 15) Naturphänomene wie die *„einseitige Verteilung von Land und Wasser"* (Z. 14) erklären könnte. Bender formuliert zunächst im Konjunktiv, erhebt in seiner Kongressrede also noch keinen Geltungsanspruch für seine Theorie.

Nach diesem Einschub wechselt die Erzählung wieder auf die Erzählerebene (ab Z. 18). Hier wird in einem weiteren Schritt nachgezeichnet, wie der Protagonist Bender seine von der Hohlwelttheorie ausgehenden Hypothesen auf seine konkrete Umwelt überträgt. Bender deutet den historischen nationalsozialistischen Kontext als Resultat unbestimmter „Wirkungen" von „Außen" (Z. 19f.) um (Z. 18–25). Setz lässt dafür seinen intern fokalisierten Erzähler allmählich zugunsten der Innensicht der Figur in den Hintergrund treten, Benders Innenleben wird den Leser:innen in erlebter Gedankenrede vermittelt. In formaler Hinsicht wird dieses Verschwimmen von Erzähler- und Figurenrede durch ein Ausbleiben erzählerischer Inquit-Formeln (bspw. ‚er dachte') und überwiegend an den Figurenstandpunkt angepasste Pronomina („unseres" [Z. 20]; „Wir" [Z. 22]) erreicht. Lediglich der gelegentliche Einsatz des Pronomens „er" und des Präteritums anstelle des Präsens („Ja, es gab" [Z. 20]) markieren die Vermittlung von Benders Gedanken durch die Erzählerstimme. Die erlebte Rede liefert uns somit eine fast direkte Einsicht in Denk- und Deutungsstrukturen Benders. Er überträgt seine Hypothese nun auch auf die nationalsozialistische Realität, die nämlich ebenso „ihren Ursprung im Außen" habe (Z. 19f.). Um diese – ihn von etwaigen Handlungsmaximen entlastende – These zu bekräftigen, sucht Bender wiederum pseudowissenschaftliche Rückversicherung und kehrt dazu zunächst das Beweisverfahren um: An die Stelle einer positiven Kausalbegründung für die Existenz eines Außen tritt der selbstversichernde Ausschluss von Gegenargumenten: „Ja, es gab nicht einmal einen Grund, anzunehmen, dass das schwebende Ei, auf dessen Innenschale unser Universum stattfindet, das letzte dieser Art war, das größte, das wichtigste." (Z. 20–22) Im Anschluss simuliert Bender ein mentales induktives, analogisches Beweisverfahren und integriert die These so in sein dogmatisches Weltverständnis: „Wir sehen Monde, wir sehen kleinere Eier, reale Eier, etwa die der Vögel und Reptilien. Und müssen zwei und zwei zusammenzählen." (Z. 22–24)

Bender bedient sich hier konspirationistischer Deutungsmuster, die zwei Funktionen erfüllen. Zum einen kann er mittels eines scheinbar induktiven Beweisverfahrens seiner pseudowissenschaftlichen Hypothese Evidenz verschaffen. In der analogischen Übertragung auf die Gesetzgebung des sog. Dritten Reichs wird sie zu einem umfassenden Modell nicht nur der physischen, sondern auch der gesellschaftlich-politischen Wirklichkeit. Mit dieser verschwörungstheoretischen Umdeutung kann Bender so zum anderen vor der nationalsozialistischen Realität in eine Fantasiewelt flüchten. Denn er ist sich der Gefahr bewusst, die von den Nationalsozialisten ausgeht („finstere[] Wirkungen" [Z. 19]). Er verurteilt ihre „unsäglichen und kindischen Notverordnungen", fürchtet sich aber vor den bedrohlichen Konsequenzen, wenn er sie kritisch ansprechen sollte (Z. 18f.). Ängste, konspirationistische Deutungs- und Beweisstrategien und pseudowissenschaftliche Überzeugungen sind so in einem gegenseitigen Begründungszusammenhang eng miteinander verwoben. Hat sich Bender erst einmal seiner eigenen Hypothesen weiter versichert und sie als möglichen Bestandteil in die Hohlwelttheorie integriert, kann er sich im nächsten Schritt intensiver über die Wirkmechanismen seiner ‚Hohlwelt' vergewissern. Er stellt sich deshalb die Frage, ob der „Einfluss auf die politische Angstsphäre" etwa „mit Strahlung" zu vergleichen sei (Z. 25), die von einem Außen ausginge.

Eine Kindheitserinnerung dient dabei im dritten Sinnabschnitt als eskapistischer Ausgangspunkt der vermeintlichen Beweisführung für eine kosmische ‚Außenwirkung' (Z. 26–42). Erneut entfaltet der Erzähler dabei schrittweise das Innenleben seines Protagonisten. Im ersten Satz ist zunächst noch von „Bender" die Rede, was die Beobachterperspektive des Erzählers auf seine Figur markiert. Die Erzählerstimme legt uns dabei in Form eines Gedankenberichts Benders weitere mentale Beweisführungskette offen. Eine positive Kindheitserinnerung an seinen Vater steht im Mittelpunkt (Z. 26f.), die wiederum in erlebter Gedankenrede mitgeteilt wird. Dass sich der Erzähler nicht nur der Perspektive, sondern auch dem Wortlaut der Figur nähert, zeigen Lexik und Syntax dieser Textstelle: Die zunehmend kurzen Sätze, die Suche nach Worten („wie soll man sagen" [Z. 31]) sowie eine in Klammern eingefügte Abschweifung („Seltsam, … " [Z. 31f.]) ermöglichen den Leser:innen eine direkte Teilhabe an Benders Gedankenkosmos. Dieser erinnert sich, dass sein Vater sich manchmal „am späten Abend, wenn es bereits stockdunkel war", den „Spaß" erlaubte, den Kindern „die Sonne zu zeigen'", indem er auf den Boden wies (Z. 26f.). Die Anführungszeichen markieren, dass es sich dabei nicht im wörtlichen Sinn um ein Zeigen handelte, sondern um eine scherzhaft-spielerische Veranschaulichung des kopernikanischen Modells. Bender erinnert sich daran, dass er damals „tatsächlich [...] immer wieder etwas wahrgenommen" habe, „eine Art Glühen vielleicht oder ein strahlungswarmes Nest, ganz in Bodennähe" (Z. 29f.). Hat der junge Bender diese Wahrnehmung womöglich als Beleg für die Richtigkeit dessen gewertet, was sein Vater ihm erzählt hat, so hat der erwachsene, sich erinnernde Bender kein Interesse mehr an der kopernikanischen Erklärung des Weltsystems, sondern deutet die Erinnerung, darauf weist schon die Wortwahl hin, retrospektiv als empirischen Beleg für seine Hohlwelttheorie: Ausgehend von den pseudophysikalischen Grundlagen kann seine Wahrnehmung daher nicht auf die Sonne zurückführbar sein, denn diese befindet sich ja im Erdinneren und kann die Erdoberfläche nicht von „unten" erwärmen, zudem liegt unter Letzterer nur „angeblich" warmes Gestein und Lava (Z. 33–35). In einem pseudowissenschaftlichen Beweisverfahren, in dem Bender anekdotische Kindheitserinnerungen als hinreichenden Beleg heranzieht, diese aber überblendet, überzeugt er sich selbst von seinen hypothetischen Überlegungen zu einer äußeren Strahlungsquelle. Die Subjektivität seiner Herleitungen wird zusätzlich durch thematisch gänzlich davon unabhängige Abschweifungen unterstrichen („Seltsam, wie sehr er heute sein Flugzeug vermisste" [Z. 31f.]). Bender folgt seiner Deutung, sucht nach weiteren Belegen und führt schließlich weitere Erinnerungen als vermeintliche Beweise an. Nicht nur in seiner Kindheit könne er rückblickend eine solche „Fernwirkung" identifizieren (Z. 36). Man erkenne sie vielmehr „manchmal [...] in den Gesichtern der Menschen. Etwa in der Straßenbahn, wenn die Kurve kam [...], dann geschah manchmal etwas mit den Zügen – sie wurden unscharf und gemustert [...] und etwas Neues wurde darunter sichtbar, ein Angestrahltwerden von jenseitigen Welten." (Z. 36–41) Im Modus der erlebten Gedankenrede kann nachvollzogen werden, wie Bender eine subjektive Erinnerung zur Selbstvergewisserung über seine vorab als ‚wahr' gesetzte Hypothese abruft. Diese Hypothese veranschaulicht er sich, verbindet sie mit konkreten eigenen Erfahrungen, die er auf andere beobachtbare Phänomene überträgt, um diese schließlich in einem zirkulären Beweisverfahren als Beleg für die „Strahlung" von außen heranzuziehen. So gelangt er zurück zum Ausgangspunkt seiner Argumentation und beendet seinen Gedankengang; ein Absatz leitet die Ankunft in Stuttgart ein, und die Erzählinstanz tritt wieder stärker in den Vordergrund.

Im letzten Abschnitt der zitierten Textpassage begleiten wir die Figur Bender durch Stuttgart auf dem Weg zum Kongress (Z. 43–52). Auch hier geht der Erzähler nach einem einleitenden Satz zur Wiedergabe von Benders Denkprozess in erlebter Gedankenrede über. Es wird deutlich, dass der Protagonist die zwanghafte Suche nach Belegen seines alternativen Weltbilds auch auf seinem Weg durch die Stadt nicht unterbrechen kann. Seine Wahrnehmung der unmittelbar beobachtbaren Außenwelt muss vollständig dem Hohlweltbild eingepasst werden, um sie erklärbar zu machen. Wie bereits die Deutung der nationalsozialistischen Politik als ‚ferngesteuert' zeigte, gelingt Bender die Bestätigung seines Weltbilds dabei insbesondere mit Hilfe konspirationistischer Argumentations- und Beweisverfahren. Den Ausgangspunkt bildet dabei ein spezifischer Wahrnehmungsmodus, in dem sich unbelebte Objekte für Bender beleben, intentional auf ihn ausrichten und semiotisch aufladen: Ein „grüne[s] Türmchen auf einem fernen Gebäude", das „die ganze Zeit" vor ihm her „irrlichterte", wird von Bender als bedeutungstragendes Zeichen identifiziert, das „jedem Blick eine schicksalhafte Schwere" verleihe (Z. 43–45). Bender beobachtet nun funktionale und ästhetische Unstimmigkeiten im Stadtbild („architektonisch eher unklug" und „nicht besonders gut[aussehend]" [Z. 46f.]), die er sich als Oberflächenphänomene einer tieferliegenden, von den „Eingeweihten der Weltgeschichte" „absichtlich eingeschleuste[n]" „heilige[n] Geometrie" (Z. 48f.) erklärt. Entsprechend deutet er den irrlichternden Turm schließlich als „eine Art Zeiger" und schließt, universell verallgemeinernd, dass „ja, alle spitzen Türme der Welt" „irgendwohin" zeigten (Z. 46–48). Bender greift damit auf typisch konspirationistische Denkmuster zurück: Nichts ist, wie es scheint und nichts geschieht durch Zufall. Zunächst macht Bender zeitgenössisch im konspirationistischen Umfeld bekannte Geheimgruppen wie die „Freimauer" für die vermeintliche Steuerung seines Gangs durch die Stadt verantwortlich (Z. 49), um dann diese Überlegung auf das Weltgeschehen auszuweiten und mit seinem Welterklärungsmodell zu verbinden: „Er sah es vor sich: Alle Turmspitzen von Kirchen und Schlössern zeigten durch den Innenraum der Hohlwelt auf einen Antipoden! Bender schaute in den Himmel, rechnete nach. Auf Großbritannien, dieses Türmchen hier." (Z. 50–52) Inwieweit sich die geographische Ausrichtung auf Großbritannien in Benders Gedankenkosmos einfügt, bleibt an dieser Stelle offen – dieser Spur könnten dem paranoiden Lektüremodus verpflichtete Hermeneut:innen weiter nachgehen. Konspirationistische Deutungsmuster dienen Bender jedenfalls vor allem dazu, sich seine Realität sinnstiftend zu erklären. Dies gelingt aber dem überzeugten Hohlweltler nur, wenn sich die einzelnen konspirationistisch interpretierten Zeichen in die Hohlwelttheorie einfügen lassen, genauer: als Beleg genau dieser pseudowissenschaftlichen Erklärung gedeutet werden können.

Zusammenfassend lässt sich zur analysierten Passage festhalten: Die ‚Hohlwelttheorie' und die Vorstellung, dass die Hohlerde von einem ‚Weltenei' umschlossen sei, werden zu Benders dogmatischer Perspektive, die sein Denken bestimmt und schließlich allumfassende Geltung beansprucht. Die Geltungsansprüche des kopernikanischen Welterklärungsmodells und die wiederum selbst auf antisemitischen Verschwörungstheorien fußende nationalsozialistische Ideologie spielen keine Rolle mehr, weil Bender auch diese teils komplexen Zusammenhänge seinem Weltbild gemäß vereinfachen, plausibilisieren und sich damit selbst von kognitiven Dissonanzen oder Handlungsimpulsen entlasten kann. Selbst die sein Leben bedrohenden „Notverordnungen" kann er so seinem Welterklärungsmodell einverleiben und „ihren Ursprung im Außen" (Z. 19f.) festmachen, so dass er sich nicht länger kritisch mit den politischen und gesellschaftlichen Umbrüchen auseinandersetzen muss.

Verschwörungstheorien und Pseudowissenschaften gehen dabei Hand in Hand. Die Hohlwelttheorie, die einen universellen Erklärungsanspruch erhebt, bildet den Ausgangspunkt sämtlicher Weltbetrachtung und -erklärung. Anhänger:innen wie Peter Bender simulieren im Rahmen des Hohlweltbildes ein wissenschaftlich-systematisches Vorgehen und organisieren sogar Kongresse, um ihre vermeintlichen Erkenntnisse und Hypothesen zu diskutieren. Diese Simulation von Wissenschaftlichkeit zeigt sich anschaulich in Benders Reden. Darin entwickelt er auf Basis des Hohlweltmodells weitere Hypothesen, folgt also innerhalb dieses Gedankensystems durchaus bestimmten logischen Regeln und epistemischen Grundsätzen. Dass es sich dabei um ein pseudowissenschaftliches Vorgehen handelt, wird jedoch durch seine Argumentationsmuster und Denkstrukturen deutlich. Wissenschaftliche Standards wie die Evidenzbasierung werden nicht eingehalten, die Auseinandersetzung mit anderen Wissensansprüchen wird bewusst vermieden und Hypothesen werden statt durch empirische Befunde durch subjektive Erfahrungen gestützt. Hier zeigt sich auch, wie verschwörungstheoretische Deutungsmuster zu einem festen Bestandteil von Benders pseudowissenschaftlichem Vorgehen und Erklären werden. Er muss sich als Anhänger der Hohlwelttheorie nicht mit anderen Wissensansprüchen auseinandersetzen, da er konkurrierende Geltungsansprüche konspirationistisch umdeutet. In dieser Vorstellung verfügt nur eine eingeweihte Elite über das Wissen der Wahrheit, während alle anderen, wie die Nationalsozialisten, als ‚ferngesteuerte' unwissende Mehrheit gelten. Jedes Detail der beobachteten Welt – beispielsweise das „grüne Türmchen" auf Benders Fußweg zum Kongress – kann in diesem konspirationistischen Vorgehen im Sinne des vermeintlichen verborgenen Zusammenhangs ausgedeutet und in diesen eingepasst werden. Bender fühlt sich dabei selbst als einer der wenigen „Eingeweihten der Weltgeschichte" (Z. 48) den unwissenden Mitbürger:innen überlegen. Seine verschwörungstheoretische Rechtfertigung seines Weltbilds bleibt dabei vage, er geht von einer unwissenden Mehrheit aus und spekuliert über Mitwissende wie die Freimaurer. Konkrete, gegen sein Weltbild konspirierende ‚Feinde' benennt er jedoch nicht. Im weiteren Verlauf des Kapitels zum Astrologenkongress begegnen ihm jedoch Vertreter:innen anderer pseudowissenschaftlicher Disziplinen, welche die fehlende Anerkennung ihres Geltungsanspruchs als Resultat einer geheimen, jüdischen Steuerung der etablierten Wissenschaft erklären. Ohne dies seinem Protagonisten zuzurechnen, exemplifiziert Setz so die häufige Verknüpfung pseudowissenschaftlicher Weltbilder mit dem Glauben an die lang etablierte antisemitische Verschwörungstheorie.

Welche wirkungsästhetischen Effekte will Setz erzielen? Offensichtlich geht es ihm nicht primär darum, Verschwörungstheorien auf pädagogisch-didaktische Weise als falsch zu erklären. Das Wissen um die Fehlannahmen der Hohlwelttheorie kann er bei seinen Leser:innen voraussetzen und so die historische Vorlage dazu nutzen, um die ausgestaltete Innenwelt eines Pseudowissenschaftlers und Verschwörungstheoretikers zu erkunden. Deutlich wird das daran, dass Setz' Erzähler seine Figur nicht ridikülisiert. Obwohl ihm die Doppelstimmigkeit der Erzählhaltung dies erlauben würde, urteilt er nicht, kommentiert oder bewertet Benders Gedankengang nicht. Sein Interesse gilt auch nicht dem Wahrheitsgehalt der ‚Hohlwelttheorie', er verfolgt also keine ‚Debunking'- bzw. Entlarvungsstrategien, sondern er versucht literarisch ohne wertende Absicht anschaulich und nachvollziehbar zu zeigen, unter welchen Bedingungen und aus welchen Motiven diese Wissensform von Bender und – jenseits des Zitats – auch von anderen gesellschaftlichen Akteur:innen akzeptiert wird. Als Leser:innen begleiten wir einen Menschen, der sich immer tiefer in seinen Irrglauben verstrickt. Die Langform des Romans ermöglicht es Setz, die Entwicklungsgeschichte Benders als fortschreitenden Prozess ausführlich nachzuzeichnen: So wird mithilfe der zu Beginn des Textes eingeschalteten Analepsen eine Figur vorgestellt, die „zunächst kaum merkwürdig, sondern bestenfalls etwas schrullig erscheint", deren Überzeugung „von der eigenen Theorie dann umgekehrt proportional zur Ablehnung durch die Außenwelt wächst" und die schließlich sogar die (nationalsozialistische) Realität vollständig verdrängen kann (Wahl 2023, 52). Die im Modus der erlebten Rede vermittelten Gedanken Benders machen die identitätsstiftende, trostspendende Funktion des Erzählens von der Hohlwelt in politisch hoffnungslosen Zeiten auch für die Leser:innen erfahrbar. Sie werden zur Identifikation mit dem Protagonisten eingeladen. Das durch die zweistimmige Erzählweise stets aufrechterhaltene Minimum an Distanz ermöglicht jedoch zugleich auch einen kritischen Blick auf Bender. Zwar wird dieser nicht verlacht, doch lassen seine Selbstumkreisungen und der uneingeschränkt gestellte Anspruch auf Geltung des Hohlweltbilds auch seinen Größenwahn und seine Realitätsflucht erkennen. Setz' Roman wird so zu einer zeithistorischen Charakterstudie, deren forschendes Interesse auch die bereits erwähnten, in den Roman eingeschalteten Archivdokumente verdeutlichen, die einen Einblick in das Leben der historischen Person Peter Bender bieten. Dass Setz sich dem gegenwärtig populären Sujet der Verschwörungstheorien anhand eines historischen Romans nähert, verstärkt zudem die in der Erzählweise angelegte Distanzierung zur verschwörungsgläubigen Hauptfigur und deren pseudowissenschaftlichem Weltbild.

Zugleich lädt die Wahl dieser Gattung zu einer aktualisierenden, die Konspirationstheorien der Gegenwart analogisierenden Lesart ein.

4 Kritik und Ausblick

Setz wirft mit seiner Charakterstudie über den historischen Hohlweltanhänger Peter Bender Fragen über konkurrierende Wissensansprüche auf. Dabei thematisiert er auch deren Funktionen für die jeweiligen Anhänger:innen und die enge Verknüpfung von Pseudowissenschaft und Verschwörungstheorie. Angesichts der im ersten Teil unseres Beitrags beschriebenen komplexen Zusammenhänge zwischen Fakt und Fiktion in Literatur, Pseudowissenschaft und Verschwörungstheorie scheint uns eine literaturwissenschaftliche Betrachtung des gesamten Romans lohnenswert. Denn im Roman wird diese Wechselwirkung zwischen literarischen Fiktionen und alternativen Weltdeutungen ebenfalls auf mehreren Ebenen verhandelt: Der Protagonist Peter Bender ist ein begeisterter Leser, der literarische Versatzstücke in die Hohlwelttheorie und sein neues Religionskonzept integriert. Umgekehrt finden sich Verweise auf den Unterhaltungswert ebendieser Theorie als Sujet der Abenteuerromane des 19. und 20. Jahrhunderts. Benders Verfassen pseudowissenschaftlicher Pamphlete und eines autobiografischen Romans wird darüber hinaus auf der Ebene der *histoire* als fiktionale Sinnstiftung seines eigenen Lebens dargestellt. Dieser Prozess wird auf der Ebene des *discours* gespiegelt/gedoppelt, indem Setz' Erzähltext durch Auszüge aus den echten Briefen und dem Roman des historischen Benders unterbrochen wird, wodurch auch Setz' Roman als Fiktionalisierung des Lebens der historischen Person gekennzeichnet ist. Die Leserschaft kann das imaginierte Selbstbild aus Benders Texten direkt mit der Verarbeitung durch den Schriftsteller vergleichen und wird so während des Lektüreprozesses wiederholt zur Reflexion über das komplexe Verhältnis von Wahrheit und Fiktion, insbesondere im Medium des historischen Romans, angehalten.

Obwohl das Beispiel *Monde vor der Landung* zeigt, dass es in der deutschsprachigen Literatur ästhetisch innovative und hochaktuelle Auseinandersetzungen mit Verschwörung(stheorien) gibt, liegen bisher nur wenige germanistische Arbeiten zu diesem Themenkomplex vor. Die wenigen Ausnahmen befassen sich zudem überwiegend mit einzelnen Texten. Untersuchungen eines größeren Textkorpus sind kaum zu finden. Dies steht im Gegensatz zu der umfangreichen angloamerikanischen Forschungsdiskussion, die unter dem Begriff der *conspiracy fiction* englischsprachige Literatur, Filme, Serien und Computerspiele über Verschwörungen und Verschwörungstheorien analysiert und verschiedene historische Ausprägungen sowie die Genese dieses Genres untersucht (vgl u. a. die Beiträge von Carver, Melley und Butter in Butter/Knight 2020a). Eine vergleichbare Herangehensweise findet sich in der Germanistik bisher nur in der mehrfach zitierten Habilitationsschrift Klausnitzers (2007), die ein Korpus (unter anderem) literarischer Konspirationsszenarien des 18. und 19. Jahrhunderts untersucht und erstmals zwischen Verschwörungstheorie und -fiktion differenziert. Neben der noch ausstehenden Untersuchung eines größeren Korpus deutschsprachiger Verschwörungsfiktionen könnte in komparatistischen Arbeiten auch die Frage nach möglichen internationalen Grundmustern konspirationistischen Erzählens untersucht werden, wobei moderne Repräsentationskonzepte wie Memes berücksichtigt werden könnten.

5 Merkbox

Forschungsbereich: Literatur und Wissen(schaft), Literatur und Konspiration

Wichtige Begriffe: Verschwörung, Verschwörungstheorie, Verschwörungsfiktion, konspirativ, verschwörerisch, konspirationistisch, Welterklärungsmodell, Pseudowissenschaft, Wissensgeltung

Ansätze und Methoden: Hermeneutische Kontextualisierung, Vergleichende kulturwissenschaftliche Untersuchung literarischer und wissenschaftlicher Texte, Wissenspoetische Analyse der Wissensordnung

Leitfragen/Typische Fragen: In welchem Zusammenhang stehen im Text Literatur und Verschwörung bzw. Verschwörungstheorie? Handelt es sich um eine Verschwörungstheorie oder um eine Verschwörungsfiktion? Wovon erzählt die Verschwörungsfiktion, welche Kontexte werden dabei aufgerufen und was für eine Wirkungsästhetik verfolgen die Autor:innen? Affirmieren oder kritisieren Schriftsteller:innen den Umgang mit konspirativen bzw. wissenschaftlichen Wissens- und Geltungsansprüchen?

6 Lektüreempfehlungen

Für einen Einstieg in das Thema Verschwörung und Verschwörungstheorie empfehlen wir Butter 2018 und Butter/Knight 2020a. Eine genuin literaturwissenschaftliche Auseinandersetzung bietet Klausnitzer 2007, der darüber hinaus wertvolle analytische Hinweise liefert. Hier ist auch der Sammelband von Frizzoni 2020 zu empfehlen. Zum Forschungsfeld Literatur und Wissen raten wir für einen Überblick zu Klausnitzer 2008 und Füssel 2021.

7 Zitierte Literatur

7.1 Literarische Quellen

Dath 2007: Dath, Dietmar: *Waffenwetter*. Frankfurt a. M. 2007.
Dinter 1920: Dinter, Artur: *Die Sünde wider das Blut* [1917]. Leipzig [14]1920.
Eco 2011: Eco, Umberto: *Der Friedhof in Prag* [2010; dt.: 2011]. Aus dem Italienischen von Burkhart Kroeber. München [6]2013.
Gibson 1984–1988: Gibson, William: *Die Neuromancer-Trilogie* [1984–1988; dt.: 1987–1989]. Aus dem Englischen von Reinhard Heinz und Peter Robert. Stuttgart 2021.
Goethe 1795/96: Goethe, Johann Wolfgang von: *Wilhelm Meisters Lehrjahre* [1795/96]. Frankfurt a. M. 2008.
Hoffmann 1816: Hoffmann, E. T. A.: *Der Sandmann* [1816]. Herausgegeben von Max Kämper. Ditzingen 2017.
Jacques 1921: Jacques, Norbert: *Dr. Mabuse, der Spieler* [1921]. Sindelfingen 2022.
Pynchon 1980: Pynchon, Thomas: *Die Versteigerung von No. 49* [1966; dt.: 1980]. Deutsch von Wulf Teichmann. Reinbek bei Hamburg [13]2016.
Roth 1923: Roth, Joseph: *Das Spinnennetz* [1923]. München [9]2004.
Sammons 2018: Sammons, Jeffrey L. (Hg.): *Die Protokolle der Weisen von Zion. Die Grundlage des modernen Antisemitismus – eine Fälschung. Text und Kommentar*. Göttingen [11]2018.
Schiller 1787–1789: Schiller, Friedrich: *Der Geisterseher. Aus den Memoiren des Grafen von O*** [1787–1789]. Herausgegeben von Mathias Mayer. Ditzingen 1995.
Setz 2023: Setz, Clemens J.: *Monde vor der Landung*. Berlin 2023.

7.2 Darstellungen

Adorno 2020: Adorno, Theodor W.: *Studien zum autoritären Charakter* [1973]. Aus dem Amerikanischen von Milli Weinbrenner. Vorrede von Ludwig von Friedeburg. Herausgegeben vom Institut für Sozialforschung an der Johann Wolfgang Goethe-Universität Frankfurt. Berlin 2020.
Anton et al. 2014: Anton, Andreas, Michael Schetsche und Michael K. Walter: „Einleitung: Wirklichkeitskonstruktion zwischen Orthodoxie und Heterodoxie – zur Wissenssoziologie von Verschwörungstheorien", in: *Konspiration. Soziologie des Verschwörungsdenkens*, hg. v. Andreas Anton, Michael Schetsche und Michael K. Walter. Wiesbaden 2014, S. 9–25.
Arendt 2017: Arendt, Hannah: *Elemente und Ursprünge totaler Herrschaft. Antisemitismus, Imperialismus, totale Herrschaft*. München/Berlin/Zürich [20]2017.
Barkun 2003: Barkun, Michael: *A Culture of Conspiracy: Apocalyptic Visions in Contemporary America*. Berkeley, CA 2003.
Boltanski 2013: Boltanski, Luc: *Rätsel und Komplotte: Kriminalliteratur, Paranoia, moderne Gesellschaft*. Berlin 2013.
Borenstein 2019: Borenstein, Eliot: *Plots Against Russia. Conspiracy and Fantasy after Socialism*. Ithaca 2019.
Butter 2018: Butter, Michael: *„Nichts ist, wie es scheint". Über Verschwörungstheorien*. Berlin 2018.

Butter/Knight 2020a: Butter, Michael und Peter Knight (Hg.): *Routledge Handbook of Conspiracy Theories (1st ed.)*. London 2020. Online verfügbar unter https://doi.org/10.4324/9780429452734 (23.05.2024).

Butter/Knight 2020b: Butter, Michael und Peter Knight: „General Introduction", in: *Routledge Handbook of Conspiracy Theories (1st ed.)*, hg. v. Michael Butter und Peter Knight. London 2020, S. 1–8.

Diethelm/McKee 2009: Diethelm, Pascal und Martin McKee: „Denialism: What Is It and How Should Scientists Respond?", in: *European Journal of Public Health* 19.1 (2009), S. 2–4. Online verfügbar unter https://doi.org/10.1093/eurpub/ckn139 (23.05.2024).

Eco 1996: Eco, Umberto: *Im Wald der Fiktionen. Sechs Streifzüge durch die Literatur*. Deutsch von Burkhart Kroeber. München 1996.

Eggert 2007: Eggert, Hartmut: „Historischer Roman", in: *Reallexikon der deutschen Literaturwissenschaft. Neubearbeitung des Reallexikons der deutschen Literaturgeschichte*, Bd. II: H–O, hg. v. Harald Fricke et al. Berlin 2007, S. 53–55.

Frizzoni 2020: Frizzoni, Brigitte (Hg.): *Verschwörungserzählungen*. Würzburg 2020.

Füssel 2021: Füssel, Marian: *Wissen: Konzepte – Praktiken – Prozesse*. Frankfurt a. M./New York 2021.

Gess 2021: Gess, Nicola: *Halbwahrheiten. Zur Manipulation von Wirklichkeit*. Berlin 2021 (Fröhliche Wissenschaft, Bd. 174).

Ginzburg 1995: Ginzburg, Carlo: „Spurensicherung. Der Jäger entziffert die Fährte, Sherlock Holmes nimmt die Lupe, Freud liest Morelli – Die Wissenschaft auf der Suche nach sich selbst", in: *Spurensicherung. Die Wissenschaft auf der Suche nach sich selbst*, hg. v. Carlo Ginzburg. Berlin 1995, S. 7–44.

Gregory 2012: Gregory, Stephan: „Die Fabrik der Fiktionen. Verschwörungsproduktion um 1800", in: *Die Fiktion von der jüdischen Weltverschwörung. Zu Text und Kontext der „Protokolle der Weisen von Zion"*, hg. v. Eva Horn und Michael Hagemeister. Göttingen 2012, S. 51–75.

Groh 1987: Groh, Dieter: „Die verschwörungstheoretische Versuchung oder Why do bad things happen to good people?", in: *Merkur* 41 (1987), S. 859–878.

Hantke 1994: Hantke, Steffen: *Conspiracy and Paranoia in Contemporary American Fiction*. Frankfurt a. M. et al. 1994.

Hofmann et al. 2020: Hofmann, Martin, Joachim Kurtz und Ari Daniel Levine (Hg.): *Powerful Arguments. Standards of Validity in Late Imperial China*. Leiden/Boston 2020.

Hofstadter 1964: Hofstadter, Richard: „The Paranoid Style in American Politcs", in: *Harper's Magazine* (November 1964), S. 77–86.

Horn 2012: Horn, Eva: „Das Gespenst der Arkana. Verschwörungsfiktion und Textstruktur der Protokolle der Weisen von Zion", in: *Die Fiktion von der jüdischen Weltverschwörung. Zu Text und Kontext der „Protokolle der Weisen von Zion"*, hg. v. Eva Horn und Michael Hagemeister. Göttingen 2012, S. 1–25.

Jaecker 2005a: Jaecker, Tobias: „Antisemitische Verschwörungstheorien im deutschen Mediendiskurs nach dem 11. September", in: *Sozialwissenschaftlicher Fachinformationsdienst soFid, Kommunikationswissenschaft* 1 (2005), S. 9–20. Online verfügbar unter https://nbn-resolving.org/urn:nbn:de:0168-ssoar-204538 (23.05.2024).

Jaecker 2005b: Antisemitische Verschwörungstheorien nach dem 11. September. Neue Varianten eines alten Deutungsmusters. Münster ²2005.

Jaworski 2001: Jaworski, Rudolf: „Verschwörungstheorien aus psychologischer und aus historischer Sicht", in: *Verschwörungstheorien. Anthropologische Konstanten – historische Varianten*, hg. v. Ute Caumanns und Mathias Niendorf. Osnabrück 2001, S. 11–30.

Kelman 2012: Kelman, David: *Counterfeit Politics. Secret Plots and Conspiracy Narratives in the Americas*. Lewisburg 2012.

Klausnitzer 2003: Klausnitzer, Ralf: „Bündnisse des Bösen. Zur Faszinationsgeschichte von Verschwörungstheorien in der Medienkultur der Weimarer Republik", in: *Plurale* 3 (2003), S. 243–270.

Klausnitzer 2007: Klausnitzer, Ralf: *Poesie und Konspiration. Beziehungssinn und Zeichenökonomie von Verschwörungsszenarien in Publizistik, Literatur und Wissenschaft 1750–1850*. Berlin/New York 2007 (Spectrum Literaturwissenschaft, Bd. 13).

Klausnitzer 2008: Klausnitzer, Ralf: *Literatur und Wissen. Zugänge – Modelle – Analysen*. Berlin/New York 2008.

Lorenz 2007: Lorenz, Christoph F.: „Science Fiction", in: *Reallexikon der deutschen Literaturwissenschaft. Neubearbeitung des Reallexikons der deutschen Literaturgeschichte*, Band III: P–Z, hg. v. Jan-Dirk Müller et al. Berlin 2007, S. 412–414.

Mahner 2020: Mahner, Martin: „Wissenschaft und Pseudowissenschaft. Das Abgrenzungsproblem", in: *Wissenschaft und Aberglaube*, hg. v. Reinhard Neck und Christiane Spiel. Wien 2020, S. 11–30 (Wissenschaft – Bildung – Politik, Bd. 23).

Matussek 2012: Matussek, Carmen: *Der Glaube an eine „jüdische Weltverschwörung". Die Rezeption der „Protokolle der Weisen von Zion" in der arabischen Welt*. Berlin ²2012.

McKenzie-McHarg 2020: McKenzie-McHarg, Andrew: „Conceptual History and Conspiracy Theory", in: *Routledge Handbook of Conspiracy Theories (1st ed.)*, hg. v. Michael Butter und Peter Knight. London 2020, S. 16–27.

Merton 1985: Merton, Robert K.: *Entwicklung und Wandel von Forschungsinteressen. Aufsätze zur Wissenschaftssoziologie*. Frankfurt a. M. 1985.

Neidhart 2009: Neidhart, Ludwig: „Weltbilder – Von der flachen Scheibe zum pluralen Universum", in: *Parallelwelten. Christliche Religion und die Vervielfachung der Wirklichkeit*, hg. v. Johann Hafner und Joachim Valentin. Stuttgart 2009, S. 15–31.

Oberhauser 2013: Oberhauser, Claus: *Die verschwörungstheoretische Trias. Barruel – Robison – Starck*. Innsbruck 2013 (Reihe Quellen und Darstellungen zur europäischen Freimaurerei, Bd. 15).

Pfahl-Traughber 2002: Pfahl-Traughber, Armin: „‚Bausteine' zu einer Theorie über ‚Verschwörungstheorien': Definition, Erscheinungsformen, Funktionen und Ursachen", in: *Verschwörungstheorien. Theorie – Geschichte – Wirkung*, hg. v. Helmut Reinalter. Innsbruck 2002, S. 30–44 (Quellen und Darstellungen zur europäischen Freimaurerei, Bd. 3).

Popper 2009: Popper, Karl R.: „Prognose und Prophetie in den Sozialwissenschaften", in: Karl R. Popper: *Vermutungen und Widerlegungen. Das Wachstum der wissenschaftlichen Erkenntnis*, Bd. 1, hg. v. Herbert Keuth. Tübingen ²2009, S. 515–531.

Raab et al. 2017: Raab, Marius, Carbon, Claus-Christian und Claudia Muth: *Am Anfang war die Verschwörungstheorie*. Berlin 2017.

Sexl 1983: Sexl, Roman U.: „Die Hohlwelttheorie", in: *Der mathematische und naturwissenschaftliche Unterricht* 36.8 (1983), S. 453–460.

Shapin 2010: Shapin, Steven: „Cordelia's Love: Credibility and the Social Studies of Science", in: *Never Pure. Historical Studies of Science as if It Was Produced by People with Bodies, Situated in Time, Space, Culture, and Society, and Struggling for Credibility and Authority*, hg. v. Steven Shapin. Baltimore 2010 [1995], S. 17–31.

Spiegel 2014: Spiegel, Simon: „Das große Genre-Mysterium: Das Mystery-Genre", in: *Zeitschrift für Fantastikforschung* 1.7 (2014), S. 2–26. Online verfügbar unter https://doi.org/10.5167/uzh-101062 (12.08.2024).

Spiegel 2020: Spiegel, Simon: „Phantastische Verschwörer", in: *Zeitschrift für Phantastikforschung* 8.1 (2020), S. 2–11. Online verfügbar unter https://doi.org/10.16995/zff.3415 (23.05.2024).
Stasielowicz 2022: Stasielowicz, Lukasz: „Who Believes in Conspiracy Theories? A *Meta*-Analysis on Personality Correlates", in: *Journal of Research in Personality* 98 (2022), S. 1–15. Online verfügbar unter https://doi.org/10.1016/j.jrp.2022.104229 (23.05.2024).
Wahl 2023: Wahl, Christine: „Der Trip in die Kugel. Clemens J. Setz' ‚Monde vor der Landung' erkunden den Schöpfer der Hohlwelt-Theorie", in: *Theater heute* 64.12 (2023), S. 52–53.
Wippermann 2007: Wippermann, Wolfgang: *Agenten des Bösen. Verschwörungstheorien von Luther bis heute*. Berlin 2007.
Wünsch 2007: Wünsch, Marianne: „Phantastische Literatur", in: *Reallexikon der deutschen Literaturwissenschaft. Neubearbeitung des Reallexikons der deutschen Literaturgeschichte*, Band III: *P-Z*, hg. v. Jan-Dirk Müller et al. Berlin 2007, S. 71–74.

Kristina Mateescu
Dystopien aus kulturwissenschaftlicher Perspektive
Am Beispiel von Theresia Enzensberger, *Auf See* (2022)

1 Aktualität und Relevanz des Forschungsfeldes

Dystopische Romane, also fiktionale Texte, in denen düstere Zukunftsvisionen narrativ entfaltet werden, erfreuen sich gegenwärtig sowohl auf dem deutschen als auch auf dem internationalen Buchmarkt einer außerordentlichen Beliebtheit. Die Gattung erlebe, so ist immer wieder im Feuilleton und auch in literaturwissenschaftlichen Beiträgen zu lesen, „aktuell die erfolgreichsten und bewegtesten Jahrzehnte [ihrer] Geschichte" (Sperling 2023, 11). Angesichts der Herausforderungen unserer Zeit ist dies nicht verwunderlich: Globale Klimaveränderungen, Kriege, Pandemien, soziale Ungerechtigkeit, der erstarkende Populismus, die totale Überwachung mittels digitaler Informationstechniken und die Unwägbarkeiten im Bereich der Künstlichen Intelligenz geben Schriftsteller:innen ausreichend Anlässe, sich bedrohliche Zukunftsszenarien auszumalen: Die Schriftstellerin Juli Zeh etwa greift in ihrem dystopischen Roman *Corpus Delicti* (2009) aktuelle Vorstellungen körperlicher Selbstoptimierung auf und entwirft das düstere Zukunftsszenario einer Gesundheitsdiktatur. Sybille Berg schreibt in *GRM* (2019) mit reichlich Zynismus gegen den neoliberalen Zeitgeist der Gegenwart an, indem sie von der Rebellion verarmter und desillusionierter Teenager gegen einen totalitären Überwachungsstaat erzählt. Auch Leif Randt übt mit seinem lakonischen Science Fiction Roman *Planet Magnon* (2015), der sich konzeptionell an Aldous Huxleys *Brave New World* (1932) anlehnt, Kritik an der emotionalen Verwahrlosung der Wohlstandsgesellschaft. Und Zara Zerbe thematisiert in *Phytopia Plus* (2024) soziale Ungleichheit unter klimakatastrophalen Bedingungen und imaginiert dafür eine ausgedörrte Welt im Jahr 2040, in der sich die Reichen der Welt in luxuriöse Kolonien zurückziehen und die bevorstehende Apokalypse durch die Transferierung ihres Bewusstseins auf pflanzliche DNA zu überstehen gedenken. In Raphaela Edelbauers hochgelobter Dystopie *DAVE* (2021) setzt eine postapokalyptische Gesellschaft aus Wissenschaftler:innen hingegen auf die Rettung der Menschheit durch Künstliche Intelligenz, während in Thomas Glavinics parabolischer Robinsonade *Die Arbeit der Nacht* (2006) das Verschwinden der Menschheit zum Ausgangspunkt zeitphilosophischer Reflexionen wird.

Ein Blick auf diese und andere Neuerscheinungen der letzten Jahre macht deutlich, wie vielfältig sich die (deutschsprachige) dystopische Literatur der Gegenwart ausnimmt. Bei der thematischen und formalen Ausgestaltung von Schreckensvisionen sind den Autor:innen kaum Grenzen gesetzt, im Gegenteil lässt sich beobachten, dass ‚Zukunftsgeschichten' „ein ungewohntes Setting" mit sich bringen, „in dem experimentelle Erzählformen erprobt werden können" (Herrmann/Horstkotte 2016, 143). Reinhard Jirgls sprachkünstlerisches Epos *Nichts von euch auf Erden* (2013) oder Heinz Helles verstörend nüchtern erzählte Endzeitparabel *Eigentlich müssten wir tanzen* (2015) stellen hierfür weitere eindrückliche Beispiele dar. Wie aber setzt man sich aus literaturwissenschaftlicher Perspektive mit literarischen Texten auseinander, die kulturelle und gesellschaftliche Phänomene in Form zukunftsimaginierender Schreckbilder, also auf höchst vermittelte, indirekte Weise adressieren? Wir wollen auf diese Frage in drei Schritten Antwort geben: In einem ersten Schritt soll geklärt werden, was unter ‚Dystopien' gattungstheoretisch zu verstehen ist (2.1). Über den Gegenstand lässt sich sodann in einem zweiten Schritt ein kulturwissenschaftlich informierter Ansatz zur Behandlung dystopischer Gegenwartsliteratur motivieren (2.2). Am Beispiel von Theresia Enzensbergers Dystopie *Auf See* (2022) werden wir diesen Ansatz schließlich an einem literarischen Text interpretatorisch erproben (3).

2 Grundbegriffe, Vorannahmen, Methoden und zentrale Fragestellungen

2.1 Bestimmung und Spektrum der Gattung

Schlägt man in den gängigen literaturwissenschaftlichen Lexika nach, um sich über die Gattung genauer zu informieren, so stellt man fest, dass sich für die ‚Dystopie' oft kein selbstständiger Eintrag findet. Im *Metzler Lexikon Literatur* stößt man zwar auf das entsprechende Lemma, wird aber unter Angabe der Synonymdefinition ‚Anti-Utopie' auf den Eintrag zur ‚Utopie' bzw. den ‚Utopischen Roman' verwiesen. Sucht man anschließend im etwas ausführlicher gehaltenen *Handbuch der literarischen Gattungen* nach ‚Utopie' statt nach ‚Dystopie', findet man folgende Gattungsdefinition:

> Utopien sind fiktionale, anschaulich gemachte Entwürfe von positiven oder negativen Gegenbildern, die sich implizit oder explizit kritisch auf eine historische Wirklichkeit beziehen, in der sie entstanden sind. Das Verhältnis von Wirklichem (der jeweils zeitgenössischen Realität) und Möglichem (als Entwurf eines Gegenbildes oder Vorwegnahme von Zukunft) ist deshalb gattungskonstitutiv. (Voßkamp 2009, 744)

Demnach stellen Utopien narrative Entfaltungen alternativer Gesellschaftsordnungen dar, die ihre spezifischen historisch-sozialen Entstehungskontexte in literarischer Form wertend reflektieren. Analytisch unterscheidet man zwischen positiven und negativen Ausprägungen; Letztere werden als Anti-Utopien, Dystopien, Mätopien oder ‚negative', ‚schwarze' bzw. ‚warnende' Utopien bezeichnet. Funktional wird, das können wir – ebenfalls unter dem Rubrum ‚Utopie' – im *Reallexikon der Deutschen Sprach- und Literaturwissenschaft* nachlesen, zwischen Texten differenziert, die utopisches Denken grundlegend problematisieren (Anti-Utopien), und solchen, die in Form negativer Gegenbilder gesellschaftliche Zustände oder Entwicklungen kritisieren (Dystopie, Mätopie).

Die Gattung der Utopie zeichnet sich, ob nun in ihrer Realisierung als gesellschaftliches Wunsch- oder als Schreckensbild, durch einen spezifischen kulturellen Kommunikationsmodus aus, den es bei einer analytischen Auseinandersetzung zu berücksichtigen gilt:

> Die strukturelle Organisationsleistung der literarischen Gattung Utopie bildet sich in der Form von Doppelfiktionen ab: Der kritischen (häufig satirischen) Darstellung der eigenen zeitgenössischen Realität entspricht der imaginäre Entwurf einer ‚anderen', entfernten Welt. Utopien haben daher eine realistische ‚Vorderseite' und eine utopische ‚Rückseite' mit einer moralischen Vision. Der binäre Status utopischer Texte und ihre didaktische Intention werden deshalb in allen Überlegungen zu einer genaueren gattungstheoretischen Definition hervorgehoben. Die Entwürfe von Gegenbildern als (insulare) Räume (=Raumutopien) oder als Projektion zukünftiger Zeit (=Zeitutopien) beziehen sich außerdem implizit oder explizit kritisch auf die jeweilige gesellschaftliche Situation, in der sie entstehen. Diesen Prozeß des Vergleichens in Gang zu bringen ist der spezifische Kommunikationsmodus literarischer Utopien. (Voßkamp 2009, 744)

Negative wie positive Utopien sind folglich anlassgebunden, sie beziehen sich auf konkrete zeitgenössische Kontexte (‚realistische Vorderseite'), sind formal ausdifferenziert (Raum- und Zeitutopie) und weisen – ähnlich wie satirische Kommunikationskonstellationen (↗ *Komik im Kontext*) – einen parteiischen Wirklichkeits- und Wertbezug auf (‚moralische Vision'). Die Leistung utopischer Literatur, einen „Kommunikationsmodus des Alternativdenkens im Weltverhältnis" zu ermöglichen (Voßkamp 2013, 22), ist dabei von der Hoffnung auf eine bessere Gesellschaft getragen. Utopische Texte geben „zu verschiedenen Zeiten und in verschiedenen historischen Kontexten unterschiedliche Antworten auf die Frage nach dem menschlichen Glück" (Leucht 2016, 22). In diesem Sinn enthalten auch Dystopien *ex negativo* utopisches Potential.

Auf der Grundlage dieser definitorischen Ausführungen lässt sich mithilfe eines pragmatischen Zugriffs, der die Produktions- und Rezeptionsseite und den Wirklichkeitsbezug (Referenzialität) mit einbezieht, die Kommunikationskonstellation von Utopien/Dystopien wie folgt noch etwas konkreter fassen: Die:der

Autor:in beobachtet in einer bestimmten Situation unheilvolle Tendenzen oder klar identifizierbare Missstände einer real existierenden gesellschaftlichen Ordnung, die sie:er in Form eines fiktionalen Gegenentwurfs zum Gegenstand der literarischen Kritik werden lässt. Dies kann durch die fiktionale Ausgestaltung eines *ideal* funktionierenden Gesellschaftsmodells (=Utopie) erfolgen, in dem jene Mängel aufgehoben sind oder innerfiktional erfolgreiche und wünschenswerte Lösungen gefunden werden. Auch bei dystopischen Texten werden realweltliche Herausforderungen und bedenkliche Entwicklungen der Gegenwart zum Ausgangspunkt für die narrative Entfaltung eines ‚weltebenbürtigen' Gegenentwurfs (vgl. Blumenberg 1969, 18) genommen. Die in der Realität vorgefundenen Mängel oder besorgniserregenden Tendenzen sind in der dystopischen Fiktion aber nicht auf vorbildliche, sondern allenfalls auf abschreckende Weise ‚behoben'; mitunter erreichen sie in der dargestellten Welt ein fatales Ausmaß und leiten düstere Endzeit-, Untergangs- oder Katastrophenszenarien ein. Von den Leser:innen fordert utopische wie dystopische Literatur einen Vergleich zwischen vorgefundener Wirklichkeit und der literarischen Konstruktion des Hypothetisch-Möglichen. Auf Grundlage dieses Vergleichs sollen die Leser:innen indirekt auf die kritische Aussageabsicht bzw. die Norm schließen, die über die narrativ ausgestaltete Möglichkeitswelt indirekt vermittelt wird. Der alternative Welt- und Gesellschaftsentwurf, ob nun erstrebenswertes Vor- oder abschreckendes Warnbild, erlaubt so schließlich „zukunftsorientiertes fiktionales Probehandeln" (Voßkamp 2013, 23), bei dem ein produktives Spannungsverhältnis zwischen Wirklichkeit und Möglichkeit aufgebaut wird, das auf die Erzeugung utopischen und gesellschaftskritischen Bewusstseins abzielt. Diese Bestimmungen fasst die nachfolgende Grafik zusammen (Abb. 1):

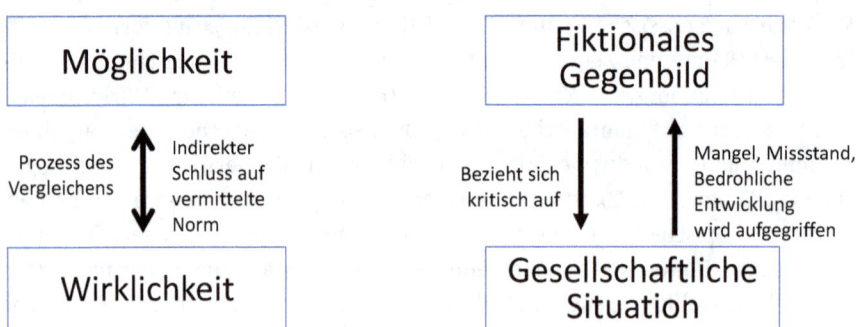

Abb. 1: Kommunikationsmodell dystopischer Literatur.

Der aktuelle Trend, Zukunft als Untergangs- und Katastrophenszenario zu erzählen, steht in der Tradition einer von der literaturwissenschaftlichen Utopieforschung schon seit längerer Zeit beobachteten Entwicklung. Wie Wilhelm Voßkamp resümiert, „dominiert seit dem 19. und frühen 20. Jahrhundert das Apokalyptische gegenüber dem Utopischen. Die Schreckbilder nehmen zu – die Wunsch- und Hoffnungsbilder schwinden. In der Gegenwart scheint das Apokalyptische das Zukunfts- und Hoffnungsvolle fast vollständig zu verdrängen" (Voßkamp 2020, 109).

Wenngleich wir es also nicht unbedingt mit einem ‚neuen' literarischen Trend zu tun haben, bildet sich die gegenwärtige Konjunktur der Gattung in den vielfältigen und umfassenden Erscheinungsformen dystopischer Fiktionen ab, die ein intermediales, ungemein populäres und vor allem globales (↗ *Global Literary Studies*) Phänomen darstellen: Unüberschaubar sind mittlerweile die Filme, Near-Future-Serien, Comics, Computerspiele und Anime-Produktionen, die postapokalyptische und dystopische Welten zeigen. Nicht selten liefern literarische Texte für derlei Produktionen die Vorlage, man denke etwa an den Kassenerfolg *Hunger Games* (dt. *Die Tribute von Panem*), der auf Suzanne Collins' gleichnamiger Romanreihe beruht, oder an Dave Eggers' 2013 erschienenen Bestseller *The Circle*, der 2017 als Science Fiction Thriller mit Starbesetzung auf die Leinwand kam. Umgekehrt wirken die effektstarken Visualisierungen und die damit einhergehenden neuen Möglichkeiten, düstere Zukunftsvisionen darzustellen, auch auf die Weltentwürfe, Darstellungs- und Erzählformen dystopischer Literatur zurück.

Eine weitere Besonderheit, die gegenwärtige Zukunftsliteratur von ihren literarischen Vorläufern graduell unterscheidet, ist in ihrem paradoxen Entstehungskontext zu suchen: Fliegende Autos, Weltraumfahrten, hocheffiziente Überwachungstechnologien, kreative künstliche Intelligenzen, Cyborg-Enhancement und komplexe Genmanipulationen, die einst literarisch imaginiert wurden, gehören längst nicht mehr ins Reich der Fiktion, sondern sind Teil unserer Lebenswirklichkeit. Die gegenwärtige Zukunftsliteratur versucht, „mit einer Wirklichkeit umzugehen, die selbst etwas Fiktionales und Irreales hat" (Voßkamp 2020, 116). So werden nicht nur die Übergänge zwischen Wissenschaftsutopien und literarischen Zukunftsentwürfen fließend, sondern auch die Behandlung von Science Fiction-Literatur als „[n]aturwissenschaftlich-technisch akzentuierte[r] Sonderform der utopischen bzw. zukunftsphantastischen Erzählprosa" (Lorenz 2007, 412) problematisch. Generell lässt sich beobachten, dass utopische Literatur die überlieferten Formate hinter sich gelassen hat und sich mit anderen Gattungen und Genres – neben der Science Fiction auch der Climate Fiction, der Fantasy, des Coming of Age oder dem Märchen – zu neuen Mischformen verbindet (vgl. Layh 2014).

2.2 Dystopische Fiktionen als Gegenstand kulturwissenschaftlicher Interpretationen

Diese gattungshistorischen und -typischen Besonderheiten gilt es zu berücksichtigen, wenn wir uns auf die Suche nach geeigneten Theorieangeboten machen, die eine Interpretation dystopischer Fiktionen anleiten und begleiten könnten. Wie die vorangegangenen Beobachtungen zeigen, öffnet sich mit der Gattung Utopie ein sehr großer, über den Gegenstandsbereich der Literatur hinausgehender Bereich, der auch das Instrumentarium der textzentrierten Literaturwissenschaft zu übersteigen scheint und den Einbezug umfassenderer kultur-, sozial- und mediengeschichtlicher Aspekte einfordert. Dieser Umstand kann einen kulturwissenschaftlichen Zugriff motivieren, bei dem literarische Texte als Produkte und Reflexe weitreichender kultureller Phänomene behandelt werden.

Wenn wir Literatur unter kulturwissenschaftlichen Gesichtspunkten untersuchen, interessieren wir uns für übergreifende kulturgeschichtliche Zusammenhänge und gehen davon aus, „dass die **kulturelle Dimension** einem literarischen Text inhärent und gerade nicht äußerlich" ist (Nünning/Nünning 2010, 293; Hervorh. v. K.M.). Wir behandeln das Interpretandum (=Interpretationsgegenstand) also so, als sei ‚Kulturalität' nicht bloß ein relevanter, sondern der wesentliche Interpretationskontext. Definiert man Kultur mit Ansgar Nünning als den „Gesamtkomplex von Vorstellungen, Denkformen, Empfindungsweisen, Werten und Bedeutungen, der sich in Symbolsystemen materialisiert" (Nünning 1995, 179), dann wird deutlich, mit welch **weitgefasstem Gegenstandbereich** wir es zu tun haben. Das Spektrum der Kontexte, die im Rahmen kulturwissenschaftlich operierender Textanalysen von Relevanz sind, umfasst sowohl **extratextuelle** (hierzu gehören beispielsweise gesellschaftliche Wahrnehmungsweisen, Denk- und Handlungsformen, aber auch Entwicklungen in den Bereichen Wissenschaft und Technologie) als auch **intertextuelle Kontexte** (die Bezüge zu anderen Texten). Vor dem Hintergrund dieser Annahmen besteht das Ziel einer kulturwissenschaftlich perspektivierten Interpretation darin, die „Wechselbeziehungen zwischen Texten und kulturellen Phänomenen verschiedener Art" aufzuspüren, sie aufzuzeigen und ‚am Material' analytisch ergiebig zu machen (Köppe/Winko 2013, 247). Dafür wird das Analyseverfahren des *close reading*, also die genaue und intensive Lektüre eines literarischen Einzeltextes, bei der wir „auf die Erschließung der sprachlichen Besonderheiten, formale Merkmale und Bedeutungsnuancen" (Nünning 2013, 105) achten, durch ein sogenanntes *wide reading* ergänzt. Darunter verstehen wir die „Ko-Lektüre einer Vielzahl anderer, auch nicht-literarischer Texte […], mittels derer auch der weitere historische und kulturelle Kontext eines literarischen Textes erfasst werden kann" (Nünning/Nünning 2010, 294). Mit einiger Abweichung von klassisch hermeneutischen Textinterpretationen geht es dabei weniger darum,

„Literatur mit Rekurs auf einen sie mitprägenden Kontext zu erschließen, sondern um die Analyse multipler intertextueller Bezüge" (Köppe/Winko 2013, 367). Mit Wolfgang Hallet lässt sich die Arbeit von kulturwissenschaftlichen Literaturwissenschaftler:innen folglich „als making connections between texts" (Hallet 2006, 65) beschreiben, wobei ein weiter Text-Begriff angenommen wird, der sich nicht auf genuin literarische Erzeugnisse beschränkt.

Grundsätzlich orientieren sich Textanalysen dieser Art am **Kriterium der praktischen Fruchtbarkeit** und Produktivität. Nicht die Stringenz einer theoretischen Grundlage oder die Adäquatheit ihrer Anwendung auf den Text, sondern das Innovationspotential der Analyse, die Interessantheit der Fragestellung oder die produktive Erweiterung eines Untersuchungsbereichs werden zum Maßstab einer ‚guten' Interpretation (vgl. Köppe/Winko 2013, 234–236). Für die konkrete Analysearbeit werden **transdisziplinäre, intertextuelle und intermediale Interpretationsverfahren bevorzugt**: Möchte man wissen, mit welchen kulturellen Äußerungsformen (seien es andere Texte, Bilder, Filme, Diskurse, Rituale, Praktiken oder sonstiges) der Einzeltext in einem Wechselverhältnis steht und was sich so über ihn hinaus über den umfassenderen kulturgeschichtlichen Zusammenhang, in dem er situiert ist, lernen lässt, ist man zunächst darauf angewiesen, ein Korpus an relevanten Bezügen zu identifizieren. Wie Vera und Ansgar Nünning erinnern, kann es

> [f]ür Art und Zuschnitt des Korpus [...] natürlich keine allgemeingültige Regel geben. Vielmehr ergibt sich die Zusammensetzung des Korpus aus dem Untersuchungsziel oder aus einer Hypothese über einen nachweisbaren Zusammenhang zwischen bestimmten kulturellen Äußerungen und dem literarischen Text. Um die Handhabbarkeit eines größeren Korpus zu gewährleisten, kann es sinnvoll sein, einzelne Bezugstexte als repräsentativ anzunehmen, damit eine exemplarische textgenaue Analyse möglich ist. (Nünning/Nünning 2010, 302)

Um ein Urteil darüber fällen zu können, welche Bezugstexte und Kontexte relevant sind, bedarf es wiederum kulturhistorischen Vorwissens und dieses lässt sich „nur durch das Studium einer möglichst großen Anzahl von Dokumenten erwerben und sichern" (Nünning/Nünning 2010, 302). Ähnlich verhält es sich mit der Auswahl einer ‚passenden' Bezugstheorie. Kulturwissenschaftliche Ansätze zeichnen sich nämlich dadurch aus, dass sie eine **ganze Bandbreite an Bezugstheorien** nutzen können. Michel Foucaults Diskursanalyse kann für kulturwissenschaftliche Fragestellungen mit ebenso guten Gründen zu Rate gezogen werden wie Sigmund Freuds Psychoanalyse, die Kulturanthropologie ebenso wie die Gendertheorie. Tilmann Köppe und Simone Winko fassen in ihrem Einführungsband *Neuere Literaturtheorien* (2013) fünf Theoriegruppen zusammen, auf die sich Vertreter:innen kulturwissenschaftlicher Ansätze vornehmlich beziehen:

1. **Historiographische Theorien,** hier lässt sich etwa Foucaults Diskursanalyse, aber auch die Sozial- und Mentalitätsgeschichte zuordnen,
2. **Soziologische Theorien,** Bourdieus Feldtheorie und Luhmanns Systemtheorie finden hier ihren Platz,
3. **Ethnologische und kulturanthropologische Theorien,** z. B. Victor Turners symbolische Anthropologie,
4. **Semiotische Theorien,** etwa Jurij Lotmans Raummodell und
5. **Psychologische Theorien,** etwa Sigmund Freuds Psychoanalyse.

Eine Kombination dieser Theorien ist für kulturwissenschaftlich orientierte Analysen, ungeachtet der dabei möglicherweise konfligierenden Rahmenannahmen, gängig.

3 Analyse und Interpretation eines Beispieltextauszugs

3.1 Dystopischer Coming of Age-Roman. Paratexte

Theresia Enzensbergers Roman *Auf See* ist 2022 im Hanser Verlag erschienen, wurde im selben Jahr für den Deutschen Buchpreis – eine der wichtigsten Auszeichnungen im deutschen Literaturbetrieb – nominiert und in der Literaturkritik weitgehend positiv besprochen. In der literaturwissenschaftlichen Forschung finden sich bislang kaum Beiträge zu dem Text, wie eine Suche in der *Bibliographie der deutschen Sprach- und Literaturwissenschaft* verrät. Dies ist mit Blick auf das junge Publikationsdatum auch nicht weiter erstaunlich, stellt uns als Interpret:innen allerdings vor die Herausforderung, uns dem Text zu nähern, ohne dafür schon auf literaturwissenschaftliche Einschätzungen zurückgreifen zu können. Wir sind demnach auf anderweitige Informationsquellen, etwa Besprechungen im Feuilleton oder Interviews mit der Autorin, und selbstverständlich auch auf unser eigenes literaturwissenschaftliches Urteil angewiesen.

In der Regel beginnen wir unsere Auseinandersetzung mit einer Einordnung, die über paratextuelle Informationen, wie Titel, Klappentext, Autor:innenname, Verlagsort oder auch die Gestaltung des Buchcovers, erfolgt. Das Titelbild von *Auf See* zeigt einen lichtreflektierenden Wassertropfen, der wie ein großer dunkler Mond über einer Wüstenlandschaft zu schweben scheint (Abb. 2).

Kenner:innen werden sich womöglich an die Ästhetik von Science Fiction-Groschenromanen aus den 1970er Jahren erinnert fühlen. Wie man aus Interviews erfahren kann, wollte die Autorin mit der Covergestaltung ihres Buchs

Abb. 2: Cover *Auf See*, Vorderseite.

auch tatsächlich ganz bewusst an die Trivialliteratur anknüpfen; genauer handelt es sich bei dem Titelbild um den Ausschnitt aus einem Hörbuchcover des Science Fiction-Klassikers *Dune*, der nicht ‚auf See', sondern hauptsächlich auf einem Wüstenplaneten spielt, allerdings auch die Wasserwelt ‚Caladan' zum Nebenschauplatz hat (vgl. Enzensberger/Schellbach 2023).

Die bildhafte Anspielung weckt erste Erwartungen an das Buch: Sollten wir uns auf die Lektüre eines Science Fiction-Romans einstellen? Der werbende Klappentext gibt weiterführende Hinweise:

> Die Welt geht unter, aber Yada wird erwachsen. Und das auf einer Insel vor Deutschland, die als Fluchtort vor dem Kollaps der Gesellschaft gedacht war. Klug, packend und visionär erzählt Theresia Enzensberger von der Freiheit des Einzelnen und dem utopischen Versprechen neuer Gemeinschaften im Angesicht des Untergangs. Yadas Vater, ein libertärer Tech-Unternehmer, hat die Seestatt als Rettung vor dem Chaos entworfen, in dem die übrige Welt versinkt. In den Jahren seit ihrer Gründung ist ihr Glanz vergangen. Algen und Moos überwuchern die einst spiegelnden Flächen. Yadas Vater fürchtet, seine Tochter könne das Schicksal ihrer Mutter ereilen, die vor ihrem Tod an einer rätselhaften Krankheit litt. Und Yada macht eines Tages eine Entdeckung, die alles ins Wanken bringt ... (Enzensberger 2022a, Klappentext)

Entgegen der Erwartung, die durch die *Dune*-Referenz hervorgerufen wurde, kündigt sich der Roman weniger als zukunftsphantastische Erzählprosa, sondern weitaus mehr als Near-Future Science Fiction an. Aus der englischsprachigen *Encyclopedia of Science Fiction*, einem wichtigen Nachschlagewerk für diese Textsorte, können wir erfahren, dass damit ein traditionsreiches ‚Subgenre' bezeichnet wird, „set just far enough in the future to allow for certain technological or social changes without being so different that it is necessary to explain that society to the reader" (D'Ammassa 2013, 2055).

Wir rechnen nun nicht mehr mit der Darstellung einer Welt, die sich fundamental von unserer realen Gegenwart unterscheidet, etwa dadurch, dass die Menschheit längst diverse Planetensysteme besiedelt und sich außerirdische Technologien angeeignet hat. Stattdessen ist von Deutschland, von gesellschaftlichen Zusammenbrüchen, klimatischen Veränderungen und libertären Tech-Unternehmern die Rede, von einer Welt also, die uns durchaus vertraut ist: Krisendiskurse angesichts drohender Klimakatastrophen oder das Versagen etablierter sozialer Systeme sind medial omnipräsent und bieten IT- und Tech-Visionären unserer Zeit Anreize, um über die Umsetzung konkreter Technologien nachzudenken, die im apokalyptischen ‚Ernstfall' das Überleben der Spezies sichern sollen. Wie eine schnelle Internet-Recherche zeigen kann, häufen sich seit einigen Jahren die Berichte über superreiche ‚Doomsday'-Prepper, die sich, wie es beispielsweise in einem Spiegel-Artikel aus dem Jahr 2018 heißt, „mit enormem Aufwand auf den Kollaps der Zivilisation" vorbereiten (Stöcker 2018), indem sie großes Geld in Luxusbunker und deren Ausstattung investieren.

Bevor wir dieser diskursiven Spur genauer nachgehen, können wir bereits auf der Grundlage der paratextuellen Informationen erste Annahmen über Handlung, Gattung und Thema festhalten: Der Roman scheint raum- und zeitutopische Elemente miteinander zu verbinden und gattungstypische Merkmale von Near Future Science Fiction aufzugreifen. Eine künstliche Insel (Raumutopie), die als libertäres Projekt vorgestellt wird, soll angesichts des ‚Weltuntergangs' (Zukunftsutopie) zum rettenden Ort für Wenige (libertäre Ideologie) werden. Dass die Autorin nicht vom Erfolg, sondern vom Scheitern dieses ‚Projekts' erzählen wird (dystopische Dimension), machen bereits die Andeutungen auf das verkommene Baumaterial der sogenannten Seestatt und die Skepsis hervorrufende Charakterisierung ihres Gründers deutlich. Wir erfahren außerdem, dass der Roman eine Coming of Age-Geschichte enthält („Yada wird erwachsen"), die den Emanzipationsprozess der Protagonistin von ihrem Vater und seinen ‚utopischen Versprechen' zum Gegenstand hat.

3.2 Erzähltextanalyse, Handlungsstruktur

Ausgehend von den ersten beiden Seiten von *Auf See* wollen wir, nach einer kurzen, Plot und Struktur des Romans einbeziehenden Erzählanalyse, das oben erläuterte Kommunikationsmodell utopischer Literatur zu einer kulturwissenschaftlich orientierten Analyse des Romans nutzen.

> 1 Die See war ruhig und schwarz. Mein Vater mochte es nicht, wenn ich an Deck ging, aber die erste Morgenstunde gehörte mir. Ich sollte meditieren, stattdessen setzte ich mich auf das Dach meines Schlafquartiers in eine Mulde, schaute über die Seestatt hinaus aufs Meer und dachte über die Zukunft oder, besser gesagt, über
> 5 die Wahrscheinlichkeit ihres Ausbleibens nach. Ich betrachtete die Algen, die in der Mulde wuchsen und sich an den Fugen entlang ausbreiteten. Winziges, sternförmiges Grün auf der gräulichen Oberfläche, ein unmerkliches, aber mächtiges Streben nach außen, nach oben. In der Ferne arbeitete der immer gleiche Rhythmus der Windräder, die wie starre Palmen am Horizont standen. In jeder
> 10 Himmelsrichtung erhoben sie sich über dem Meer. Dazwischen unsere Siedlung, hermetische Waben, wellenförmiges Fiberglas, das einmal weiß geglänzt hatte und durch dessen schmutziges Grau sich jetzt feine Risse zogen. An manchen Stellen hatte die Reparatur größerer Sprünge helle, gummiartige Flecken hinterlassen. Die Außenbereiche, die anfangs noch begrünt worden waren, lagen verwaist, braun
> 15 und grau gescheckt. Die Leinen und Netze der Algenfarmen wucherten direkt unter der Wasseroberfläche und formten ein monströses, auferndes Gebilde, einen giftigen Schatten, von dem ich nicht wusste, ob er nun mahnte, drohte oder einfach nur wartete.
> Mein Vater sagte immer, die Algenfarm könne uns als Erinnerung dienen; jedes
> 20 Projekt könne scheitern, das sei noch lange kein Grund zum Aufhören, im Gegenteil, ein Scheitern sei immer auch ein Neuanfang. Seit ich denken konnte, sprach mein Vater so, in großen Deklarationen, die er wie Mantras wiederholte. Als wir vor zehn Jahren hierhergezogen waren, hatte ich mein Bestes getan, mich anzupassen. Ich hatte mich bemüht, die Insel als meine Heimat zu verstehen, aber
> 25 Projekte eignen sich nicht besonders gut als Zuhause. Am Anfang war wenigstens noch etwas los gewesen, die Seestatt war damals ein parametrischer Bienenstock, voll von Leuten mit Ideen, die ständig irgendetwas verbesserten, reparierten und anpassten. Die Insel kam mir vor wie ein großer Abenteuerspielplatz, die weißen Flächen unserer Behausungen glänzten in der Sonne, und wenn die Leute Fragen
> 30 hatten, wusste mein Vater, was zu tun war. Ich war gerade mal sieben Jahre alt, deswegen verstand ich nicht genau, was hier eigentlich passierte. Ich wusste nur, dass mein Vater, dieser aufrechte und anständige Mann, uns noch rechtzeitig gerettet hatte, ehe das deutsche Festland im Chaos versunken war.
> (Enzensberger 2022a, 11f.)

Aus der Perspektive eines erzählenden Ich (Homodiegese), das wir unschwer mit der Protagonistin Yada, deren Name dem Kapitel vorangestellt ist, identifizieren können, werden wir in den titelgebenden Handlungsort des Romans eingeführt.

Wir erfahren einiges über die Architektur einer künstlichen Insel, über den Anlass ihres Baus und über die einstigen innovativen Ambitionen ihrer Bewohner. Während einer morgendlichen, pflichtvergessenen ‚Auszeit' lässt die 17-jährige Yada ihren Blick über die von Verschleiß- und Witterungsspuren gezeichneten Bauflächen der Seestatt schweifen und kontrastiert ihre Beobachtungen mit ihrer Erinnerung an eine zehn Jahre zurückliegende, vielversprechende Anfangsphase des planvoll konstruierten Refugiums. Als siebenjähriges Mädchen wurde sie auf die künstliche Insel gebracht, um, wie ihr Vater damals erklärte, dem drohenden Untergang des Festlands zu entkommen. Da diese Information an den limitierten Wissensstand und Wahrnehmungshorizont des kindlichen erlebenden Ichs gebunden ist und vom erzählenden Ich retrospektiv in Zweifel gezogen wird (Z. 31), bleibt zunächst offen, ob die Behauptung des Vaters, ‚Deutschland' sei „im Chaos versunken" (Z. 33), wahr ist oder nicht. Auch die Gründe für den allmählichen Verfall der Seestatt, die zum Zeitpunkt des Erzählens ihren einstigen Glanz, etliche Bewohner und deren optimierende Betriebsamkeit bereits verloren hat, bleiben vorerst im Dunkeln. Eingebettet sind Yadas Beobachtungen und Erinnerungen in ein grundlegenderes Nachdenken über die Zukunft, von der sie nicht mehr viel zu erwarten scheint. Mit dem Scheitern des raumutopischen Projekts ‚Seestatt' hat sich die anfängliche Skepsis der Protagonistin (Z. 23f.) gegenüber den ‚großen Deklarationen' (Z. 22) des Vaters in Resignation verwandelt. Was in Yadas Erinnerung und den visionären Verkündigungen ihres Vaters als idealistische, ja utopische Idee eines autarken Lebens auf See begonnen hatte (Z. 25–30), entpuppt sich im Laufe des Romans nicht nur als missglücktes Bau-, sondern auch als dystopisches Sozialprojekt. Auf der künstlichen Insel herrscht, wie sich bald herausstellt, eine reglementierte Zweiklassengesellschaft, geteilt in ein elitäres Inselvolk und ein an die Insel angedocktes Mitarbeiterschiff, auf dem Menschen überwacht und ausgebeutet werden. Wir erfahren außerdem, dass die Gründung der künstlichen Insel auf einer Lüge beruht: Denn die restliche Welt ist keinesfalls untergegangen, stattdessen diente die Erzählung vom Chaos auf dem Festland Yadas Vater als Vorwand, seinen eigenen Staat auf See zu gründen.

Auf dieser inhaltlichen Grundlage können wir eine erste allgemeine Hypothese zum Thema des Romans formulieren: Allem Anschein nach reflektiert Enzensberger die Fragwürdigkeit utopischer Rettungsversprechen, die ihre Wirksamkeit insbesondere dann entfalten können, wenn der Weltuntergang zu drohen scheint. Der Einbezug der Folgekapitel erlaubt uns, weitere Belege für diese Hypothese zusammenzutragen. Denn auch in einem parallelen, der Figur ‚Helena' zugeordneten Erzählstrang wird die Vorstellung exklusiver Selbstrettung literarisch reflektiert, allerdings nicht im Kontext raumutopischer Fantasien, sondern im Zusammenhang von Religion und Sektierertum. Dieser zweite Erzählstrang spielt in Berlin, das zwar von großen politischen und sozialen Problemen geprägt, aber ebenso wenig

‚untergegangen' ist wie der Rest Deutschlands. Helena, die, wie sich herausstellen wird, Yadas noch lebende Mutter ist, führt hier ein unkonventionelles Künstlerinnenleben und duldet ihre nicht-beabsichtigte Verehrung als Orakel. Aus künstlerischer Experimentierfreude predigt sie den Mitgliedern ihrer Sekte Erlösung mittels Selbstoptimierung. Nicht durch politischen Tatwillen soll das ‚äußere' Chaos bewältigt werden, sondern durch Selbstkontrolle und eine starke Fokussierung auf das eigene Ich. Unschwer können wir auch in diesem Erzählstrang ein ‚utopisches' Versprechen ausmachen: Während Yadas Vater an die Herstellung paradiesischer Zustände durch die Gründung einer autarken neuen Gesellschaft im Niemandsland (*terra nullius*) glaubt und zur Umsetzung dieser Idee den Betrug seiner Tochter in Kauf nimmt, lässt Helena ihre Mitglieder im Glauben, das ‚Heil' im eigenen ‚Inneren' finden zu können. In beiden Fällen erweist sich die exklusive, also nur Wenigen zugestandene ‚Flucht' vor den politischen, sozialen und ökologischen Herausforderungen als trügerische Lösung.

Die antiutopische, d. h. utopisches Denken in Frage stellende Tendenz des Romans wird zusätzlich auf einer dritten Erzählebene reflektiert. Unterbrochen werden die beiden nachgezeichneten Erzählstränge, die am Ende des Romans in der Begegnung Yadas mit ihrer Mutter zusammengeführt werden, durch insgesamt acht intermittierende, essayistisch gehaltene ‚Archiv-Kapitel'. Aus einer heterodiegetischen und extern fokalisierten Erzählperspektive wird darin von Staatengründungen und Gesellschaftsprojekten berichtet, denen gemeinsam ist, dass sie *erstens* auf private Initiativen von Ideologen, Schwindlern, Sektenführern und Trickbetrügern zurückgehen, *zweitens* auf Inseln und Schiffen, also ‚auf See' angesiedelt sind und *drittens* scheitern. Wie wir auf den letzten Seiten des Romans erfahren, handelt es sich bei diesem Archiv um eine von Helena angelegte, zur Veröffentlichung bestimmte Sammlung, die, wie sich leicht recherchieren lässt, nahezu ausschließlich historisch verbürgte Fälle enthält, mit einer Ausnahme. Denn mit Aufnahme der ‚Seestatt' im letzten Archiv-Kapitel wird die Reihe um einen fiktiven Fall ergänzt. Wir erfahren darin von den ‚größenwahnsinnigen' Plänen Nicholas Verneys, Yadas Vater, der vorhatte, vor der Küste Deutschlands

> seine eigene Nation zu gründen. Den Mitarbeiterinnen der Ministerien enthielt er diesen Plan vor. Stattdessen verkaufte er sein Vorhaben als beispielhaftes grünes Pilotprojekt, mit dem der deutsche Staat innovative Strategien zum nachhaltigen Leben und Wirtschaften angesichts des ansteigenden Meeresspiegels und anderer drohender Umweltkatastrophen erproben konnte. Es schadete seiner Sache nicht, dass er die Finanzierung durch private Investitionen komplett allein stemmte und der Regierung im Gegenzug für die großzügigen Steuervergünstigungen außerdem die Teilhabe an einem neu errichteten Offshore-Windpark anbot. (Enzensberger 2022a, 251)

Auf der innerfiktionalen Ebene komplettiert und objektiviert dieser letzte Archiveintrag den selektiven Figurenfokus Yadas (und gewissermaßen auch den Helenas), indem er über die kapitalistischen Interessen aufklärt, die ihr Vater mit der Errichtung der Seestatt als einer „Sonderwirtschaftszone" verfolgte. Die sukzessive Ernüchterung der Protagonistin, ihre heimliche Rebellion gegen ein repressives System und ihre Entscheidung, diesem durch eine Flucht ins Ungewisse zu entkommen, werden damit positiv sanktioniert.

Ordnet man den Roman dem Coming of Age-Genre zu, liest er sich als eine gelungene Emanzipationsgeschichte. Der Entwicklungsprozess der Protagonistin von einer skeptischen Befürworterin zur systemkritischen Ausreißerin folgt aber ebenso einem handlungskonstitutiven Muster dystopischer Literatur (vgl. Seyferth 2023, 26). Enzensbergers Roman kann damit ein Beispiel für die erwähnten Gattungstransgressionen utopischer Gegenwartsliteratur darstellen, die derzeitig in den ‚jugendliterarischen Dystopien' allgemein beobachtet werden (vgl. Glasenapp 2013).

Sofern wir *Auf See* als utopischen Text behandeln, stellt sich die Frage, auf welches gesellschaftliche Problem er reagiert und welche außertextuelle Wirklichkeit fiktional auf die Probe gestellt wird. Wofür genau wird in *Auf See* ein ‚Warnbild' entworfen? Oder, um die Frage in aller Allgemeinheit kulturwissenschaftlich zu formulieren: Mit welchen inner- und außerliterarischen Diskursen steht der Roman im Austausch? Diesen Fragen wollen wir nun im Folgenden unter Einbezug eines spezifischen, für Enzensbergers Text maßgebenden Kontextes nachgehen.

3.3 Bezugskontext: Private Städte als rechtslibertäre Utopien

Für eine kulturwissenschaftlich angeregte Interpretation von *Auf See* können verschiedene Wege eingeschlagen werden. Man kann den Roman beispielsweise nach seinen intertextuellen und intermedialen Bezügen zur Populärkultur (z. B. zu Science Fiction-Romanen) befragen. Hierfür finden sich sowohl paratextuell (peritextuell etwa in dem längeren Motto aus Lord Byrons Weltuntergangs-Gedicht *Darkness*, das dem Roman vorangestellt ist, und epitextuell in Selbstauskünften der Autorin) als auch innertextlich vielfache Hinweise und Anspielungen. Wir können den Text aber auch auf seine Funktionen in „Bezug auf die von [ihm] adressierten kulturellen Diskurse und die Gesellschaften, in denen sie tatsächlich oder potenziell wirksam werden", befragen, also einen funktionsgeschichtlichen, diskursanalytisch vorgehenden Ansatz wählen (Nünning/Nünning 2010, 299). Eine zentrale Annahme dieses Ansatzes besagt, dass „literarische Texte eine außerliterarische Realität nicht einfach ab[bilden], sondern [...] eigene fiktionale Entwürfe als mögliche Wirklichkeiten, als ‚Wirklichkeitsentwürfe' [schaffen], die ins Verhältnis gesetzt werden zu kollektiv geteilten Wirklichkeitserfahrungen" (Nünning/Nünning 2010, 299). Damit ist im Grunde auch eine gattungsspezifische Leistung zukunftsliterarischer Texte, wie sie oben ausgeführt wurde, benannt.

Enzensberger macht ihren Leserinnen und Lesern die Identifikation von Bezugstexten und Diskursen, die für *Auf See* repräsentativ sind, relativ leicht. Im hinteren Teil des Buches informiert sie peritextuell über relevante „Archive[] des Wissens" und zählt etliche ‚Lektüren' auf, die „konkret zu diesem Buch beigetragen haben" (Enzensberger 2022a, 261). Über die Hintergründe des Roman-Settings heißt es:

> Auf die Idee, Sonderwirtschaftszonen auch als politische Lebensräume zu begreifen, kam ich beim Lesen von Keller Easterlings klugem Buch *Extrastatecraft. The Power of Infrastructure Space*. Liam Campling und Alejandro Colás haben mir mit *Capitalism and The Sea* die logistischen, wirtschaftlichen und politischen Strukturen des Meeres vor Augen geführt. An dieser Stelle soll nicht verschwiegen werden, dass es tatsächlich ein *Seasteading Institute* gibt; die Ideen dazu, wie eine Seestatt aussehen könnte, fassen Joe Quirk und Patri Friedman in ihrem Buch *Seasteading* zusammen. (Enzensberger 2022a, 262)

Damit sind eine Reihe von Fährten gelegt, denen wir für unsere Interpretation, die in der Regel eine den Text erhellende Verbindung mit einem relevanten Kontext sein soll, eigens nachgehen und nach intertextuellen Bezügen fragen können. Zuvor aber ist zu klären, an welchem übergreifenden Diskurs der Roman gemeinsam mit den angeführten Bezugstexten teilhat. Die aufgeführten Autorinnen und Autoren sind Wissenschaftlerinnen und Wissenschaftler beziehungsweise Aktivistinnen und Aktivisten, die sich in ihren Büchern aus ökonomischer, baugeschichtlicher, kunstsoziologischer und unternehmerischer Perspektive mit den politischen, wirtschaftlichen und zivilisatorischen Funktionen von Lebensräumen befassen. Die Architektin Keller Easterling geht etwa der Frage nach, wie international wettbewerbsfähige Unternehmer den infrastrukturellen Raum nutzen, um der Gesetzgebung entzogene, kommerzialisierbare Formen des Gemeinwesens hervorzubringen (vgl. Easterling 2014). Der Wirtschaftswissenschaftler Liam Campling und der Soziologe Alejandro Colás setzen sich mit den historischen wie auch aktuellen Aneignungs- und Ausbeutungsformen des Meeresraumes auseinander, der seit jeher als Ressource für kapitalistische Machtinteressen genutzt wurde (vgl. Campling/Colás 2021). Und die beiden aktivistischen Unternehmer Joe Quirk und Patri Friedman wollen zeigen, *How Floating Nations Will Restore the Environment, Enrich the Poor, Cure the Sick, and Liberate Humanity from Politicians* (2017). In visionärer Perspektive stellen sie Theorie und Praxis des sogenannten ‚Seasteadings' vor, der „künstlichen Erschaffung von dauerhaftem Wohn- und Lebensraum auf dem Meer", der „außerhalb von Gebieten, die von Staaten beansprucht werden", verortet ist und folglich „keinerlei Gesetzen außer den selbst aufgestellten Regeln unterliegen" (Arnold 2022) soll.

In Enzensbergers ‚Archiv des Wissens' finden mithin – in Analogie zu Helenas fiktionalem Archiv – Vorstellungen rechtsfreier, dem staatlichen Zugriff entzogener, marktlogisch organisierter Räume Behandlung, und zwar sowohl sachlich-kritisch (Keller Easterling, Liam Campling und Alejandro Colás) als auch ideologisch-aktivistisch (Joe Quirk und Patri Friedmann). In der jüngsten Vergangenheit hat die libertäre Privatstadt-Bewegung, die ihre ideologischen Wurzeln im kalifornischen Silicon-Valley und im Charter-Cities Konzept Paul Romers hat (vgl. Kemper 2022), global vernetzt ist und eigene, finanzstarke Institute besitzt, einige mediale Aufmerksamkeit erhalten. Zuletzt etwa durch die auf der honduranischen Insel Roatán entstehende Investoren-Enklave Prosperá, die sich schnell des modernen Kolonialismus verdächtig gemacht und einen international ausgetragenen, juristischen Streit über die Legitimität des unternehmerischen ‚Staates im Staat' nach sich zog (vgl. Boese 2021). Als ‚libertär' oder ‚rechtslibertär' können diese Bewegungen deshalb gelten, weil ihre Vordenker:innen und Akteure von der Überzeugung geleitet sind, dass der Markt das gesellschaftliche Zusammenleben besser regelt als der Staat. Eine kritische Analyse der ideologischen Fundamente und der teilweise rechtsextremen Netzwerke, von denen die unternehmerischen Gesellschaftsentwürfe der Privatstadt-Bewegung getragen sind, hat der Soziologe Andreas Kemper in seinem 2022 erschienenen Buch *Privatstädte. Labore für einen neuen Manchesterkapitalismus* geleistet. Kemper weist darauf hin, dass der Enklaven-Proprietarismus der Privatstadt-Bewegung als Reaktion auf die Legitimationskrise des Neoliberalismus zu deuten sei, deren marktradikale Ideen mit dem Börsencrash 2008 an Überzeugungskraft verloren hätten. Rechtslibertäre wie der AfD-nahe Jurist, Unternehmer und Aktivist Titus Gebel forderten deshalb

> eine Abkehr von der Argumentation, vom Kampf um Ideen. Stattdessen bräuchte man etwas Handfestes, es sollten proprietaristische Privatstädte gebaut werden und dann könne sich jeder anhand dieser realisierten konkreten Utopie von der Richtigkeit des proprietaristischen Ansatzes überzeugen (Kemper 2022, 27).

Neben dem praktischen, ökologischen und ökonomischen Nutzen, den die Vertreter:innen des Proprietarismus für Privatstädte annehmen, sollen diese also auch eine weltanschauliche Funktion übernehmen, nämlich im Kampf der politischen Ideologien für den Neoliberalismus werben. Auch das von Enzensberger erwähnte *Seasteading Institute*, dessen Zukunftsvisionen für die Ausgestaltung der fiktiven Seestatt Modell gestanden haben, ist im Dunstkreis dieser Ideologien anzusiedeln. Das Institut wurde, wie man ebenfalls bei Kemper 2022 nachlesen kann, 2008 vom politischen Aktivisten und libertären Anarcho-Kapitalisten Patri Friedmann gegründet und wird maßgeblich vom PayPal-Gründer und Trump-

Unterstützer Peter Thiel finanziert. Auf der Homepage des *Seasteading Institutes* geben sich die Initiatoren des Projekts überzeugt, dass ihre aquaunternehmerischen Visionen den notwendigen ‚Proberaum' schaffen können, um fortschrittliche Gesellschaften entstehen zu lassen. Die ‚Meeres'-Besitznahme soll einem global angelegten zukunftsträchtigen Gesellschaftsexperiment zugutekommen:

> At the Seasteading Institute, we believe that experiments are the source of all progress: to find something better, you have to try something new. Today, there is no open space for experimenting with new societies. That's why we work to enable seasteading communities – floating cities – which will allow the next generation of pioneers to peacefully test new ideas for how to live together. (https://www.seasteading.org/about/, 26.06.2024)

Für die erwähnten ‚floating cities' finden sich auf der besagten Homepage auch einige Modellzeichnungen und computergenerierte 3D-Renderings, die einen plastischen Eindruck von den künstlichen Inseln vermitteln (Abb. 3 u. 4).

Die schwimmenden Plattformen muten zukunftsfantastisch an, sind aber schon seit geraumer Zeit technologisch umsetzbar. Wie der Sozialgeograph Alastair Bonnett in seinem jüngst erschienenen Buch *Das Zeitalter der Inseln* (2022) rekapituliert, orientiert sich die *Seastead*-Bewegung an einer „bewährte[n] Technologie" (Bonnett 2021, 213). „Science Fiction Is Science Fact" heißt es entsprechend programmatisch in dem erwähnten Manifest *Seasteading* von Quirk und Friedmann (2017, 11). Weniger die Technologie, als vielmehr die damit verbundenen politischen Ambitionen, ein dynamisches Staatsbürgerschaftsmodell zu ermöglichen, scheinen das utopische Herzstück des Großprojekts zu sein. Damit stehen die Visionen des *Seasteading-Institutes* ideell in nächster Nähe zur Tradition insular-utopischer Fiktionen, die – ihren Ausgang in Solons Atlantis-Bericht in Platons *Politeia* (375 v. Chr.) und Thomas Morus *Utopia* (1516) nehmend – ideale Gesellschaften auf abgelegenen Inseln imaginieren. In dieser Tradition finden auch artifizielle Inseln als Ermöglichungsräume progressiver Sozietäten ihren Platz. Von Jonathan Swifts *Gullivers Reisen* über Jules Vernes *Die Propellerinsel* und Arno Schmitts *Die Gelehrtenrepublik* bis hin zu Computerspielen (Bioshok I u. II) und Filmen (Steven Spielbergs Sci-Fi-Serie SeaQuest DSV) lässt sich ein prominenter Seitenstrang dieser Tradition ausmachen.

Die text- und medienübergreifende Recherche verschafft uns mithin einen konzisen Eindruck von einigen zentralen Quellen des Romans und weist auf weitere intertextuelle und intermediale Bezüge hin, die man für eine kulturwissenschaftliche Interpretation produktiv machen könnte. Doch wir bleiben bei den identifizierten Quellen und wollen diese nun in einen deutenden Zusammenhang mit dem Roman bringen. Uns interessiert dabei die Frage, auf welche Weise die Bezugstexte von Enzensberger für *Auf See* transformiert, literarisiert und für den Diskurs produktiv gemacht werden. Allgemeiner wollen wir danach fragen, wel-

Abb. 3–4: Entwürfe des Seasteading Institute für Städte auf dem Meer können zur Veranschaulichung von Theresia Enzensbergers Seestatt dienen. Bilder: CC BY Gabriel Scheare, Luke & Lourdes Crowley, and Patrick White (Roark 3D), The Seasteading Institute (https://www.seasteading.org/architectural-design-contest/artisanopolis/ [14.08.2024]).

che spezifische Leistung (Funktion) dem literarischen Text innerhalb dieses Diskurszusammenhangs zukommt. Es bietet sich an, in vergleichender Absicht einen Blick in die nicht-literarischen Auseinandersetzung der Autorin mit dem Thema zu werfen, um die Funktionsspezifika des Romans zu konturieren.

3.4 Deutung

Mit der Vorstellung vom Meer als ‚terra nullius', als sogenanntem Niemandsland, wie sie das *Seasteading Institute* artikuliert, setzt sich Enzensberger auch in einigen ihrer feuilletonistischen Beiträge auseinander. Darin zeichnet sie unter anderem die ideengeschichtlichen Linien nach, die kolonialisierende Landnehmer, Seefahrer und Staatengründer seit der frühen Neuzeit mit neokolonialistischen Visionären des Silicon Valley verbinden:

> Wenn Elon Musk die indonesische Insel Biak gegen den Widerstand der indigenen Bevölkerung durch eine Startrampe in ein ‚Space Island' verwandeln will; wenn Peter Thiel in das Seasteading Institute investiert, das vorhat, künstliche Inseln zu errichten; wenn der Rohstoffhändler Titus Gebel in Honduras freie Privatstädte entwickelt, bei denen die Regierung durch einen ‚Staatsdienstleister' ersetzt wird, dann tun sie das alles im Namen der Aufklärung – wie schon die Seefahrer Jahrhunderte vor ihnen. Das erklärt vielleicht auch den angestrengt sachlichen Ton, den pseudowissenschaftlichen Duktus, in dem die Werbeliteratur dieser Projekte verfasst ist. (Enzensberger 2022b)

Kritik an den rechtslibertären Kleinstaatprojekten unserer Gegenwart übt Enzensberger nicht nur in ihren Essays, Artikeln und Interviews, sondern auch in ihrem Roman. Im Unterschied zum faktualen Anspruch ihrer Publizistik kann sie im Rahmen der Fiktion von den vielfältigen literarischen Darstellungsmöglichkeiten, insbesondere von der Lizenz zur Erfindung Gebrauch machen. Gleichsam antizipatorisch lässt Enzensberger in ihrem Roman die reale Vision des Seasteading in *Auf See* Wirklichkeit werden. Dabei wird, und dies ist wichtig, das Near-Future-Szenario nicht aus der Sicht der ‚Pioniere', sondern aus der Sicht der ‚nächsten Generation' präsentiert, für die sich die einstmalige Utopie als Dystopie erweist. In der Erzählung kann sich der Fokus schließlich ganz auf die dystopische Dimension der freien Privatstadt richten; für die überzeichnende Ausgestaltung der abschreckenden Momente sind der Literatur keine Grenzen gesetzt. Denn im Gegensatz zur Auseinandersetzung mit dem Enklaven-Proprietarismus unserer Gegenwart in faktualen und argumentativen Texten, kann sich Enzensberger im Roman von dem ‚Gebot' der Referenz-Relevanz lösen, sie kann also imaginativ tätig werden und von den repressiven und menschenverachtenden Tendenzen sowie dem Scheitern des visionären Gesellschaftsexperiments erzählen. Von den Leser:innen wird wiederum erwartet, die im Roman dargestellte Welt als ‚Warnbild' gegenwärtiger raumutopischer Projekte zu deuten und im Prozess des Vergleichens (Wirklichkeit vs. Möglichkeit) auf die kritische Aussageabsicht des Textes zu schließen, die sich, ausgehend von der indirekt vermittelten Norm solidarischer und demokratischer Gemeinschaftsmodelle, gegen rechtslibertäre Heilsversprechen unserer Gegenwart richtet (Abb. 5):

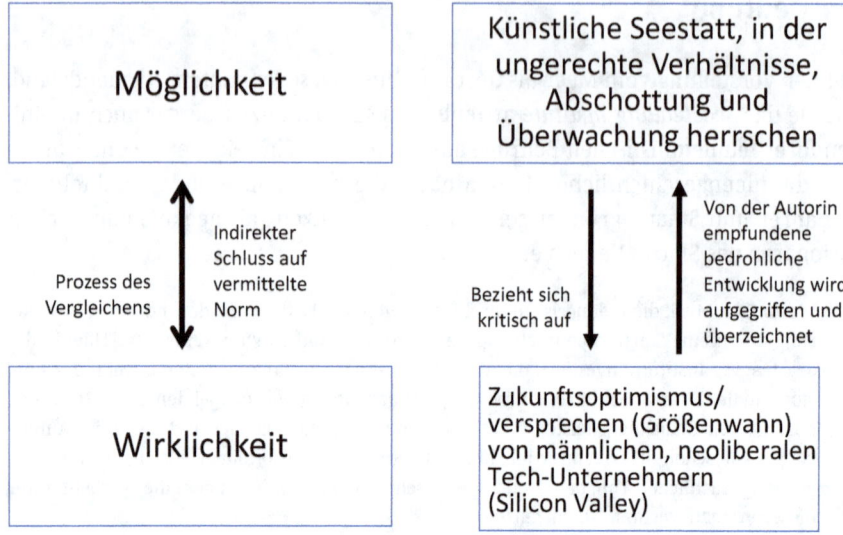

Abb. 5: Interpretationsmodell dystopischer Texte.

Die Analyse des dystopischen Kommunikationsmodells führt uns somit zu einer kulturwissenschaftlichen Interpretationsthese: *Auf See* klärt auf unterhaltsame und anschauliche Weise über das dystopische Potential eines spezifischen utopischen Diskurses (Privatstadt) unserer Gegenwart auf, der einem rechtslibertären Denken entstammt. Wir haben es demnach nicht nur mit einem gesellschafts-, sondern auch mit einem ideologiekritischen Roman zu tun. Vor allem aber erweist sich *Auf See* als ebenjener „open space for experimenting with new societies", dessen Fehlen von den Vertreter:innen des *Seasteading*-Projekts beanstandet und für eine stagnierende Innovation von Gesellschaftsmodellen verantwortlich gemacht wird. Womöglich können wir gut auf gesellschaftsexperimentierende Millionen-Projekte verzichten, wenn die Leistung, „to peacefully test new ideas for how to live together", im Proberaum dystopischer Literatur erbracht wird. Die Zukunftsaussichten für ein Fortbestehen dieser Gattung stehen jedenfalls gut.

4 Kritik und Ausblick

Wir leben in einer Zeit, in der Wissenschaft und Technik viele unserer Fantasien und Imaginationen zu realisieren im Stande ist und ihrerseits, vor allem im Bereich der Futurologie, positive wie negative Zukunftsentwürfe produziert. Gleiches gilt auch für die Bereiche von Politik und Wirtschaft, die sich ebenfalls mit der Ausarbeitung von Szenarien des Zukünftigen beschäftigen. Im Reich der Spekulationen bewegen sich folglich keineswegs nur die Fantasten, sondern auch die Empiriker, die Philosophen und Theoretiker, die Ökonomen ebenso wie die Politiker. Enzensberger nimmt, wie gesehen, mit ihrem Roman *Auf See* an den Utopie-Diskursen unserer Zeit im Medium der Literatur, also auf künstlerische Weise teil.

Im Rahmen eines kulturwissenschaftlich ausgerichteten Interesses wäre in einem nächsten Schritt danach zu fragen, auf welche Weise wiederum literarische Texte, aber auch Filme, Serien, Comics oder Computerspiele von den Produzentinnen und Produzenten nicht-künstlerischer Zukunftsentwürfe rezipiert, produktiv gemacht und in neue Textsorten, Formen und Formate überführt werden. Inwiefern kommt es unter diesen Bedingungen zu Neubegründungen, Auflösungen oder Hybridisierungen der traditionellen Gattung? Und wie beeinflussen, ja formen die ubiquitären medialisierten Zukunftsbilder unser Nachdenken über die Gegenwart? Literaturwissenschaftler:innen vertrauen gern auf einen *impact*, den die Literatur über ihre Teilhabe am Diskurs auf unsere Wirklichkeit hat, doch eine solide Antwort würde nur eine aufwändige empirische Rezeptionsstudie liefern. Voraussetzung dazu wäre aber eine Ausweitung des Gegenstandsbereichs über die sogenannte Hochliteratur hinaus, um auch populäre und triviale Medien mit ihrem breiten Wirkradius einzubeziehen – wie die kulturwissenschaftliche Öffnung der Literaturwissenschaft uns dies nahelegt. Gelingen kann eine solche Ausweitung aber nur, wenn sie den Anschluss an die klassische Literatur- und Gattungsgeschichte beibehält.

5 Merkbox

Forschungsbereich: Literatur und Kulturwissenschaft, Utopieforschung, Science Fiction- Literatur, Zukunftsforschung

Wichtige Begriffe: *close reading*, *wide reading*, Intertextualität, fiktionales Probehandeln, Utopie, Dystopie, Intermedialität

Ansätze und Methoden: Intertextualität, Intermedialität, Diskursanalyse, Funktionsgeschichte, vergleichende kulturwissenschaftliche Untersuchung literarischer und nicht-literarischer Texte und Artefakte

Leitfragen/Typische Fragen: Welche Zukunftsszenarien werden mit welchen Mitteln literarisch imaginiert? In welchen Wechselbeziehungen steht der literarische Text zu kulturellen, auch außertextuellen Phänomen? Welche Funktion übernimmt die Literatur im Rahmen der kulturellen, gesellschaftlichen und politischen Zukunftsdiskurse? Welchen Beitrag leistet das literarische Schreiben für die Zukunftsforschung?

6 Literaturempfehlungen

Eine konzise Einführung in die Gattungsgeschichte und -theorie der Utopie bietet Voßkamp 2009 in seinem Artikel für Dieter Lampings *Handbuch der literarischen Gattungen*. Möchte man sich explizit zu Dystopien in der deutschsprachigen Gegenwartsliteratur informieren, bieten sich Voßkamp 2013 und Voßkamp 2023 an. Interessiert man sich im Speziellen für die Entwicklung der deutschsprachigen Zukunftsliteratur, lohnt sich ein Blick in den Sammelband von Schmeink/Cornils 2022. Für eine nähere Beschäftigung mit kulturwissenschaftlichen Ansätzen in der Literaturwissenschaft empfehlen wir Nünning/Nünning 2010 sowie Köppe/Winko 2013.

7 Zitierte Literatur

7.1 Literarische Quellen

Berg 2019: Berg, Sybille: *GRM. Brainfuck*. Köln 2019.
Edelbauer 2021: Edelbauer, Raphaela: *DAVE*. Stuttgart 2021.
Enzensberger 2022a: Enzensberger, Theresia: *Auf See*. München 2022.
Glavinic 2008: Glavinic, Thomas: *Die Arbeit der Nacht*. München 2008.
Helle 2015: Helle, Heinz: *Eigentlich müssten wir tanzen*. Berlin 2015.
Huxley 1932: Huxley, Aldous: *Brave New World*. London 1932.
Jirgl 2012: Jirgl, Reinhard: *Nichts von Euch auf Erden*. München 2012.
Randt 2015: Randt, Leif: *Planet Magnon*. Köln 2015.
Zeh 2009: Zeh, Juli: *Corpus Delicti*. Frankfurt a.M. 2009.
Zerbe, Zara: *Phytopia Plus*. Berlin 2024.

7.2 Darstellungen

Arnold 2022: Arnold, Guido: „Peter Thiel – ein einflussreicher ‚Außenseiter'. Vom rechts-libertären Tech-Investor zum nationalistischen Polit-Influencer", in: *Duisburger Institut für Sprach- und Sozialforschung*. Online verfügbar unter https://www.diss-duisburg.de/2022/05/peter-thiel-ein-einflussreicher-aussenseiter-vom-rechts-libertaeren-tech-investor-zum-nationalistischen-polit-influencer/ (26.06.2024).
Blumenberg 1986: Blumenberg, Hans: „Wirklichkeitsbegriff und Möglichkeit des Romans", in: *Nachahmung und Illusion*, hg. v. Hans Robert Jauß. München 1969, S. 9 –27, hier S. 18.
Boese 2021: Boese, Marie-Kristin: „Privatstadt unter Palmen" in: *Tagesschau*. Online verfügbar unter https://www.tagesschau.de/ausland/amerika/honduras-privatstadt-101.html (26.06.2024)
Bonnett 2021: Bonnett, Alastair: *Das Zeitalter der Inseln. Von untergehenden Paradiesen und künstlichen Archipelen*. München 2021.

Campling/Colás 2021: Campling, Liam und Colás Alejandro: *Capitalism and the Sea. The Maritime Factor in the Making of the Modern World*. London 2021.

D'Ammassa 2005: D'Ammassa, Don: *Encyclopedia of Science Fiction*. New York 2005.

Easterling 2014: Easterling, Keller: *Extrastatecraft. The Power of Infrastructure Space*. London 2014.

Enzensberger 2022b: Enzensberger, Theresia: „Die Möglichkeiten einer Insel", in: *Frankfurter Allgemeine Zeitung*, 19.10.2022.

Enzensberger/Schellbach 2023: Theresia Enzensberger im Interview mit Miryam Schellbach, in: Youtube. Online abrufbar unter https://www.youtube.com/watch?v=KTJ87MIxYh0&t=256s (26.06.2024).

Glasenapp 2013: Glasenapp, Gabriele von: „Apokalypse now! Formen und Funktionen von Utopien und Dystopien in der Kinder- und Jugendliteratur", in: *Lesen für die Umwelt. Natur, Umwelt und Umweltschutz in der Kinder- und Jugendliteratur*, hg. v. Gabriele von Glasenapp, Hans-Heino Ewers und Claudia Maria Pecher. Hohengehren 2013, S. 67–86.

Hallet 2006: Hallet, Wolfgang: „Intertextualität als methodisches Konzept einer kulturwissenschaftlichen Literaturwissenschaft", in: *Kulturelles Wissen und Intertextualität. Theoriekonzeptionen und Fallstudien zur Kontextualisierung von Literatur*, hg. v. Marion Gymnich, Birgit Neumann und Ansgar Nünning. Trier 2006, S. 53–70.

Herrmann/Horstkotte 2016: Herrmann, Leonhard und Silke Horstkotte: *Gegenwartsliteratur. Eine Einführung*. Stuttgart 2016.

Innerhöfer 2007: Innerhöfer, Roland: „[Art.] Utopie", in: *Metzler Lexikon Literatur*, hg. v. Dieter Burdorf, Christoph Fasbender und Burkhard Moennighoff. Stuttgart, Weimar 2007, S. 795–796.

Kemper 2022: Kemper, Andreas: *Privatstädte. Labore für einen neuen Manchesterkapitalismus*. Münster 2022.

Köppe/Winko 2013: Köppe, Tilmann und Simone Winko: *Neuere Literaturtheorien*. Stuttgart 2013.

Kumar 1987: Kumar, Krishan: *Utopia and Anti-Utopia in Modern Times*. Oxford 1987.

Layh 2014: Layh, Susanna: *Finstere neue Welten. Gattungsparadigmatische Transformationen der literarischen Utopie und Dystopie*. Würzburg 2014.

Lepore 2017: Lepore, Jill: „A Golden Age for Dystopian Fiction", in: *The New Yorker*, 05.06.2017.

Leucht 2016: Leucht, Robert: *Dynamiken politischer Imagination. Die deutschsprachige Utopie von Stifter bis Döblin in ihren internationalen Kontexten, 1848–1930*. Berlin, Boston 2016.

Lorenz 2007: Lorenz, Christoph F.: „[Art.] Science Fiction", in: *Reallexikon der deutschen Sprach- und Literaturwissenschaft*, Bd. 3: *P–Z*, hg. v. Klaus Weimar. Berlin, Boston 2007, S. 412–414.

Maeding 2023: Maeding, Linda: „Total oder totalitär? Insel-Gemeinschaften in utopischer Gegenwartsliteratur", in: *Inseln als literarischer und kultureller Raum. Utopien, Dystopien, Narrative der Reise*, hg. v. Georg Pichler et al. Berlin 2023, S. 289–300.

Nünning 1995: Nünning, Ansgar: „Literatur, Mentalität und kulturelles Gedächtnis: Grundriß, Leitbegriffe und Perspektiven einer anglistischen Kulturwissenschaft", in: *Literaturwissenschaftliche Theorien, Modelle und Methoden. Eine Einführung*, hg. v. Ansgar Nünning. Trier 1995, S. 173–197.

Nünning/Nünning 2010: Nünning, Ansgar und Vera Nünning: *Methoden der literatur- und kulturwissenschaftlichen Textanalyse*. Stuttgart 2010.

Nünning 2013: Nünning, Ansgar: „Close Reading", in: *Metzler Lexikon Literatur- und Kulturtheorie. Ansätze, Personen, Grundbegriffe*, hg. v. dems. Stuttgart u.a. 2013.

Qurik/Friedman 2017: Quirk, Joe und Patri Friedman: *Seasteading. How Floating Nations Will Restore the Environment, Enrich the Poor, Cure the Sick, and Liberate Humanity from Politicians*. New York 2017.

Rüther 2024: Rüther, Tobias: „Neue Weltuntergangsliteratur. Der Frühling der Dystopie", in: *Frankfurter Allgemeine Zeitung*, 14.01.2024.

Seyferth 2023: Seyferth, Peter: „Vom Horrorstaat erzählen. Über Dystopien als Warnliteratur, die nicht ignoriert werden sollte", in: *Dystopie und Staat*, hg. v. Peter Seyferth. Baden-Baden 2023, S. 9–52.
Sperling 2023: Sperling, Alexander: *Dystopien der Gegenwart. Negative Zukunftsvisionen in ‚postutopischer Zeit'*. Göttingen 2023.
Stöcker 2018: Stöcker, Christian: „Die tiefe Sehnsucht nach dem Kollaps", in: *Der Spiegel*, 15.07.2018.
Voßkamp 2009: Voßkamp, Wilhelm: „[Art.] Utopie", in: *Handbuch der literarischen Gattungen*, hg. v. Dieter Lamping. Stuttgart 2009, S. 740–750.
Voßkamp 2013: Voßkamp, Wilhelm: „Möglichkeitsdenken. Utopie und Dystopie in der Gegenwart. Einleitung" in: *Möglichkeitsdenken. Utopie und Dystopie in der Gegenwart*, hg. v. Günther Blamberger, Martin Roussel und Wilhelm Voßkamp. Paderborn 2013, S. 13–30.
Voßkamp 2020: Voßkamp, Wilhelm: „Zwischen Literatur und Wissenschaft: Utopien und Dystopien der Gegenwart", in: *Schliff* 11 (2020), S. 109–117.
Wolting 2022: Wolting, Monika: *Utopische und dystopische Weltentwürfe*. Göttingen 2022.

Malte Strunk
Ecocriticism in der germanistischen Literaturwissenschaft
Am Beispiel von Silke Scheuermann, *Dodo* (2014)

1 Kurzdarstellung, Relevanz und Aktualität der ökologischen Perspektive

Die ökologisch orientierte Literaturwissenschaft reagiert auf eine **globale Umweltkrise**, die in der Öffentlichkeit oftmals unter den Begriffen ‚Klimawandel', ‚Erderwärmung' oder ‚Klimakatastrophe' verhandelt wird. Die starken und schnellen Veränderungen des Ökosystems Erde und seiner Biotope überfordern die Anpassungsfähigkeiten verschiedenster Lebewesen und Biozönosen – nicht zuletzt der Menschen. Die Krise lässt sich nicht auf die globale Erwärmung reduzieren; es existieren damit verschränkte ökologische Krisen, wie Artensterben und Versauerung der Meere. Die Mechanismen dieser Umweltkrise werden von den Naturwissenschaften, beispielsweise von Atmosphärenchemiker:innen, Geolog:innen oder Umweltphysiker:innen untersucht und beschrieben. Die konkreten Auswirkungen auf menschliche Gesellschaften sowie die wirtschaftlichen, politischen und kulturellen Grundlagen, die zu dieser Situation geführt haben, werden wiederum von Gesellschaftswissenschaftler:innen verschiedener Couleur untersucht. Welchen Beitrag können die Geistes- und Kulturwissenschaften, konkret die Literaturwissenschaften beisteuern?

Die Geistes- und Kulturwissenschaften sind besonders an **ökologischen Denkformen** interessiert. Bestimmte Begriffe, Narrative oder kollektive Imaginationen formen mögliche Deutungen der Welt. Versteht man ‚die Natur' beispielsweise als idealisierten, kulturfernen Sehnsuchtsort (*pastoral*; vgl. Gifford 2013), führt das zu einem anderen Lebensentwurf, als wenn man sie als Rohstofflieferant (vgl. Meyer 2001; Malm 2016) oder als gefährliche Wildnis (vgl. Callicott/Nelson 1998) konzeptualisiert. Solche Denkformen können zwischen Literatur und (professioneller) Leserschaft wechselseitig vermittelt werden, es können also Wissenschaftler:innen aus der Literatur neue Denkformen erschließen und andersherum können theoretisierte Denkformen in die Literatur (ob autorintendiert oder nicht) Eingang finden. Eine sich als engagiert verstehende Literaturwissenschaft beteiligt sich am umfassenderen ökokritischen Projekt, das die wissenschaftlichen Ergebnisse, darunter auch ökologische Denkformen, in die Gesellschaft trägt, mit dem Ziel, „die natürlichen Lebensgrundlagen" zu schützen (mit dieser Formulierung bereits im deutschen Grundgesetz, Artikel 20a).

Die Inhalte ökologisch orientierter Literaturwissenschaften beziehen sich, in Anlehnung an die Ökologie als Teildisziplin der Biologie, auf die **Interkonnektivität von Menschen und ihrer** (organischen/biotischen und anorganischen/abiotischen) **Umwelt**.

> Im Mittelpunkt ökokritischer Deutungsversuche steht [...] die ‚ökologische Vernetzung' [...] oder anders: die Gestaltung des Ortes, das Verhältnis von Natur und Kultur, das Verhältnis von Subjekt und Umwelt, die Beziehung Umwelt-Körper sowie die Konzeptualisierungen der Natur, etwa als gute Natur, gefährliche Natur oder weibliche Natur. (Morgenroth 2017, 111)

Ökokritische Interpretationen fokussieren also die literarische Darstellung der wechselseitigen Einflussnahmen, die Organismen untereinander und mit ihrer Umwelt haben. Zunächst steht dabei die Beziehung von Mensch und Natur im Zentrum und damit bereits die grundlegende Frage, was den Menschen und was die Natur ausmacht – eine Frage, die sowohl konzeptgeschichtlich-immanent als auch transhistorisch-normativ gestellt werden kann. Die Interpretationen im *Ecocriticism* sind thematisch durch diesen Fokus gebündelt, methodisch jedoch plural ausdifferenziert. Ökologisch orientierte Literaturwissenschaftler:innen bewegen sich zwischen Wissenschaft und Politik, zwischen literaturwissenschaftlicher Arbeit und Aktivismus.

Wir erläutern zunächst zentrale Bezugstheorien und Grundbegriffe (2.1 und 2.2) sowie einige Aspekte der politischen Ökologie (2.3), um im Anschluss daran drei methodische Zugriffe ökokritischen Lesens darzustellen (2.4) und an einem ökologischen Gegenwartsgedicht zu veranschaulichen (3).

2 Grundbegriffe, Bezugstheorien und Methoden

2.1 Die Epoche des Anthropozän

Die Temperatur der Erdoberfläche lag in den Jahren 2011–2020 im globalen Durchschnitt 1,1 °C über der Temperatur der Jahre 1850–1900 (IPCC 2023, 6). Wenn sich nicht radikal etwas ändert, werden, so die konservative Schätzung der Weltbank, bis 2050 allein in Subsahara-Afrika, Südamerika und Südasien über 140 Millionen Menschen aus Klimagründen Binnenflüchtende werden (Rigaud et al. 2018). Küstengebiete werden unbewohnbar, Wüstenregionen wachsen, Wasser wird knapp. Der volkswirtschaftliche Schaden zwischen 2022 und 2050 wird allein in Deutschland auf 280 bis 900 Milliarden Euro geschätzt (Flaute et al. 2022, 82). Die weltweiten Schäden bei einem mittleren Zukunftsszenario könnten sich allein im Jahr 2049 auf 38 Billionen US-Dollar belaufen (Kotz et al. 2024, S. 552). In den Worten Margaret Atwoods: „It's not climate change, it's everything change." (Milkoreit et al. 2016)

Der Kollaps der komplexen und verschränkten Systeme von Klima, Gesellschaft(en) und Ökosystem wird durch zwei Umstände noch gefährlicher: Erstens geht durch die zeitliche Asymmetrie von Konstruktion und Destruktion die potenzielle Katastrophe relativ schnell vonstatten, während Schutz- und Anpassungsmaßnahmen eine lange Zeit benötigen (vgl. Bardi 2017). Vorausschauendes Handeln wäre vonnöten, wird jedoch im politisch-medialen Betrieb der Gegenwart nicht belohnt. Zweitens gibt es in komplexen Systemen Umschlagmomente – sogenannte Kipppunkte (*tipping points*) –, nach denen die Selbstregulation des Systems ausfällt und Kollapsprozesse sich selbst beschleunigen können. Eine Vorhersage mit angemessener Sicherheit wird danach nahezu unmöglich. Umweltwissenschaftler:innen haben neun solcher globaler „Kern-Kippelemente des Erdsystems" (*planetary boundaries*) identifiziert; sechs dieser Grenzen sind bereits überschritten (Richardson et al. 2023). Die Krise könnte somit schon bald irreversibel gegen uns entschieden sein.

Die Auswirkungen menschlicher Handlungen auf die natürliche Umwelt sind so umfassend, dass der Atmosphärenchemiker Paul Crutzen und der Biologe Eugene Stoermer im Jahr 2000 den Begriff „Anthropozän" prägten, um eine neue, das Holozän ablösende geologische Epoche zu beschreiben (vgl. Horn/Bergthaller 2019). Das Anthropozän beginnt mit der Industrialisierung Europas im 18. Jahrhundert. Die erste Phase reicht in etwa von der Industrialisierung bis zum ersten Test der Atombombe (vgl. Dürbeck 2015, 108). Trotz peripherer Kritik und alternativer Vorstellungen dominiert in dieser Zeit, besonders im 19. Jahrhundert ein weitgehender Technik- und Fortschrittsoptimismus sowie die Ausbildung „kapitalistischer Naturverhältnisse" (Brand/Görg 2022, 39f.). In der zweiten Phase, der sogenannten *Great Acceleration* (vgl. Steffen et al. 2015), vollzieht sich ein exponentieller Anstieg von adversarischen Krisenindikatoren, bspw. CO_2- und Methan-Konzentration in der Atmosphäre, Ozean-Versauerung, Verlust des Regenwalds, aber auch Wasser- und Energie-Verbrauch, internationaler Tourismus usw. (vgl. McNeill 2000). Die aktuelle, dritte Phase zeichnet sich durch ein breites Wissen um die drohende Klimakatastrophe und die Beobachtung der ersten Auswirkungen aus, in Deutschland beispielsweise in Form von Extremwetterereignissen und Hitzerekorden. Entsprechend nehmen auch Maßnahmen zur Klimafolgenanpassung (vgl. Marx 2017) wachsenden Raum ein.

Die neue geologische Epoche fällt mit den Bemühungen um eine **neue kulturelle Epochenbeschreibung** zusammen (bspw. Postmoderne, die als Makroepoche die Neuzeit ablösen sollte, vgl. Lyotard 1984; Jencks 2011; zu *Ecocriticism* und Postmoderne vgl. Oppermann 2011). Entsprechend wird der Begriff ‚Anthropozän', unterstützt durch den *Ecocriticism*, auch in den Geistes- und Gesellschaftswissenschaften verwendet, um nicht nur die naturgeschichtliche Makroepoche, sondern auch unsere *kulturelle* Jetztzeit zu beschreiben (vgl. Chakrabarty 2009; Latour 2017).

> Das Anthropozän ist als Konzept zuerst eine wissenschaftliche Hypothese, die besagt, dass die vom Menschen initiierten Veränderungen sich bereits in geologisch sichtbarer Form niederschlagen und von ausreichend langfristiger Natur sind, um sie auf der Zeitskala der Erdgeschichte zu verorten. Zugleich lässt sich das Anthropozän als Beginn einer neuen Gesamtsicht auf die Beziehung zwischen Mensch und Erde interpretieren, einer Gesamtsicht, die in einem offenen kollektiven Prozess erst noch entwickelt wird. (Schwägerl/Leinfelder 2014, 234)

Die neue Beziehung zwischen Mensch und Erde wird unterschiedlich bewertet: Auf der einen Seite steht die defätistische Position, dass sich der Mensch „als Zerstörer, als ‚Parasit' unseres Planeten" erweist. Auf der anderen Seite dient die anthropogene Veränderung des Erdsystems als Beweis für die „gestaltende Kraft des Menschen" (Dürbeck 2015, 109). Entsprechend variabel sind auch die Reaktionen auf die Rede vom Anthropozän. Sie reichen in den Extremen von Forderungen nach technologischer Kontrolle über das Weltökosystem mittels Geo-Engineering auf der einen Seite bis zur Forderung nach dem friedlichen Ende der Menschheit mittels Prokreations-Stopp (so gefordert vom *Voluntary Human Extinction Movement* VHEMT) auf der anderen Seite. Gemäßigtere Positionen bewegen sich zwischen diesen Polen (vgl. Grunwald 2018): Die techno-optimistische Seite argumentiert dafür, dass die Menschheit die Rolle eines „Weltgärtners" bzw. eine „Managementperspektive" (Dürbeck 2015, 110) einnehmen könne und ein reflektierter Fortschritt auch Lösungen für die ökologischen Probleme bringen werde (bspw. klimaneutrale Energiequellen, *carbon capture and storage* etc.). Die Gegenseite plädiert dafür, dass der Mensch sich wie andere Spezies auch in die nicht-menschliche Natur einfügen müsse und hierfür ein Rück- und Abbau gewisser Technologien und ein Umdenken des Wachstumsparadigmas der präferierte Weg sei.

Die **Kritik am Konzept des Anthropozäns** bezieht sich vor allem auf den Umstand, dass schon im Begriff ‚Anthropozän' weiterhin der Mensch (*anthropos*) als Maß und Mitte gedacht wird (Anthropozentrismus). Ein wirkliches Umdenken müsse, so einige Kritiker:innen, den Menschen als Teil der Natur ernstnehmen und in der Betrachtung vom Ökosystem ausgehen (Ökozentrismus, vgl. Müller/Pusse 2017). Christophe Bonneuil und Jean-Baptiste Fressoz (Bonneuil/Fressoz 2016) haben Alternativbezeichnungen erwogen, die jeweils andere Aspekte ins Zentrum stellen, wie beispielsweise den übermäßigen Konsum (Phagocene), die Macht des Kapitals (Capitalocene) oder die Rücksichtslosigkeit gegenüber anderen Arten (Thanatocene). David Runciman schlägt den Begriff ‚Leviacene' vor, der die Dominanz internationaler Organisationsstrukturen betont (Runciman 2023).

Trotz dieser Einwände und Alternativvorschläge hat sich der Begriff Anthropozän durchgesetzt. Für den literaturwissenschaftlichen *Ecocriticism* lässt sich festhalten, dass das globale und langfristige ökologische Verständnis den reflexiven Blick auf die Menschheitsgeschichte beeinflusst. Solche neuen Narrative bilden das hermeneutische Raster, vor dem wir unsere Vergangenheit, aber auch unsere Gegenwart und Zukunft verstehen (vgl. zu *Scalar Literacy* Clark 2019, 38–56). Die Natur kann nicht länger als Externalität der Kulturgeschichte verdrängt werden; Natur- und Kulturgeschichte sind nicht zu trennen, auch nicht in der literaturwissenschaftlichen Arbeit (vgl. Schaumann/Sullivan 2017). Unabhängig von normativer Wertung, Zukunftsvision und Kritik liefert der (deskriptive) „Anthropozändiskurs" den Literaturwissenschaften daher drei wesentliche Perspektivverschiebungen: „(a) eine planetarische Perspektive auf die globale Umweltkrise, (b) eine großskalige Zeitdimension und (c) den Fokus auf eine enge Wechselbeziehung zwischen Natur und Kultur" (Dürbeck 2015, 108).

2.2 Natur(/)kultur

Schon bevor *Ecocriticism* und die globale Umweltkrise sich diskursiv etabliert hatten, wurde die Interaktion von Mensch und Umwelt problematisiert. Das damit entstehende Umweltschutzbewusstsein war oftmals mit einer generellen Technik- und Fortschrittskritik verbunden (vgl. Rohrkrämer 1999). Die Diskurse basierten in der Regel auf der Opposition und Separation von Natur und Kultur (vgl. Soper 1995).

> Auf der einen Seite wird also eine menschliche Sphäre angenommen, welche durch Rationalität, Intention und Freiheit geprägt ist, während auf der anderen Seite die Sphäre der Natur besteht, die sich durch Notwendigkeit und Kausalität auszeichnet. (Dingler 2005, 30)

Spätestens in den 1970er Jahren wird diese Opposition (wie viele andere Oppositionen, beispielsweise der männlich-weiblich-Dualismus im Kontext der Feminismusbewegungen) hinterfragt und gekontert. Die kategoriale Unterscheidung zwischen Menschen und anderen Tieren schien fragwürdig und die Fluidität der Konzepte (Wie viel Natur/Kultur steckt beispielsweise in einem Garten?) führte zur Ablehnung einer essentialistischen Dichotomisierung von Natur und Kultur. Grob vereinfacht könnte man sagen, dass Kultur nichts als domestizierte Natur ist und die ‚wilde' Natur hingegen in gewisser Weise als nicht-menschliche Kultur verstanden werden kann. Das bedeutet jedoch nicht, dass die Begriffe ‚Natur' und ‚Kultur' nicht mehr verwendet werden können – ihr referenzialistischer Wahrheitsgehalt ist lediglich relativiert und man begreift sie als weltdeutende Konstruktionselemente und Denkformen. Als solche können sie historisiert und evaluiert werden. Die historische Forderung der ökologischen Bewegung, Natur gegenüber Kultur aufzuwerten, wirft mithin die Fragen auf, welche Natur und welche Kultur sich hier gegenüberstehen – und ob ‚gegenüberstehen' überhaupt das richtige Bild ist.

An Theorieentwürfen, die ein ökologisch reflektiertes Begriffsinventar und ökologisch angemessenere Denkformen vorschlagen, mangelt es nicht. Da uns die bislang hegemonialen **gesellschaftlichen Naturverhältnisse** (vgl. Brand/Görg 2022) der globalen Umweltkatastrophe entgegentragen, kommen, neben der Binnenkritik der hegemonialen Zentren, diverse Gegenangebote aus peripheren Traditionslinien. Gerade weil es noch keine konsensfähige Lösung gibt und das Problem gleichwohl akut ist, gilt es, Aktivismus und Wissenschaft auseinanderzuhalten – nicht, um die eigene ökologische Haltung im Wissenschaftsbetrieb abzulegen, sondern um fähig zu sein, in der Sphäre der Wissenschaft verschiedene Standpunkte und Lösungsangebote kritisch, auch selbstkritisch gegeneinander abzuwägen. Zwei Positionen werden in diesem Zusammenhang besonders intensiv diskutiert: Posthumanismus und *Material Ecocriticism*.

Der **Posthumanismus** will das ‚humanistische Weltbild' und seine Binaritäten in der politischen Theorie durch eine Konzeption des ‚*posthuman*' ablösen, also durch ein Neudenken dessen, was unsere Spezies ausmache (vgl. Loh 2018). Donna Haraway beispielsweise behauptet „*we have never been human*" (Haraway 2004, 2) und schlüsselt anhand der Figur des *Cyborgs*, einem Mensch-Maschine-Hybrid, auf, dass der Mensch, wie er heute existiert, ohne Technologien undenkbar wäre (Haraway 1991). Auch nicht-menschliche Tiere stehen, wie sie zeigt, mit der Spezies Mensch in wechselseitiger evolutionärer Vernetzung (*Companion Species*, vgl. Haraway 2004). Haraway integriert damit Denkweisen des Poststrukturalismus und der Postmoderne (vgl. Westling 2006) und setzt verschiedene Kritikbereiche produktiv miteinander in Verbindung. Denn wenn es den Menschen ohne seine Umwelt nicht gibt, ist auch die Rede von Natur und Kultur hinfällig. Haraway schlägt vor, stattdessen – ostentativ ohne Bindestrich – von **Naturkulturen** (*naturecultures*) zu sprechen, um die Verknüpfung und Untrennbarkeit von Natur und Kultur, von Mensch und Nicht-Mensch, Mensch und Umwelt hervorzuheben.

Der ***Material Ecocriticism*** entwickelt sich aus ökofeministischen Überlegungen im Kontext des ‚material turn' in den Geistes- und Kulturwissenschaften. Dem Materiellen werden dabei nicht „feste und stabile Eigenschaften" attestiert, es wird vielmehr als „flexibel und dynamisch" verstanden, ja Materie wird sogar „selbst als aktiv, wirkmächtig und plural" (Hoppe/Lemke 2021, 12f.) konzipiert. Eine zentrale Übertragung, die für die literaturwissenschaftliche Betrachtung von

Bedeutung ist, ist die Konzeption von Materie als *Storied Matter* (Iovino/Oppermann 2014), aus der sich eine Variante des *Ecocriticism* mit einem besonderen Fokus auf „Formen des Kommunizierens und Interpretierens" (Sullivan 2015, 59) innerhalb der Verwebung (*entanglement*, ähnlich: *mesh*) der materiellen Welt entwickelt hat. Demnach lässt sich beispielsweise ein Fluss, der sich sein Bett in der Landschaft bahnt, als eine ‚Kommunikation' zwischen Wassermolekülen, Mineralien, Mikroorganismen, Erdreich, Wurzelwerk usw. betrachten. Ein solcher Blick eröffnet – ganz im Sinne einer Verbindung von Natur und Kultur – neue, nämlich interaktive und vernetzte Perspektiven sowohl auf die materielle Welt als auch auf ihre Narrativierungen. In der Definition von Serenella Iovino und Serpil Oppermann ist *Material Ecocriticism*

> the study of the way material forms – bodies, things, elements, toxic substances, chemicals, organic and inorganic matter, landscapes, and biological entities – intra-act with each other and with the human dimension, producing configurations of meanings and discourses that we can interpret as stories. (Iovino/Oppermann 2014, 7)

Durch den sprungartigen Anstieg ökologisch orientierter Publikationen in den letzten 25 Jahren steht neben den Denkansätzen von Posthumanismus und *Material Ecocriticism* eine Vielzahl von weiteren komplexen theoretischen Positionen, die in abweichender Nomenklatur ähnliche Ziele verfolgen. Da der akute Handlungsbedarf jedoch groß ist, entscheiden sich viele Ökokritiker:innen dafür, überzeugende Begriffe auch ohne Anspruch auf theoretische Konsistenz und Vollständigkeit zu übernehmen.

Die Prämisse soziokultureller Konstruiertheit so grundlegender Begriffe wie ‚Natur' und ‚Kultur', ‚Mensch' und ‚Umwelt' ist für die Literaturwissenschaften unmittelbar anschlussfähig, insofern man den Konstruktionsprozessen auch im literarischen Text begegnet. Wie werden Natur, Kultur bzw. Naturkultur in einem Text modelliert, welchen Ideologemen folgen Autor:innen, Zeiten, Regionen und Kulturen? Die identifizierten literarisch eingeschriebenen Weltverhältnisse können nach reflektierten neuen Maßstäben auf ihre Güte hin untersucht und ökologisch valorisiert werden. Aktualisierende Lektüren können darüber hinaus versuchen, in Texten, die eine ökologisch problematische Position aufweisen, nicht intendierte Inkonsistenzen und Widersprüche ausfindig zu machen, die – im Sinne der Dekonstruktion (vgl. Derrida 1967; Zima 2016) – Konzeptionen ‚von Innen' aufbrechen oder alternativ zeigen, dass die vermeintlich neuen, ökologischen Konzeptionen uns nicht so fern sind, wie sie erscheinen mögen. Ökologisch approbierte Texte können dann zur Überwindung unserer aktuellen Krise genutzt werden, indem sie im Kanon aufgewertet und kulturpolitisch verbreitet werden.

2.3 Politische Ökologie

Neben den abstrakten philosophischen Fragen über die Relationen von Natur und Kultur, einer Verbesserung unseres Weltverhältnisses und den Gründen für das aktuelle ökopolitische Scheitern der Menschheit gibt es eine ganze Reihe ‚realpolitischer' und wissenschaftlicher Diskussionen unserer Gegenwart, die in den *Ecocriticism* produktiv Eingang finden und der literaturwissenschaftlichen Arbeit relevante und interessante Kontexte liefern können. Hier seien nur einige Schlagworte und Diskurskomplexe aufgeführt, denen man je nach literarischem Gegenstand in thematischer Hinsicht oder im Blick auf die interpretatorische Kontextbildung weiter folgen kann: Primäre Effekte und sekundäre Folgen des Klimawandels (und der Krise im Allgemeinen), darunter Erhitzung der Erdoberfläche und der Meere, Schmelzen der Eiskappen, Anstieg des Meeresspiegels, Extremwetterereignisse, Hungersnöte, Verteilungskämpfe, Massenmigration, politischer Extremismus; politiktheoretische Fragen zum Wirtschaftssystem und seinen Transformationen (*degrowth*; *postgrowth*), Mobilitäts-, Ernährungs- und Energieprobleme sowie Klimaanpassung, Fragen der Verantwortung und Kostenverteilung, Machtaspekte (‚Klimadiktatur', ziviler Ungehorsam, Lobbyismus, ‚Klimaleugnung'); auch anthropologische und psychologische Aspekte wie der *sense of place* (Heise 2008), *ecological grief* (Cunsolo/Ellis 2018), *slow violence* (Nixon 2011) und die Ökopsychologie.

Da das erklärte Ziel des *Ecocriticism* das Verhindern der Klimakatastrophe ist, bleiben die aktuelle öffentliche Debatte sowie politische Entscheidungen (insbesondere diejenigen der jährlichen Weltklimakonferenzen, allen voran das Kyoto-Protokoll 1997 und das Abkommen von Paris 2015) wichtige Kontexte für die literaturwissenschaftliche Auseinandersetzung.

2.4 Ökokritische Leitfragen und Methoden

Die zwei zentralen Leitfragen der ökologischen Literaturtheorie zielen auf die Rolle der Literatur als Medium des ökologischen Wandels. Erstens fragen wir danach, was wir aus und wie wir mit der Literatur etwas über die ökologische Krise und ihre Überwindung lernen können, und zweitens danach, wie Literatur gegen die ökologische Krise in der Gesellschaft wirken kann.

Zur Beantwortung dieser allgemeinen Fragen kann die ökologisch orientierte Literaturwissenschaft nach zeitgenössischen oder historischen Texten und Autor:innen suchen, die in ihren Werken (gerade auch aus der Perspektive der Gegenwart) ökologisch aufschlussreiche und anschlussfähige Positionen formulieren. Die meisten der vorliegenden ökokritisch orientierten literaturwissenschaftlichen Interpretationen sind in methodischer Hinsicht **intentionalistisch und hermeneutisch** angelegt, insofern sie ein ökokritisch anschlussfähiges Textkorpus historisch kontextualisieren und versuchen, die mit der Textproduktion verbundenen Intentionen der Autor:innen zu erschließen und auf ökokritische Theorien zu beziehen. Die Textauswahl konzentriert sich dabei in der Regel auf (a) Gegenwartsliteratur, die (explizit oder implizit) den Klimawandel zum Thema hat oder auf (b) Literatur früherer Zeiten, die sich zwar nicht mit der aktuellen globalen Krise beschäftigt, aber vergleichsweise klar ökologisch relevante Themen verhandelt. Ökokritische Interpretationen bemühen sich um das Verständnis der in den Texten artikulierten ökologischen Positionen, Metaphoriken und Narrative, um deren affirmative Vermittlung und um die Etablierung und Stabilisierung eines ökologisch sensiblen Kanons, in der Hoffnung, durch die literaturwissenschaftliche Anerkennung ökologisch gesinnter Autor:innen und ihrer Œuvres diese im kulturellen Feld zu stärken.

Im Sinne einer **symptomatischen Lektürepraxis** können aber auch implizite oder nicht intendierte ökologische Aussagen aus Texten herausgearbeitet werden, die Rückschlüsse auf das womöglich defiziente Umweltverhältnis der Autor:innen oder der zugehörigen Entstehungszeit zulassen. Zu diesem Zweck werden zumeist kanonische oder populärkulturell weit verbreitete Texte untersucht, die oftmals zwar kein primär ökologisches Thema verhandeln, in denen jedoch üblicherweise die ‚Natur' prominent zum Thema wird (vgl. bspw. Bould 2021). Auch diese Texte werden zunächst hermeneutisch analysiert und gedeutet, dabei nutzen die Interpret:innen jedoch gegenwärtige Erkenntnisse quasi als Negativfolie, vor der die extrahierten ökologischen Positionen kritisch eingeordnet und kommentiert werden können. Insofern fragen wir danach, was der Text über das Naturverhältnis der Autor:in (oder der entsprechenden Zeit) zu erkennen gibt, ohne dass die Autor:in es selbst explizit reflektiert hat. Welche Konstruktionen von ‚Natur' und ‚Kultur' werden durch den Text prolongiert? Welche Rückschlüsse lassen sich bezüglich der Genese der heutigen Krise ziehen? Die Methode symptomatischen Lesens ähnelt den ideologiekritischen Lektürepraktiken, wie sie zur Mitte des 20. Jahrhunderts noch deutlich populärer waren.

Schließlich lassen sich, ausgehend von neuesten ökologischen Bezugstheorien, Texte, bevorzugt kanonische Texte, **aktualisierend lesen**, um sie, auch mittels anachronistischer und kontraintentionaler Bedeutungszuschreibungen, für die kontemporäre Debatte umzudeuten und im Zeichen eines ökokritischen Aktivismus zu okkupieren. Ökokritische Literaturwissenschaft dieser Ausrichtung eröffnet einen Raum für wissenschaftliche Interventionen in den Bereich der Kultur und Politik. Behandelt werden dabei Fragen wie die folgenden: Wie können wir die Bibel / das Nibelungenlied / Goethes *Wilhelm Meister* lesen, um daraus Appelle gegen den Klimawandel abzuleiten? Heinrich Detering hat dies beispielhaft für Annette von Droste-Hülshoff vorgeführt (Detering 2020a) und den Texten dieser Autorin eine ganz neue, anachronistische, aber für unserer Gegenwart produktive Dimension abgerungen. So wie heute viele Menschen sensibel und kritisch rassistische, antisemitische oder frauenfeindliche Stereotype sowohl in älteren als auch in zeitgenössischen Texten zu detektieren vermögen, möchte auch der *Ecocriticism* die Aufmerksamkeit für solch dezifitäre Denkmuster schärfen und zugleich die Reichweite ökologischen Bewusstseins erhöhen, indem alternative Lektüren angeboten werden.

In der akademischen Praxis sind die drei methodischen Zugangsweisen nicht immer trennscharf zu unterscheiden. Als Heuristik stellt diese Dreiteilung jedoch einen Ausgangspunkt dar, um ökokritische Interpretationen nachvollziehen und selbst durchführen zu können. Neben interpretatorischen Aspekten lassen sich im *Ecocriticism* auch schreibtheoretische und ästhetische Fragen behandeln, z. B. ob und wie man die globale und transgenerationale Krise in einer spezifischen literarischen Gattung angemessen behandeln kann (vgl. Zemanek 2018). Eine kritische Reflexion und Evaluation literarischer Texte wirkt insofern stets auch als Normen stabilisierender Resonanz- und Reflexionsraum für Autor:innen, die ökologische Literatur schreiben wollen. Literatursoziologische Erweiterungen des *Ecocriticism* benutzen die Prämissen der Ökologie darüber hinaus um die Rolle der Literatur in der Gesellschaft zu untersuchen und kommen so zu Theorien der „Ökologie der Literatur" (Hofer 2007) oder „Kulturökologie" (Zapf 2015).

Da der *Ecocriticism* eine besondere Affinität zu anderen engagierten Kulturwissenschaften (vgl. Benthien/Velten 2002) hat, konkret beispielsweise zur feministischen, postkolonialen und queeren Forschung, lassen sich ökokritische Interpretationsziele auch intersektional erweitern (Crenshaw 1989). So heißt es 1996 im *Ecocriticism Reader*, mit dem der Begriff ‚Ecocriticism' institutionalisiert wurde, dass die Kategorie Ort (*place*) im Kontext der globalen Umweltzerstörung den ‚kritischen Kategorien' Rassifizierung, Klasse und Geschlecht (*race, class and gender*) (↗ *Klassismus*) an die Seite gestellt (Glotfelty/Fromm 1996, xix) und im Kampf gegen Diskriminierung und für soziale Gerechtigkeit berücksichtigt werden solle. An den Kreuzungen entstehen interdisziplinäre Untersuchungs- und Theoriefelder, wie beispielsweise Ökofeminismus, *Green Indigenous Studies*, Postkoloniale Ökokritik, Marxistische Ökologie usw. Das Framing der ökologischen Frage als eine Frage der Gerechtigkeit – gegenüber menschlichem wie nichtmenschlichem Leben gegenwärtiger und zukünftiger Generationen – ist eine Möglichkeit, neue Denkräume für eine differenziert aufgestellte ökologisch orientierte Literaturwissenschaft zu eröffnen, die nicht nur ihre literaturtheoretischen, sondern auch ihre eigenen normativen Prämissen im Zeichen eines radikalen Umdenken der Lebensformen in der Welt kritisch reflektiert.

3 Analyse und Interpretation eines Beispieltexts

Da in nahezu jedem Text eine Beziehung zwischen einem (oder mehreren) Subjekt(en) und deren Umwelt, bestehend aus anderen Figuren, Tieren und Pflanzen sowie abiotischen Faktoren und Biotopen (Wetter, Landschaften, wie Berge, Meere oder Flüsse, aber auch Kulturumwelten, wie Zimmer, Straßen usw., mitunter auch digitale ‚Cyberspaces' oder virtuelle Traumwelten), vorkommt, gibt es einen schier unerschöpflichen Fundus an Texten, die sich auf ihre ökologischen Prämissen hin untersuchen lassen. Wir wählen Silke Scheuermanns Gedicht *Dodo*. Dieses ist sowohl in einem eigenständigen Lyrikband der Autorin (Scheuermann 2014) als auch in der Anthologie *all dies hier, Majestät, ist dein. Lyrik im Anthropozän* (Bayer/Seel 2016, 219) im kookbooks-Verlag erschienen. Der Untertitel der Anthologie, aus der im Folgenden zitiert wird, macht die ökologische Thematik explizit, sodass eine intentionalistische ökokritische Lesart naheliegt.

Dodo

Es ist wahr, man kann zu verträumt sein,
zum Überleben. Neben dir spazierten immer
mehrere Himmel einher. Ausschließlich
freundliche andere Arten. Nun ja – bis wir kamen.
5 Gott hat uns Wut geschenkt, dieses starke Gefühl
ohne Richtung und Nutzen, und Appetit. Du, Dodo,
bist dann rasch verschwunden, in diese andere Welt,
in der Alice ewig versucht, von dir Wunderland-Spiele
zu lernen. Aber uns reicht das nicht, wir wollen
10 dich wieder. Niedlich, naiv, mit deinen treudoofen Nestern
am Boden. Als harmlosen Kameraden für unsere Kinder
denken wir dich. Glaub mir: Wir sind fast so weit.
Dodo, du wirst wiedergeboren wie am Tag
das Sonnenlicht. Ich verspreche es dir:
15 Du wirst unter den ersten sein, die wir machen.

Die Spezies Dodo, die dem Gedicht seinen Titel, sein Thema und sein explizit angesprochenes Gegenüber gibt, bezeichnet einen im 16. Jahrhundert ausgestorbenen Vogel, der auf der Insel Mauritius lebte. Im Gedicht wird in der Ansprache an einen Dodo die Geschichte des Aussterben dieser Spezies rekapituliert, bevor eine neue Form des Zusammenlebens angekündigt wird. Geknüpft wird dies an das abschließende Versprechen, den Dodo wieder zum Leben zu erwecken.

In der Beschreibung des Vogels ballen sich diverse naturhistorische Fakten, konkret: seine Flugunfähigkeit („spazierten", V. 2), inklusive Nestbau am Boden (V. 10f.), der Mangel an Fressfeinden auf der Insel Mauritius („freundliche andere Arten", V. 4), eine daraus folgende Zutraulichkeit („naiv", „treudoof[]", „harmlos[]", V. 10f.), die für die Ausrottung durch kolonisierende Seefahrer („bis wir kamen"), welche Dodos als einfache Nahrungsquelle verwendeten („Appetit", V. 6), mitverantwortlich war. Hinzu treten kulturhistorische Fakten, etwa die symbolische Integration des Dodos ins kollektive Bewusstsein durch das weit verbreitete Kinderbuch *Alice's Adventures in Wonderland* (V. 8 und Carroll 1865, Kap. 2 und 3).

Die Reihung kulminiert in der Hoffnung auf eine genetische Rekonstruktion des Dodos („wir wollen / dich wieder", V. 9f., „du wirst wiedergeboren", V. 13), ein Aspekt, der sich konkret auf die *De-Extinction* Bemühungen bezieht, die durch Fortschritte der Gentechnologie im frühen 21. Jahrhundert an Popularität gewinnen. 2003 wurde zum ersten Mal ein ausgestorbener Pyrenäensteinbock mittels einer Zellprobe geklont, starb jedoch bereits nach sieben Minuten. Entsprechende Experimente wurden und werden von einer kleinen, aber hartnäckigen Forschungsgemeinschaft an verschiedensten ausgestorbenen Spezies, vom Mammut bis zur Wandertaube, bis heute weiter verfolgt. Auch der Dodo war von Anfang an mit im Gespräch. Tatsächlich haben Forscher:innen aus Kalifornien das Genom des Dodos aber erst im Jahr 2021 vollständig entschlüsselt – kurz darauf wurde ein Startup gegründet, welches dieses Wissen zur Wiederbelebung der Spezies nutzen möchte.

Diese Realien sind so grundlegend für das Verständnis des Gedichts, dass sie hier sowohl Analyse als auch Interpretation vorangestellt wurden. Im Folgenden werden wir im Durchgang durch die sinntragenden Bausteine des Textes – bedeutsame Wortfelder, intertextuelle Referenzen, Kompositionsprinzipien, Figuren und Tropen, Rhythmik, die Kommunikationssituation und dergleichen – Thesen zur Deutung des Gedichts entwickeln, Schritt für Schritt überprüfen und iterativ präzisieren. Wir können das für hermeneutische Deutungsprozesse typische Vorgehen wechselseitiger Schlüsse zwischen Teil und Ganzem nicht vollumfänglich darstellen. Stattdessen werden wir jeweils zu den einzelnen Bausteinen potenzielle Referenzräume beschreiben und damit die Deutung des gesamten Texts zu begründen versuchen.

Am Beispiel: Der Begriff „verträumt" (V. 1) weist zunächst im Satzsinn auf eine geistesabwesende Haltung eines (noch) nicht näher bestimmten „man" (V. 1) hin. Durch die Wortfamilie ‚Traum' werden jedoch assoziative Räume geöffnet, die von prophetischen Visionen über Freud'sche Psychoanalyse und die Bedeutungsebene ‚kaum erfüllbares, langfristiges Ziel' bis hin zu neurophysiologischen Schlafzuständen oder surrealen Landschaften führen können. Die ökokritische Interpretation wählt – wie die Lyrikinterpretation allgemein – die relevanten Kontexte zunächst qua kotextueller Plausibilität aus, im zweiten Schritt jedoch werden dann diejenigen Kontexte priorisiert, die eine ökologisch orientierte Deutung stützen.

In diesem Sinne werden wir im Folgenden erst einige formalästhetische Aspekte untersuchen und uns dann der Semantik, inklusive Wortfeld- und Assoziationsraumanalyse, annehmen. In der Ergebnispräsentation eines wissenschaftlichen Aufsatzes (dem *writing science*) wäre die Textstruktur vermutlich anders – beispielsweise aspektorientiert nach Subthesen – organisiert; für den Erkenntnisprozess selbst (*doing science*) ist jedoch gerade dieses *Close Reading* aller einzelnen Bestandteile essenziell.

3.1 Formalästhetische Aspekte im Kontext des Anthropozän

Der **Strophenaufbau** des Gedichts *Dodo* ist weitgehend unauffällig: Es besteht aus 15 nicht strophierten Versen, die zwischen vier und sieben Hebungen haben, metrisch ungebunden und ungereimt sind. Der schlichte Titel des Gedichts lässt außer einer thematischen Setzung keine weiteren interpretatorischen Schlüsse zu. Unserer Sorgfaltspflicht sind wir damit nachgekommen, würden diese Analyseergebnisse in einem Aufsatz jedoch aus Relevanzgründen nicht betonen (negative Diskursregel).

Auf der **Satzebene** lässt sich deutlich mehr entdecken. Wir haben es mit grammatikalisch vollständigen und pragmatisch schlüssigen Sätzen zu tun, die schon beim einfachen Lesen semantisch weitgehend verständlich sind. Die Sätze sind relativ kurz, die **Wortwahl** ist simpel. In einigen Sätzen werden die Verben ausgelassen (Ellipse), wobei das nicht zu einer Komplizierung der Deutung führt (vgl. V. 3f. und 9–11). Die Lebzeiten des Dodos werden in Präteritum und Perfekt evoziert, die Zukunftsvisionen im Futur. Der Rest steht im Präsens. Der Duktus erinnert insgesamt eher an mündliche als an geschriebene Sprache. Für den Moment lässt sich festhalten, dass die Sprechinstanz ein konkretes Anliegen auf eine durchaus kunstvolle Art kommuniziert, das paradigmatische Primat jedoch auf Verständlichkeit zu liegen scheint.

Diese Verständlichkeit und die Verwendung der 2. Person Singular weisen auf ein konkretes kommunikatives Anliegen und einen Adressaten hin. Doch welche situativen Sprachkonventionen werden in der Gedichtsprache simuliert? Für die Beantwortung dieser Frage betrachten wir die **kommunikative Struktur** des Gedichts – wer spricht mit wem und in welchem Kontext? Durch die Personalpronomina „ich", „du" und „wir" sind drei verschiedene Akteure imaginiert – die Sprechinstanz, der Dodo und die Menschen als Kollektiv. Auch wenn mit dem „du" grammatikalisch zunächst der Adressat bezeichnet wird, stellt sich die simulierte Situation komplizierter da, denn der angesprochene Dodo ist ja nicht präsent, er ist „verschwunden" (V. 7). Darüber hinaus wird auf der semantischen Ebene eher *über* als *mit* dem Dodo gesprochen. Das schließen wir beispielsweise aus Sätzen wie „Neben dir spazierten immer / mehrere Himmel einher." (V. 2f.) oder „Niedlich, naiv, mit deinen treudoofen Nestern / am Boden." (V. 10f.) sowie der Doppelung der Assonanzen „Du, Dodo" (V. 6) und „Dodo, du" (V. 13). In der direkten Ansprache wäre dies absurd; das „du" scheint also nicht der eigentliche Adressat der Sprachhandlung zu sein. Stattdessen lässt sich das „wir" als der eigentliche Adressat identifizieren. Die Sprechinstanz intendiert in ihrer Rede nicht primär ein Versprechen an den Dodo, sondern versucht, die Menschen zu überzeugen. Das Stilmittel der Ansprache eines physisch abwesenden Gegenübers nennt sich in der klassischen Rhetorik Apostrophe. Diese rhetorische Strategie braucht nicht notwendigerweise ein primäres Publikum, wird jedoch oftmals verwendet, um die Bedeutsamkeit eines abwesenden Dritten in einer kommunikativen Situation zwischen zwei Parteien zu bestärken. Üblich ist dieses Mittel beispielsweise in Grabreden, Predigten, dramatischen Monologen, mitunter auch in politischen Reden. Durch den Gebrauch des „wir", auch im Bereich der emphatischen Setzungen („wir wollen / dich wieder", V. 9f.), wird nahegelegt, dass in diesem Fall das primäre Publikum (die Menschen) überzeugt oder in seiner Meinung bekräftigt werden soll.

Eingeführt über „bis wir kamen" (V. 4) tritt die Gruppe „wir" zunächst in der Rolle der niederländischen Kolonisatoren auf, die den Dodo auf Mauritius ausrotteten. Durch die Zusammenführung mit dem sprechenden „ich" mittels der ersten Person Plural wird jedoch transtemporal Bezug auf den Menschen als Spezies genommen. Ferner wird dem „wir" ein Wunsch nach und Arbeiten an der Rückkehr des Dodos zugesprochen, implizit damit auch der Glauben an die theoretische Möglichkeit technologischer Wiederbelebung einer Spezies. Damit ist die Gruppe der Menschen, die *de facto* dem „wir" zugehörig sind, auf einige wenige, der Technologie optimistisch gegenüberstehende, vermutlich gut situierte (Es handelt sich um ein Luxusprojekt, vgl. V. 9: „wollen") Menschen des globalen Nordens begrenzt. Da jedoch in der Beschreibung Allgemeinplätze („Gott hat uns Wut geschenkt", V. 5) und pathetische Großthesen („du wirst wiedergeboren wie am Tag / das Sonnenlicht", V. 13f.) vorherrschen, während keine Lokalisierung erkennbar ist, schließen wir, dass das artikulierte Ich mit dem „wir" die ganze Menschheit meinen möchte. Damit sind wir diskursiv im Umfeld des Anthropozändiskurses (s. o.) gelandet. Da die Sprechinstanz demzufolge auch als ein Mensch spricht, sind die Beschreibungen des Dodos implizit (teils auch explizit: „denken wir dich", V. 12) Deklarationen über das menschliche Verständnis der Beziehung zwischen Dodo und Menschen – nicht etwa über den Dodo an sich. Ein Satz wie „Glaub mir: Wir sind fast so weit." (V. 12) sollte also nicht als Beschwichtigung des (imaginierten) Dodos, sondern als Form der Motivation und Anregung zur Kräftefokussierung innerhalb der menschlichen (globalisierten, spätkapitalistischen) Wissensgesellschaft gelesen werden.

Die erste Person Singular taucht nur zwei Mal auf, beide Male, um eine Zukunftsvision zu bekräftigen. Sowohl der Imperativ („Glaub mir", V. 12) als auch der illokutionäre Sprechakt („Ich verspreche es dir", V. 14) rücken das Ich dabei schon rein linguistisch in eine hierarchisch überlegene Position gegenüber dem sekundären Adressaten Dodo. Damit soll den primären Adressaten („wir", also ‚die Menschen') ein spezifisches Naturverhältnis – für den Moment genauer: ‚Dodoverhältnis' – im kollektiven Bewusstsein verankert werden. Das ist auch notwendig, denn der handelnde Akteur im Projekt der *De-Extinction* bleibt die ‚Menschheit' (vgl. „die wir machen", V. 15). Hieraus schließen wir, dass es sich bei der gewählten Form um die Simulation einer politischen Überzeugungsrede im Kontext der technologisch avancierten, vermutlich europäischen Gegenwart handelt.

Die Form der Apostrophe trägt in sich bereits die Ambivalenz, etwas durch Ansprache zu zentrieren, während gleichzeitig die Abwesenheit deutlich zur Schau gestellt wird. Diese Beziehung wird hier auf die Beziehung der Menschen zum Dodo übertragen. Somit sind wir bereits, allein durch die Betrachtung der Sprechsituation, zu einer ersten Hypothese gelangt: Der Dodo steht in einer **Hyperposition aus Präsenz und Abwesenheit**, die die Spannung zwischen Unmöglichkeit und Omnipräsenz von Naturrepräsentationen widerspiegelt. Im Allgemeinen ist die Natur in Texten einerseits sehr präsent – andererseits notwendigerweise materiell abwesend, denn ein Text ist ja gerade ein Konstrukt symbolischer Formen und damit ideell. Zwar ist er durch die physische Präsenz eines Buchs (oder einer sprechenden Stimme, eines digitalen Endgeräts etc) materiell vermittelt und wird durch den Körper des Lesenden im physischen Raum empfangen, der textuelle Inhalt jedoch, der kommunikative Akt der Literatur, ist immateriell. Urs Büttner formuliert dieses Argument als „doppelte[n] Naturbegriff": „Grundlegend lassen sich zwei Verfahren unterscheiden, die Unterscheidung von Natur und Kultur zu instanziieren: zum einen nämlich als *Ausschluss* der Natur von der Kultur und zum anderen in Form eines *Re-Entries.*" (Büttner 2017, 96; kursiv im Original) Die ‚Natur' ist also einerseits das materielle Gegenstück zur Kultur, d. h. zu den symbolischen Formen, im Falle der Literatur das Gegenstück zum sprachlichen ‚Inhalt' eines Texts (**materielle Natur**). Diese materiellen Umwelten können, so haben die theoretischen Auseinandersetzungen des Poststrukturalismus gezeigt, nicht einfach repräsentationslogisch in der Sprache abgebildet werden. Vielmehr ist diese Form der Natur „die rein negativ gefasste Abgrenzungsfolie für die Verfahren der Kultur". Andererseits ist die ‚Natur' der „kulturimmanent verfügbar[e]", symbolisch und diskursiv eingebettete ‚Naturbegriff' (**symbolische Natur**) (Büttner 2017, 96; vgl. auch Dingler 2005). Im Falle des Dodos ist die Diskrepanz zwischen den zwei Naturkonzeptionen besonders offensichtlich, da das materielle Referenzstück – ein lebendiger Dodo – heutzutage nicht mehr unmittelbar sinnlich zugänglich ist. Dass die Sprechinstanz die Diskrepanz dennoch nicht sieht, obwohl diese in der kommunikativen Form bereits erkennbar ist, macht einen satirischen Impuls des Gedichts deutlich.

Eine zweite, angrenzende Hypothese erhalten wir durch die **Kontextualisierung durch das Anthropozän**: Abstrahieren wir vom ausgestorbenen Dodo auf die bereits zerstörte Natur im Allgemeinen, so zeigt uns das Gedicht ein ‚postapokalyptisches' Naturverhältnis, das weiterhin vom Kontrollgedanken geprägt ist. So hat der Mensch – zumindest dem Narrativ der Sprechinstanz nach – die Dodos unverschuldet („Gott hat uns Wut geschenkt", V. 5) ausgerottet, ist jetzt aber ‚weit' genug, um bald eine (gentechnisch lancierte) Restitution anbieten zu können. Der Lösungsvorschlag, den man sich analog zur Anlage von künstlichen Landschaftsparks o. Ä. als Rückzugsort im Binnenraum der menschlichen Kultur vorstellen kann, erkennt der ‚Natur' keinen Eigenwert und keine eigene Gestaltungskraft (*agency*) zu. Vielmehr wird sie, wie auch der Dodo, zur nicht-agenziell gedachten Spielfigur menschlichen Handelns („Als harmlosen Kameraden für unsere Kinder / denken wir dich", V. 11f.). Der sprechende (und damit mächtige) Mensch, das stellt das Gedicht zur Schau, ändert sich nicht, selbst nachdem er die Umwelt zerstört hat. Diese Form der Natur-Kultur-Beziehung ist es, die im Gedicht satirisch (↗ *Komik im Kontext*) attackiert wird, wie die Kontextualisierung um das Anthropozän und die menschengemachte Klimakatastrophe deutlich werden lässt.

Eine spezifische Form der Sprachverwendung, die mit der Abwertung der Natur in direkter Verbindung steht, ist die **Ansprache des Dodos im Singular**. Der singuläre Dodo steht synekdochisch (*pars pro toto*) für die gesamte Spezies/Art, wie beispielsweise am Übergang von „Neben dir" (V. 2) zu „andere Arten" (V. 4) erkennbar ist. Eine ganz ähnliche Sprachverwendung findet sich in der Fachsprache der Biologie. Diesbezüglich möchten wir auf drei Stoßrichtungen der Deutung hinweisen: Erstens lässt diese Übernahme der zoologischen Konventionen Rückschlüsse auf die Sprechinstanz zu, die eine solche Sprache benutzt. Die Verwendung einer Fachsprache geht in der Regel mit einer Übernahme der entsprechenden Denkformen einer Disziplin einher. Da die Zoologie auf objektive, distante Beschreibungen ihrer Untersuchungsgegenstände setzt, lässt sich aus der poetischen Beschreibungssprache auch eine gesetzte Distanz zum Dodo erkennen. Es geht bei diesen Wissensformen nicht darum, einen Dialog mit einem individuellen Dodo zu eröffnen, sondern darum, mittels Abstraktion generalisierte Aussagen treffen zu können. Denken wir den kritischen Impuls mit, so zielt er hier auf die Überbewertung naturwissenschaftlich-technischer Weltzugänge im Anthropozän. Zweitens steht dem artikulierten „Ich" ein artikuliertes „Wir" nebenan. So wird die individuelle Sprechinstanz funktional von der Spezies Mensch getrennt, auch wenn es sich selbst eingemeindet. Da die Spezies Dodo im Singular angesprochen wird, ist diese Trennung für Dodos nicht möglich. Besonders auffäl-

lig ist dies im letzten Satz: „Du wirst unter den ersten sein, die wir machen."
(V. 15) Drittens stehen die so aufgebaute Diskrepanz und Distanz zwischen Sprechinstanz und Dodo in einer Spannung zum Gebrauch des personalen Du – nicht etwa der dritten Person oder Höflichkeitsform ‚Sie' –, die den ideologischen Standpunkt des sprechenden Ichs untergräbt, ohne dass das sprechende Ich etwas zu bemerken scheint. Es spricht im Brustton der Überzeugung über Wesen, deren Lebensverhältnisse ihm unbekannt sind. (Ähnliche Formen der politischen Entmündigung sehen wir auch in anderen Kontexten, beispielsweise wenn in öffentlichen Reden über ‚den Arbeiter', ‚die Frauen' oder ‚die Ausländer' gesprochen wird.) Mitunter wird eine solche Herabwertung anderer Spezies gegenüber dem Menschen als Speziesismus bezeichnet.

Wir haben genug Textbeobachtungen gesammelt und mit ökokritischen Theorien verknüpft, um eine erste abstraktere These zu formulieren: Das Gedicht kritisiert auf satirische Weise *De-Extinction*-Versuche und dadurch auch die politische Haltung des Technosolutionismus.

3.2 Semantische Analyse I: Natur, Kultur, Naturkultur

Wir haben bereits punktuell Semantiken in unsere Forminterpretationen einziehen lassen, was auch daran liegt, dass die Trennung von Form und Inhalt einer falschen Dichotomie unterliegt. Dennoch haben wir uns entschieden, in der Interpretation die Einheit von Form und Inhalt heuristisch erst von jener, dann dieser Seite zu betrachten – auch deshalb, weil die semantische Fülle eines Textes den Leser:innen-Blick zu leicht auf sich zieht.

Nehmen wir uns im Folgenden der Semantik in chronologischen Sinnabschnitten an. Wir schlagen vor, das Gedicht in drei Abschnitten zu untersuchen: Im ersten Satz wird thetisch eine ‚allgemeine Wahrheit' formuliert, die dann im zweiten und längsten Abschnitt (V. 2–12) anhand der Interaktion von Mensch und Dodo expliziert wird. Dort wechseln sich Aussagen in Du- und Wir-Form zunächst ab (V. 2–9), bevor die utopische Symbiose formuliert wird (V. 10–12). Zuletzt endet das Gedicht in einem dritten Abschnitt mit Blick in die Zukunft: Das Ich formuliert, jetzt in der ersten Person Singular, das Versprechen, den Dodo durch die Menschen ‚wiederzubeleben' (V. 12–15).

Eine abstrakte und allgemeine Aussage zu Beginn (oder Ende) eines Gedichts kann oftmals als eine Art Pointierung verstanden werden: „Es ist wahr, man kann zu verträumt sein, / zum Überleben." (V. 1f.) Die an sich unspezifizierte Aussage bezieht sich in der Intention der Sprechinstanz, so legt es der Kotext nahe, auf die später als „naiv" und „treudoof[]" (V. 10) bezeichnete Spezies Dodo. Es wird jedoch bereits hier den Leser:innen Raum für Skepsis eröffnet. Die potenziell naive Hoffnung der Sprechinstanz, dass der Dodo wiederbelebt wird, legt die Interpretation nah, dass das ‚man' hier auch auf die Menschen zu beziehen ist. Ebenso können wir hier unser Kontextwissen nutzen: Die aktuelle Klimakatastrophe geht mit dem sechsten Massensterben einher, das Schätzungen zufolge bereits jetzt 69% der Tierbestände betrifft (WWF 2022, 4). Insbesondere geht der Diskurs – wohl auch aus pragmatischen Gründen, weil Menschen sich am meisten für das Überleben von Menschen interessieren – dahin, dass davon gesprochen wird, dass wir Menschen uns selbst ausrotten werden. In diesem Kontext wird dem Menschen mitunter eine Naivität bzw. mangelnder Fokus auf das wesentliche Problem vorgeworfen.

Das Adjektiv **„verträumt"** bezieht sich auf den Zustand des Träumens, über den man die Konzentration auf das gegenwärtig wichtige verliert. Man kann jedoch, vorausblickend auf das Ende des Gedichts, noch einen Schritt weiter gehen: Das Träumen, bzw. der Traum trägt auch die Wortbedeutung ‚Wunsch' oder ‚Ziel' mit sich. Überträgt man diese zweite Bedeutungsebene zurück auf das Adjektiv, so kehrt sich die Bedeutung um. „[V]erträumt" zu sein hieße dann nicht in Fantasien zu leben, sondern in falschen Ambitionen. Der Traum des Menschen, wie er später formuliert wird („du wirst wiedergeboren", V. 13), ist kein Moment mangelnder Aufmerksamkeit, sondern vielmehr ein Drang nach absoluter Kontrolle über die ‚Natur' – und deren Extrempunkt: den Tod. Auf den Dodo, der auf der Insel Mauritius keine Fressfeinde hatte und dementsprechend Angstreaktionen auf andere Lebewesen evolutionär verlernt hat, wird eine Geisteshaltung projiziert, die nicht angemessen auf Gefahren reagieren kann. Der gleiche Vorwurf kann, entsprechend der ersten Wortbedeutung, den Menschen mit Blick auf den Klimawandel gemacht werden. In Bezug auf das technikoptimistische Fortschrittsdenken gilt jedoch auch das Gegenteil, die zweite Wortbedeutung: Die Verträumtheit ist nicht nur gefährlich, weil von außen Gefahr droht, sie ist vielmehr selbst die Gefahr – in Form eines Allmachtstraums, der die Konflikte und Schwierigkeiten des ‚natürlichen Lebens' nicht anerkennt. Es ist somit eine symbolische Manifestation derjenigen Haltung, die im hegemonialen Naturverhältnis des 19. Jahrhunderts verankert ist: Der Mensch könne sich über die (materielle) Natur mittels Fortschritt erheben. Das teleologische Ziel der Moderne, so könnte man diese Position zuspitzen, ist die absolute Freiheit von natürlichen Grenzen. Man könnte diese historische Kontextualisierung noch beliebig weiter präzisieren, für den Moment ist jedoch mit dem Assoziationsraum Traum als Fortschritt ein Denkraum eröffnet, der kotextuell (bspw. V. 6: „ohne Richtung und Nutzen" oder V. 15: „Du wirst unter den ersten sein, die wir machen.") belegt und kontextuell ergiebig ist. So argumentieren verschiedene Positionen des *Ecocriticisms* fortschritts- und wachstumsskeptisch.

Eine dritte Bedeutungsebene des Traumes wird später durch die intertextuelle Referenz auf Lewis Carrolls *Alice's Adventures in Wonderland* gestärkt. Der

Traum ist demnach auch ein Ort des textuellen Diskurs. So wäre auch jemand – vermutlich ein Mensch – zu „verträumt", der sich ausschließlich in symbolischen Repräsentationen wiederfindet und die materielle Welt darüber vergisst. Das geht auch einher mit dem vermeintlichen Verlust der Körperlichkeit im Traum. Da Träumen einen Zustand darstellt, der sich vollständig im Bewusstsein abspielt, kann der Mensch dort seine physische Situiertheit verdrängen. Auf diese Position reagiert das sprechende Ich, wenn es bezüglich der Existenz des Dodos „in diese[r] andere[n] Welt" (V. 7) konstatiert: „uns reicht das nicht" (V. 9). Seine Lösung vermittelt jedoch nicht zwischen symbolischer und materieller Natur, sondern versucht die symbolischen Vorstellungen eins-zu-eins in die Realität zu übertragen. Insofern wird bereits im ersten Satz die Spannung zwischen symbolisch-kulturellem und materiell-natürlichem Dodo assoziativ eröffnet. Es liegt eine Doppelcodierung vor: Anhand der naiven Haltung des Menschen auf den Dodo wird auch eine naive Perspektive auf den Menschen selbst, ferner den Klimawandel, sowohl in der Problemanalyse als auch im Lösungsvorschlag, entlarvt. Die das Gedicht eröffnende These der Sprechinstanz wird durch die Ambivalenz des „man" unterlaufen. Im Assoziationsraum des Begriffs „verträumt" finden sich Präzisierungen, die das menschliche Handeln bezüglich der Klimakatastrophe nicht nur auf Naivität, sondern auch auf die Spannung von naturwissenschaftlichen und ästhetischen Weltzugängen hin deuten.

3.3 Semantische Analyse II: Symbolisch-harmonische Naturkonzepte

Auch der zweite Abschnitt betont im ständigen Wechsel von „du"- und „wir"-Aussagen schon strukturell die Analogie und Verwobenheit von Mensch und Dodo. Hier finden wir Argumente, die einen bereits angeklungenen Bereich zu einer zweiten These erhärten: Das Gedicht entlarvt auch die Naivität symbolischer Naturkonzepte, die von der Prämisse eines harmonischen Miteinander der Spezien ausgehen. Zunächst wird das Aussterben des Dodos beschrieben, dann wird der Vogel im symbolischen Jenseits (in Doppelfunktion: ‚materiell' im Himmel und symbolisch in der Literatur) verortet, bevor zuletzt eine Symbioseform vorgeschlagen wird. Sowohl in letzterer („Als harmlosen Kameraden für unsere Kinder", V. 11) als auch zur Zeit vor dem Erscheinen der Menschen wird ein harmonisches Zusammenleben beschworen („Ausschließlich / freundliche andere Arten.", V. 3f). Dieses wird jedoch durch den euphemistisch verharmlosten Tod drastisch durchbrochen („Du, Dodo, / bist dann rasch verschwunden", V. 6f.). Die Sprechinstanz fordert ein Transzendieren der materiell-natürlichen Begrenztheit des Dodos – einfach nur, weil den Menschen die symbolische Form Dodo nicht

„reicht" (V. 9). Während die Struktur der Beziehung zwischen Mensch und Natur prä- und postapokalyptisch identisch ist, verspricht der Mensch, als ‚guter Monarch', den Tod – als Extrempunkt natürlicher Grenzen – zu überwinden, den Dodo somit wiederzubeleben und ihm eine Rolle im Öko-/Gesellschaftssystem zuzusprechen, in der er trotz seiner evolutionären Maladaption überleben könne, eine Rolle, die ihn ewig im Zustand kurz vor dem Aussterben fixieren würde.

Dieses Ziel der Transzendenz schlägt sich auch in der **topografisch vertikalen Bildlichkeit** nieder: Der Dodo ist durch seine Bodenbindung der Inbegriff der unterworfenen und biologisch begrenzten Spezies. Demgegenüber stehen diverse Momente der ‚Übernatürlichkeit', die hier konkret religiös konnotiert sind: Es ist die Rede von „Himmel" (V. 3), „Gott" (V. 5) und „diese[r] andere[n] Welt" (V. 7). Wenngleich der Mensch die Überwindung der Dodo-Grenzen anstrebt, wird diese Position auf beiden Seiten konterkariert. Der Dodo soll zwar wiederbelebt werden, wird jedoch weiterhin als „naiv" (V. 10) und „harmlos[]" (V. 11) gedacht. Da der Evolutionsmechanismus fundamental von Variation und Selektion abhängt, wird durch die Überwindung des Todes genau dieser ausgeschaltet. Der Mensch tritt also als akuter Schock in ein Biotop, der zu schnell und groß ist, als dass die ansässigen Lebewesen sich adaptieren könnten. Gleichzeitig will der Mensch rückwirkend weder seine Rolle revidieren noch die Adaptation ermöglichen – er möchte vielmehr die Zeit als Dimension der Natur streichen und die unterworfenen Wesen in einer vollends kontrollierten Rolle in das (kulturelle) Menschensystem reintegrieren. Dieser Selbstwiderspruch der menschlichen Position bezüglich des Dodos wird ergänzt durch den zweiten Widerspruch auf der Seite der Menschen selbst. Denn die Möglichkeit der Transzendenz, die in dem Gedicht eröffnet wird, ist gerade keine Überwindung der menschlichen Grenzen. Die ‚Natur des/im Menschen' kontrolliert erkennbar das Verhalten, ohne dass ein Versuch des Fortschritts hier erkennbar wäre. In der Beschreibung der Sprechinstanz stirbt der Dodo aus, weil der Mensch gottgegebene Emotionalitäten nicht zurückhalten konnte („Gott hat uns Wut geschenkt, dieses starke Gefühl / ohne Richtung und Nutzen, und Appetit", V. 5f.). Auch innerhalb dieser Beschreibung wird die tatsächliche menschliche Grenze des Energiehaushalts, der Ernährung erfordert, ganz gleich wie kulturell vermittelt und technologisch verarbeitet, wiederum durch den Begriff „Appetit" und dessen abrupte Stellung am Ende des Satzes konterkariert. Das unüberwindbare Problem ist nicht die Notwendigkeit der Nahrungsaufnahme, sondern nur die Lust auf bestimmte Mahlzeiten. Die menschliche Macht über die Umwelt ist mit einem gleichzeitigen Mangel an Selbstkontrolle („dieses starke Gefühl", V. 5) kontrastiert, der zu der lokalen Apokalypse einer Spezies führt. Eine Veränderung der materiellen Natur wird angestrebt, während die symbolische Begrenztheit nicht einmal reflektiert wird – gerade auch im Bezug darauf, was den Menschen ausmacht. (Ein anderer Interpretationsfokus könnte hier auf Diskurse des kulturellen

Wandels eingehen: Die beschriebene Haltung könnte in Bezug zu den entsprechenden Diskursen – bspw. weniger/kein Fleischkonsum, niedrigere Geschwindigkeiten mit dem Auto, keine Inlandsflüge etc. – und ihrer symbolischen Bedeutung – Stichwort: ‚Wohlstandsverlust' – gesetzt werden.)

Das Gedicht konterkariert die vermeintlich rationale, objektive Beschreibung des Dodos (mittels naturwissenschaftlicher Fakten) und auch die ‚vernünftige' Reintegration des Dodos in die Gegenwart, denn die Wortwahl selbst ist nicht sonderlich wissenschaftlich; im Gegenteil, sie ist mit symbolisch oder rhetorisch vermittelter Bildsprache durchsetzt. Am auffälligsten wird dies wohl durch die bereits erwähnte **intertextuelle Referenz** auf *Alice's Adventures in Wonderland*: „Du, Dodo, / bist dann rasch verschwunden, in diese andere Welt, / in der Alice ewig versucht, von dir Wunderland-Spiele / zu lernen." (V. 6–9) Im Hypotext findet die Protagonistin Alice – wiederum im Traum – eine magische Welt hinter einem *rabbit hole*, in der sie verschiedenste surreale Situationen erlebt. Ein typisches literarisches Verfahren des Referenztextes ist, (tote) Metaphern sprachlich zu reinterpretieren. So ertrinken Alice und einige sprechende Tiere beinahe wörtlich in einer Pfütze aus Tränen (idiomatisch: *to drown in tears*). In der danach folgenden, hier referenzierten Sequenz (Carroll 1865, Kapitel 3) schlägt ein Dodo eine Methode vor, Haut, Fell und Federn zu trocknen, nachdem der ‚trockene Vortrag' (*dry lecture*) einer Maus die Feuchtigkeit nicht abzutragen vermochte: ein *Caucus Race* – ein zielloses Hin- und Herrennen, bei dem alle gewinnen. Begrifflich wird damit auf das politische *Caucus*-System der US-amerikanischen Demokratie referiert. Das „Wunderland-Spiel[]" (V. 8), welches sich Alice im Gedicht beibringen lassen will, bezieht sich auf ein ungesteuertes Folgen der eigenen Impulse, das trotzdem zum allseitigen Erfolg führt und ist ganz konkret im politischen Raum verortet. Bei Carroll wird dieses System unterlaufen, indem die Preise alle aus Alice' Hosentasche stammen, im Gedicht dadurch, dass Alice das Spiel vom jenseitigen Dodo eben nicht lernen kann. Darüber hinaus referieren die Figuren von Carrolls Kapitel auf Personen aus seinem realweltlichen Umfeld, insbesondere der Dodo auf Carroll selbst.

Die intertextuelle Referenz lässt sich also neben der wörtlichen Bedeutung – die den Dodo ins Land der Fantasie versetzt – auf zwei weitere Weisen auflösen: Einerseits stützt die Engführung von Dodo und Autor die Interpretation, die Mensch und (nicht-menschliches) Tier, soll heißen Dodo und Sprechinstanz, ferner Natur und Kultur, zusammenrückt und in struktureller Kongruenz wahrnimmt. (Mit Blick auf Haraways Theorien der *Companion Species* könnte diese Lesart, bspw. anhand der Rede vom „harmlosen Kameraden" [V. 11], erweitert werden.) Andererseits wird die politische Lesart gestärkt: Carrolls Kritik an der repräsentativen Demokratie, die hier nicht en detail aufgeschlüsselt werden kann, lässt sich dennoch in der Übertragung auf Scheuermanns Gedicht mit einer allgemeinen Kritik an den politischen Institutionen unserer Zeit verbinden. So ist eine typische Verdrängungsstrategie von Politikern gegenüber den Herausforderungen des Klimawandels, dass sie unrealistische technologische Lösungen versprechen, die einen eigenen Verhaltenswandel obsolet machen würden.

Die rein harmonische Lösung, voneinander „zu lernen" (V. 9) ist unmöglich, mindestens solange der Dodo im Jenseits ist. Da der materielle Dodo nicht existiert, können die menschlich geformten symbolischen Vorstellungen nicht an der Realität getestet werden. Gerade weil der Prätext oftmals als Kinderbuch gelesen wird, ist es relativ wahrscheinlich, dass viele Leser:innen dort dem ausgestorbenen Tier zum ersten Mal begegnet sind. Insofern ist die symbolische Vermittlung konstitutiv für das Wesen des Dodos – er existiert nicht (mehr) als physisches Wesen, sondern ausschließlich als Idee. Die Vorstellung eines „harmlosen Kameraden" (V. 11), der unseren „Appetit" (V. 6) ohne Gegenwehr sättigen könnte, klingt auf der pragmatischen Ebene denkbar fantastisch. Selbst wenn man die Perspektive des Dodos außen vor lässt, entlarvt sich der Wunsch nach Wiederbelebung und symbiotischer Reintegration eigentlich als Wunsch nach Realisierung einer abstrakten, symbolischen Idee, die per Definition nicht verwirklichbar ist – es ist eine Märchenfigur.

Wie auch bei den anderen Abschnitten wäre deutlich mehr zu sagen – etwa über die Enallage „spazierten immer / mehrere Himmel" (V. 2f.) oder über die Frage der gottgegebenen „Wut" (V. 5). Aus platzökonomischen Gründen belassen wir es jedoch bei dem Ergebnis, dass Scheuermann in ihrem Gedicht – wie auch differenzierte post-romantische Naturbegriffe, die in der ökologischen Theorie entwickelt werden – das Ideal der Harmonie zwischen Mensch und Natur ad absurdum führt, indem sie zeigt, dass Harmonien entweder auf dem Fernbleiben des Menschen („Ausschließlich / freundliche andere Arten [...] bis wir kamen", V. 3f.) oder auf vollkommener Unterwerfung der Natur in die Vorstellungen des Menschen („Als harmlosen Kameraden für unsere Kinder", V. 11) basieren. Das ökologische Zusammenleben ist in produktiver Spannung möglich, erfordert jedoch, so argumentiert das Gedicht implizit, voneinander zu lernen und nicht vergangene Fehler technologisch zu kaschieren. Diese Möglichkeit fehlt im Dodo-Verständnis der Sprechinstanz; eine ähnliche Haltung der gesamten Umwelt gegenüber kritisiert das Gedicht.

3.3 Semantische Analyse III: Aussichten für die Zukunft

Im dritten Abschnitt wird ein Zukunftsversprechen formuliert. Viele Aspekte der Analyse leiten sich unmittelbar von dem vorher Gezeigten ab, wurden mitunter bereits vorausblickend formuliert. Wir hielten bereits fest, dass das Versprechen nicht genuin dem Dodo zugedacht ist, sondern implizit auf andere Menschen abzielt. Dadurch, dass dem Dodo hier keine eigene *agency* zugesprochen wird, lässt sich die vermeintliche Wohltat auch als egozentrische Geste erkennen. Durch den sprachlichen Aufruf religiöser Assoziationsräume wird die gewünschte Apotheose der Sprechinstanz offenbar. Aus der erkannten Distanz zwischen symbolischem und materiellem Dodo können wir schließen, dass das ‚Wiedergebären' eines kulturell verklärten Dodos nicht zu einem ‚kameradschaftlichen' Zusammenleben führen würde. Der sprachlich auffälligste Beleg dafür ist der Vergleich der Wiedergeburt mit dem Aufgehen der Sonne: Da die Formulierung „Du wirst unter den ersten sein" (V. 15) eine deutliche Anspielung auf Matthäus 19,30 ist, ließe sich auch „Dodo, du wirst wiedergeboren wie am Tag" (V. 13) von bibelkundigen Lesern als Anspielung auf die Johannes-Offenbarung fortsetzen mit „[/ des Jüngsten Gerichts auch wir.]" Durch die Setzung „am Tag", nicht etwa „jeden Tag", wird diese Lesart weiter plausibilisiert. Würde das Gedicht jedoch so oder ähnlich fortgeführt werden, so würde die Sprechinstanz ihre Naivität implizit reflektieren und den eigenen angestrebten Gottheitsstatus gegenüber dem Dodo formulieren. Dass es dann im Gedichttext nur zu einem kitschigen und holprigen Vergleich reicht („wie am Tag / das Sonnenlicht."), ist folgerichtig nach dem, was wir über die Sprechinstanz und deren Inszenierung bereits erarbeitet haben. Es handelt sich um eine Überzeichnung eines naiven Sprechersubjekts, welches einer ausgerotteten Art eine technologische Lösung verspricht, damit diese Art dann als „harmlose[r] Kamerad[]" (V. 11) für die vorherigen Mörder/Fressfeinde herhalten kann. Die implizite Autorfunktion des Texts setzt neben den satirischen Überzeichnungen pathetischer Sprache auch geschickt Bruchmomente in der Form, hier realisiert im Enjambement zwischen V. 13 und 14. Darüber hinaus lässt sich die Bildsprache gegen die Intention der Sprechinstanz deuten: „das Sonnenlicht" (V. 14), das morgens aufgeht, ist ja gerade nicht vom Menschen steuerbar. Der Dodo werde also, nimmt man die Parallelsetzung ernst, aus ‚natürlicher' Notwendigkeit auferstehen – nur um dann, am nächsten metaphorischen Abend, erneut zu sterben. Diese Zyklik im Bild betont das Risiko, das von einer unveränderten Menschheit ausgeht. Solange die Sprechinstanz das gleiche Naturverhältnis an den Tag legt wie einst die Kolonisatoren, wird ein langfristiges Überleben nicht möglich sein. Dass ein solches Überleben (von Dodo und Mensch) eine gute Idee ist, ist jedoch auch nur eine (implizite) Setzung der Sprechinstanz – und eine, die wir nicht mittragen müssen. Vielmehr legt der Vergleich nahe, dass die Zyklik konstitutiv für die Natur ist und dass dazu eben auch das Aussterben von Spezien und das evolutionäre Entstehen anderer Spezien gehört. Oder anders: Wenn wir das naturkulturelle Netz ernst nehmen, kann ein „harmlose[s]" (V. 11) Tier nur in einem entsprechenden Biotop überleben. Wenn der Einfluss der Menschen auf ein Biotop dieses jedoch unbewohnbar macht, dann sterben die Tiere eben aus. Es geht also nicht darum, dem Dodo auch „freundlich[]" (V. 4) entgegenzutreten, sondern darum, die Konsequenzen menschlichen Handelns nicht symbolisch zu verklären oder technologisch zu überspielen.

Der Wunsch des Menschen, die Dimension der Zeit aus der Natur zu tilgen, führt also ins Verderben; auf der Gegenseite zeigt sich nun eine mögliche Utopie. Die vollständige Zerstörung – ewige Nacht – ist ökologisch schlecht, aber auch die radikale ‚positive' Kontrolle – ewiger Tag – ist nicht wünschenswert. Das Naturverhältnis, dass uns das Gedicht gegen das sprechende Ich empfiehlt, ist eines, welches der Zerstörung um des Luxus Willen („Appetit", V. 6) opponiert, den Menschen jedoch auch von seiner symbolisch vermittelten Idealisierung und seiner naturwissenschaftlich-technischen Reduktion der Natur befreien möchte. Der Mensch müsse sich wieder als Teil ökologischer Beziehungen verstehen – und diese können auf der individuellen Ebene durchaus grausam und tödlich sein. Am Vergleich mit dem Sonnenlicht können wir so eine dritte These formulieren: In der Untrennbarkeit der Naturkultur liegt, so argumentiert das Gedicht implizit, die Möglichkeit einer utopischen Synthese.

Fassen wir unsere Thesen zusammen, so haben wir belegt, dass Silke Scheuermann in ihrem Gedicht *Dodo De-Extinction*-Versuche satirisch entlarvt, indem sie sowohl die selbstwidersprüchliche Kontrollsucht des Technosolutionismus als auch die Naivität der harmonischen (symbolischen) Naturkonzeptionen ad absurdum führt. Zugleich lässt sie aber in der poetisch evozierten Vernetzung eine ökologische Utopie aufscheinen.

4 Kritik und Ausblick

Während die Klimakatastrophe sich weiterhin intensiviert, wird auch die Notwendigkeit des *Ecocriticism* weiter steigen – zumindest solange eine institutionale Literaturwissenschaft noch existiert. Die potenziellen Schwachstellen einer so schnell wachsenden und politisch akut notwendigen Fachrichtung sind offenkundig: Durch die Geschwindigkeit lässt sich das heterogene Feld kaum vollständig überblicken, sodass sich verschiedenste Theorieinseln und Fachsprachen entwickeln. Da es sich um ein hoch emotionales Thema handelt, liegt die Versuchung nahe, die politische Wirksamkeit zum Maßstab zu machen. Unseres Erachtens ist ein Fokus auf Wissensproduktion in der Forschung jedoch geboten – eben damit im Aktivismus politische Wirksamkeit entfaltet werden kann. Da sich der *Ecocriticism* von einer gesellschaftlichen Krise her entwickelt hat, erhalten mitunter inhaltliche und theoretische Fragen Vorrang in literaturwissenschaftlichen Untersuchungen. Wir hingegen plädieren mit Heinrich Detering für „eine Stärkung der im engeren Sinne literarischen, also formale Texteigenschaften und Schreibweisen einbeziehende[n] Textanalysen." (Detering 2020b, 39)

Ansonsten sind der ökologischen Perspektive auf die Literatur kaum Grenzen gesetzt. Es kann zur jetzigen Zeit nicht genug Studien geben, die ökokritische Aspekte integrieren – die Literaturwissenschaft wird die Welt nicht alleine retten können, aber eine kulturwissenschaftliche Perspektive hat der ökologische Diskurs bitter nötig.

5 Merkbox

Forschungsbereich: *Ecocriticism*, Ökokritik, ökologisch orientierte Literaturwissenschaften

Wichtige Begriffe: Klimakatastrophe, Ökologie, Natur, Kultur, Natur/kultur, Anthropozän

Ansätze und Methoden: intentionalistische Lektüre, symptomatische Lektüren, aktualisierende Lektüre, Lyrikanalyse

Leitfragen/Typische Fragen: Welche Konzepte von Natur/Kultur liegen im literarischen Text vor? Welche Rolle spielt darin die Wechselwirkung zwischen Mensch und Umwelt? Inwiefern kann die im Text vorliegende ökologische Konzeption auf die Fragen des Klimawandels angewandt oder sogar für den politischen Aktivismus genutzt werden?

6 Lektüreempfehlungen

Zur Einführung eignen sich die Handbücher von Gabriele Dürbeck und Urte Stobbe (2015) sowie Benjamin Bühler (2016). Ersteres ist ein Sammelband, in dem die Herausgeberinnen viele der wichtigsten Forscher:innen der germanistischen Ökokritik versammeln, die einen Überblick über die Bezugstheorien bieten sowie einige mögliche Beispielinterpretationen andeuten. Bühlers Band wiederum ist eine Monografie, in der detailliert die Fachgeschichte, unterschiedliche Einflüsse und Positionen dargelegt werden. Besonders viele ertragreiche Einzelstudien sind in dem Band *Literatur und Ökologie* (Schmitt/Solte-Gresser 2017) versammelt. Zu ökologischen Schreibweisen empfiehlt sich der von Evi Zemanek herausgegebene Band (2018); zur theoretischen Grundlage der Wechselwirkungen von Literatur und Umwelt wird oft die Kulturökologie nach Hubert Zapf (bspw. 2016) herangezogen.

7 Literaturverzeichnis

Bardi 2017: Bardi, Ugo: *Der Seneca Effekt. Warum Systeme kollabieren und wie wir damit umgehen können*. München 2017.
Bayer/Seel 2016: Bayer, Anja und Daniela Seel (Hg.): *all dies hier, Majestät, ist dein. Lyrik im Anthropozän. Anthologie*. Berlin 2016.
Benthien/Velten 2002: Benthien, Claudia und Hans Rudolf Velten (Hg.): *Germanistik als Kulturwissenschaft. Eine Einführung in neue Theoriekonzepte*. Reinbek 2002.
Bonneuil/Fressoz 2016: Bonneuil, Christophe und Jean-Baptiste Fressoz: *The Shock of the Anthropocene*. London/New York 2016.
Bould 2021: Bould, Mark: *The Anthropocene Unconscious. Climate, Catastrophe, Culture*. London/New York 2021.
Brand/Görg 2022: Brand, Ulrich und Christoph Görg: „Gesellschaftliche Naturverhältnisse", in: *Handbuch Politische Ökologie. Theorien, Konflikte, Begriffe, Methoden*, hg. v. Daniela Gottschlich et al. Bielefeld 2022 (= Edition Politik 110), S. 37–50.
Bühler 2016: Bühler, Benjamin: *Ecocriticism. Grundlagen – Theorien – Interpretationen*. Stuttgart 2016.
Büttner 2017: Büttner, Urs: „Naturbewältigung, ‚Natural Imaginaries' und die Möglichkeiten der Kunst. Ein theoretischer Versuch zur Ökologie des Wissens", in: *Literatur und Ökologie. Neue literatur- und kulturwissenschaftliche Perspektiven*, hg. v. Claudia Schmitt und Christiane Solte-Gresser. Bielefeld 2017, S. 93–106.
Callicot/Nelson 1998: Callicott, J. Baird und Michael Nelson (Hg.): *The Great, New, Wilderness Debate*. Athens (GA) 1998.
Carroll 1865: Carroll, Lewis [Charles Lutwidge Dodgson]: *Alice's Adventures in Wonderland*. London 1865.
Chakrabarty 2009: Chakrabarty, Dipesh: „The Climate of History. Four Theses", in: *Critical Inquiry* 35.2 (2009), S. 197–222.
Clark 2019: Clark, Timothy: *The Value of Ecocriticism*. Cambridge/New York 2019.
Cunsolo/Ellis 2018: Cunsolo, Ashlee und Neville R. Ellis: „Ecological Grief as a Mental Health Response to Climate Change-related Loss", in: *Nature – Climate – Change* 8 (2018), S. 275–281.
Crenshaw 1989: Crenshaw, Kimberle: „Demarginalizing the Intersection of Race and Sex: A Black Feminist Critique of Antidiscrimination Doctrine, Feminist Theory and Antiracist Politics", in: *University of Chicago Legal Forum* 1 (1989), S. 139–167.
Dawson 2016: Dawson, Ashley: *Extinction. A Radical History*. New York/London 2016.
Derrida 1967: Derrida, Jacques: *De la grammatologie*. Paris 1967 [dt. Frankfurt a. M. 2019].
Detering 2020a: Detering, Heinrich: *Holzfrevel und Heilsverlust. Die ökologische Dichtung der Annette von Droste-Hülshoff*. Göttingen 2020.
Detering 2020b: Detering, Heinrich: „Was heißt ‚Ecocriticism'? Theoretische Fragen und deutsche Debatten", in: *GegenwartsLiteratur, Schwerpunkt: Ecocriticism/Environmental Humanities* 19 (2020), S. 23–46.
Dingler 2005: Dingler, Johannes: „Natur als Text. Grundlagen eines poststrukturalistischen Naturbegriffs", in: *Natur – Kultur – Text. Beiträge zu Ökologie und Literaturwissenschaft*, hg. v. Catrin Gersdorf und Sylvia Mayer. Heidelberg 2005, S. 29–52.
Dürbeck 2015: Dürbeck, Gabriele: „Das Anthropozän in geistes- und kulturwissenschaftlicher Perspektive", in: *Ecocriticism. Eine Einführung*, hg. v. Gabriele Dürbeck und Urte Stobbe. Köln et al. 2015.

Dürbeck/Stobbe 2015: Dürbeck, Gabriele und Urte Stobbe (Hg.): *Ecocriticism. Eine Einführung*. Köln et al. 2015.
Flaute et al. 2022: Flaute, Markus, Saskia Reuschel und Britta Stöver: *Volkswirtschaftliche Folgekosten durch Klimawandel. Szenarioanalyse bis 2050. Studie im Rahmen des Projektes Kosten durch Klimawandelfolgen in Deutschland*. Osnabrück 2022.
Gifford 2013: Gifford, Terry: „Pastoral, Anti-Pastoral, and Post-Pastoral", in: Louise Westling: *The Cambridge Companion to Literature and the Environment*. New York 2013, S. 17–30.
Glotfelty/Fromm 1996: Glotfelty, Cheryll und Harold Fromm (Hg.): *The Ecocriticism Reader. Landmarks in Literary Ecology*. Athens (GA)/London 1996.
Grunwald 2018: Grunwald, Armin: „Diverging Pathways to Overcoming the Environmental Crisis: A Critique of Eco-modernism from a Technology Assessment Perspective", in: *Journal of Cleaner Production* 197 (2018), S. 1854–1862.
Haraway 1991: Haraway, Donna J.: „A Cyborg Manifesto", in: Donna J. Haraway: *Simian, Cyborgs, and Women. The Reinvention of Nature*. New York 1991, S. 149–182. [Zuerst in: *Socialist Review* (1985)].
Haraway 2004: Haraway, Donna J.: *The Haraway Reader*. New York/London 2004.
Heise 2008: Heise, Ursula K.: *Sense of Place and Sense of Planet. The Environmental Imagination of the Global*. Oxford/New York 2008.
Hofer 2007: Hofer, Stefan: *Die Ökologie der Literatur. Eine systemtheoretische Annäherung. Mit einer Studie zu Werken Peter Handkes*. Bielefeld 2007.
Hoppe/Lemke 2021: Hoppe, Katharina und Thomas Lemke: *Neue Materialismen zur Einführung*. Hamburg 2021.
Horn/Bergthaller 2019: Horn, Eva und Hannes Bergthaller: *Anthropozän zur Einführung*. Hamburg 2019.
Iovino/Oppermann 2014: Iovino, Serenella und Serpil Oppermann (Hg.): *Material Ecocriticism*. Bloomington/Indianapolis 2014.
IPCC 2023: Lee, Hoesung et al.: *Synthesis Report of the IPCC sixth assessment Report (AR6)*. Online verfügbar unter https://www.ipcc.ch/report/sixth-assessment-report-cycle/ (06.08.2024).
Jencks 2011: Jencks, Charles (Hg.): *The Post-Modern Reader*. Chichester 2011.
Klein 2014: Klein, Naomi: *This Changes Everything. Capitalism vs. The Climate*. New York et al. 2014.
Kotz et al. 2024: Kotz, Maximilian, Anders Levermann und Leonie Wenz: „The Economic Commitment of Climate Change" in: *Nature* 628 (2024), S. 551–557. Online verfügbar unter https://www.nature.com/articles/s41586-024-07219-0 (10.08.2024).
Latour 2017: Latour, Bruno: *Facing Gaia. Eight Lectures on the New Climatic Regime*. Übersetzt von Catherine Porter. Cambridge/Medford 2017 [frz. 2015].
Loh 2018: Loh, Janina: *Trans- und Posthumanismus zur Einführung*. Hamburg 2018.
Lyotard 1984: Lyotard, Jean-François: *The Postmodern Condition. A Report on Knowledge*. Übersetzt von Geoff Bennington, Brian Massumi. Manchester 1984 [frz. 1979].
Malm 2016: Malm, Andreas: *Fossil Capital. The Rise of Steam Power and the Roots of Global Warming*. London/New York 2016.
Marx 2017: Marx, Andreas (Hg.): *Klimaanpassung in Forschung und Politik*. Wiesbaden 2017.
McNeill 2000: McNeill, John Robert: *Something New Under the Sun. An Environmental History of the Twentieth-Century World*. New York 2000.
Meyer 2001: Meyer, John M.: *Political Nature. Environmentalism and the Interpretation of Western Thought*. Cambridge (MA)/London 2001.
Milkoreit et al. 2016: Milkoreit, Manjana, Meredith Martinez und Joey Eschrich (Hg.): *Everything Change. An Anthology of Climate Fiction*. O.O. 2016. Online verfügbar unter https://climateimagination.asu.edu/everything-change/ (06.08.2024).

Morgenroth 2017: Morgenroth, Claas: "Ökologie und Praxis. Kritik der (literaturwissenschaftlichen) Ökokritik", in: *Literatur und Ökologie. Neue literatur- und kulturwissenschaftliche Perspektiven*, hg. v. Claudia Schmitt und Christian Solte-Gresser. Bielefeld 2017, S. 107–116.

Müller/Pusse 2017: Müller, Sabine Leonore und Tina-Karen Pusse (Hg.): *From Ego to Eco. Mapping Shifts from Anthropocentrism to Ecocentrism*. Leiden 2017 (= Nature, Culture and Literature 13).

Nixon 2011: Nixon, Rob: *Slow Violence and the Environmentalism of the Poor*. Cambridge/London 2011.

Oppermann 2011: Oppermann, Serpil: "Ecocentric Postmodern Theory: Interrelations between Ecological, Quantum, and Postmodern Theories", in: *Ecocritical Theory. New European Approaches*, hg. v. Axel Goodbody und Kate Rigby. Charlottesville (VA) 2011, S. 230–242.

Richardson et al. 2023: Richardson, Katherine et al.: Earth Beyond Six of Nine Planetary Boundaries. In: *Science Advances* 9.37 (2023). Online verfügbar unter https://www.science.org/doi/epdf/10.1126/sciadv.adh2458 (06.08.2024).

Rigaud et al. 2018: Rigaud, Kumari et al.: *Groundswell. Preparing for Internal Climate Migration*. Washington DC 2018.

Rohkrämer 1999: Rohkrämer, Thomas: *Eine andere Moderne? Zivilisationskritik, Natur und Technik in Deutschland 1880–1933*. Paderborn et al. 1999.

Runciman 2023: Runciman, David: *The Handover. How We Gave Control of our Lives to Corporations, States and AIs*. London 2023.

Schaumann/Sullivan 2017: Schaumann, Caroline und Heather I. Sullivan (Hg.): *German Ecocriticism in the Anthropocene*. New York 2017.

Scheuermann 2014: Scheuermann, Silke: *Skizze vom Gras*. Frankfurt a.M. 2014.

Schmitt/Solte-Gresser 2017: Schmitt, Claudia und Christiane Solte-Gresser (Hg.): *Literatur und Ökologie. Neue literatur- und kulturwissenschaftliche Perspektiven*. Bielefeld 2017.

Schwägerl/Leinfelder 2014: Schwägerl, Christian und Reinhold Leinfelder: "Die menschgemachte Erde", in: *Zeitschrift für Medien- und Kulturforschung* 5.2 (2014), S. 233–240.

Soper 1995: Soper, Kate: *What is Nature: Culture, Politics and the non-Human*. Oxford/Cambridge 1995.

Steffen et al. 2015: Steffen, Will et al.: "The Trajectory of the Anthropocene: The Great Acceleration", in: *The Anthropocene Review* 2.1 (2015), S. 81–98.

Sullivan 2015: Sullivan, Heather I.: "New Materialism", in: *Ecocriticism. Eine Einführung*, hg. v. Gabriele Dürbeck und Urte Stobbe. Köln et al. 2015, S. 57–67.

Westling 2006: Westling, Louise: "Literature, the Environment, and the Question of the Posthuman", in: *Nature in Literary and Cultural Studies. Transatlantic Conversations on Ecocriticism*, hg. v. Catrin Gersdorf und Sylvia Mayer. Amsterdam, New York 2006, S. 25–47.

WWF 2022: *Living Planet Report 2022 – Building a Nature-positive Society*, hg. v. R.E.A. Almond et al. Gland 2020. Online abrufbar https://www.wwf.de/living-planet-report (06.08.2024).

Zapf 2015: Zapf, Hubert: "Kulturökologie und Literatur", in: *Ecocriticism. Eine Einführung*, hg. v. Gabriele Dürbeck und Urte Stobbe. Köln et al. 2015, S. 172–184.

Zapf 2016: Zapf, Hubert (Hg.): *Handbook of Ecocriticism and Cultural Ecology*. Berlin/Boston 2016.

Zemanek 2018: Zemanek, Evi (Hg.): *Ökologische Genres. Naturästhetik – Umweltethik – Wissenspoetik*. Göttingen 2018 (= Umwelt und Gesellschaft 16).

Zima 2016: Zima, Peter V.: *Die Dekonstruktion. Einführung und Kritik*. 2., überarbeitete und erweiterte Auflage. Tübingen 2016.

Benjamin Krautter
Dramenanalyse mit Methoden der *Digital Humanities*
Am Beispiel von Karl Kraus, *Die letzten Tage der Menschheit* (1918/19; 1922)

1 Kurzdarstellung, Relevanz und Aktualität des Forschungsfelds

Die *Digital Humanities* im Allgemeinen – und darin inbegriffen die unter verschiedenen Bezeichnungen firmierenden Formen digitaler Literaturwissenschaften im Speziellen – sind ein junges, durch thematische, methodische und (inter-)disziplinäre Diversität sowie ihren auf Innovation abzielenden Anspruch (vgl. Jannidis 2023b, 1f.) gekennzeichnetes Forschungsfeld. Nicht umsonst gelten die *Digital Humanities* als „big tent" (etwa Svensson 2012, passim), in dem verschiedene Arbeitsfelder, etwa digitale Kunstgeschichte, digitale Musikwissenschaften oder digitale Literaturwissenschaften, auf ganz unterschiedliche Gegenstandsbereiche treffen. Text, Bild und Ton können dabei ebenso Untersuchungsgegenstand sein wie Film oder Computerspiel. Zumeist werden Forschungsarbeiten dann den *Digital Humanities* zugerechnet, wenn „der Gegenstand oder die Methodik einer geisteswissenschaftlichen Forschung digital ist" (Gius 2023, 386) bzw. wenn sie „zur Beantwortung ihrer Fragestellungen (also nicht nur zur Verfertigung ihrer Texte) von Computern Gebrauch machen" (Limpinsel 2016, Kap. 1), wenn sie also auf quantitative Analyseverfahren zurückgreifen. Wie Fotis Jannidis konstatierte, haben sich die *Digital Humanities* in den letzten Jahren „von einem Randphänomen zu einem der sichtbaren Felder kultur- und geisteswissenschaftlicher Forschung" (Jannidis 2019, 63) mit einem längst „umfassende[n] Bestand an etabliertem Wissen" (Jannidis 2013, 39) entwickelt.

Das folgende Kapitel konzentriert sich exemplarisch auf die digitale Dramenanalyse, um zwei gängige und konsolidierte Methoden der *Digital Humanities* vorzustellen und in ihrer Anwendung zu veranschaulichen: die literarische Netzwerkanalyse und das *Topic Modeling*. Am Beispiel von Karl Kraus' Drama *Die letzten Tage der Menschheit* (1918/19; 1922)[1] werden wir erstens Perspektiven auf

---

[1] Der Epilog des Dramas erschien 1918. Im darauffolgenden Jahr wurden das Vorspiel und die Akte nach und nach veröffentlicht. 1922 erschien dann die stark umgearbeitete und um viele Szene erweiterte Buchausgabe. Diese stellt auch die Textgrundlage unserer Analysen dar.

die um quantitative Analysen ergänzte Einzeltextbetrachtung eröffnen. Zweitens werden wir die Potenziale von quantitativen Verfahren für die Literaturgeschichtsschreibung auf Basis einer größeren Korpusanalyse visibel machen. Grundlage dafür ist das inzwischen über 700 Dramen (Stand: Oktober 2024) umfassende *German Drama Corpus* (siehe Fischer et al. 2019, 194–197), in dem die zugehörigen Dramentexte maschinenlesbar aufbereitet wurden.

Das Kapitel ist in vier Abschnitte gegliedert. Anhand der in der Forschung eingehend diskutierten Frage, was die *Digital Humanities* denn eigentlich sind, werden wir die Forschungslandschaft zunächst knapp kartieren (2). Mit Blick auf den analytischen Teilbereich der digitalen Literaturwissenschaften erläutern wir dann theoretische Hintergrundannahmen für den Einsatz quantitativer Methoden und skizzieren mögliche Fragestellungen, die sich von diesen Hintergrundannahmen ableiten (3). Anschließend stellen wir das *German Drama Corpus* vor, das die Textgrundlagen für alle folgenden Untersuchungen liefert. Dabei erläutern wir, warum die maschinenlesbare Kodierung von Strukturinformationen so elementar für die quantitative Dramenanalyse ist (4). Anhand von Kraus' *Die letzten Tage der Menschheit* führen wir dann einerseits in basale Formen der statistischen Auswertung ein, etwa mit Blick auf die Figurenrede im Drama. Andererseits stellen wir die grundlegenden Möglichkeiten der literarischen Netzwerkanalyse vor (5). Die literarische Netzwerkanalyse und das sogenannte *Topic Modeling* werden anschließend für eine Korpusanalyse der im *German Drama Corpus* verfügbaren Dramentexte herangezogen. Dabei wird skizziert, welche für die Dramengeschichtsschreibung potenziell relevanten statistischen Muster in den Daten aufzuspüren sind (6).

2 Was sind *Digital Humanities*?

Roberto Busas Mitte der 1940er Jahre begonnenes Pionierprojekt *Index Thomisticus* gilt als erste wichtige, durch den Computer unterstützte Arbeit, die sich retrospektiv in einem engeren Sinne den *Digital Humanities* zurechnen lässt (vgl. Hockey 2004, 4 und Thaller 2017, 3). Nicht-computerunterstützte, aber dennoch quantitative Zugänge zu literarischen Texten lassen sich indes mindestens bis ins frühe 19. Jahrhundert zurückverfolgen (vgl. Bernhart 2018, 207). Die Bezeichnung ‚Digital Humanities' selbst ist eine Konstruktionsleistung der mittleren 2000er Jahre, die einerseits als Reaktion auf die zunehmende Diversifizierung des Forschungsfeldes und andererseits als initiales Moment für eine noch vielfältigere Ausdifferenzierung und Spezialisierung zu bewerten ist (vgl. Schreibman et al. 2004, xxiv–xxvi). Trotz der inzwischen zu verzeichnenden Fülle unterschiedlicher Disziplinen, Untersuchungsgegenstände, analytischer Zugriffe, Formen der Gegenstandsmodellierung und interdisziplinärer Kooperationsmöglichkeiten lassen sich innerhalb der *Digital Humanities* drei größere Forschungslinien erkennen:

> Geht es den ‚digitized humanities' um den Aufbau, die Verwaltung und Verarbeitung digitalisierter Archive, entwickeln die ‚numerical humanities' mathematische Abstraktionen geisteswissenschaftlicher Inhalte sowie formale Modelle. Die ‚humanities of the digital' schließlich untersuchen Online-Kommunikation und -Communitys bzw. allgemein Inhalte, die *born-digital* sind (Horstmann/Fischer 2022, 1).

Wenn von *Digital Humanities* die Rede ist, dann sind die digitalen Literaturwissenschaften nur ein Teilbereich, der gemäß der genannten Forschungslinien selbst wiederum untergliedert ist: Erstens in einen kuratierenden bzw. editionsphilologischen Teilbereich, der an der Erstellung von Textsammlungen und digitalen Editionen interessiert ist. Zweitens in einen analytischen Teilbereich, der computergestützte Methoden einsetzt, um Literatur quantitativ zu untersuchen. Und drittens in einen Bereich, der die Analyse von genuin digitalen Gegenständen vornimmt – mit digitalen Methoden oder ohne. Wir interessieren uns im Folgenden vor allem für den analytischen Teilbereich. In Deutschland hat sich angelehnt an die Computerlinguistik schon zu Beginn der 1990er Jahre die ‚Computerphilologie' „als Sammelbegriff für die Einsatzmöglichkeiten des Computers in der Literaturwissenschaft etabliert" (Jannidis 2013, 27), die nun – mit Bezeichnungen wie digitale Literaturwissenschaften oder *Computational Literary Studies* – weiter ausdifferenziert wird.

3 Theoretisch-methodische Grundannahmen

Der analytische Teilbereich der digitalen Literaturwissenschaften nutzt computergestützte Ansätze und Verfahren, um literarische Texte zumeist quantitativ zu untersuchen. Gegenstandsbereich der computergestützten Analyse von Literatur sind deshalb vor allem zähl- bzw. messbare Elemente und Eigenschaften der Texte. Das Forschungsinteresse richtet sich beispielsweise auf strukturelle Ähnlichkeiten und Unterschiede von Texten, die Identifikation und Charakterisierung wichtiger Figuren oder den Einsatz narratologischer Konzepte, etwa um Ereignisse automatisch zu erkennen und so die Narrativität von Texten zu untersuchen. Das Interesse zielt aber auch auf abstrahierende Fragestellungen nach Gattungszugehörigkeit und Gattungskonstitution, nach literaturgeschichtlichen Entwicklungen und Kanonisierungsprozessen oder auf die Explikation literaturtheoretischer Konzepte. Als Untersuchungsgegenstand eignen sich demnach sowohl einzelne Texte oder kleine Gruppen von Texten als auch große, teils mehrere 10.000 Texte umfassende Korpora. Peer Trilcke und Frank Fischer fassen die Anforderungen an computergestützte

Methoden folgendermaßen zusammen: „‚Neue Antworten auf alte Fragen' werden von den digitalen Methoden erwartet, wobei diese neuen Antworten unter anderem valider, präziser, empirischer, nachvollziehbarer, größer skaliert usw. sein sollten" (Trilcke/Fischer 2018, Kap. 2).

Zentral für die genannten Forschungsinteressen ist die theoretische Hintergrundannahme, dass das (automatische) Zählen von bestimmten Textoberflächenphänomenen oder Texteigenschaften entweder relevante Befunde für die Interpretation literarischer Texte oder für die Untersuchung abstrakterer Analyseeinheiten wie Werkzusammenhänge, Gattungen oder Epochen liefert. Während sich Literaturwissenschaftler:innen in der Regel vor allem mit den qualitativen Merkmalen literarischer Texte auseinandersetzen – wenn man etwa eine rhetorische Stilfigur bestimmt oder verschiedene Formen der Redewiedergabe in Erzähltexten unterscheidet –, rücken diese Qualitäten bei quantitativen Analysen entweder in den Hintergrund oder eine spezifische Qualität wird vorab als Analyseeinheit bestimmt. Zählt man beispielsweise die Wörter zweier Romane, können die Romane anschließend hinsichtlich der Frequenz einzelner Wörter verglichen werden, über den spezifischen Gebrauch der Wörter im Kontext der dargestellten Handlung lassen sich aber keine Aussagen treffen. Es handelt sich also um eine Art *trade-off*: Mit dem Computer als *„number cruncher"* (Jannidis 2013, 34) lassen sich bestimmte Textoberflächenphänomene zwar exakt auszählen, zu fragen ist aber, wie sich diese Phänomene in literaturwissenschaftliche Erkenntnisinteressen integrieren lassen.

Hieran schließt eine zweite, zeitökonomische Annahme an: Niemand, so das geläufige Argument, könne auch nur annähernd so viel lesen, um über die kanonisierten Texte hinaus repräsentative Aussagen über die enorme Menge an geschriebener Literatur auch nur eines Jahrhunderts innerhalb einer Nationalliteratur zu treffen (vgl. etwa Moretti 2000, 54–68 oder Trilcke 2023, 563–567). Folgt man Arno Schmidts anekdotischer Hochrechnung, dann könnte jede:r Leser:in in ihrem:seinem Leben etwa 3.000 Bücher lesen, geht man von 15.000 zur Verfügung stehenden Lesetagen aus (vgl. Schmidt 1961, 9). Nach Franco Morettis Schätzung würden 3.000 Bücher aber gerade einmal rund zehn Prozent der im 19. Jahrhundert allein in Großbritannien veröffentlichten Romane entsprechen (vgl. Moretti 2005, 4). Moretti folgert deshalb:

> [C]lose reading won't help here, a novel a day every day of the year would take a century or so ... And it's not even a matter of time, but of method: a field this large cannot be understood by stitching together separate bits of knowledge about individual cases, because it *isn't* a sum of individual cases: it's a collective system, that should be grasped as such, as a whole [...]. (Moretti 2005, 4)

Dem Argument der Zeitökonomie stellt Moretti eine weitere Hintergrundannahme zur Seite: Literaturgeschichtliche Zusammenhänge ließen sich nicht als Summe einer

Reihe von nacheinander vorgenommener Einzeltextinterpretationen auffassen. Stattdessen seien großangelegte Analysen nötig, in denen Textkorpora als systematisches Ganzes statistisch untersucht werden. Für diese Form der gezielten Abstraktion vom Einzeltext prägte Moretti den Begriff *distant reading* (vgl. Moretti 2000). Obwohl Moretti *distant reading* ursprünglich ohne Computerunterstützung konzipierte, hat sich der Begriff inzwischen als Bezeichnung für quantitative Analysen in den *Digital Humanities* fest etabliert (vgl. Weitin et al. 2016, 104). Solche Makroanalysen fokussieren in der Regel nicht mehr auf einzelne Texte oder singuläre literarische Phänomene, sondern auf „vergleichbare Strukturen, deren Ähnlichkeiten und Unterschiede": „Es geht darum, Muster im Korpus zu erkennen" (Trilcke/Fischer 2018, Kap. 3).

4 Digitale Textsammlungen als Analysegrundlage

Zentrale Grundlage der digitalen Dramenanalyse sind maschinenlesbare Digitalisate der Dramentexte, die meist in umfangreicheren Textsammlungen organisiert und zur Verfügung gestellt werden. Diese zielen – anders als vollwertige digitale Editionen (vgl. etwa Goethe 2018) – in der Regel weder auf die Rekonstruktion der Textgenese noch auf die Kommentierung der Dramen ab. In den Fokus rückt stattdessen die Verfügbarkeit möglichst vieler Dramentexte mit einheitlich kodierten Strukturinformationen, die maschinelle Auswertungen und Vergleiche ermöglichen. Es handelt sich somit um eine auf die computergestützte Analyse hin zugeschnittene Form der digitalen Aufbereitung. Das *Drama Corpora Project* (DraCor) ist eine der wichtigsten Ressourcen für diese Art von maschinenlesbaren Dramentexten (siehe Fischer et al. 2019). DraCor versammelt derzeit (Stand: Oktober 2024) 21 Dramensammlungen, die anhand verschiedener Sprachen – Deutsch, Französisch, Englisch, Russisch usw. – oder nach Autor:innen – William Shakespeare und Pedro Calderón de la Barca – geordnet sind. Seit einiger Zeit ist hier auch die von Paul Fièvre zusammengestellte französischsprachige Sammlung *Théâtre Classique* mit 1.940 Stücken verfügbar. Das *German Drama Corpus*, die zweitgrößte Ressource im DraCor, besteht aktuell aus 715 Dramentexten, die zwischen 1510 und 1947 verfasst wurden. Ein klarer Fokus liegt dabei auf dem 18. und 19. Jahrhundert. 546 Texte entstammen diesem Zeitraum und stellen damit das Gros der Sammlung dar. Insgesamt umfasst das *German Drama Corpus* etwa zwölf Millionen Wörter und über 15.500 auftretende Figuren.

Das *German Drama Corpus* fußt zu einem großen Teil auf dem Bestand des *Textgrid Repository*. Als digitales Langzeitarchiv für geisteswissenschaftliche Forschungsdaten enthält *Textgrid* u. a. eine Sammlung von 680 entweder kanonisch gewordenen oder zeitgenössisch populären Dramen. Für das *German Drama Corpus* wurden die digitalisierten Dramentexte systematisch aufbereitet und um Fehler bereinigt. Übersetzungen ins Deutsche und fragmentarisch gebliebene Stücke wurden nicht übernommen. Inzwischen wird das *German Drama Corpus* regelmäßig um digitalisierte Dramen aus anderen Ressourcen, etwa *Google Books* oder *Wikisource*, ergänzt.

Digitale Textsammlungen, die auf eine computergestützte Analyse abzielen, kodieren die Primärtexte meist über ihre Zeichenfolge hinaus mit zusätzlichen Informationen. Die Texte werden also durch Markups oder Annotationen angereichert. Dafür werden spezielle Auszeichnungssprachen wie XML und dazugehörige Dokumentformate verwendet. Die Dramentexte im *German Drama Corpus* sind etwa im Format der Text Encoding Initiative (TEI) kodiert. Der nachfolgend dargestellte Auszug aus Karl Kraus' *Die letzten Tage der Menschheit* zeigt, wie die TEI-Dokumente im *German Drama Corpus* aufgebaut sind. Verschiedene *tags* ordnen die einzelnen Elemente des Texts, sodass sich wichtige Strukturinformationen wie die Segmentierung der Dramen in Akte und Szenen und die Redeanteile der Figuren regelbasiert extrahieren lassen: < div type = "scene" > zeigt etwa an, dass eine neue Szene folgt, durch < stage > </stage > gerahmter Text wird als Bühnenanweisung ausgezeichnet und < sp who = "#[...]" > markiert die nachfolgend sprechende Figur.

```
[...]
<div type="scene">
  <head>3. Szene</head>
  <stage>Hinter der Brücke. Ein Heerhaufen um das Automobil. Der Chauffeur
  weist den Fahrtausweis vor.</stage>
  <sp who="#ein_soldat_1-3">
    <speaker>Ein Soldat</speaker>
    <stage>(mit angelegtem Gewehr):</stage>
    <p>Halt!</p>
  </sp>
  <sp who="#der_noergler">
    <speaker>Der Nörgler:</speaker>
    <p>Der Wagen steht doch schon. Warum ist denn der Mann so rabiat?</p>
  </sp>
  <sp who="#der_hauptmann_1-3">
    <speaker>Der Hauptmann</speaker>
    <stage>(in Raserei):</stage>
    <p>Er erfüllt seine Pflicht. Wenn er nur im Feld rabiat is mit'n
    Feind, so is scho recht!</p>
  </sp>
[...]
```

In TEI kodierter Textauszug aus Kraus' *Die letzten Tage der Menschheit*.

Darüber hinaus enthalten die Dokumente Metadaten zum jeweiligen Drama: Angaben zur Uraufführung, zur Erstpublikation oder zur zugrundeliegenden (Werk-)Ausgabe. In den letzten Jahren gab es zudem verstärkt Bestrebungen, die Dramen um weitere Meta- und Annotationsdaten anzureichern; so etwa um grundlegende Figurenrelationen (vgl. Wiedmer et al. 2020, 194–200) oder Koreferenzen (vgl. Pagel/Reiter 2020, 55–64). Diese Daten können die Basis für weiterführende Analysen darstellen.

5 Einzeltextanalysen am Beispiel von Kraus' *Die letzten Tage der Menschheit*

Dass das Weltkriegsdrama *Die letzten Tage der Menschheit* sowohl hinsichtlich der Anzahl auftretender Figuren, der Menge an Szenen und Handlungsorte, der verwerteten historischen Dokumente als auch der schieren Länge des Haupttextes in Umfang und „proteische[r] Vielfalt" kein „unmittelbares Vorbild in der deutschsprachigen Literatur" (Ribeiro 2022, 27) hat, ist keine Erkenntnis, die einer präzisen quantitativen Bestätigung bedürfte. Dennoch bietet sich Kraus' Drama gerade aufgrund seines Umfangs und der konstatierten Vielfalt für die Bearbeitung mit Methoden der *Digital Humanities* an. Bereits ein knapper Vergleich mit 647 anderen deutschsprachigen Dramen von 1730 bis ins erste Drittel des 20. Jahrhunderts veranschaulicht, wie stark sich Kraus hinsichtlich der Textlänge und der Anzahl auftretender Figuren über gattungstypische Konventionen hinwegsetzte.

Abbildung 1 zeigt den Umfang der einzelnen Dramentexte im historischen Verlauf. Jedes Drama ist dabei durch einen Punkt repräsentiert, der anhand der Erstveröffentlichung bzw. Uraufführung (horizontale Achse) und des in Wörtern gemessenen Umfangs (vertikale Achse) im Diagramm verortet wird. Rot dargestellt ist eine lokal gewichtete und geglättete Kurve, die aus den Datenpunkten eine historische Trendlinie formt. Die Datenpunkte werden zusätzlich als Boxplot (siehe Abb. 2) visualisiert. Boxplots bilden verschiedene Streuungs- und Lagemaße grafisch ab. Die schwarze Linie stellt den Median der Werte dar. Der Median ist ein Lagemaß und teilt die Datenreihe in zwei gleich große Bereiche, sodass 50 Prozent der Datenpunkte größer oder gleich und 50 Prozent kleiner oder gleich dem Median sind. Die rechteckige Box repräsentiert die mittleren 50 Prozent der Datenpunkte. Begrenzt wird die Box durch das obere ($p = 0{,}75$) und untere Quartil ($p = 0{,}25$). Das untere Quartil zerlegt die Daten in das untere Viertel und das obere Dreiviertel der Datenpunkte, das obere Quartil entsprechend in das untere Dreiviertel und das obere Viertel. An die beiden Quartile schließen zwei sogenannte

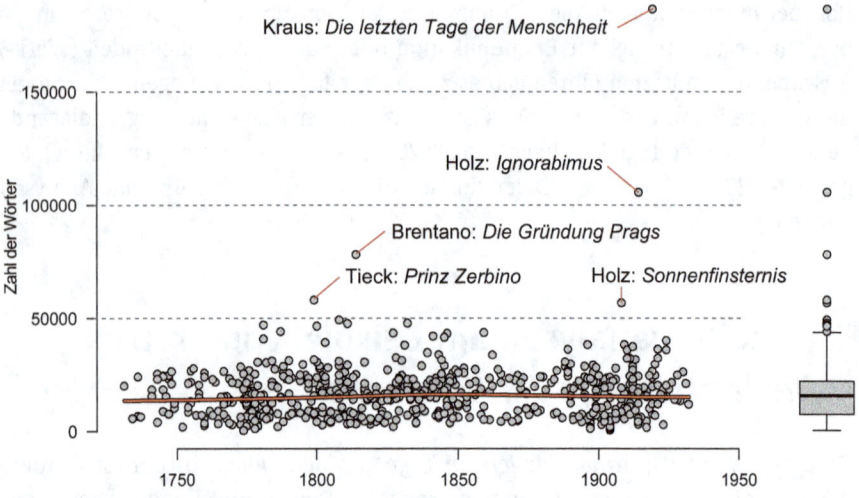

Abb. 1: Zahl der Wörter von 648 Dramen, die zwischen 1730 und 1932 veröffentlicht wurden; in Rot: *loess*-Kurve.

Antennen an, die den größten Teil des übrigen Wertebereichs abdecken.[2] Datenpunkte, die über oder unter den Antennen abgetragen werden, können als (mögliche) Ausreißer gelten.

Ein Blick auf die Datenwerte in Abbildung 1 zeigt, dass der bei weitem größte Teil der betrachteten Texte (630 von 648) weniger als 40.000 Wörter umfasst. Nur fünf der Dramen sind länger als 50.000 Wörter: Ludwig Tiecks *Prinz Zerbino oder die Reise nach dem guten Geschmack* (1799), Clemens Brentanos *Die Gründung Prags* (1814), Arno Holz' *Sonnenfinsternis* (1908) und *Ignorabimus* (1914) und eben Kraus' *Die letzten Tage der Menschheit*. Alle fünf werden im Boxplot als Ausreißer eingeordnet. Während die Zahl der Wörter bereits in Tiecks (58.031), Brentanos (78.035) und Holz' (56.770, 105.637) Dramen als für die Gattung extrem erachtet werden kann, übersteigt Kraus' *Die letzten Tage der Menschheit* diese Werte nochmals erheblich: ganze 186.517 Wörter umfasst der Dramentext. Etwa „zehn Abende", so schätzt Kraus selbst, würde eine Aufführung nach „irdischem Zeitmaß" (Kraus 1957, 7) wohl dauern und erscheint schon deshalb als wenig praktikabel. In historischer Sicht bleibt die rote Trendlinie recht stabil. Bis etwa 1860

---

[2] Die Länge der Antennen ist in diesem Fall durch den letzten Datenpunkt definiert, der ausgehend vom oberen oder unteren Quartil noch innerhalb des 1,5-fachen Interquartilsabstands liegt. Als Interquartilsabstand wird die Differenz von oberem und unterem Quartil bezeichnet, er entspricht also der Länge der Box.

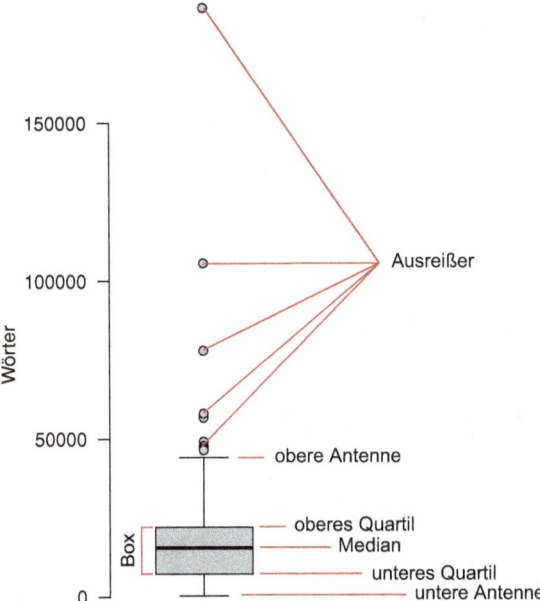

Abb. 2: Boxplot von 648 zwischen 1730 und 1932 veröffentlichten Dramen und ihrer Anzahl an Wörtern.

steigt sie langsam von rund 13.500 Wörtern auf etwa 16.200 Wörter, ehe sie im Anschluss leicht abfällt und in den 1930er Jahren bei 15.000 Wörtern endet.

Nochmals deutlicher werden die gewaltigen Ausmaße von Kraus' Weltkriegsdrama angesichts der in Abbildung 3 dargestellten Zahl sprechender Figuren. Während der Median aller 648 Dramen bei 15 Figuren und das obere Quartil bei 25 Figuren liegt, zählt *Die letzten Tage der Menschheit* in der digital kodierten Form des *German Drama Corpus* ganze 925 verschiedene Figuren.[3] Das Drama mit den zweit-

---

[3] Die Anzahl der Figuren hängt auch mit der Art zusammen, wie im *German Drama Corpus* Figuren-IDs vergeben werden. Generische Figuren oder Sprecher wie „Ein Hauptmann", „Eine Stimme" oder „Ein Mädchen" werden nur dann aufeinander abgebildet, wenn aus dem Kotext eindeutig ersichtlich ist, dass es sich um dieselbe Figur und nicht nur den gleichen Namen handelt (siehe dazu https://github.com/dracor-org/gerdracor/wiki/Documentation-for-Correcting-Plays-from-TextGrid-Repository). In *Die letzten Tage der Menschheit* gibt es eine Vielzahl von solchen, meist nach ihrer Funktion oder Rolle benannten Figuren. So treten etwa gleich zehn Figuren, die im DraCor mit jeweils distinkter ID ausgezeichnet wurden, als „Ein Hauptmann" auf. Diese regelbasierte Form der ID-Vergabe dürfte eine Erklärung dafür liefern, dass die Zahl der Figuren von *Die letzten Tage der Menschheit* im *German Drama Corpus* (925) sehr viel höher ausfällt als entsprechende Angaben in literaturwissenschaftlicher

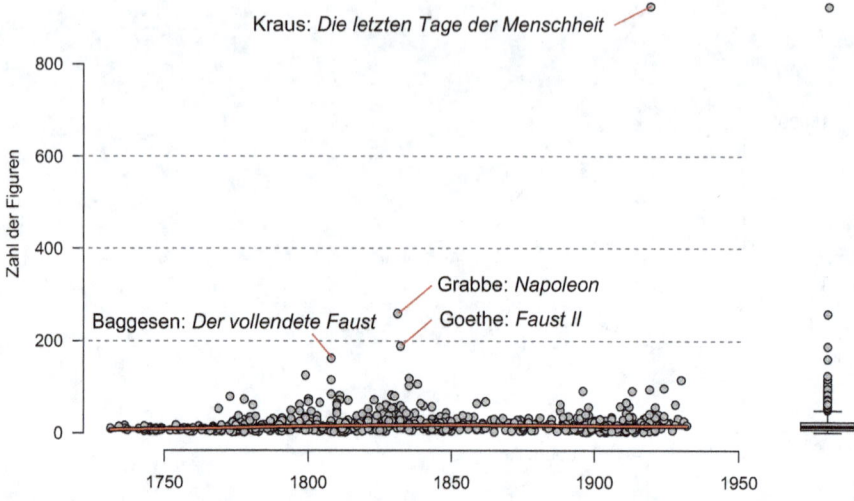

Abb. 3: Zahl der Figuren von 648 Dramen, die zwischen 1730 und 1932 veröffentlicht wurden; in Rot: *loess*-Kurve.

meisten sprechenden Figuren, Christian Dietrich Grabbes Historiendrama *Napoleon oder Die hundert Tage* (1831), kommt verglichen damit auf eine als beinahe gering zu bezeichnende Zahl von 259 Figuren und verdeutlicht noch einmal, wie singulär Kraus' Drama ist. Das unterstreicht auch die abgebildete Trendlinie. Zwar steigt diese von knapp acht Figuren in den 1730er Jahren auf mehr als 17 Figuren um 1850, aufgrund der notwendigen Skalierung lässt sich der mehr als verdoppelte Wert jedoch optisch kaum wahrnehmen. Anhand der einzelnen Datenpunkte wird gleichwohl ersichtlich, dass beginnend mit dem Sturm und Drang und damit verbundenen Dramen wie Friedrich Gotthold Klopstocks *Hermanns Schlacht* (1769) oder Johann Wolfgang von Goethes *Götz von Berlichingen* (1773) zunehmend auch Stücke mit 40 Figuren und mehr verfasst werden. Diese Entwicklung findet – zumindest mit Blick auf die im *German Drama Corpus* verfügbaren Stücke – zwischen 1790 und 1840 ihren Höhepunkt. Dramen wie Jens Immanuel Baggesens *Der vollendete Faust oder Romanien in Jauer* (1808/1836), das 162 sprechende Figuren aufweist, Grabbes *Napoleon* oder Goethes *Faust II* mit 189 Figuren bleiben aber weiterhin die Ausnahme, was auch die Werteverteilung im Boxplot demonstriert. In Anlehnung an sogenannte „Mega-Roman[e]", bei denen die Textlänge als eine Bedingung für „ästhetisch-formale Variationsbreite, Experimentalität, Vielstimmig-

---

Forschung: Achim Aurnhammer (vgl. 2017, 100) geht etwa von nur etwas mehr als 500 Figuren aus.

keit, epistemologische Tiefgründigkeit, sozialgeschichtliche Bandbreite und thematische Umfassendheit" betrachtet wird (Glaubitz 2020, 60f.), ließe sich *Die letzten Tage der Menschheit* wohl also mit einigem Recht als ‚Mega-Drama' bezeichnen.

5.1 Deskriptive Statistik

Im Folgenden sollen verschiedene analytische Dimensionen struktureller und stilistischer Art am Beispiel von Kraus' ‚Mega-Drama' quantitativ untersucht werden. Grundlage dafür ist die im *German Drama Corpus* verfügbare maschinenlesbar kodierte Version des Dramas. Diese erlaubt einen niedrigschwelligen computergestützten Zugriff auf den Dramentext. Die Analysen zielen insbesondere auf Quantitäten der Figurenrede ab: Wie viel, wie häufig und zu welchem Zeitpunkt im Dramenverlauf sprechen einzelne Figuren? Solche Eigenschaften werden in etablierten hermeneutisch-verstehenden Zugriffen häufig implizit einbezogen, um etwa die Hauptfiguren eines Dramas zu ermitteln, sie werden aber nur selten exakt bestimmt. Die folgenden Analysebeispiele verstehen sich deshalb als Ergänzung etablierter literaturwissenschaftlicher Methoden und sollen die Potenziale von computergestützt-quantitativen Verfahren als Hilfsmittel für die Dramenanalyse aufzeigen. Mögliche Erkenntnisse oder Befunde ergeben sich dabei im *modus operandi* des Vergleichs. So offensichtlich das auch klingen mag: Dass in *Die letzten Tage der Menschheit* 925 sprechende Figuren auftreten, wird erst dann zu einer aussagekräftigen Information, wenn Vergleichsgrößen vorliegen, anhand derer sich einschätzen lässt, dass es sich dabei um eine extrem große Zahl handelt. Gleiches gilt für die Figurenrede. Um festzustellen, ob eine Figur viel oder wenig spricht, werden Ko- und Kontexte benötigt.

Abbildung 4 zeigt die sieben meistsprechenden Figuren in Kraus' Drama einschließlich ihres Redeumfangs. Wenig überraschend hat der Nörgler, dessen „chorische Funktion" (Ribeiro 2022, 167) für das Drama in der Forschung häufig hervorgehoben wird, mit 30.240 Wörtern den bei weitem größten Anteil an der Figurenrede. Wie umfangreich dieser ausfällt, zeigt der Vergleich mit den anderen Figuren. Die 8.908 Wörter des Optimisten, der Figur mit der zweitgrößten Redelänge, entsprechen nicht einmal einem Drittel der durch den Nörgler geäußerten Wörter. Hier wird eine beträchtliche Diskrepanz offenkundig. Addiert man die gesprochenen Wörter des Optimisten (8.908), des Patrioten (5.160), des Alten Biach (4.577), der Journalistin Schalek (4.473), des Abonnenten (4.380) und des Generals (2.956), wird mit 30.454 Wörtern der Redeumfang des Nörglers nur knapp übertroffen. Das bedeutet aber auch, dass die Figurenrede dieser sieben Figuren etwa ein Drittel des gesamten Dramentextes beträgt, obwohl sie zusammen gerade einmal 0,76 Prozent des Bühnenpersonals stellen. Ein vergleichender Blick

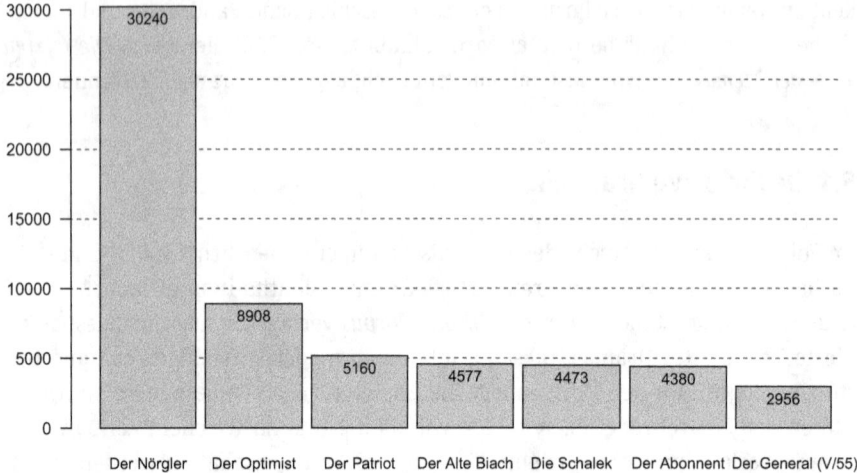

Abb. 4: Die sieben meistsprechenden Figuren aus *Die letzten Tage der Menschheit* und die Zahl der von ihnen geäußerten Wörter.

in die Dramengeschichte offenbart zudem, dass die Figurenrede des Nörglers allein in etwa so umfangreich ist, wie der gesamte Text von Gotthold Ephraim Lessings *Nathan der Weise* (1779) mit 30.460, Friedrich Schillers *Maria Stuart* (1800) mit 30.636 oder Goethes *Faust* (1808) mit einer Länge von 30.912 Wörtern.

Auf Manfred Pfisters Annahme zurückgreifend, dass es im Drama „quantitativ erfaßbar[e] [...] Dominanzrelationen" gibt, lässt sich der Umfang der Figurenrede als erstes Kriterium für die Unterscheidung von Haupt- und Nebenfiguren eines Dramas auffassen. Pfister spricht hierbei vom „Anteil[] am Haupttext" (Pfister 2001, 226). Als zweites Kriterium nennt er die „Dauer der Bühnenpräsenz einer Figur", die sich näherungsweise über die Zahl der Szenen ermitteln lässt, in denen eine Figur spricht. Tabelle 1 listet die Zahl der Szenen, in der jede der Figuren zumindest einmal spricht. Dabei lassen sich zwei Beobachtungen anstellen. *Erstens*: Der Nörgler ist die Figur mit den meisten, der Optimist diejenige mit den zweitmeisten Auftritten im Verlauf des Dramas. Sie sprechen in 33 respektive 24 Szenen. Hier scheint also eine gewisse Korrelation zwischen der Zahl der gesprochenen Wörter und der Bühnenpräsenz vorzuliegen – zumindest in der Rangfolge. Bei den übrigen fünf Figuren ergibt sich ein gemischtes Bild. Während der Patriot, die Kriegsreporterin Schalek und der Abonnent in ähnlich vielen Szenen auftreten und sprechen, fallen der Alte Biach mit fünf und vor allem der General mit nur einer Szene aus dem Raster. *Zweitens* fällt auf, dass die sieben gelisteten Figuren zwar insgesamt einen großen Anteil am Haupttext einnehmen, sie angesichts der Gesamtzahl von 220 Szenen (inklusive Epilog) aber nur in verhältnismäßig wenigen Szenen sprechen. Sogar der in Bezug auf die gesprochenen Wörter als so dominant erscheinende Nörgler tritt nur in 15 Prozent aller Szenen auf. Weitet man diese Beobachtung auf das gesamte Bühnenpersonal aus, lässt sich feststellen, dass nur 76 der 925 Figuren in mehr als einer Szene auftreten und davon wiederum nur 28 in mehr als zwei. Angesichts der Masse an Figuren, Szenen und Schauplätzen sowie der in der Forschung betonten „Eindimensionalität" der Figuren, die als „bloße Vertreter einer kollektiven *doxa*" (Ribeiro 2022, 170) weder eine psychologische Entwicklung durchleben noch einen individuellen tragischen Untergang erfahren würden (vgl. Aurnhammer 2017, 101), stellt sich die Frage, wie sinnvoll die Suche nach einer Hauptfigur des Dramas überhaupt ist. Das gilt zumal dann, wenn man dem Nörgler die Rolle des „kritische[n] Kommentators der Tragödie" (Fischer 2020, 308) zuschreibt oder ihn gar als „Kraus' Alter Ego" (Elshout 2013, 89, vgl. grundlegend Gerhard Melzer 1972, etwa 8f.) und damit als Autorinstanz begreift (vgl. Thomé 2007, 395–397). In seinem letzten Auftritt (V/54) bekennt der Nörgler in einem von metafiktionalen Elementen durchzogenen Monolog, eine „Tragödie geschrieben" zu haben, „deren untergehender Held die Menschheit ist; deren tragischer Konflikt als der der Welt mit der Natur tödlich endet" (Kraus 1957, 671). Bereits Pfister selbst machte darauf aufmerksam, dass die beiden von ihm genannten Kriterien nicht gewährleisten, die Hauptfiguren eines Dramas tatsächlich zu identifizieren. Denn eine Figur, die häufig auf der Bühne steht und spricht, muss deshalb noch nicht zwingend für den Fortgang der Handlung relevant sein (vgl. Pfister 2001, 226f.).

Instruktiver noch als die Betrachtung der Szenen dürfte ein Blick auf die Äußerungen der einzelnen Figuren sein. Tabelle 1 listet neben den Szenen auch die Anzahl an Redeäußerungen der sieben Figuren, die durchschnittliche Länge der Äußerungen, ihre Standardabweichung[4] und die längste Redeäußerung jeder der Figuren. Die durchschnittliche Länge der Äußerungen teilt die gelisteten Figuren in zwei Gruppen. Die erste Gruppe um den Nörgler (66,5 Wörter), die Schalek (58,1 Wörter) und den General (68,7 Wörter) ist durch eine deutlich größere durchschnittliche Äußerungslänge gekennzeichnet als die zweite Gruppe. Optimist, Patriot, Alter Biach und Abonnent kommen im Durchschnitt auf nur etwa 20 Wörter pro Äußerung. Das schlägt sich auch auf die Standardabweichungen und die längsten Äußerungen nieder. Die Standardabweichung der Äußerungen ist im Falle des Nörglers, der Schalek und insbesondere des Generals sehr viel höher als bei den übrigen Figuren. Gleiches lässt sich mit Blick auf die längsten

---

4 Die Standardabweichung ist ein Streuungsmaß, das die Streubreite der Werte – in diesem Fall der Äußerungslänge – rund um deren arithmetisches Mittel angibt. Sie ist als durchschnittliche Abweichung vom Durchschnitt bestimmt.

Tab. 1: Quantitative Eigenschaften der Dramenfiguren in *Die letzten Tage der Menschheit*. Gelistet ist die Zahl der gesprochenen Wörter einer Figur, die Zahl der Szenen, in denen eine Figur spricht, die Zahl der Äußerungen, die durchschnittliche Äußerungslänge, die Standardabweichung der Äußerungslänge (Sd) und die längste Äußerung.

Figur	Wörter	Szenen	Äußerungen	Ø Äußerungsl.	Sd Äußerungsl.	längste Ä.
Der Nörgler	30240	33	455	66,5	103,9	1090
Der Optimist	8908	24	434	20,5	35,4	616
Der Patriot	5160	11	218	23,7	29,5	248
Der Alte Biach	4577	5	207	21,1	26.2	204
Die Schalek	4473	12	77	58,1	134,7	1099
Der Abonnent	3280	11	221	19,8	18,7	133
Der General (V/55)	2956	1	43	68,7	307,8	2029
...						

Äußerungen jeder Figur beobachten. Die 2029 Wörter umfassende Festmahlsrede des Generals in der 55. Szene des fünften Akts ist im Übrigen die mit Abstand längste Äußerung des gesamten Dramas, länger noch als die Monologe des Nörglers.

Die Äußerungen der Figuren lassen sich auch im Dramenverlauf lokalisieren und anschließend visualisieren. In Abbildung 5 ist eine solche Verlaufsgrafik zu sehen. Die horizontale Achse stellt dabei den Dramenverlauf von *Die letzten Tage der Menschheit* vom Vorspiel bis zum Epilog dar. Die senkrechten Linien markieren Akt- (schwarz, gestrichelt) und Szenengrenzen (grau, gepunktet). Innerhalb der Darstellung repräsentiert jeder Punkt eine Äußerung der entsprechenden Figur. Auf diese Weise wird deutlich, wann die abgebildeten Figuren sprechen, wer ihre Gesprächspartner:innen sind und wie das Personal im Verlauf der Akte und Szenen wechselt. Diese grundlegenden Informationen lassen sich mit Beobachtungen aus der Primärtextlektüre kombinieren und so in die formale Analyse des Dramas zurückspielen. Abbildung 5 macht indes auch deutlich, dass diese Form der Visualisierung bei Dramen wie Kraus' *Die letzten Tage der Menschheit* an ihre Grenzen stößt. Zwar gibt die Abbildung die Äußerungen von nun 15 Figuren wieder – und diese Zahl ließe sich sicherlich auch noch erhöhen –, mehr als 50, geschweige denn alle 925 Figuren des Dramas abzubilden, erscheint sowohl aus Gründen der Lesbarkeit als auch des dafür benötigten Platzes nicht praktikabel.

Trotz der notwendigen Skalierung erlaubt die Abbildung, ein wichtiges Strukturprinzip des Dramas zu veranschaulichen: das der Wiederholung. So treten einzelne Figuren immer wieder in ähnlichen oder gleichen Konstellationen auf, beispielsweise der Patriot und der Abonnent oder der Kaiserliche Rat und der Alte Biach. Besonders augenscheinlich wird dieser Umstand bei Nörgler und Optimist, vor allem in den langen Dialogpassagen zum Ende des ersten Akts und zur Mitte

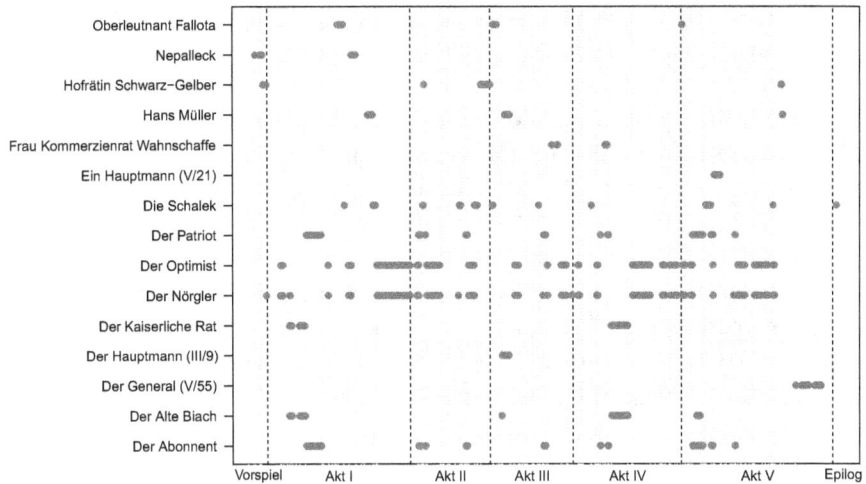

Abb. 5: Kopräsenz der 15 meistsprechenden Figuren im Dramenverlauf von *Die letzten Tage der Menschheit*. Jeder Punkt repräsentiert eine Redeäußerung.

des vierten Akts. In 24 Szenen agieren die beiden gemeinsam. Der Optimist tritt dementsprechend nur gemeinsam mit dem Nörgler auf. Da der Nörgler auch unabhängig von der Figur des Optimisten in neun weiteren Szenen spricht, ließe er sich im Sinne der strukturalistischen Dramenanalyse als dominante Figur bestimmen (vgl. Marcus 1973, 293f.).

Technisch sind der Skalierung und Segmentierung der bislang vorgestellten Analyseverfahren kaum Grenzen gesetzt. Abhängig von der zu bearbeitenden Forschungsfrage sind sowohl Makroperspektiven im Hinblick auf umfassende Textsammlungen als auch Mikroperspektiven auf einzelne Texte oder Textsegmente möglich. Wie aber lassen sich die gezeigten Betrachtungen für die Beantwortung von interpretatorischen literaturwissenschaftlichen Fragestellungen fruchtbar machen? „Quantification is not an end in itself" (Krippendorff 2004, 60), betont der Kommunikationswissenschaftler und Designtheoretiker Klaus Krippendorf in seiner methodologischen Einführung in die *Content Analysis*. Quantitative Analysen, so Krippendorf weiter, haben abseits von statistischen Hypothesentests nur dann einen Mehrwert, wenn sie sich auf Zusammenhänge übertragen lassen, die über das Phänomen hinausreichen, das ausgezählt wird (vgl. Krippendorff 2004, 60). Diese Übertragbarkeit herzustellen, ist eine der großen Herausforderungen der computergestützten Literaturwissenschaft und wird aktuell unter dem Stichwort der Operationalisierung diskutiert (vgl. Gerstorfer/Gius 2023, 189–194; Krautter 2022, 215–244 oder Pichler/Reiter 2021, 1–29). Worauf also lassen sich die gezeigten Analysen der Figurenrede übertragen? Naheliegend erscheint die Möglichkeit, die Befunde über die Figurenrede mit der Funktion der Figuren für die Dramenhandlung in Verbindung zu bringen. Mit Blick auf die Figur des Optimisten wird in der Forschung beispielsweise die Position vertreten, sie sei mit ihrer schon im Namen mitverbürgten „gut gelaunten Oberflächlichkeit" vor allem eine Art „Stichwortgeber für den Nörgler" (Fischer 2020, 307). In den bis dato durchgeführten Untersuchungen finden sich zwei Indikatoren, die diese Hypothese sekundieren könnten. Einerseits tritt der Optimist ausschließlich gemeinsam mit dem Nörgler auf. Er scheint also in gewisser Weise an die Figur des Nörglers gebunden zu sein. Andererseits unterscheiden sich die Quantitäten ihrer Redeäußerungen deutlich. Während die Zahl der Äußerungen noch sehr ähnlich ausfällt – der Nörgler kommt auf 445 Redebeiträge, der Optimist auf 434 –, unterscheidet sich die Länge der Äußerungen gravierend: Die einzelnen Redebeiträge des Nörglers sind im Durchschnitt mehr als dreimal so lang wie die des Optimisten.

5.2 Konfigurationen und Netzwerke

Auch für algorithmisch komplexere Methoden der *Digital Humanities* kann der bereits erläuterte Rückgriff auf die Dramenstruktur entweder hilfreich oder sogar elementar sein. Dazu zählen beispielsweise stilometrische Analysen, in denen sprachliche Merkmale wie Wortfrequenzen, beispielsweise im Œuvre verschiedener Autor:innen, erhoben und kontrastiert werden (vgl. etwa Burrows 2002, 267–287 oder Schöch 2014, 130–157); ebenso das *Topic Modeling*, mit dem latente, „im weitesten Sinne semantische Strukturen in großen Textsammlungen" (Schöch 2017a, 42) aufgedeckt werden sollen, oder literarische *Netzwerkanalysen* (vgl. etwa Fischer et al. 2018, 193–201 oder Trilcke 2023, 563–598). Netzwerkanalysen, die ganz grundlegend auf Informationen der Dramenstruktur fußen, dienen im Folgenden als erstes Beispiel, um die Potenziale komplexerer digitaler Methoden zu explorieren.

Basierend auf der im *German Drama Corpus* vorgenommenen TEI-Kodierung lassen sich die in der Dramenanalyse seit den 1970er-Jahren etablierten und längst zu Handbuchwissen gewordenen Figurenkonfigurationen (vgl. etwa Asmuth 2016, 44–47 oder Pfister 2001, 235–240) automatisch aus den Strukturdaten der dramatischen Texte gewinnen. Grundlegende Überlegungen zur Figurenkonfiguration stellte Solomon Marcus in seiner 1973 ins Deutsche übersetzten Monografie *Mathematische Poetik* an. Im zweiten Teil seiner Monografie betrachtete Marcus unter anderem die „Szenenstruktur" von Dramen, also die Abfolge von den „Auf- und Abtritte[n] der Schauspieler" (Marcus 1973, 289). Er prägte dabei den Begriff der „szenischen Konfiguration[]" (Marcus 1973, 317). Daran anschließend definierte Pfister die Figurenkonfiguration als „die Teilmenge des Personals, die jeweils an einem bestimmten Punkt des Textverlaufs auf der Bühne präsent ist" (Pfister 2001, 235).

Tabelle 2 zeigt einen kleinen Ausschnitt aus der Konfigurationsstruktur von *Die letzten Tage der Menschheit* in Form einer Matrix. Die Zeilen repräsentieren dabei die Figuren, die Spalten die einzelnen Szenen. Heute gilt Marcus' Studie als „proto-netzwerkanalytische Untersuchung[] zu Beziehungsstrukturen in Dramen" (Trilcke 2013, 221), also als Vorläufer literarischer Netzwerkanalysen.

Tab. 2: Ausschnitt aus der Konfigurationsmatrix von *Die letzten Tage der Menschheit*: die ersten elf Szenen des I. Akts; die 15 am meisten sprechenden Figuren des Dramas. Der Wert ‚1' zeigt an, dass eine Figur in der entsprechenden Szene mindestens einmal spricht; ein leeres Feld markiert, dass sie in dieser Szene nicht spricht.

	...	I.1	I.2	I.3	I.4	I.5	I.6	I.7	I.8	I.9	I.10	I.11	...
...													
O. Fallota													
Nepalleck													
H. Schwarz-Gelber													
Hans Müller													
Frau K. Wahnschaffe													
Ein Hauptmann (V/21)													
Die Schalek													
Der Patriot											1		
Der Optimist						1							
Der Nörgler			1	1	1			1					
Der kaiserliche Rat								1		1			
Der Hauptmann (III/9)													
Der General (V/55)													
Der Alte Biach								1		1			
Der Abonnent												1	
...													

Die literarische Netzwerkanalyse gründet auf einem „Import von Methoden" aus einem „elaborierten Zweig der empirischen Sozialforschung" (Trilcke 2013, 1). Analog zur sogenannten sozialen Netzwerkanalyse soll mit Hilfe der Netzwerke ein quantitativer Zusammenhang zwischen gewissen Entitäten, zumeist den literarischen Figuren, in einem oder mehreren Texten hergestellt werden. Den mathematischen Ausgangspunkt der Netzwerkanalyse liefert die Graphentheorie mit ihren zwei elementaren Bauteilen: den Knoten (*vertices/nodes*) und Kanten (*edges*). Grafisch kann man sich ein einfaches Netzwerk somit als eine Menge von Punkten (Knoten) vorstellen, die durch Linien (Kanten) miteinander zu Paaren verbunden werden (vgl. Newman 2010, 109–112). Im Fall der dramatischen Netzwerkanalyse repräsentieren die Knoten üblicherweise die Figuren eines Dramas, während die Kanten eine Form der ‚Interaktion' zwischen den Figuren darstellen. Die ‚Interaktion' ist für die folgenden Analysen als die „gemeinsame Teilnahme von Figuren an einer Konfiguration" bestimmt (Trilcke 2013, 223). Man spricht hierbei auch von einem Kopräsenznetzwerk. Aufgrund der konventionellen Strukturierung in Akte (Aufzüge) und Szenen (Auftritte) bietet sich das Drama als Gattung für eine derartige Form der Modellierung in besonderem Maße an. Da die einzelnen Auf- und Abtritte von Figuren im *German Drama Corpus* bislang nicht separat kodiert sind, werden dabei nur diejenigen Figuren betrachtet, die innerhalb der ausgezeichneten Szenen- oder Aktgrenzen sprechen. Die mit dieser Information bestückte Figurenkonfiguration stellt gleichermaßen den Ausgangspunkt für die Visualisierung eines Figurennetzwerks wie auch für die Berechnung mathematischer Netzwerkmetriken dar. Mit Hilfe dieser Metriken lässt sich ein auf Knoten und Kanten abstrahierter Dramentext mit anderen auf gleiche Weise modellierten Dramen vergleichen. Daran ist die vielfach geäußerte Hoffnung geknüpft, anhand textempirischer Muster und Zusammenhänge innerhalb großer Datenmengen, eine neue Perspektive auf literaturgeschichtliche Zusammenhänge zu schaffen, die bislang verschlossen blieb (vgl. beispielsweise Trilcke/Fischer 2018, Kap. 4.1).

Für den Moment soll aber weiterhin Kraus' Drama *Die Letzten Tage der Menschheit* als Beispiel dienen. Abbildung 6 zeigt eine Netzwerkvisualisierung des Dramentextes. Die Visualisierung beruht auf der gemeinsamen Präsenz der Figuren innerhalb einer Szene, also genau den Datenwerten, die auszugsweise in der Konfigurationsmatrix von Tabelle 2 zu sehen sind. Bei der Abbildung handelt es sich um ein ungerichtetes Netzwerk. Das bedeutet, dass aus der Darstellung nicht ersichtlich wird, welche Richtung die ‚Interaktion' zweier Figuren hat – wer ist Sender, wer ist Empfänger? –, da in diesem Fall lediglich Informationen über die Teilnahme an einer Konfiguration automatisch verarbeitet werden. Die Knoten und die Kanten des Netzwerks tragen weitere, auch visuell wahrnehmbare Informationen. So entspricht die Größe der Knoten dem sogenannten Grad (*degree*). Der Grad einer Figur ist ein simples Netzwerkmaß, das zu quantifizieren versucht, wie wichtig die Figur für die Netzwerkstruktur ist. Dazu wird berechnet, mit wie vielen anderen Figuren die betrachtete Figur zumindest einmal in derselben Konfiguration auftritt. Abstrakter formuliert: Der Grad entspricht der Anzahl an Kanten, die ein Knoten auf sich vereint. Die Kanten, als zweites Element des Netzwerks, tragen ebenfalls eine Zusatzinformation. Sie sind gewichtet. Die Kanten veranschaulichen also nicht nur, dass die beiden durch sie verbundenen Figuren in mindestens einer Konfiguration gemeinsam präsent sind, ihre Dicke gibt zudem wieder, in wie vielen Szenen sie kopräsent sind. Je dicker die Kanten dargestellt werden, umso häufiger sind die entsprechenden Figuren Teil derselben Konfiguration. Bei 220 Szenen bzw. Konfigurationen in *Die letzten Tage der Menschheit* liegt das maximal mögliche Gewicht einer Kante ebenfalls bei 220. Dafür müssten mindestens zwei Figuren in jeder Konfiguration auftreten. Das größte realisierte Kantengewicht fällt jedoch deutlich geringer als dieser hypothetische Maximalwert aus: Es liegt bei einem Wert von 24. Wie bereits erwähnt, treten der Nörgler und der Optimist in 24 Szenen gemeinsam auf.

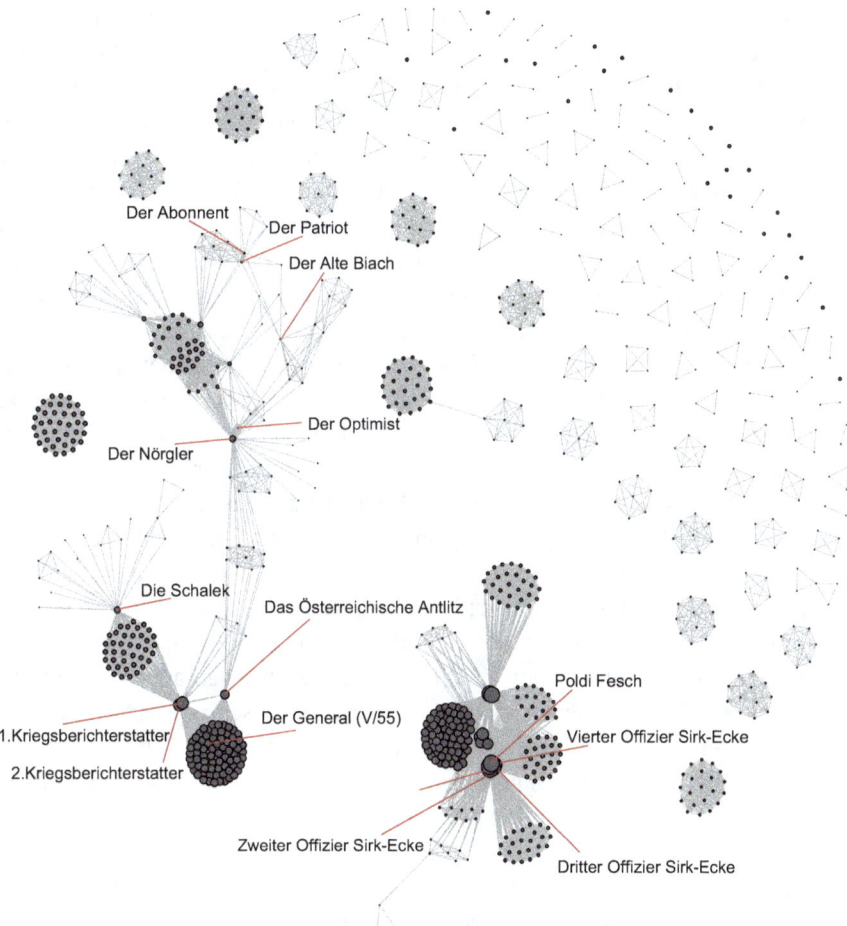

Abb. 6: Netzwerkdarstellung von *Die letzten Tage der Menschheit*.

Was lässt sich nun in der Netzwerkdarstellung von Abbildung 6 erkennen? Zuerst einmal fällt auf, in wie viele Teilnetzwerke die Abbildung zerfällt. Ein solch zerklüftetes Figurennetzwerk ist die absolute Ausnahme innerhalb der 715 Dramen des *German Drama Corpus*. Hier zeigt sich realisiert, was bereits der Auszug aus der Konfigurationsmatrix in Tabelle 2 andeutet: Das Netzwerk ist nicht sehr stark vernetzt. Diese zuerst einmal optische Beobachtung lässt sich quantifizieren, indem man die Dichte (*density*) des Netzwerks berechnet. Die Dichte ist als das Verhältnis von tatsächlich realisierten zu potenziell möglichen Kanten eines Netzwerks bestimmt (vgl. Newman 2010, 134). Das gezeigte Netzwerk von *Die letzten Tage der Menschheit* hat eine Dichte von 0,028. Nicht einmal drei Prozent der möglichen Kanten sind also tatsächlich realisiert. Wie niedrig dieser Wert ist, demonstriert der Vergleich mit anderen, hinsichtlich der Figurenzahl ebenfalls umfangreichen Dramennetzwerken. Das Netzwerk von Grabbes *Napolen* hat eine Dichte von 0,089, Goethes *Faust II* kommt auf einen Wert von 0,117 und Baggesens *Der vollendete Faust* auf 0,104. Dass die Dichte von Dramennetzwerken mit zunehmender Figurenzahl tendenziell sinkt, ist zumindest für die Texte im *German Drama Corpus* recht typisch und auch schlüssig. Denn umso größer die Zahl der Figuren in einem Drama ausfällt, umso geringer ist in der Regel die Wahrscheinlichkeit, dass alle Figuren im Dramenverlauf auch aufeinandertreffen (vgl. Krautter 2023, 277 und Pfister 2001, 239).

Neben den vielen kleinen, aus nur wenigen Figuren bestehenden Teilnetzwerken auf der rechten Seite der Abbildung lassen sich zwei größere Netzwerke am linken und am unteren Rand identifizieren. Die in den vorangegangenen Analysen betrachteten Figuren mit hohem Anteil am Haupttext sind dabei allesamt im linken Netzwerk anzutreffen und dort über verschiedene – mal größer und mal kleiner ausfallende – Figurengruppen verteilt. Bemerkenswert ist dabei zweierlei: *Einerseits* scheinen diejenigen Figuren, die im Verlauf des Dramas umfangreiche Redeanteile haben, vermehrt in kleinen Konfigurationen aufzutreten. Das wird insbesondere an Figuren wie dem Alten Biach, dem Patrioten, dem Abonnenten und dem Optimisten augenfällig, trifft mit Abstrichen aber auch auf die Figur des Nörglers zu. Der durch die Knotengröße optisch repräsentierte Grad der genannten Figuren fällt merklich kleiner aus als etwa der Grad der Figuren, die sich um den General (V/55) gruppieren. Tabelle 3 listet die genauen Werte. Obwohl der General nur in einer Szene auftritt, trifft er in dieser Szene auf 73 andere sprechende Figuren. Der Nörgler hingegen trifft in 33 Szenen auf 57 andere Figuren, der Optimist sogar nur auf sechs. Den höchsten Grad (158) im Netzwerk teilen sich fünf Figuren: Erster, Zweiter, Dritter und Vierter Offizier (Sirk-Ecke) sowie Poldi Fesch. Die fünf Figuren treffen jeweils in der ersten Szene des Vorspiels sowie aller fünf Akte an der Sirk-Ecke aufeinander. Obwohl sie dabei mit insgesamt 158 anderen Figuren kopräsent sind, fällt ihr Redeanteil am Drama verhältnismäßig gering aus. Sie sprechen zwischen 238 (Poldi) und 589 (Erster Offizier) Wörter. Es ist also zumindest einmal kritisch zu hinterfragen, ob der Grad als Netzwerkmetrik im Falle von *Die letzten Tage der Menschheit* dabei helfen kann, die für das Drama zentralen Figuren zu identifizieren.

Tab. 3: Grad, gewichteter Grad und *betweenness centrality* einer Auswahl an Figuren aus *Die letzten Tage der Menschheit*.

Figur	Szenen	Grad	gewichteter Grad	Betweenness Centrality
Der Nörgler	33	57	82	15726
Der Optimist	24	6	29	0
Der Patriot	11	14	24	405
Der Alte Biach	5	10	15	1009
Die Schalek	12	57	59	4130
Der Abonnent	11	14	24	405
Der General (V/55)	1	73	73	0
Das Österreichische Antlitz	2	83	83	14175
Erster Kriegsberichterstatter	4	117	121	5603
Zweiter Kriegsberichterstatter	4	117	121	5603
Poldi Fesch	6	158	193	1571
Erster Offizier (Sirk-Ecke)	6	158	193	1571
Zweiter Offizier (Sirk-Ecke)	6	158	193	1571
Dritter Offizier (Sirk-Ecke)	6	158	193	1571
Vierter Offizier (Sirk-Ecke)	6	158	193	1571
....				

Neben dem Grad der Figuren ist in Tabelle 3 auch der gewichtete Grad und die *betweenness centrality* verzeichnet. Der gewichtete Grad eines Knotens zählt weiterhin die Kanten, die er auf sich vereint, addiert dazu aber das Gewicht dieser Kanten (vgl. Jannidis 2017, 150). Betrachtet man die Unterschiede von Grad und gewichtetem Grad, dann wird ersichtlich, dass die Kantengewichte meist keinen großen Einfluss nehmen. Das bedeutet im Umkehrschluss, dass Figurenpaare nur in den seltensten Fällen in mehr als einer Szene kopräsent sind. Instruktiver als der Grad oder der gewichtete Grad dürfte in diesem spezifischen Netzwerk die *betweenness centrality* der Figuren sein. Die *betweenness centrality* „measures the extent to which a vertex lies on paths between other vertices" (Newman 2010, 184). Ein Knoten hat also nur dann eine hohe *betweenness centrality*, wenn durch ihn möglichst viele andere Knoten auf kürzestem Pfad miteinander verbunden werden. Pfade zwischen zwei Knoten sind umso kürzer, umso weniger Kanten der Weg von einem Knoten zum anderen einbegriffen. Anhand der Netzwerkdarstellung in Abbildung 6 lässt sich das beschriebene Phänomen auch visuell nachvollziehen. Der Nörgler verbindet den oberen Bereich des Teilnetzwerks, in dem die Knoten von Patriot, Abonnent, Altem Biach und Optimist verortet sind, mit dem unteren Bereich, in dem etwa die Schalek oder der General (V/55) aufzufinden sind. Jeder Pfad vom oberen in den unteren Bereich des Teilnetzwerks – und natürlich auch umgekehrt – führt zwangsläufig über die

Figur des Nörglers. Er lässt sich damit als sogenannte Brückenfigur identifizieren. In der Netzwerktheorie ist eine Brücke als Kante definiert, „which provides the *only* path between two points" (Granovetter 1973, 1364). Eine Brücke zwischen zwei Knoten *A* und *B* bietet somit den einzigen Weg, über den beispielsweise Informationen von einem Knoten mit Kontakt zu *A* zu einem anderen Knoten mit Kontakt zu *B* gelangen könnten. Das gilt folgerichtig auch für alle Knoten, die nur indirekt mit *A* oder *B* verbunden sind (vgl. Granovetter 1973, 1364). Bezogen auf die *betweenness centrality* folgert Mark Newman daraus: „Vertices with high betweenness centrality may have considerable influence with a network by virtue of their control over information passing between others" (Newman 2010, 186). Die Werte in Tabelle 3 bestätigen den aus der Netzwerkdarstellung gewonnenen visuellen Eindruck. Der Nörgler ist die Figur mit der höchsten *betweenness centrality*. Damit schließen die Zentralitätswerte an die Deutung des Nörglers als Alter Ego des Dramatikers bzw. „vermittelnde Erzählfigur" (Elshout 2013, 92) des Stücks an. Mit dem Optimisten bekommt der Nörgler dabei einen Gegenspieler an die Seite gestellt, mit dem er in den kommentierenden und dramenstrukturierenden Dialogen auch „die Rezeption der anderen Figuren und damit der Szenen, in denen [...] [er] nicht auftritt" (Dorrer 2020, 35), steuert.

6 Explorative Korpusanalysen

Wie könnte nun die computergestützte Analyse einer größeren Textsammlung aussehen? Wie lassen Textsammlungen sich mittels quantitativer Verfahren auf Muster hin untersuchen? Ganz grundlegend ist hier zwischen zwei Vorgehensweisen zu unterscheiden. Mit sogenannten überwachten maschinellen Lernverfahren wird auf der einen Seite versucht, Phänomene und Konzepte in entweder bereits bestehenden oder in manueller Annotation erst zu erarbeitenden Trainings- und Testdaten zu identifizieren oder klassifizieren. Die gezielte analytische Anreicherung von Texten durch manuelle Annotationen ermöglicht es dabei, eine Brücke zu literaturwissenschaftlichen Konzepten zu schlagen (vgl. Gius 2023, insb. 401–406 oder Meister 2023, insb. 353–362). Die Annotationsentscheidungen werden zumeist auf Grundlage von theoretisch fundierten Richtlinien getroffen, die im Zuge ihrer praktischen Anwendung nach und nach spezifiziert werden, um so die Annotationskategorien möglichst präzise zu erfassen (für verschiedene Funktionen von Annotationen vgl. Pagel et al. 2020, 125–141). Das auf Basis der Annotationsdaten trainierte maschinelle Modell nutzt dann statistische Zusammenhänge in den Daten, um Voraussagen über die zu bestimmenden Phänomene oder Konzepte zu treffen. Diese Verfahren werden als überwacht bezeichnet, da sich die Ergebnisse anhand der vorab erstellten Annotations- und Testdaten evaluieren lassen (für einen Überblick über den Einsatz maschineller Lernverfahren in der computergestützten Literaturwissenschaft vgl. Hatzel et al. 2023, 1–18). Ein solches Vorgehen kann auf sehr konkrete Textoberflächenphänomene abzielen, etwa die automatische Erkennung verschiedener Formen der Figurenrede (vgl. Brunner 2015, 219–274). Man kann damit aber auch abstraktere Konzepte wie Fiktionalität (vgl. Piper 2016, 1–29) oder die Unterscheidung von Gattungen (vgl. Underwood 2020, 96–106) fokussieren. Auf der anderen Seite werden explorative Verfahren eingesetzt, um Texte anhand bestimmter Merkmale zu vergleichen und so in großen Textsammlungen Trends oder Muster hinsichtlich dieser Merkmale zu identifizieren (vgl. Moretti 2017, 1–10 oder Trilcke/Fischer 2018, Kap. 4). Dabei lassen sich beispielsweise Texte verschiedener Autor:innengruppen miteinander vergleichen oder mögliche diachrone Entwicklungen in einer Sammlung von Texten ergründen.

Nachfolgend werden wir die Dramentexte des *German Drama Corpus* einer explorativen diachronen Analyse unterziehen. Dabei kommen zwei unterschiedliche Methoden der quantitativen Textanalyse zum Einsatz. Einerseits greifen wir auf die gerade vorgestellten Netzwerkmetriken zurück und rücken dabei die strukturellen Dimensionen der Dramen in den Vordergrund. Andererseits sollen mit Hilfe von *Topic Modeling* zudem – zumindest in einem weiteren Sinne – semantische Zusammenhänge betrachtet werden. Solche Korpusanalysen werden gemeinhin als Stärke quantitativer Methoden begriffen. Fotis Jannidis geht etwa davon aus, dass quantitative Analysen die Interpretation einzelner Texte kaum verändern, da die „Methoden der Textanalyse und -interpretation […] so ausdifferenziert und komplex [sind], dass sie auch über sehr wenig Text sehr viel Wissen generieren." Im Unterschied dazu leiste ein quantitativ-empirisches Vorgehen „eher das Gegenteil". Interessant werde das erst, wenn man die quantitativen Verfahren „auf sehr viele Texte anwenden kann und dann wenig Wissen über viele Texte produziert" (Jannidis 2015, 658). Auf diese Weise eingesetzt, versprechen Methoden wie die Netzwerkanalyse oder das *Topic Modeling* literarhistorische Entwicklungslinien aufzuzeigen, die eine auf symptomatischen Beispielen fußende klassische Literaturgeschichtsschreibung übersehen könnte (vgl. Jockers 2013, 9).

6.1 Netzwerkmetriken

Wie Peer Trilcke am Beispiel der Dramen *Emilia Galotti* (1772), *Götz von Berlichingen* (1773), *Der Hofmeister* (1774) und *Iphigenie auf Tauris* (1787) exemplifiziert hat, lassen sich durch den Vergleich von Kopräsenznetzwerken verschiedene Bauarten und Strukturen der Dramen veranschaulichen (Trilcke 2013, 222–236). Da sich die im TEI-Format kodierten Strukturinformationen der im *German*

Drama Corpus verfügbaren Dramentexte deterministisch und dadurch automatisch auslesen lassen, bietet sich ein quantitativer Vergleich der Dramennetzwerke hinsichtlich verschiedener Netzwerkmetriken an. Abbildung 7 zeigt am Beispiel der im *German Drama Corpus* vorhandenen Dramen, wie ein solch größer angelegter Vergleich aussehen könnte. Jeder Punkt innerhalb der Darstellung repräsentiert erneut ein Drama, das zu einem spezifischen Datenwert abstrahiert wurde. Bei diesem Datenwert handelt es sich hier um den durchschnittlichen Grad der Dramen. Dieser wird berechnet, indem der Grad der einzelnen Dramenfiguren addiert und anschließend durch die Gesamtzahl der sprechenden Figuren dividiert wird. Der Wert gibt wieder, wie viele Verbindungen zu anderen Figuren eine Figur im Dramennetzwerk durchschnittlich aufweist, mit wie vielen anderen Figuren sie also im Dramenverlauf durchschnittlich in zumindest einer Konfiguration auftritt. Abbildung 7 veranschaulicht, dass ein Großteil der abstrahierten Dramenmodelle (482/648) im betrachteten historischen Zeitraum von 1730 bis 1932 im Wertebereich zwischen 0 und 10 liegt. Der im Boxplot ausgewiesene Median hat einen Wert von 7,1. Das Netzwerk von Schillers *Maria Stuart* dient als Orientierungspunkt.

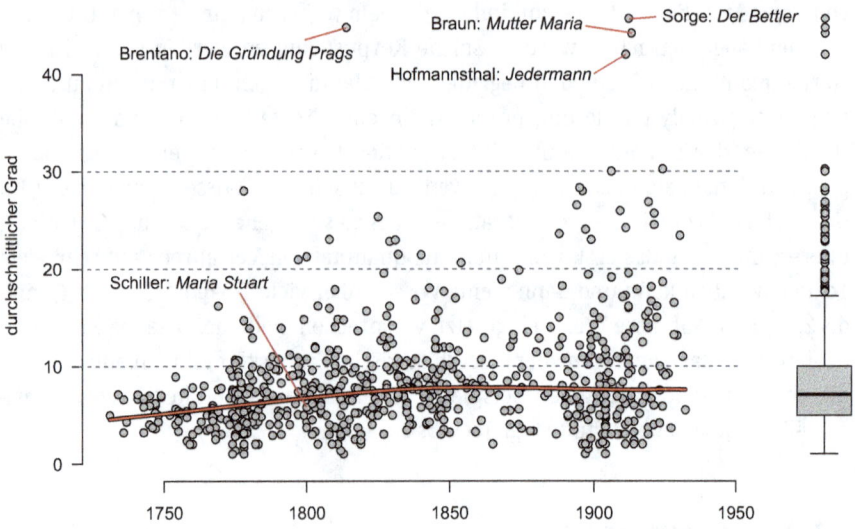

Abb. 7: Durchschnittlicher Grad von 648 zwischen 1730 und 1932 veröffentlichten Dramen; in Rot: *loess*-Kurve.

Mit Beginn der 1770er Jahre lassen sich in der Abbildung erste Dramennetzwerke wahrnehmen, die den Wertebereich zwischen 0 und 10 übersteigen. Das Netzwerk von Brentanos Historiendrama *Die Gründung Prags* ist mit einem durchschnittlichen Grad von 47,8 das erste, das einen Wert von über 30 aufweist. Zwischen 1800 und 1850 steigt zudem sowohl die absolute (54), wie auch die relative Zahl (24 Prozent) an Dramennetzwerken mit einem durchschnittlichen Grad von mehr als 10. Das zeigt sich auch in der lokal gewichteten *smoothing*-Kurve (*loess*-Kurve). Der Wert der Kurve steigt von 5,2 um 1750 auf 7,8 um 1850. Von dort an bleibt die Kurve bis zum Ende des Zeitraums auf einem stabilen Level. Auf Basis der Vorannahme, dass der Grad eines Dramennetzwerks ein „Indikator für soziale Komplexität" (Trilcke/Fischer 2018, Kap. 4.1) sein könnte, vermuten Trilcke und Fischer einen möglichen Zusammenhang zwischen dieser netzwerkanalytischen Entwicklung und den gesellschaftlichen Modernisierungsprozessen seit Mitte des 18. Jahrhunderts.

Was aber unterscheidet nun überhaupt Dramen mit einem hohen von Dramen mit einem niedrigen durchschnittlichen Grad? Aus der Definition des Grads lässt sich die Netzwerkgröße als der wohl entscheidende Faktor ableiten. Zur Erinnerung: Der Grad eines Knotens entspricht der Anzahl der mit dem Knoten verbundenen Kanten. Je mehr Knoten ein Netzwerk also umfasst, umso größer ist der potenzielle Grad jedes einzelnen Knotens im Netzwerk. Gleiches gilt damit auch für den durchschnittlichen Grad des Netzwerks. Während der durchschnittliche Grad in einem Drama mit nur fünf Figuren also maximal einen Wert von 4 aufweisen kann – dazu müssten alle fünf Figuren mit den jeweils vier anderen Figuren verbunden sein –, fällt der zumindest hypothetisch mögliche Grad in einem Drama mit 100 Figuren entsprechend höher aus. Der Grad eines Dramennetzwerks ist also dann hoch, wenn viele Figuren Teil des Netzwerks sind und diese zugleich eng vernetzt sind. Mit zunehmender Figurenzahl sinkt in der Regel aber die Wahrscheinlichkeit, dass eine Figur im Verlauf des Dramas mit allen anderen Figuren zumindest einmal kopräsent ist. Netzwerke von Dramen mit nur wenigen Figuren zeichnen sich deshalb in der Regel durch eine größere Dichte aus. Diese positive Korrelation der Figurenzahl mit Zentralitätsmetriken wie dem Grad ist schon häufiger betont worden (vgl. Krautter 2023, 277 und Szemes/Botond 2024, 168–175) und soll deshalb an dieser Stelle nicht weiter ausgeführt werden. Stattdessen werden wir anhand von Abbildung 8 die historische Entwicklung einer anderen Netzwerkmetrik, der durchschnittlichen Pfadlänge (*average geodesic path*), diskutieren.

Als Pfadlänge (*shortest path* oder *geodesic path*) bezeichnet man in einem Netzwerk den kürzesten Pfad zwischen zwei Knoten. Die Länge des Pfads wird durch die Zahl der zu passierenden Kanten zwischen den Knoten bestimmt (vgl. Newman 2010, 139). Der kürzeste Pfad zwischen dem Alten Biach und der Schalek im Netzwerk von *Die letzten Tage der Menschheit* (Abb. 6) verläuft etwa über den Nörgler, das Österreichische Antlitz und einen der beiden Kriegsberichterstatter. Die durchschnittliche Pfadlänge eines Netzwerks ist demnach als die durchschnittliche Anzahl von Kanten entlang des kürzesten Wegs aller Knotenpaare im Netzwerk definiert. In der sozialen Netzwerkanalyse wird die durchschnittliche Pfadlänge eines Knotens zu allen anderen Knoten als Maß für seinen Einfluss oder seinen Zugang zu Informationen betrachtet (vgl. Newman 2010, 181f.).

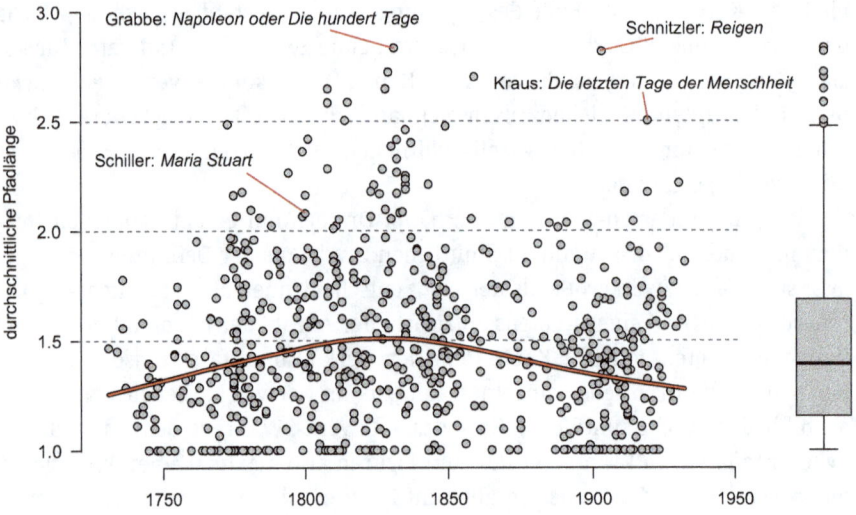

Abb. 8: Durchschnittliche Pfadlänge von 648 zwischen 1730 und 1932 veröffentlichten Dramen; in Rot: *loess*-Kurve.

Abbildung 8 gibt die durchschnittliche Pfadlänge der 648 betrachteten Dramennetzwerke im historischen Verlauf wieder. Anhand der *smoothing*-Kurve ist eine gewisse Entwicklung der Werte festzustellen. Ähnlich wie beim durchschnittlichen Grad steigt die Kurve von 1730 ausgehend an, kulminiert dann aber mit einem Wert von knapp über 1,5 um 1830 etwas früher, ehe sie langsam abfällt und bei einem Wert von knapp 1,3 endet. Ausschlaggebend für das Abfallen der Kurve sind auch die zahlreichen Datenpunkte (56/184) mit einer minimalen durchschnittlichen Pfadlänge von genau 1, die sich zwischen den Jahren 1880 und 1925 abzeichnen. Eine Pfadlänge von 1 wird nur dann erreicht, wenn alle Figuren des Dramennetzwerks vollständig miteinander vernetzt sind. Da sich das *German Drama Corpus* in diesen Jahren aus recht vielen Einaktern zusammensetzt, die in der Tendenz ein kleineres Bühnenpersonal umfassen, überrascht dieser Befund aber nicht.

Mit Werten von 2,83 und 2,82 am anderen Ende der Skala haben die Netzwerke von Grabbes *Napoleon* und Arthur Schnitzlers *Reigen* (1903) die höchste durchschnittliche Pfadlänge im Korpus. Im Schnitt müssen in beiden Netzwerken also mehr als 2,8 Kanten durchschritten werden, um von einem Knoten zum anderen zu gelangen. In der Pfadlänge schlägt sich im Falle von Schnitzlers Drama die sehr spezifische Reigenstruktur nieder, die durch „kettenförmig miteinander verknüpft[e]" Zweierkonfigurationen gekennzeichnet ist (Pfister 2001, 239). Schnitzlers *Reigen* stellt damit aber einen Spezialfall dar. Im Normalfall dürfte eine hohe durchschnittliche Pfadlänge ein Indiz für mehrere, voneinander getrennt auftretende Figurengruppen sein, die – wie wir am Beispiel des Nörglers in *Die letzten Tage der Menschheit* exemplifiziert haben – durch Brückenfiguren miteinander verbunden sind. Je mehr dieser Brücken in einem Netzwerk existieren, desto höher wird zumeist auch die durchschnittliche Pfadlänge ausfallen.

Zumindest zum Teil lassen sich die bis hierhin beschriebenen Beobachtungen durch poetologische Setzungen der Dramenautor:innen erklären. So hängt etwa die Zahl der auftretenden Figuren häufig mit der Zahl der Schauplätze innerhalb eines Dramas zusammen. Bestimmte Schauplätze können dabei für einzelne Figurengruppen reserviert bleiben, die dann von den übrigen Dramenfiguren isoliert agieren. Daraus erwächst eine zentrale Schwierigkeit der konfigurationsbasierten Netzwerkanalyse von Dramen: Lassen sich Dramen, die anhand unterschiedlicher Strukturprinzipien – Szene *versus* Auftritt – organisiert sind, überhaupt sinnvoll miteinander vergleichen? Während in klassizistischen Dramen jeder Auftritt eine neue *scène* konstituiert, werden Dramen, die sich am Vorbild von Shakespeare orientieren, meistens durch Schauplatzwechsel segmentiert (vgl. Ranke 2010, 710). Innerhalb einer Szene können Figuren also dynamisch auf- und abtreten. Diese Auftritte sind im *German Drama Corpus* aber momentan noch nicht maschinenlesbar ausgezeichnet. Aus der Dramenstruktur lässt sich bislang nur automatisiert schließen, ob eine Figur innerhalb einer bestimmten Szene spricht. Wendet man die konfigurationsbasierte Netzwerkanalyse also beispielsweise auf Friedrich Schillers Drama *Die Räuber* (1781) an, in dem Szenen nach dem Prinzip der Schauplatzwechsel organisiert sind, ist dieser Umstand beim Vergleich mit anderen Dramen zu reflektieren. Die Zahl der Szenen kann nämlich ganz erheblich von den Auf- und Abtritten abweichen. In *Die Räuber* zählt Solomon Marcus beispielsweise ganze 77 Konfigurationen bei nur 15 Szenen (vgl. Marcus 1973, 326–333).

Figurennetzwerke werden häufig als Abstraktion der Dramenhandlung betrachtet (vgl. Moretti 2011, 3f.). Da aber viele Qualitäten der figuralen Kopräsenz in der Netzwerkanalyse verloren gehen, lassen sich die Ergebnisse nicht immer sinnvoll in literaturwissenschaftliche Fragestellungen integrieren. Deshalb gab es in letzter Zeit vermehrt Versuche, auch andere Kantenkriterien als die der Kopräsenz von Figuren zu betrachten. Dazu zählen etwa narrative Elemente in der Figurenrede (vgl. Vauth 2023), die Weitergabe von Figurenwissen (vgl. Andresen et al. 2022, 18–22) oder der Rückgriff auf linguistische Koreferenzen (Pagel 2022, 326–329). Anders als konfigurationsbasierte Netzwerke lassen sich diese spezifischeren Kriterien aber (noch) nicht verlässlich genug aus den digitalen Dramentexten extrahieren. Sie erfordern deshalb mehr oder weniger aufwändige Vorarbeiten, beispielsweise in Form von manuellen Annotationen.

6.2 Topic Modeling

Bis hierhin lag der analytische Fokus vor allem auf der Dramenstruktur. Nun soll mit dem *Topic Modeling* eine unüberwachte[5] Methode vorgestellt werden, die dazu eingesetzt wird, latente semantische Muster in großen Textsammlungen aufzuspüren (vgl. Schöch 2017b, § 13f. und Reiter/Willand 2023, 480f.). *Topic Modeling* gilt im Bereich der *Digital Humanities* als eine etablierte und weit verbreitete Methode der quantitativen Textanalyse (vgl. Jannidis 2016, 26 und für eine Übersicht Du 2019). Typische Fragestellungen, die mit Hilfe von *Topic Modeling* zu beantworten versucht werden, können sein: Welche *Topics* spielen in einer Textsammlung eine besonders wichtige Rolle? Wie verändert sich die Verwendung bestimmter *Topics* im Laufe der Zeit, also beispielsweise literaturgeschichtlich? Hilft die Verteilung von *Topics* in unterschiedlichen Texten dabei, abstraktere Konzepte wie Gattungen zu identifizieren?

Wenn man von *Topic Modeling* spricht, ist zumeist das generative probabilistische Modell *Latent Dirichlet Allocation* (LDA) gemeint, das von David M. Blei, Andrew Y. Ng und Michael I. Jordan vorgeschlagen wurde (vgl. Blei et al. 2003, 993–1022). LDA gilt als die simpelste Form des *Topic Modeling* (vgl. Blei 2012, 78). Die grundlegende Idee lässt sich wie folgt zusammenfassen: „[D]ocuments are represented as random mixtures over latent topics, where each topic is characterized by a distribution over words" (Blei et al. 2003, 996). Das Modell ist generativ, da es einer spezifischen Annahme folgt, wie Texte entstehen.

Nach diesem setzen sich Texte aus verschiedenen Gruppen semantisch verwandter Begriffe, also den Topics, zusammen. Ein *Topic* wird dabei als Wahrscheinlichkeitsverteilung aufgefasst, die verschiedenen Begriffe treten also mit unterschiedlicher Wahrscheinlichkeit innerhalb eines Topics auf. In einem konkreten Text werden die *Topics* zudem gemischt, ein Text ist also eine weitere Wahrscheinlichkeitsverteilung, aber diesmal über *Topics*. Jeder Text setzt sich demnach zu un-

---

[5] Unüberwacht bedeutet in diesem Kontext, dass die berechneten *Topics* nicht anhand vorab erstellter Trainings- und Testdaten trainiert und anschließend evaluiert werden.

terschiedlichen Anteilen aus *Topics* zusammen, die wiederum zu unterschiedlichen Anteilen den Einsatz einzelner Wörter auslösen. Auf Grundlage des resultierenden Texts wird mittels *Topic Modeling* nun versucht zu rekonstruieren, aus welchen Wörtern sich die *Topics* zusammensetzen und mit welcher Wahrscheinlichkeit die *Topics* im Schreibprozess ausgewählt wurden (vgl. Schöch 2017b, § 14 und Jannidis 2016, 26). Die Anzahl der zu ermittelnden *Topics* muss dabei *a priori* festgelegt werden. Die höchst gewichteten Wörter eines *Topics* sind dann diejenigen, die in vielen Texten oder Textsegmenten häufig gemeinsam vorkommen. Für die Analysepraxis heißt das allerdings nicht, dass diese Wörter zwangsläufig auch einem gemeinsamen abstrakten Thema zuzuordnen sind oder zugeordnet werden können. Gerade in literarischen Texten kann die gemeinsame semantische Basis auch durch bestimmte Motive, Erzählstrategien, Schauplätze oder Figurengruppen zustande kommen. Auch gänzlich andere Aspekte – Umgangssprache, Fremdwörter, ein bestimmter Dialekt, Figurennamen und vieles mehr – können Grundlage für die angenommene semantische Verwandtschaft sein (vgl. Schöch 2017b, § 13).

Für die Berechnung der *Topics* anhand der Texte im *German Drama Corpus* wurde mit einer Reihe von Vorverarbeitungsschritten gearbeitet, die die Kohärenz und die Interpretierbarkeit der *Topics* steigern sollen. Dazu haben wir das Wortmaterial auf Substantive und Adjektive beschränkt und diese anschließend lemmatisiert, also auf ihre Grundform zurückgeführt. Da die automatisierte Wortartenbestimmung bei literarischen Texten, die im 18. und 19. Jahrhundert noch ohne normierte Rechtschreibung und mit zum Teil deutlich regionalsprachlichem Einfluss geschrieben wurden, nicht immer fehlerfrei ist, wurde zusätzlich mit einer Stoppwortliste gearbeitet. Diese umfasst vor allem Figurennamen und Funktionswörter. Daraufhin haben wir die Dramen in Segmente von jeweils 1.000 Wörter unterteilt. Insgesamt entstanden dadurch rund 2.000 Dokumente. Die Zahl der zu bestimmenden *Topics* haben wir auf k = 30 festgesetzt. Nach 2.000 Iterationen wurde schließlich das gemäß Log-Likelihood-Schätzung beste Modell mit 30 unterschiedlichen *Topics* ausgegeben. Daran anschließend können die *Topics* des Modells manuell begutachtet und gegebenenfalls benannt werden. Mit Hilfe verschiedener Kohärenz-Maße ist es zudem möglich, zu evaluieren, wie kohärent die wahrscheinlichsten Wörter eines *Topics* sind (vgl. Wallach et al. 2009, 1105–1112). Alternativ lässt sich die Leistungsfähigkeit verschiedener Modelle (je nach Zahl der *Topics*, Segmentlänge, Wortmaterial usw.) über maschinelle Klassifikationsaufgaben, etwa anhand der Unterscheidung von Komödien und Tragödien, testen und vergleichen.[6] Auf Basis der manuellen Inspektion und der statistischen Evaluation können die Parameter des Modells anschließend so lange

---

6 Man spricht hierbei von einem sogenannten *Downstream-Task*.

optimiert, getestet und die Ergebnisse überprüft werden, bis die resultierenden *Topics* zufriedenstellend sind.

Wie nutzt man die so ermittelten *Topics* nun für die Textanalyse? Zuerst einmal sollte exploriert werden, wie sich die einzelnen *Topics* zusammensetzen. Das hier trainierte Modell deckt ganz unterschiedliche Arten von *Topics* ab. So gibt es *Topics*, deren wahrscheinlichste Wörter familiäre Relationen ausdrücken ('vater', 'mutter', 'kind', 'tochter', 'eltern' usw.), die sich auf die römische Antike beziehen ('senat', 'republik', 'römisch', 'senator', 'bürger', 'signor', 'jupiter' usw.) oder einen bestimmten regionalsprachlichen Einschlag haben ('leit', 'deiwel', 'vatter', 'freind', 'bisje', 'scheen' usw.). Anschließend lässt sich nachvollziehen, welche *Topics* das Textkorpus besonders häufig oder selten bedient. Im vorliegenden Fall sind das die *Topics 23* (p = 0,285) und *12* (p = 0,0053). *Topic 23* lässt sich mit wahrscheinlichen Wörtern wie 'herz', 'leben', 'liebe', 'schön', 'hand', 'glück' oder 'brust' als recht generisches Liebes-*Topic* beschreiben. *Topic 12* deckt dagegen Wörter ab, die sich mit militärischen bzw. kriegerischen Auseinandersetzungen in Zusammenhang bringen lassen. Die wahrscheinlichsten Wörter des *Topics*, das sind 'krieg', 'frieden', 'deutsch', 'feind', 'armee', 'vaterland', 'front', 'franzose', 'russisch', 'presse', 'schlacht' usw., scheinen insbesondere auf Kraus' *Die letzten Tage der Menschheit* zu passen.

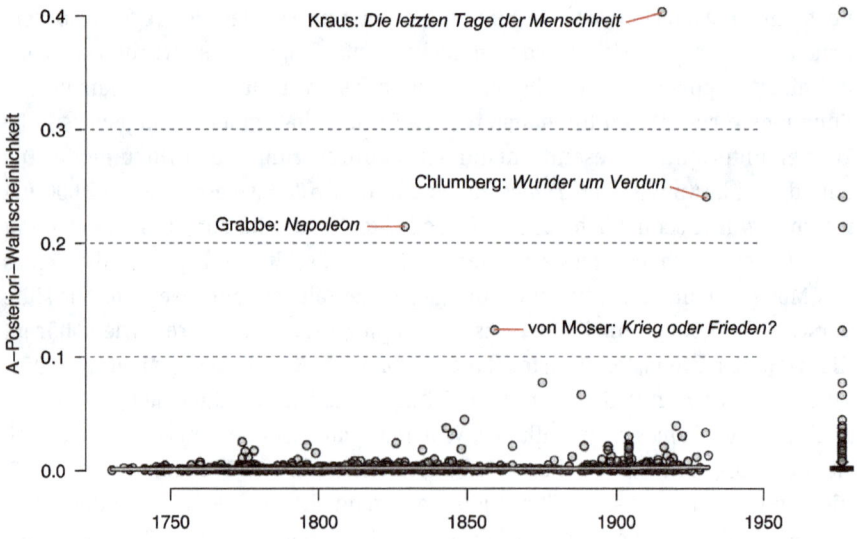

Abb. 9: Wahrscheinlichkeitswerte von *Topic 12* (Krieg) in 648 zwischen 1730 und 1932 veröffentlichten Dramen.

Wie treffend dieser Zuschnitt ist, wird in Abbildung 9 ersichtlich. Die Darstellung veranschaulicht die historische Verteilung der A-Posteriori-Wahrscheinlichkeit von *Topic 12* in den bereits bekannten 648 Dramentexten. Kraus' Weltkriegsdrama weist die mit Abstand höchste Wahrscheinlichkeit (p = 0,403) dafür auf, dass Wörter des *Topics* im Text Verwendung finden. Neben der stark herausgehobenen Stellung von *Die letzten Tage der Menschheit* wird augenfällig, dass nur wenige weitere Dramen das *Topic* eingehender aufzugreifen scheinen (median = 0,0019). Das *Topic* findet also nur punktuell stärkeren Eingang in die Dramentexte, etwa bei Hans Chlumbergs *Wunder von Verdun* (1930), Grabbes *Napoleon* oder Gustav von Mosers *Krieg oder Frieden?* (1859). Das schlägt sich auch im historischen Trend nieder: Die Kurve bleibt auf sehr niedrigem Niveau stabil. Es sieht demnach so aus, als würde *Topic 12* ein recht spezifisch durch das Wortmaterial in Kraus' *Die letzten Tage der Menschheit* geprägtes Kriegs-*Topic* repräsentieren.

Es gibt verschiedene Strategien, um die Auswahl der *Topics* für solche diachronen Betrachtungen zu begründen: Man kann die häufigsten oder seltensten *Topics* betrachten, besonders gut interpretierbare *Topics* nutzen oder *Topics* untersuchen, die durch eine übergreifende Fragestellung vorgegeben werden. Versucht man beispielsweise nachzuvollziehen, ob und wie sich die Industrialisierung auf die literarischen Texte der Zeit auswirkt, müssen dahingehend als relevant erachtete *Topics* ausgewählt und untersucht werden (vgl. Jannidis 2016, 30).

Abschließend möchten wir uns auf zwei einerseits gut interpretierbare und andererseits auch mit Blick auf die literaturgeschichtliche Entwicklung potenziell aufschlussreiche *Topics* konzentrieren, nämlich die *Topics 3* und *6*. Die wahrscheinlichsten Wörter von *Topic 3* sind ‚herz', ‚liebe', ‚vater', ‚freund', ‚glücklich', ‚seele', ‚augenblick', ‚himmel', ‚tugend' und mit etwas Abstand ‚tochter'. Wie schon in *Topic 23* werden auch hier Liebessemantiken bedient. Die in Abbildung 10 dargestellte Verteilung der Wahrscheinlichkeitswerte legt nahe, dass es sich dabei um ein insbesondere für Dramen des 18. Jahrhunderts maßgebliches *Topic* handelt. Für Rührstücke wie Christian Fürchtegott Gellerts *Die zärtlichen Schwestern* (1747) oder August von Kotzebues *Menschenhaß und Reue* (1788) leuchtet das unmittelbar ein. Gleiches gilt für bürgerliche Trauerspiele Lessing'scher Prägung. *Topic 3* spiegelt sogar den hierfür zentralen ‚Tugend'-Begriff und die Vater-Tochter-Beziehung wider. Es überrascht also nicht, dass mit Johann Gottlob Benjamin Pfeils *Lucie Woodvil* (1756), das nur ein Jahr nach Lessings *Miss Sara Sampson* (1755) veröffentlicht und uraufgeführt wurde, einem ebensolchen bürgerlichen Trauerspiel der höchste Wahrscheinlichkeitswert für *Topic 3* zukommt. Die Trendlinie fällt bis 1820 merklich ab. Hat sie für das Jahr 1750 noch einen Wert von 0,13, sinkt dieser um mehr als Faktor vier auf 0,024 im Jahr 1820. Ihren Tiefpunkt erreicht die Kurve schließlich 1875 (0,011). Eine dramengeschichtliche Einordnung der Datenwerte müsste anschließend an diese ersten, vor allem deskriptiven Beobachtungen, analytisch in die Tiefe greifen: Durch welche *Topics* wird *Topic 3* im historischen Verlauf abgelöst? Wie werden Liebessemantiken im 19. und frühen 20. Jahrhundert in Dramentexten repräsentiert? Welche Unterschiede zum 18. Jahrhundert lassen sich ausmachen? Gibt es gattungstheoretische Reflexionen, die mit den veränderten Darstellungen einhergehen? Lassen sich spezifische *Topic*-Konstellationen ausmachen und sozialgeschichtlich deuten?

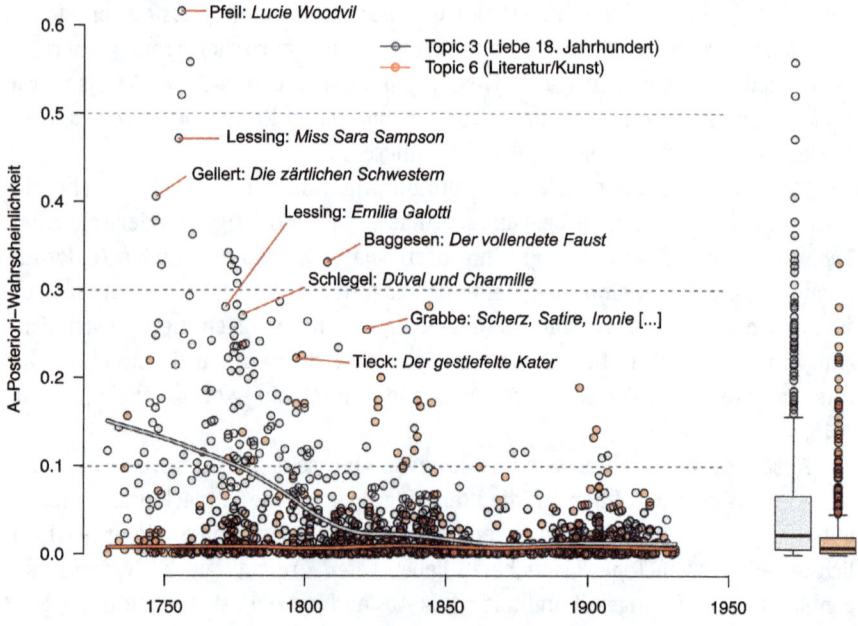

Abb. 10: Wahrscheinlichkeitswerte von *Topic 3* (Liebe 18. Jahrh.) und *Topic 6* (Literatur/Kunst) in 648 zwischen 1730 und 1932 veröffentlichten Dramen.

Wir können diese Fragen an dieser Stelle nicht beantworten. Stattdessen werden wir zum Schluss ein weiteres *Topic* explorieren. *Topic 6* lässt sich als ‚Literatur'- oder ‚Kunst'-*Topic* begreifen. Die zehn häufigsten Wörter des *Topics* sind: ‚dichter', ‚stück', ‚kunst', ‚natur', ‚hoch', ‚geist', ‚gedicht', ‚vers', ‚buch' und ‚künstler'. Anders als bei *Topic 3* lässt sich in Abbildung 10 keine wirkliche historische Entwicklung der Wahrscheinlichkeitswerte von *Topic 6* wahrnehmen. Zwar ist zwischen den Jahren 1820 und 1850 eine kleine Gruppe von 15 Dramen zu erkennen, die höhere Werte zwischen 0,1 und 0,3 aufweisen, auf die Trendlinie wirkt sich dieser Umstand aber nur minimal aus. Der Hochpunkt der Kurve liegt bei einem Wert von 0,010 im Jahr 1835. Interessant erscheint eher ein Blick darauf, welche Art von Dramen aus diesem Trend herausstechen. Mit Baggesens *Der vollendete Faust* kommt einem Drama der höchste Wahrscheinlichkeitswert zu, das bereits durch seine hohe Zahl an auftretenden Figuren aufgefallen ist. Auch Ludwig Tiecks Komödie *Der gestiefelte Kater* (1797), neben Grabbes *Scherz, Satire, Ironie und tiefere Bedeutung* (1827) das wohl bekannteste der Stücke mit höheren Werten, zeichnet sich durch ein überdurchschnittlich großes Bühnenpersonal aus. Sowohl *Der gestiefelte Kater* als auch *Der vollendete Faust* führen ein Spiel-im-Spiel vor. In Baggesens Stück finden sich darüber hinaus vielfach satirische Bezüge auf zeitgenössische Schriftsteller wie Goethe, Jean Paul oder Christoph Martin Wieland wieder. Ob dieser selbstreflexive Charakter der beiden Stücke aber als typisch für Dramen mit hohem *Topic-6*-Wert gelten kann, müsste in einer größer angelegten Untersuchung nachvollzogen und ausgedeutet werden.

7 Kritik und Ausblick

Die analytisch ausgerichteten digitalen bzw. computergestützten Literaturwissenschaften stellen einen Teilbereich der *Digital Humanities* dar, der gerade dabei ist, sich institutionell zu etablieren. Der technische Fortschritt im Bereich der maschinellen Sprachverarbeitung führt dazu, dass methodische Weiterentwicklung und Innovation auch in den computergestützten Literaturwissenschaften eine zentrale Rolle einnehmen. Am Beispiel der digitalen Dramenanalyse haben wir einen Einblick in ausgewählte etablierte Methoden der quantitativen Textanalyse gegeben und schlaglichtartig gezeigt, wie sich diese als analytisches Werkzeug in die literaturwissenschaftliche Analysepraxis integrieren lassen. Je nach Ausrichtung der Fragestellung und Einsatz der Methoden können die textempirischen Resultate von quantitativen Analysen sowohl als Interpretament wie auch als Interpretandum aufgefasst werden. Davon abhängig unterscheidet sich auch der epistemische Status der Ergebnisse. Denn ein als Netzwerk modelliertes Drama lässt sich zwar mit anderen Dramennetzwerken quantitativ vergleichen, reduziert den dramatischen Text aber letztlich auf eine Menge an Knoten und Kanten. Hieran schließt die Frage an, inwieweit nicht nur Befunde, sondern auch Begriffe und Konzepte computergestützter Methoden kompatibel sind mit denjenigen aus hermeneutisch-verstehenden Zugängen – oder: inwieweit sie überhaupt kompatibel sein sollen. Die Antwort auf diese Frage wird maßgeblich von der forschungspraktischen Entwicklung der computergestützten Literaturwissenschaften abhängen.

8 Merkbox

Forschungsbereich: Digital Humanities/Digitale Literaturwissenschaften/Computational Literary Studies

Wichtige Begriffe: Textempirie, quantitative Analyse, Kodierung, *distant reading*, Textmodell, Korpus, Muster

Ansätze und Methoden: Netzwerkanalyse, *Topic Modeling*, Stilometrie, maschinelles Lernen, Exploration

Leitfragen/Typische Fragen: Welche Muster/Trends lassen sich innerhalb einer Textsammlung ausmachen? Wie zuverlässig lassen sich literarische Texte einer Gattung, einer Epoche oder ihrer:ihrem Autor:in zuordnen? Wie lassen sich quantitative Verfahren in die etablierte literaturwissenschaftliche Praxis integrieren? Wie können literaturwissenschaftliche Konzepte und Begriffe messbar gemacht werden?

Software: Die Berechnungen wurden mithilfe der Bibliotheken *DramaAnalysis* (Reiter/Pagel 2019), *Igraph* (Csárdi/Nepusz 2006) und *topicmodels* (Grün/Hornik 2011) für die Programmiersprache R sowie Daten aus der *DraCor-API* (https://dracor.org/doc/api) vorgenommen. Dafür wurde das *German Drama Corpus* mit dem Software-Paket *DramaNLP* (https://github.com/quadrama/DramaNLP) computerlinguistisch vorverarbeitet. Für die hier durchgeführten Analysen ist vor allem die Identifizierung der Sprecher und die Tokenisierung, das heißt die Segmentierung der Wörter und Satzzeichen, relevant. Für *DramaAnalysis* steht ein umfassendes Tutorial zur Verfügung, das in die Installation, die Datenbeschaffung und verschiedene Formen der Analyse einführt: https://quadrama.github.io/DramaAnalysis/tutorial/3/.

9 Lektüreempfehlungen

In die Breite der digitalen Geisteswissenschaften führt das Lehrbuch *Digital Humanities* von Jannidis et al. 2017 ein: Die Themen reichen von informationstechnischen Grundlagen und Grundbegriffen, Einführungen in Datenbanken und Auszeichnungssprachen über Kapitel zu quantitativen Analysen bis hin zum digitalen Publizieren. Zudem werden Beispiele und Übungsaufgaben als Download zur Verfügung gestellt. Einen stärker literaturwissenschaftlichen Zuschnitt mit sowohl theoretisch-reflektierenden als auch textanalytischen Forschungsbeiträgen bietet der ebenfalls von Jannidis (2023a) herausgegebene DFG-Symposienband zur digitalen Literaturwissenschaft. Aktuelle Diskussionen zu jeweils verschiedenen Schwerpunktthemen wie Theorie, Methode, Praxis oder Institutionalisierung der digitalen Geisteswissenschaften werden in unregelmäßigen Abständen (2012, 2016, 2019, 2023) von Gold und Klein in der Reihe *Debates in the Digital Humanities* zusammengeführt.

10 Zitierte Literatur

10.1 Literarische Quellen

Kraus 1957: Kraus, Karl: „Die letzten Tage der Menschheit. Tragödie in fünf Akten. Mit Vorspiel und Epilog", in: Karl Kraus: *Werke*, Bd. 5, hg. v. Heinrich Fischer. München 1957.

10.2 Darstellungen

Andresen et al. 2022: Andresen, Melanie, Benjamin Krautter, Janis Pagel und Nils Reiter: „Who Knows What in German Drama? A Composite Annotation Scheme for Knowledge Transfer. Annotation, Evaluation, and Analysis", in: *Journal of Computational Literary Studies* 1 (2022), S. 1–27. Online verfügbar unter https://doi.org/10.48694/jcls.107.

Asmuth 2016: Asmuth, Bernhard: *Einführung in die Dramenanalyse*. 8., aktualisierte und erweiterte Auflage. Stuttgart 2016.

Aurnhammer 2017: Aurnhammer, Achim: „Die Sprache des Krieges. Karl Kraus: *Die letzten Tage der Menschheit*", in: *Der Erste Weltkrieg im Spiegel der Künste*, hg. v. Werner Frick und Günter Schnitzler. Freiburg i. Br./Berlin/Wien 2017, S. 95–121.

Bernhart 2018: Bernhart, Toni: „Quantitative Literaturwissenschaft. Ein Fach mit langer Tradition?", in: *Quantitative Ansätze in den Literatur- und Geisteswissenschaften. Systematische und historische Perspektiven*, hg. v. Toni Bernhart, Marcus Willand, Andrea Albrecht und Sandra Richter. Berlin/Boston 2018, S. 207–219.

Blei 2012: Blei, David M.: „Probabilistic Topic Models", in: *Communications of the ACM* 55.4 (2012), S. 77–84. Online verfügbar unter https://doi.org/10.1145/2133806.2133826.

Blei et al. 2003: Blei, David M., Andrey Y. Ng und Michael I. Jordan: „Latent Dirichlet Allocation" in: *Journal of Machine Learning Research* 3 (2003), S. 993–1022.

Brunner 2015: Brunner, Annelen (2015): *Automatische Erkennung von Redewiedergabe. Ein Beitrag zur quantitativen Narratologie*. Berlin/Boston 2015.

Burrows 2002: Burrows, John (2002): „‚Delta': a Measure of Stylistic Difference and a Guide to Likely Authorship" in: *Literary and Linguistic Computing* 17.3 (2002), S. 267–287. Online verfügbar unter https://doi.org/10.1093/llc/17.3.267.

Csárdi/Nepusz 2006: Csárdi, Gábor und Tamás Nepusz: „The igraph Software Package for Complex Network Research", in: *InterJournal* 1695 (2006), S. 1–9. Online verfügbar unter http://www.necsi.edu/events/iccs6/papers/c1602a3c126ba822d0bc4293371c.pdf (16.06.2024).

Dorrer 2020: Dorrer, Andreas: „Die Funktion des Nörglers innerhalb der Motivketten in Karl Kraus' *Die letzten Tage der Menschheit*", in: *Topos Österreich/Topos Austria* 13 (2020), S. 33–48.

Du 2019: Du, Keli: „A Survey on LDA Topic Modeling in Digital Humanities", in: *Digital Humanities 2019. Conference Abstracts*. Utrecht. Online verfügbar unter https://doi.org/10.34894/H9UYPI.

Elshout 2013: Elshout, Helena: „Der Nörgler in *Die Letzten Tage der Menschheit*. Karl Kraus' Alter Ego als Erzählfigur", in: *Medien der Autorschaft. Formen literarischer (Selbst-)Inszenierung von Brief und Tagebuch bis Fotografie und Interview*, hg. v. Urs Meyer, Reto Sorg und Lucas Marco Gisi. München 2013, S. 87–96.

Fischer et al. 2019: Fischer, Frank, Ingo Börner, Mathias Göbel, Angelika Hechtl, Christopher Kittel, Carsten Milling und Peer Trilcke: „Programmable Corpora. Die digitale Literaturwissenschaft zwischen Forschung und Infrastruktur am Beispiel von DraCor", in: *DHd 2019. Digital Humanities: multimedial & multimodal. Konferenzabstracts*, hg. v. Patrick Sahle. Frankfurt a. M./Mainz 2019, S. 194–197. Online verfübar unter https://doi.org/10.5281/zenodo.2596095.

Fischer et al. 2018: Fischer, Frank, Peer Trilcke, Christopher Kittel, Carsten Milling und Daniil Skorinkin: „To Catch a Protagonist. Quantitative Dominance Relations in German-Language Drama (1730–1930)", in: *Digital Humanities 2018. Puentes – Bridges. Book of Abstracts*, hg. v. Jonathan Girón Palau und Isabel Galina Russell. Mexiko-Stadt 2018, S. 193–201. Online verfügbar unter https://dh2018.adho.org/wp-content/uploads/2018/06/dh2018_abstracts.pdf (16.06.2024).

Fischer 2020: Fischer, Jens Malte: *Karl Kraus. Der Widersprecher. Biografie*. Wien 2020.

Gerstorfer/Gius 2023: Gerstorfer, Dominik und Evelyn Gius: „Konflikte als Theorie, Modell und Text. Ein kategorientheoretischer Zugang zur Operationalisierung von Konflikten", in: *DHd 2023. Open Humanities, Open Culture*, hg. v. Anna Busch und Peer Trilcke. Luxemburg/Trier 2023, S. 189–194. Online verfügbar unter https://doi.org/10.5281/zenodo.7688632.

Gius 2023: Gius, Evelyn: „Digitale Hermeneutik. Computergestütztes *Close Reading* als literaturwissenschaftliches Forschungsparadigma?", in: *Digitale Literaturwissenschaft*, hg. v. Fotis Jannidis. Berlin 2023, S. 385–417.

Glaubitz 2020: Glaubitz, Nicola: „Lang oder Überlang? Zur Ästhetik und Pragmatik komplexer anglophoner Langromane der Gegenwart", in: *Ästhetik der Skalierung*, hg. v. Carlos Spoerhase, Steffen Siegel und Nikolaus Wegmann. Hamburg 2020 (Sonderheft der Zeitschrift für Ästhetik und Allgemeine Kunstwissenschaft, 18), S. 57–75.

Goethe 2018: Goethe, Johann Wolfgang: *Faust. Historisch-kritische Edition*, hg. v. Anne Bohnenkamp, Silke Henke und Fotis Jannidis. Frankfurt a. M./Weimar/Würzburg. Online verfügbar unter http://www.faustedition.net/ (16.06.2024).

Gold 2012: Gold, Matthew K. (Hg.): *Debates in the Digital Humanities*. Minneapolis/London 2012.

Gold/Klein 2016: Gold, Matthew K. und Lauren F. Klein (Hg.): *Debates in the Digital Humanities 2016*. Minneapolis/London 2016.

Gold/Klein 2019: Gold, Matthew K. und Lauren F. Klein (Hg.): *Debates in the Digital Humanities 2019*. Minneapolis/London 2019.

Gold/Klein 2023: Gold, Matthew K. und Lauren F. Klein (Hg.): *Debates in the Digital Humanities 2023*. Minneapolis/London 2023.

Granovetter 1973: Granovetter, Mark S.: „The Strength of Weak Ties", in: *American Journal of Sociology* 78.6 (1973), S. 1360–1380.

Grün/Hornik 2011: Grün, Bettina und Kurt Hornik: „topicmodels. An R Package for Fitting Topic Models", in: *Journal of Statistical Software* 40.13 (2011), S. 1–30. Online verfügbar unter https://doi.org/10.18637/jss.v040.i13.

Hatzel et al. 2023: Hatzel, Hans Ole, Haimo Stiemer, Chris Biemann und Evelyn Gius: „Machine Learning in Computational Literary Studies", in: *it – Information Technology* 2023, S. 1–18. Online verfügbar unter https://doi.org/10.1515/itit-2023-0041.

Hockey 2004: Hockey, Susan: „The History of Humanities Computing", in: *A Companion to Digital Humanities*, hg. v. Susan Schreibman, Ray Siemens und John Unsworth. Oxford 2004.

Horstmann/Fischer 2022: Horstmann, Jan und Frank Fischer: „Einleitung. Digitale Verfahren in der Literaturwissenschaft" in: *Digitale Verfahren in der Literaturwissenschaft*, hg. v. Jan Horstmann und Frank Fischer (Sonderausgabe #6 von Textpraxis. Digitales Journal für Philologie 20.1 [2022]). Online verfügbar unter https://doi.org/10.17879/64059433528. Münster 2022, S. 1–8. Online verfügbar unter https://doi.org/10.17879/64059433528.

Jannidis 2013: Jannidis, Fotis: „Computerphilologie", in: *Handbuch Literaturwissenschaft*. Band 2: *Methoden und Theorien*, hg. v. Thomas Anz. 3 Bände. Stuttgart, Weimar 2013, S. 27–40.
Jannidis 2015: Jannidis, Fotis: „Perspektiven empirisch-quantitativer Methoden in der Literaturwissenschaft. Ein Essay", in: *Deutsche Vierteljahrsschrift für Literaturwissenschaft und Geistesgeschichte* 89.4 (2015), S. 657–661.
Jannidis 2016: Jannidis Fotis: „Quantitative Analyse literarischer Texte am Beispiel des Topic Modeling", in: *Der Deutschunterricht* 5 (2016), S. 24–35.
Jannidis 2017: Jannidis, Fotis: „Netzwerke", in: *Digital Humanities. Eine Einführung*, hg. v. Fotis Jannidis, Hubertus Kohle und Malte Rehbein. Stuttgart 2017, S. 147–161.
Jannidis 2019: Jannidis, Fotis: „Digitale Geisteswissenschaften. Offene Fragen – schöne Aussichten", in: *Zeitschrift für Medien- und Kulturforschung* 10.1 (2019), S. 63–70.
Jannidis 2023a: Jannidis, Fotis (Hg.): *Digitale Literaturwissenschaft. DFG-Symposion 2017*. Berlin 2023.
Jannidis 2023b: Jannidis, Fotis: „Digitale Literaturwissenschaft. Zur Einführung", in: *Digitale Literaturwissenschaft*, hg. v. Fotis Jannidis. Berlin 2023, S. 1–16.
Jannidis et al. 2017: Jannidis, Fotis, Hubertus Kohle und Malte Rehbein (Hg.): *Digital Humanities. Eine Einführung*. Stuttgart 2017.
Jockers 2013: Jockers, Matthew L.: *Macroanalysis. Digital Methods and Literary History*. Urbana/Chicago/Springfield 2013.
Krautter 2022: Krautter, Benjamin: „Die Operationalisierung als interdisziplinäre Schnittstelle der Digital Humanities", in: *Scientia Poetica* 26 (2022), S. 215–244.
Krautter 2023: Krautter, Benjamin: „Kopräsenz-, Koreferenz- und Wissens-Netzwerke. Kantenkriterien in dramatischen Figurennetzwerken am Beispiel von Kleists *Die Familie Schroffenstein* (1803)", in: *Journal of Literary Theory* 17.2 (2023), S. 261–289. Online verfügbar unter https://doi.org/10.1515/jlt-2023-2012.
Krippendorff 2004: Krippendorff, Klaus: *Content Analysis. An Introduction to Its Methodology*. 2. Auflage. Thousand Oaks/London 2004.
Limpinsel 2016: Limpinsel, Mirco: „Was bedeutet die Digitalisierung für den Gegenstand der Literaturwissenschaft?", in: *Zeitschrift für digitale Geisteswissenschaften* (2016). Online verfügbar unter http://doi.org/10.17175/2016_009.
Marcus 1973: Marcus, Solomon: *Mathematische Poetik* [1970]. Bukarest/Frankfurt a.M. 1973.
Meister 2023: Meister, Jan Christoph: „Annotation als Markup *avant la lettre*", in: *Digitale Literaturwissenschaft*, hg. v. Fotis Jannidis. Berlin 2023, S. 353–383.
Melzer 1972: Melzer, Gerhard: *Der Nörgler und die Anderen. Zur Anlage der Tragödie ‚Die letzten Tage der Menschheit' von Karl Kraus*. Berlin 1972.
Moretti 2000: Moretti, Franco: „Conjectures on World Literature", in: *New Left Review* 1 (2000), S. 54–68.
Moretti 2005: Moretti, Franco: *Graphs, Maps, Trees. Abstract Models for Literary History*. London/New York 2005.
Moretti 2011: Moretti, Franco: „Network Theory, Plot Analysis", in: *Pamphlets of the Stanford Literary Lab* 2 (2011), S. 1–12. Online verfügbar unter https://litlab.stanford.edu/LiteraryLabPamphlet2.pdf (16.06.2024).
Moretti 2017: Moretti, Franco: „Patterns and Interpretation", in: *Pamphlets of the Stanford Literary Lab* 15 (2017), S. 1–10. Online verfügbar unter https://litlab.stanford.edu/LiteraryLabPamphlet15.pdf (16.06.2024).
Newman 2010: Newman, Mark E. J.: *Networks. An Introduction*. Oxford und New York 2010.

Pagel 2022: Pagel, Janis: „Co-Reference Networks for Dramatic Texts. Network Analysis of German Dramas Based on Co-Referential Information", in: *Digital Humanities 2022. Conference Abstracts*. Tokyo 2022, S. 326–329. Online verfügbar unter https://doi.org/10.5281/zenodo.10236153.

Pagel/Reiter 2020: Pagel, Janis und Nils Reiter: „GerDraCor-Coref. A Coreference Corpus for Dramatic Texts in German", in: *Proceedings of the 12th Language Resources and Evaluation Conference*, hg. v. Nicoletta Calzolari et al. Marseille 2020, S. 55–64. Online verfügbar unter http://www.lrec-conf.org/proceedings/lrec2020/pdf/2020.lrec-1.7.pdf (16.06.2024).

Pagel et al. 2020: Pagel, Janis Nils Reiter, Ina Rösiger und Sarah Schulz: „Annotation als flexibel einsetzbare Methode", in: *Reflektierte Algorithmische Textanalyse. Interdisziplinäre(s) Arbeiten in der CRETA-Werkstatt*, hg. v. Nils Reiter, Axel Pichler und Jonas Kuhn. Berlin/Boston 2020, S. 125–141.

Pfister 2001: Pfister, Manfred: *Das Drama. Theorie und Analyse*. 11., erweiterte und bibliographisch aktualisierte Auflage. München 2001.

Pichler/Reiter 2021: Pichler, Axel und Nils Reiter: „Zur Operationalisierung literaturwissenschaftlicher Begriffe in der algorithmischen Textanalyse. Eine Annäherung über Norbert Altenhofers hermeneutische Modellinterpretation von Kleists *Das Erdbeben in Chili*", in: *Journal of Literary Theory* 15.1–2 (2021), S. 1–29.

Piper 2016: Piper, Andrew: „Fictionality", in: *Journal of Cultural Analytics* (2016), S. 1–29. Online verfügbar unter https://doi.org/10.22148/16.011.

Ranke 2010: Ranke, Wolfgang: „Schillers Shakespeare. Von den Räubern zum Weimarer *Macbeth*", in: *Jahrbuch der Deutschen Schillergesellschaft* 54 (2010), S. 706–724.

Reiter/Willand 2023: Reiter, Nils und Marcus Willand: „What are they Talking About? A Systematic Exploration of Theme Identification Methods for Character Speech in Dramatic Texts", in: *Digitale Literaturwissenschaft*, hg. v. Fotis Jannidis. Berlin 2023, S. 473–508.

Ribeiro 2022: Ribeiro, António Sousa: „*Die letzten Tage der Menschheit* und weitere Dramen", in: *Karl Kraus Handbuch. Leben – Werk – Wirkung*, hg. v. Katharina Prager und Simon Ganahl. Berlin 2022, S. 163–182.

Schmidt 1961: Schmidt, Arno: „Julianische Tage", in: *Die Zeit*, 29.12.1961, S. 9.

Schöch 2014: Schöch, Christof: „Corneille, Molière et les autres. Stilometrische Analysen zu Autorschaft und Gattungszugehörigkeit im französischen Theater der Klassik", in: *Literaturwissenschaft im digitalen Medienwandel*, hg. v. Christof Schöch und Lars Schneider. (Beihefte zu Philolohie im Netz, 7), S. 130–157. Online verfügbar unter https://hal.archives-ouvertes.fr/hal-00957091/document (16.06.2024).

Schöch 2017a: Schöch, Christof: „Gattungen des Kriminalromans. Ein quantitativer, *Topic*-basierter Zugang", in: *Dialogische Krimianalysen. Fachdidaktik und Fachwissenschaft untersuchen aktuelle Repräsentationsformen des französischen Krimis*, hg. v. Corinna Koch, Sabine Schmitz und Sandra Lang. Frankfurt a. M. u.a. 2017, S. 37–64.

Schöch 2017b: Schöch, Christof: „Topic Modeling Genre: An Exploration of French Classical and Elightenment Drama", in: *Digital Humanities Quarterly* 11.2 (2017), §§ 1–53. Online verfügbar unter http://www.digitalhumanities.org/dhq/vol/11/2/000291/000291.html (16.06.2024).

Schreibman et al. 2004: Schreibman, Susan, Ray Siemens und John Unsworth: „The Digital Humanities and Humanities Computing. An Introduction", in: *A Companion to Digital Humanities*, hg. v. Susan Schreibman, Ray Siemens und John Unsworth. Oxford 2004, S. xxiii–xxvii.

Svensson 2012: Svensson, Patrik: „Beyond the Big Tent", in: *Debates in the Digital Humanities*, hg. v. Matthew K. Gold. Minneapolis/London 2012, S. 36–49.

Szemes/Vida 2024: Szemes, Botond und Bence Vida: „Tragic and Comical Networks: Clustering Dramatic Genres According to Structural Properties", in: *Computational Drama Analysis. Reflecting*

Methods and Interpretations, hg. v. Melanie Andresen und Nils Reiter. Berlin/Boston 2024, S. 167–188.

Thaller 2017: Thaller, Manfred: „Geschichte der Digital Humanities", in: *Digital Humanities. Eine Einführung*, hg. v. Fotis Jannidis, Hubertus Kohle und Malte Rehbein. Stuttgart 2017, S. 3–12.

Thomé 2007: Thomé, Horst: „,Da Operettenfiguren die Tragödie der Menschheit spielten'. Zu Karl Kraus' *Die letzten Tage der Menschheit*", in: *Figurationen der literarischen Moderne. Helmuth Kiesel zum 60. Geburtstag*, hg. v. Carsten Dutt und Roman Luckscheiter. Heidelberg 2007, S. 395–412.

Trilcke 2013: Trilcke, Peer: „Social Network Analysis (SNA) als Methode einer textempirischen Literaturwissenschaft", in: *Empirie in der Literaturwissenschaft*, hg. v. Philip Ajouri, Katja Mellmann und Christoph Rauen. Münster 2013, S. 201–247.

Trilcke 2023: Trilcke, Peer: „*Small Worlds, Beat Charts* und die Netzwerkanalyse dramatischer Texte. Reflexionen aus dem *Rabbit Hole*", in: *Digitale Literaturwissenschaft*, hg. v. Fotis Jannidis. Berlin 2023, S. 563–598.

Trilcke/Fischer 2018: Trilcke, Peer und Frank Fischer: „Literaturwissenschaft als Hackathon. Zur Praxeologie der Digital Literary Studies und ihren epistemischen Dingen", in: *Wie Digitalität die Geisteswissenschaften verändert: Neue Forschungsgegenstände und Methoden*, hg. v. Martin Huber und Sybille Krämer (Sonderband der Zeitschrift für digitale Geisteswissenschaften, 3 [2018]). Online verfügbar unter http://dx.doi.org/10.17175/sb003_003.

Underwood 2020: Underwood, Ted: „Machine Learning and Human Perspective", in: *PMLA* 135.1 (2020), S. 92–109.

Vauth 2023: Vauth, Michael: *Eine digitale Narratologie der Binnenerzählung. Untersuchungen zu den Dramen und Novellen Heinrich von Kleists*. Berlin 2023. Online verfügbar unter https://doi.org/10.1007/978-3-662-67036-1.

Wallach et al. 2009: Wallach, Hanna M., Iain Murray und David Mimno: „Evaluation Methods for Topic Models", in: *ICML 2009: Proceedings of the 26th Annual International Conference on Machine Learning*, hg. v. Léon Bottou und Michael Littman. Madison 2009, S. 1105–1112. Online verfügbar unter https://doi.org/10.1145/1553374.1553515.

Weitin et al. 2016: Weitin, Thomas, Thomas Gilli und Nico Kunkel: „Auslegen und Ausrechnen. Zum Verhältnis hermeneutischer und quantitativer Verfahren in den Literaturwissenschaften", in: *Zeitschrift für Literaturwissenschaft und Linguistik* 46.1 (2016), S. 103–115. Online verfügbar unter https://doi.org/10.1007/s41244-016-0004-8.

Wiedmer et al. 2020: Wiedmer, Nathalie, Janis Pagel und Nils Reiter: „Romeo, Freund des Mercutio. Semi-Automatische Extraktion von Beziehungen zwischen dramatischen Figuren", in: *DHd 2020. Spielräume: Digital Humanities zwischen Modellierung und Interpretation. Konferenzabstracts*, hg. v. Christof Schöch. Paderborn 2020, S. 194–200. Online verfübar unter https://doi.org/10.5281/zenodo.3666690.

Über die Autorinnen und Autoren

Andrea Albrecht studierte Mathematik, Germanistik und Philosophie in Bremen, Hamburg und Göttingen und promovierte ebendort mit einer Studie zum *Kosmopolitismus. Weltbürgerdiskurse in Literatur, Philosophie und Publizistik um 1800*. Einem Forschungsaufenthalt an der University of California, Berkeley folgte die Habilitation an der Universität Freiburg. Sie lehrte zunächst an der Universität Stuttgart, seit 2017 an der Universität Heidelberg neuere deutsche Literaturwissenschaft und befasst sich insbesondere mit Politik und Literatur in der Moderne, *Literature and Science Studies* und der Wissenschaftsgeschichte. Internationale Unterrichtserfahrung hat sie bei Gastdozenturen in Ägypten, Russland, der Slowakei, Indien, Korea, den USA und immer wieder in China gesammelt.

Franziska Bomski studierte Mathematik und Neuere Deutsche Literaturgeschichte an der Albert-Ludwigs-Universität Freiburg, dort wurde sie 2011 mit einer Arbeit zur *Mathematik im Denken und Dichten von Novalis* promoviert. Geforscht und gelehrt hat sie in Freiburg, Gießen, Frankfurt am Main, Jena, New Haven (Yale University), St. Louis (Washington University) und Peking (Beihang University). Von 2012 bis 2018 war sie als Referentin für Forschung an der Klassik Stiftung Weimar tätig. 2018 wechselte sie als wissenschaftliche Mitarbeiterin ans Potsdamer Einstein Forum, seit 2024 ist sie dessen stellvertretende Direktorin. Ihre Arbeitsschwerpunkte liegen in den Bereichen von Literatur und Wissen um 1800 und 1900, der Fachgeschichte der Germanistik und der Post-DDR-Literatur.

Katrin Hudey studierte Literaturwissenschaft, Geschichte und vergleichende Kulturwissenschaft in Regensburg, Stuttgart und Heidelberg und wurde 2022 mit einer Arbeit zu *China in der deutschen Literatur der Zwischenkriegszeit* an der Universität Heidelberg promoviert. Von 2016 bis 2022 unterrichtete sie literaturwissenschaftliche Seminare an den Universitäten Stuttgart und Heidelberg sowie an der Beihang University, Beijing (China) und der Université de Ouagadougou (Burkina Faso), nahm an internationalen Konferenzen (z. B. an der Zhejiang University Hangzhou in China) teil und publizierte zu interkulturellen Themen.

Carl Junginger studierte Germanistik und Geschichte auf Lehramt an der Universität Heidelberg. Dort ist er seit April 2023 als wissenschaftlicher Mitarbeiter am Germanistischen Seminar tätig und promoviert zu publizistischen und literarischen Abwehrstrategien gegen Antisemitismus in der Weimarer Republik. Sein Forschungsinteresse gilt vor allem der Literatur des frühen 20. Jahrhunderts. Dabei interessieren ihn im Kontext politischer Literatur konspirationistische Erzählungen, propagandistische und antisemitische Literatur sowie Formen genuin literarischer Abwehr, mit denen Autor:innen Richtigstellungen lancierten, ideologische Narrative satirisch konterten und Gegennarrative entwarfen.

Benjamin Krautter studierte Germanistik, Literaturwissenschaft und Politikwissenschaft in Stuttgart und Seoul (Südkorea). Derzeit promoviert er mit einem Projekt zur digitalen Dramenanalyse an der Universität Heidelberg. In seinem Promotionsprojekt behandelt er u. a. die Frage, wie sich quantitative Methoden der Textanalyse in hermeneutische Interpretationspraktiken integrieren lassen. Seit 2017 unterrichtet er in der Literaturwissenschaft, gibt Workshops zur Einführung in die *Digital Humanities* und die quantitative Dramenanalyse, nimmt an internationalen Konferenzen teil (etwa *Digital Humanities* 2018 in Mexiko-Stadt und 2024 in Washington, DC) und publiziert zu methodologischen Fragestellungen am Schnittpunkt zwischen Literaturwissenschaft und *Digital Humanities*.

Über die Autorinnen und Autoren

Jens Krumeich studierte Deutsch und Philosophie/Ethik auf Lehramt an der Universität Stuttgart und der Université du Luxembourg. Nach dem 1. Staatsexamen promoviert er an der Universität Heidelberg zur Komik in der Zeit des Nationalsozialismus und in den bundesrepublikanischen Nachkriegsjahren. Als wissenschaftlicher Mitarbeiter und Lehrbeauftragter am Germanistischen Seminar unterrichtet er seit 2018 literaturwissenschaftliche Seminare in Heidelberg. Er publizierte u. a. zur Wissenschaftsgeschichte, Komik in Bild und Schrift, zur Gegenwartsliteratur und zuletzt auch im Bereich der Deutschdidaktik.

Yongqiang Liu studierte germanistische Literaturwissenschaft und Sprachwissenschaft in Dalian, Beijing und Berlin und promovierte an der Freien Universität mit einer Studie zu *Schriftkritik und Bewegungslust. Sprache und Tanz bei Hugo von Hofmannsthal*. Seit 2014 lehrt er an der Zhejiang Universität neuere deutsche Literatur. Seine Forschungsinteressen gelten der deutschen Literatur im 19. und 20. Jahrhundert, der Intermedialität und den *Interart Studies*, der Geschichte des Wissens und der Wissenschaft. Als Gastdozent und Gastwissenschaftler ist er immer wieder in Berlin und Heidelberg.

Qunyang Lou studierte Germanistik und Interkulturelle Germanistik in Shenyang, Nanjing, Göttingen und Heidelberg. Derzeit befasst er sich in einem vom China Scholarship Council geförderten Promotionsprojekt mit den Facetten kosmopolitischer Existenz am Beispiel von Martin Buber, Egon Erwin Kisch und Alfred Döblin. Zu seinen weiteren Forschungsinteressen gehören neben der deutsch-jüdischen Literatur auch interkulturelle Themen in der Literaturwissenschaft. Er übersetzt Texte von Martin Buber und Theodor Herzl ins Chinesische.

Kristina Mateescu ist wissenschaftliche Mitarbeiterin am Sonderforschungsbereich „Vigilanzkulturen. Transformationen – Räume – Techniken" der Universität München. Sie studierte Literaturwissenschaft und Geschichte an der Universität Stuttgart und promovierte 2021 mit einer Arbeit zum Thema *Engagement und esoterische Kommunikation unterm Hakenkreuz* an der Universität Heidelberg. Seit 2014 ist sie in der Lehre tätig und verbindet den universitären Unterricht mit ihren eigenen Forschungsinteressen, zu denen u. a. die dystopische Gegenwartsliteratur gehört.

Weijie Ring ist wissenschaftliche Mitarbeiterin für German Studies an der Zhejiang Universität. Sie studierte Literaturwissenschaft und Sprachwissenschaft in Beijing, Magdeburg, Hannover und Erlangen und promovierte 2021 an der Friedrich-Alexander-Universität Erlangen-Nürnberg zum Thema *Tanz in der Literatur der Sattelzeit*. Seit 2023 ist sie in der Lehre tätig. Ihre Forschungsschwerpunkte umfassen Literatur und Künste, den Rhythmus der Sprache in Asien und Europa. Als literarische Übersetzerin arbeitet sie für die Frankfurter Buchmesse.

Sandra Schell studierte Deutsch und Englisch auf Lehramt in Stuttgart, Bergen (Norwegen) und Heidelberg. In ihrer Dissertation untersucht sie das inter- und transkulturelle Wechselverhältnis von US-amerikanischen *Reeducation*-Maßnahmen und westdeutscher Literatur von den 1940er bis in die 1960er Jahre; ihr Projekt diskutiert sie regelmäßig auf internationalen Konferenzen. Seit 2021 unterrichtet sie literaturwissenschaftliche Seminare an den Universitäten Stuttgart und Heidelberg. Sie publizierte u. a. zu interkulturellen und literatursoziologischen Themen und widmet sich aktuell Fragen der mono- und multinationalen Kulturvermittlung.

Louisa Semmler studiert Germanistik und Anglistik auf Lehramt an der Universität Heidelberg und absolvierte ein Auslandssemester an der University of Nottingham. Sie ist studentische Hilfskraft am Germanistischen Seminar Heidelberg und gab mehrere Tutorien zur Einführung in die Neuere deutsche Literaturwissenschaft. Ihre Bachelorarbeit hat sie über *Imaginierte Rede in den frühen Erzähltexten Arthur Schnitzlers* verfasst, und sie interessiert sich besonders für narratologische Fragestellungen.

Malte Strunk studierte Germanistik und Philosophie in Aachen und Heidelberg. Sein wissenschaftliches und poetisches Interesse gilt der Lyrik des 20. und 21. Jahrhunderts in interdisziplinärer und gesellschaftstheoretischer Untersuchungsperspektive. Unter diesen Fragestellungen arbeitet er an der Universität Heidelberg zur Dichtung der letzten zwanzig Jahre, insbesondere zur experimentellen Lyrik aus dem Umfeld des Verlags *kookbooks*. Seit 2022 ist er auch in der Lehre tätig.

Yan Zhu studierte Germanistik in Tianjin, Beijing, München, Göttingen und Heidelberg. Derzeit bearbeitet sie an der Universität Heidelberg ein vom China Scholarship Council gefördertes Promotionsprojekt mit dem vorläufigen Titel *Geschichten aus China. Deutschsprachige historische Chinaromane des 21. Jahrhunderts*. Sie publiziert zu interkulturellen Themen, zur deutschen Gegenwartsliteratur und übersetzt deutsche Texte ins Chinesische.

Yvonne Zimmermann studierte Deutsch, Geschichte und Französisch auf Lehramt in Freiburg, Stuttgart und Grenoble und wurde 2015 in einem Joint-PhD-Programm der Universität Stuttgart und dem King's College London mit einer Arbeit zu *Geschichte, Politik und Poetik im Werk Rudolf Alexander Schröders* promoviert. Seit 2010 unterrichtet sie in der Literaturwissenschaft an der Universität Stuttgart, mit Gastdozenturen an der Université de Ouagadougou (Burkina Faso), und ist als Studiengangsmanagerin in die Evaluation universitärer Lehre eingebunden. Sie publizierte u. a. zu literatursoziologischen und interkulturellen Themen und widmet sich neuerdings auch Fragen der sozialen Herkunft und der Intersektionalität.

www.ingramcontent.com/pod-product-compliance
Lightning Source LLC
Chambersburg PA
CBHW071955220426
43662CB00009B/1132